全国水利行业规划教材

高等学校水利学科专业规范核心课程教材

Hangdao Zhengzhi

航道整治

（第二版）

主　编　胡旭跃

副主编　廖迎娣

主　审　徐金环　陈健强

人民交通出版社股份有限公司

China Communications Press Co.,Ltd.

内 容 提 要

本书为高等学校水利学科港口航道与海岸工程专业"十二五"规划教材,教材内容以平原河流和山区河流航道整治的规划、设计为主,兼顾入海河口及特殊河段的航道整治。主要包括航道与航道工程介绍,碍航滩险及特性分析,整治工程规划与设计,整治工程建筑物,航道疏浚,平原、山区、入海河口及特殊河段河流的航道整治方法和措施等。

本书是高等学校港口航道与海岸工程专业本科生的必修课教材,亦可供相关专业的学生自学及相关工程技术人员参考。

图书在版编目（CIP）数据

航道整治 / 胡旭跃主编. —2 版. —北京:人民
交通出版社股份有限公司,2017.5（2025.1重印）
ISBN 978-7-114-13724-2

Ⅰ.①航⋯　Ⅱ.①胡⋯　Ⅲ.①航道整治　Ⅳ.①U617

中国版本图书馆 CIP 数据核字(2017)第 060807 号

书　　名	航道整治（第二版）
著 作 者	胡旭跃
责任编辑	赵瑞琴
出版发行	人民交通出版社股份有限公司
地　　址	(100011)北京市朝阳区安定门外外馆斜街 3 号
网　　址	http://www.ccpcl.com.cn
销售电话	(010)85285911
总 经 销	人民交通出版社股份有限公司发行部
经　　销	各地新华书店
印　　刷	北京科印技术咨询服务有限公司数码印刷分部
开　　本	787×1092　1/16
印　　张	17
字　　数	391 千
版　　次	2008 年 11 月　第 1 版　2017 年 5 月　第 2 版
印　　次	2025 年 1 月　第 4 次印刷　累计第 6 次印刷
书　　号	ISBN 978-7-114-13724-2
定　　价	38.00 元

(有印刷、装订质量问题的图书由本公司负责调换)

前言 Qianyan

航道是水路运输的基础。古老的水运至今已逐渐发展为既经济又绿色环保的运输方式。《中华人民共和国航道法》的颁布,标志着航道建设步入了依法管理的新阶段。近年来,航道科技工作者在建设的过程中开发利用了许多新技术、新材料、新设备、新方法等,获得了许多新的经验,取得了巨大的成就。这些新经验、新成果很有必要走入课堂,进入教材,为培养专业人才服务。

近年来,国内港口航道与海岸工程专业人才培养改革及专业工程技术均有了新的进展,需重新对专业教材进行修订。本教材是根据各院校港口航道与海岸工程专业人才培养需要,参考上一轮《航道整治》教学大纲组织编写。

在编写过程中,编者力求反映航道整治最新成果,同时注重基本概念,拓宽学生工程知识面,提高学生综合设计能力。

本教材是由业内多所高校的教师编写而成。具体编写分工为:由胡旭跃教授担任主编,编写绪论、第一、第三章及专题二;廖迎娣担任副主编,编写第五、第八章;赵志舟编写第七章;沈小雄编写第六章、专题一;黄伦超编写第二章、专题三;程永舟编写第四章;陈一梅编写专题四。徐金环教授和陈健强研究员级高级工程师担任本书主审。

本教材为水利行业规划教材,教材的出版得到了人民交通出版社股份有限公司的大力支持,在此表示诚挚的感谢!

限于编者的水平,本书难免有不当之处,衷心希望读者批评指正,以便今后改进。

编　者
2017 年 2 月

目 录 Mulu

绪　　论

历史上,世界各地大多数政治、经济和文化中心都是沿水运发达的河流两岸发展起来的,水运曾极大地促进了人类文明的发展。今天,水运因为有运量大、成本低和能耗少等许多优点,仍在经济领域发挥着重要作用。一个万吨级的船队相当于几列火车的运量,而消耗能量相对要少得多。正因为水运具备环保、节能和大运量等优越性,许多发达国家的大型企业多沿河建造,企业的建立又促进了水运的发展,充分利用水运是当今世界各发达国家的宝贵经验。

航道是水运的首位要素,要发展水运首先应加强作为基础设施的航道工程建设。航道是船舶能够安全航行的水面区域,并非所有自然状态下的河流均能满足安全航行要求。为了使河流湖泊中的这些部位满足航行要求,常常需要采取一定的工程措施,这就是航道工程。同时,为了增大船舶运量和延长通航里程,也需在河流上实施航道工程建设。

在工业化过程中,美国、俄罗斯和西欧各国分别利用当地的自然条件,建立了以密西西比河、伏尔加河和莱茵河为主干的连接江河湖海的标准统一的航道网,大大促进了当地社会经济的发展。我国地处温和湿润的北温带,河湖众多,海岸线长,有发展建设航道的良好自然条件。江河湖泊水量充沛、多数冬季不冻。很早以前我国人民就有目的地开发建设航道,战国时代就开凿了胥溪,将太湖和长江等连接起来;秦代开挖灵渠,沟通了长江、珠江两大水系;举世闻名的京杭大运河,沟通了海河、黄河、淮河、长江和钱塘江等五大水系。

新中国成立以后,国家对航道建设极为重视,航道建设事业又有了巨大的发展。在航道疏浚、整治、炸礁、渠化、开挖运河以及河口治理上,均取得了许多新的成就。例如著名的川江(长江上游宜宾至宜昌河段)全长约1000km,是沟通大西南与我国东部的水运干线。1949年前,川江从未进行过整治,航道长期处于自然状态;特别是其中著名的三峡河段,自古被称为天险。新中国成立后,国家大规模地进行了整治,川江通航条件得到了极大的改善;尤其是随着三峡工程的建设完成,通航条件得到了根本的改善,通航水深已超过美国密西西比河上游渠化后的2.74m。另外,随着我国对外贸易的发展,长江口通过大规模整治,通航水深已经达到12.5m,万吨级海轮每日可进出上海港,且可直达南京,目前正在为长江下游进出更大吨位的船舶而努力。珠江口、闽江口、瓯江口,甬江口等也都进行了大规模的整治和疏浚工程,均取得了成功,在河口航道治理方面积累了的宝贵经验。此外,众多的内河如珠江、西江、北江、淮河、松花江、湘江、沅水、赣江、汉江、右江、闽江、嘉陵江、岷江和大渡河等,以及洞庭湖和鄱阳湖航道也都进行了系统的整治,在通航条件的改善方面取得了显著成效。

长度位居世界第三的长江,横贯我国中部,跨越西南、中南和华东地区,具备良好的航道建设基础条件。随着长江流域经济的快速发展,长江黄金水道规模化、集约化的水运能力不断提高。2014年长江干线完成货物通过量20.6亿吨,再创历史新高。这也是自2005年长江年货物通过量首次跃居世界内河榜首后，连续10年夺得世界内河第一，实现"十连冠"。长江已经成为世界上内河运输最繁忙、运量最大的通航河流，长江黄金水道对沿江经济的推动作用越来越明显。

目前我国的航道建设与世界上先进发达国家相比，一些方面还比较落后，优越的水运资源还未充分开发和利用。从航道角度而言，航道标准低，平均运距短，转运倒驳多，干支流运输直达少。由此，增加了运输成本，限制了水运优越性的充分发挥。近年来，国家对交通基础条件进行了大规模的投资建设，水运的基础条件也得到了很大的提高。内河水运要保持其竞争能力，发挥出优势，必须有标准比较高的通航航道网络。航道标准的高低和航道是否成网，对提高水运效益的关系重大。根据国外航道网建设的经验，在开发干流的基础上，必须抓紧支流航道的建设。例如，美国建设密西西比河的支流俄亥俄河、阿肯色河等，德国建设与莱茵河沟通的内卡河、美因河、摩泽尔河等。按照我国交通运输部的规划和安排，正在逐步扩建长江的支流汉江、湘江、赣江、信江、岷江、昌江以及淮河的支流西肥河、沙颍河等。为发展直达运输，江海联运和水陆联运，充分发挥水运优势而创造条件。近年来，我国对江河湖海进行了大规模的整治，航道的标准在不断提高，长江干线、京杭运河已经成为世界上运量最大的通航河流和运河，且水运能力的增长空间仍然巨大。随着我国综合国力的逐步增强，一个标准统一、四通八达的水运网络正在形成，配合信息技术的应用和管理的加强，水运事业的面貌必将大大改观。

2014年12月28日全国人大常委会第八次会议通过《中华人民共和国航道法》，2015年3月1日开始施行。航道法的颁布对开发、建设和保护航道，促进水运的发展具有极其重要的意义。航道法能使内河航运建设事业在一个有法可依、有章可循的法治环境下更好地发展，进而促进经济的腾飞。

以往在改造和利用河流方面积累的丰富经验，对今后从事航道整治工作具有很大的指导和借鉴作用。随着河流动力学等基础学科的发展和施工技术的不断进步，航道整治学科的发展已经进入了着眼长河段、考虑全方位综合治理的新阶段。与发达国家相比，我国在整治工程建设中采用新材料、新技术还不够；中小河流整治施工中效率还不高；河道原型观测投入不够，资料收集赶不上工程设计和理论研究的需要；特别是新型电子和信息技术的应用还远远跟不上技术本身发展的进程。

整治好航道必须首先掌握河床演变的基本规律，因此河道演变分析是进行航道整治的前提和基础。河流变迁十分复杂，受自然条件影响很大，不同的水文、气象、生态、地质和地貌条件下，河流演变过程差别很大，目前还难以做到准确、定量预报河床变形。同时滩险情况千差万别，即使在同一河段上，也难找到地质、地形和水流完全一致的滩情，因而，采取的整治措施也不会完全一样。河流的整治必须因滩而异，不能生搬硬套教科书上的或别的滩险的整治方法。目前提出来的一些设计理论和计算方法，受前提条件的限制，都有一定的局限性，远远不能达到结构设计那样的精度。因此要加大原型观测的力度，在工作中深入现场掌握第一手资料，调查研究滩险的基本演变规律，在认识滩险的基础上确定相应的整治方法和措施。必要时，可进行模型试验或数学模型计算，强化对河段和滩险的认识，验证整治效果。目前，新观念、新技术不断出现，应努力将这些新的材料、方法、结构等应用到航道整治工程中来，解决新环境下航道工程建设中的问题。

　　本教材内容的取舍力求符合新的国家专业技术标准、工程技术规范及工程技术发展的特点。读者要针对不同情况,灵活应用整治工程的一些技术原则和原理,注意理论与实际的结合,树立综合利用水利资源和可持续发展的理念,注重锻炼综合分析问题和解决多目标问题的能力,学会在大量错综复杂的资料中,通过对一些成功事例的分析,不断修正和提高对课程内容的认识,为今后从事专业工作打好基础。

第一章　航道与航道工程

航道是发展水上运输的基础,它既受自然演化的影响,也受人类活动的干扰。本章从自然和人类影响两个层面出发,介绍航道和航道工程。

第一节　航道与通航水域

一般意义上,船舶及排筏能够通达的水域就是通航水域。从交通运输的角度来看,应该将具有能让营运船舶和大中型排筏通达的水域定为通航水域。由于不同水位期的通航水域是变化的,而且在具体界定航道时受许多因素的影响,因此不能简单地将可通达水域认为就是航道。

广义的航道与河道或基本河槽等同,常用水道(英文用 waterway)一词来表示。可以把航道理解为包括常遇洪水位线以下的基本河槽,或者是中高潮位以下的沿海水域的水道和河道整体。

狭义的航道等同于"航槽"(navigation channel),除了运河、通航渠道和一些水网地区的航道以外,航道的范围总是小于河槽的范围。这是因为航道应当有尺度标准和设标界限,航道位置会随河道演变和水位变动而随时移动,航道尺度也可以随季节与水位变化以及整治工程产生效果而有所变化。

在天然河道、湖泊、水库内,航道的设定范围总是只占水面宽度的一部分而不是全部。用航标标出可供船舶航行的这部分水域,既是确保航行安全的需要,也是客观条件的制约。因为在天然条件下,不同水位期能供船舶安全航行的水域,不仅要有足够的水深,而且要有平稳的流态,这样的水域不可能是无限宽阔的,在某些地方,还受过河建筑物的限制。因此,狭义的航道是一个在三维空间上既有要求,又有限制的通道。

可以明确地定义航道如下:为了组织水上运输所规定或设置的船舶、排筏航行通道称为航道。这里所谓的"规定",是指在图纸上画定或在现场标志出;所谓"设置",是指用疏浚或建筑物导治而形成的通道。一般说来,航道标准尺度应满足一定船舶(队)安全、方便地航行,为此对航道有以下的基本要求:

(1)应有足够的水深、宽度和弯曲半径;

(2)适合船舶航行的水流条件,包括适宜的流速,良好的流态;

(3)水上跨河建筑物应满足船舶的通航净空要求。

对于上述几个方面要求,天然状态下的河流不是都能满足的。平原河流及河口段,常常由于泥沙堆积造成水深不足,出现所谓的浅滩。山区河流由于河床边界一般为岩石,除有些河段水深和宽度不足外,有些河段落差大,坡陡流急,船舶上行困难,下行危险,即所谓的急流滩。有些河段弯曲半径过小,并存在险恶的流态,驾驶中容易发生事故,这样的河段即所谓险滩。

航道可以根据多种原则进行分类。

1. 按航道的级别划分

许多国家都制定了航道分级标准,我国将航道由高到低分成Ⅰ～Ⅶ级,达不到Ⅶ级标准的航道称为等外级航道。

2. 按航道的管理属性划分

根据管理属性,可将航道划分为国家航道、地方航道和专用航道。国家航道系指构成国家航道网,可通行 500 吨级以上船舶的内河干线航道,跨省、市、自治区、直辖市可常年通航 300 吨级以上船舶的内河干线航道,可通航 3000 吨级以上海船的沿海干线航道,以及对外开放的海港航道和国家指定的重要航道。地方航道是指常年通航 300 吨级以下船舶的内河航道,可通航 3000 吨级以下海船的沿海航道,地方沿海中小港间的短程航道,非对外开放的海港航道,以及其他属于地方航道主管部门管理的航道。专用航道是指由军事、水利电力、林业、水产等部门以及其他企业事业单位自行建设、使用的航道。

3. 按航道所处地域划分

按航道所处地域可分为内河航道和沿海航道两大类。

内河航道包括河流、湖泊和水库内的航道,以及运河和通航渠道。其中,河流航道又可以分为山区河流航道、平原河流航道和潮汐河流航道。

沿海航道原则上是指位于海岸线附近,具有一定边界、可供海船航行的航道。例如,德国在《联邦航道法》中将沿海航道规定为:"系指位于中高潮位时,海岸水线、内河航道,或内河航道与海域的分界线,与领海外侧边界之间的水域;以及导堤或防波堤一侧或两侧的进港航道。"目前,我国还没有对沿海航道进行具体界定,为了理顺管理体制,有必要对其进行科学的界定。

另外,还可以根据航道的形成因素,将航道划分为天然航道、人工航道和渠化航道。湖区航道还可分为湖泊航道、河湖两相航道和滨湖航道等。根据航道的通航时间的长短分为常年通航航道和季节通航航道;根据有无对通航的限制划分为单行航道、双行航道和限制性航道等。

第二节　航道标准及航道尺度

一、内河船舶的航行方式

根据船舶的动力条件,内河船舶可分为自航与非自航两种。自航船就是船舶带有动力,可以自己单独行驶。非自航船也称驳船,自己没有动力,需要由机动船带动行驶。根据已经发布的国家标准、行业标准及各大水系的现实情况,内河货运船舶包括分节驳、普通驳船、机动驳船、普通货船、内河集装箱船及江海直达货船等几大系列。在内河上常见船舶编队航行，由多个驳船编结在一起，用机动船带动。编队航行的主要优点为运量大，比单船行驶运输成本低。目前我国内河上推荐采用的编队方式为普通驳顶推船队和分节驳顶推船队，拖带船队多在河道的下游及平原水网地区运营。

拖带船队是拖轮在前，用缆索拖带后面的驳船队。为了减少拖轮螺旋桨搅起的尾流冲击到驳船队，避免加大船队的水流阻力，一般要求拖轮与第一艘驳船之间的缆索长度较长，具体长度按拖轮的动力大小而异。在航道尺度允许时，为了减小船队阻力，逆流行驶时，可以采取多排一列式，如图1-1a）所示，顺流行驶时，可以采用多排并列式，如图1-1b）所示。拖带船队的编队方式行驶时的阻力大，运价高，但由于它是软联结，要求的航道条件可以低些，弯曲半径较顶推船队为小。

顶推船队是作为动力船的推轮放在船队的后面，驳船之间联结成一个整体，如图1-2a）所示，顶推船队较拖带船队有以下优点：

（1）阻力小，消除了拖轮在前面搅起的水流对后面船队引起的冲击阻力；推轮在驳船队的附随水流之中，减少了水流对推轮的阻力；同时，螺旋桨也在附随水流之中，改善了螺旋桨的工作条件；减少或消灭了由于驳船在拖带船队中的偏转摆动所增加的阻力。

（2）顶推船队联结为一个整体，偏转摆动幅度小，增加了船队的稳定性。

（3）顶推船队的船员数量相对大大减少。

（4）编队、解队的作业简便快速，提高了劳动效率。

a)多排一列式拖带

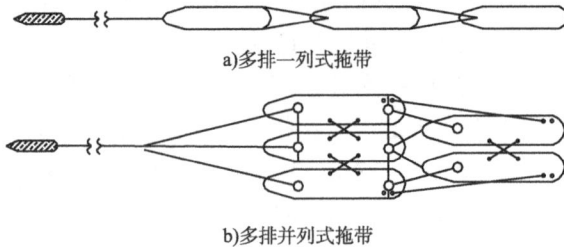

b)多排并列式拖带

图1-1 拖带船队

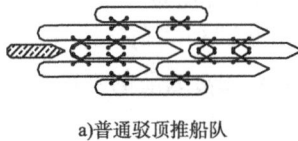

a)普通驳顶推船队

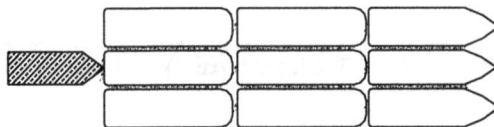

b)分节驳顶推船队

图1-2 顶推船队

1980年代开始，我国长江及其他一些水系，推行了分节驳顶推运输方式。分节驳顶推船队类似铁路列车，由许多艘统一规格驳节，编组成一支庞大的船队，由一艘推轮在后面顶推前进，如图1-2b）所示。这种船队与普通顶推船队相比，其技术性能和经济指标都显示出明显的优越性，具有如下优点：

（1）船队的整体线型得到改善,航速可提高 6% ~ 15%。

（2）由于取消了普通驳船的驾驶楼、舵设备、救生设备和船员住宿等设施,降低了分节驳造价。

（3）船型丰满,在船队长度不变的情况下,其载重量可增加 8% ~ 14%;若载重量不变,则船队长度可缩短,从而减少造船材料消耗量。

（4）驳船上可不配船员,节省人力。

（5）驳船建造易于标准化和系列化;线型简单,便于建造。

（6）船队驾驶操纵性能较好。

应该注意的是,由于船型的特点,分节驳若单独使用阻力会很大;在同一船队中编入尺度相同的分节驳船,船队的高效才能显现;在装货时要严格控制配载,保证各分节驳船吃水均衡,以形成较好的整体线形。

二、通航标准与航道等级

不少航运发达的国家制定了通航标准,明确了标准船舶(队)的尺度、过河建筑物净空、通航建筑物的尺度和通航水位的规定等。欧洲为了实现跨国的水上运输,还制定了可供有关国家共同遵守的通航标准。同时,依照标准,结合各河流、湖泊的实际情况和通航要求,确定了各区段的航道建设等级,使航道建设、管理和保护具有统一的依据。

航运发达国家的航道等级技术指标有两种,有的以航道尺度为主线,将航道分为各个等级,如俄罗斯;另一种则以标准驳船的吨位及船型作为分级的标志,以控制有关的航道尺度,如西欧。美国虽然没有明确颁布通航标准,实际工作中都遵循一定的标准,结果是其航道和船舶以及水运干线的互通程度很高,形成了四通八达的现代化航道网。譬如,美国密西西比河水系以航道水深作为分级的指标,结合选定船舶吨位和船型,航道按水深分为四级,即 1.83m、2.74m、3.66m、12.20m,其中以 2.74m 为航道网的标准水深,以 3.66m 为航道远景规划水深的目标。

为了使我国水运建设工作经济合理,并符合国家远景发展规划的需要,使全国内河航道相互衔接,逐步形成方便通行的水运网络;同时,使水运建设能与水利、桥梁等有关的建设工作相互协调,充分发挥水运在国民经济中的作用,1963 年 1 月国家计委转发了交通部制定的《全国天然、渠化河流及人工运河通航试行标准》(简称 63 标准)。经过 20 多年的试行之后,交通部于 1980 年组织对《内河通航标准》进行修编,至 1990 年完成,建设部于 1990 年 12 月批准了该标准(简称 90 标准)并于 1991 年 8 月 1 日起施行。《内河通航标准》(GBJ 139—90)颁布实施十余年,对内河航道的建设管理和水资源综合利用发挥了重要作用,取得了显著的社会效益和经济效益。经过十多年的实践,发现 90 标准仍然有些规定不便操作,使用困难,而且条文说明未同标准合在一起公开发行,不利于对标准的准确理解,出现了简单套用有关尺度的现象。随着水运事业的不断发展,内河船型、船队和运输方式都发生了很大变化,内河航道、通航建筑物和过河建筑物的建设也积累了许多新的经验,为适应新的发展要求,2000 年开始,建设部和交通部组织有关单位,在 90 标准的基础上对原标准进行了修订。2004 年完成并于当年 5 月 1 日开始实施,《内河通航标准》(GB 50 139—2004)(简称 04 标准)总结和借鉴国内外通航技术研究成果和实践经验,并通过大量调查研究、广泛征求意见和专题研究再次进行了修订。与修订前相比,04 标准调整了原标准中天然及渠化河流航道和限制性航道的部分通航尺度;纳入了特殊宽浅河流、水势汹乱的山区性河流和湖泊、水库航道的技术内容;增加了船闸的规模、工程布置和通航水流条件的有关规定;补充了过河建筑物的选址和布置以及通航水位的有关规定。2010 年后,对 04 标准再次进行了修订,增加了海轮进江航道尺度的确定方法和原则;调整了原标准中天然及渠化河流航道、限制性航道和珠江三角洲至港澳线内河航道的个别货船代表船型尺度;增加了临河建筑物的选址和布置技术要求;将"港口作业区"的用语调整为"码头、船台滑道、取排水口等临河建筑物";调整了水上过河建筑物与码头、船台滑道、取排水口等临河建筑物的间距要求;补充了过河建筑物、临河建筑物的安全保障措施等。新标准《内河道航标准》(GB 50 139—2014)于 2014年完成并于当年 4 月 15 日发布,2015 年 1 月 1 日开始实施。

根据现行通航标准,将国内河流、湖泊、水库及规划通航的航道进行等级评定,定为 Ⅰ ~Ⅶ航道,Ⅶ以下的内河航道等级,按省、市、自治区、直辖市的交通主管部门的规定自行评定。航道等级评定的原则包括:航道定级应充分考虑航运远期发展的需要;应考虑河道基本条件和开发治理的可能性;要有利于干支直达、江海直达运输,有利于水运主通道和现代化航道网的建设;应结合江河流域、铁路、公路、城市、军事、林业、船舶工业等部门的发展规划综合考虑;应综合考虑航道在综合交通运输网和水资源综合利用中的地位和作用及邻省干支航道的等级标准。

三、航道尺度与通航水流条件

1. 航道尺度

根据我国《内河通航标准》的规定,各级航道的尺度是航道工程要达到的标准,系指在设计最低通航水位下滩险河段上保证通航的最小尺度,包括航道水深,航道宽度,航道弯曲半径,以及在设计最高通航水位下跨河建筑物的净空等。弯曲段最小宽度与直线段的值是不一样的,而且,同一等级或档次条件下的航道水深还存在一个幅度。因此,具体确定某个河段的航道尺度时,应该依据不同河流或水域的性质、通航船队船型、过船的密度和运量等情况进行分析论证。

一般地讲,航道标准尺度应保证船舶正常安全航行,并能提供发挥合理运输效益的条件,同时航道工程的投资和维护费用少。因此,它是满足一定船舶(队)安全有效航行条件下的最低技术标准。凡客观条件许可,无需增加航道工程费用,或费用虽有增加,但经论证仍属合理的情况下,可采用较大的航道尺度。

航道尺度的选择,应根据航道条件、工程量(包括基建性和维护性工程量)以及运输效益确定。大的江河具有能获得大的航道尺度的自然条件,能航行大的船舶,能满足大的货运要求;小河达到较大的航道尺度就较困难。图 1-3 表示航道尺度与成本的定性关系,说明如果航道尺度提高,花在工程方面的费用必将增大;但由于大的航道尺度能满足较大船舶(队)

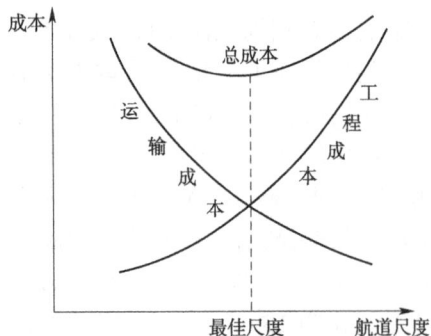

图 1-3 航道尺度与建设成本关系

航行要求,能使运输成本降低,经济效益提高。从这两个因素中,就可以找到一个成本总量为最小的航道尺度。需要指出的是,图1-3中的两条成本曲线涉及的因素较多,绘图和分析时需要进行深入调查研究,充分掌握第一手资料,否则无法正确地反映两因素的合理关系。

2. 航道水深

航道水深是航道尺度中最为直接的一项尺度。航道水深决定着船舶的航速和载重量。一般在平原和河口地区,航道水深不足是碍航的关键。在这些地区,采取工程措施的主要目的是解决航道水深问题。

航道标准水深是指设计最低通航水位下航道范围内的浅滩最小水深,其定义参见图1-4。航道标准水深一般包括船舶的标准吃水和富余水深,可用下式表示:

$$H = T + \Delta H \tag{1-1}$$

式中:H——航道水深(m);

　　T——船舶吃水(m);

　　ΔH——富余水深(m)。

船舶吃水 T 是指代表船型的设计吃水。在设计驳船时,船体结构所能承载的吃水称最大吃水(亦称结构吃水)。最大吃水大于标准载重时的标准吃水。例如,长江中游的一种油驳标准载量3000t,标准吃水为3.3m,而其最大载重量约为3300t,最大吃水是3.6m。

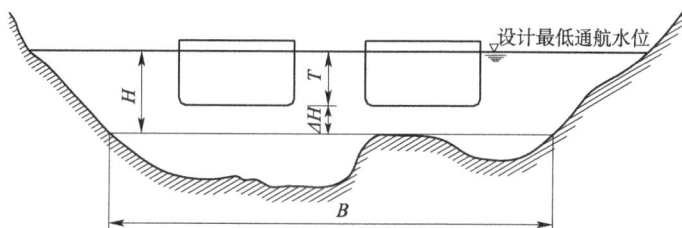

图1-4　航道标准水深定义图

富余水深是指船舶在标准载重时,处于静浮状态船底龙骨下至河底的最小距离。在确定航道标准水深时,富余水深应着重考虑下列两项因素:

(1)船舶航行下沉量 ΔH_1,也称动吃水。船舶航行时,因绕流作用,其四周流速增大,水位下降,水压力降低,船体下沉,因而吃水增加。船舶航行下沉量主要受航道水深所制约,随航道水深的减小而增大,浅水中船体下沉量比较大。ΔH_1 还与船舶的航行速度有关,随航行速度的增大而增大;另外与航道断面系数和船型也有关。就天然(渠化)河流的航道而言,主要是浅水影响。我国的船模试验资料表明,分节驳船队当 $\dfrac{H}{T} > 5.5$ 时,浅水影响可不考虑。在确定航行下沉量时一般以中速为准,因此,船舶在通过浅滩时不得快速行驶。

目前确定航行下沉量通常采用实船试验的方法,有时也采用经验公式估算,其中以俄罗斯霍密尔公式较为简便。

$$\Delta H_1 = m \sqrt{\dfrac{T}{H} v^2} \tag{1-2}$$

式中:ΔH_1——船舶航行下沉量(m);

　　H——航道标准水深(m);

T——船舶标准吃水(m)；

v——船舶相对于水的速度(m/s)；

m——系数，见表1-1。

航行下沉量系数 m 表   表1-1

船长/船宽	3.5	4.0	5.0	6.0	7.0	8.0
m	0.0038	0.0029	0.0023	0.0020	0.0016	0.00145

(2)触底安全富余量 Δd。由风、浪引起的水面下降或船舶吃水增加；船舶编队的吃水增值；为保证舵效，以达到操纵安全灵活所增加的吃水；为保证推进器的安全运转所增加的吃水。所有这些因素，一并归入触底安全富余量中。

富余水深除关系到船舶(队)的航行安全外，还直接影响船舶的航行阻力及操纵性能，随着富余水深增大，船舶航行阻力减小，航速增快，船舶所需的动力大大节省，效益提高。一般说来，内河顶推船队采用的水深吃水比 $\dfrac{H}{T}$ 不小于1.2。鉴于我国河流众多，条件各异，航道多处于自然状态，目前大幅度增加航道水深尚较困难，而且船舶航速尚不很高，因此，我国通常采用的 $\dfrac{H}{T}$ 值在1.14~1.43之间，泥沙质河床浅滩最小富余水深为0.2~0.5m，石质河床另加0.1~0.2m。

为了减小航道工程费用，同时获得较大的营运经济效益，在航道工程、船舶设计和航运管理等方面都实行"变吃水"的航运措施。

(1)在船舶构造上，使结构吃水(最大吃水)大于标准吃水，例如我国建造的300t分节驳标准吃水1.30m，而最大可装载350t，最大吃水1.45m。当水位高于设计最低通航水位时，船舶可加载，这样使得年内大多数时期能获得较大的经济效益。

(2)在航道建设上，规定同一级航道的标准水深有一个幅度范围，标准值的下限等于船舶(队)的标准吃水，上限为船舶标准吃水加富余水深。凡采用小于上限值的航道，在接近或达到最低通航水位时，船舶减载通航。船舶枯水期虽然减载，经济效益有所损失，但航道工程费用可大量减少。

3. 直线航道宽度

航道宽度是指设计最低通航水位时具有航道标准水深的宽度(图1-4)。航道宽度取值一般以保证两个对开船队安全错船为原则，在船舶(队)航行密度很小，航道狭窄段不长，拓宽工程较大时可采用单线航道。

如图1-5所示，双线航道的宽度可用下式表示：

$$B = 2b\cos\alpha + 2L\sin\alpha + C_1 + 2C_2 \qquad (1-3)$$

式中：B——航道宽度；

    b——船队宽度；

    L——船队长度(拖带船队为最大单船长度)；

    α——漂角；

    C_1——船队间的富余宽度；

    C_2——船队与航道边缘间的富余宽度。

由式(1-3)可概括成两部分,其中 $2b\cos\alpha + 2L\sin\alpha$ 为船舶航行时占有的水域宽度,也称航迹带,而 $C_1 + 2C$ 为航道富余宽度。航迹带不仅决定于船队宽度,还与船队长度,船队操纵性能及航行条件等密切有关。

式中的漂角定义如图1-5所示。船舶(队)作直线航行时,常受侧风和斜向水流的外力作用,船舶(队)本身也往往有两侧阻力不均衡现象,因此需经常用舵来保持航向。此时,船舶(队)纵轴线与航向线之间形成一个角度,漂角的大小主要受制于水流流态。由实船试验可知,由于各河段间的流态不同,引起航向不断发生变化,漂角也随之变化。另外,漂角还受船(队)型及操纵性能和驾驶技术的影响,直线航行的船舶(队)所受的作用力主要是流体动力,不同船型的流体动力和力矩不同,因而漂角不同。目前我国根据实船试验成果,并参照国外资料,一般一级至四级航道的漂角选用3°,五级至七级航道的漂角选用2°。

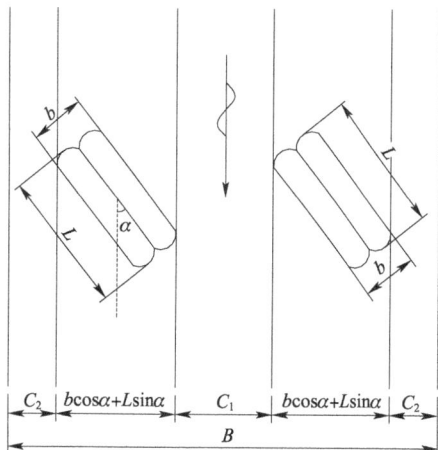

图1-5 双线航道宽度示意图

航道富余宽度是保证船舶安全航行,不产生船吸和岸吸现象的最小富余尺度,两船队交会时,船队两侧存在着流速差和水位差,形成压力差而产生互吸。船舶与岸线之间的水流有推动船首离岸而引船尾靠岸的倾向,船舶航行时应该与岸线(或建筑物)保持足够的安全距离。影响航道富余宽度的因素有船型、队形、系结方式;船队的航速及推轮的舵效;水流流速,流向、流态;河岸的线形、土质及坡度等。航道富余尺度可由实船试验确定,也可参照下式估算:

(1)平原、丘陵地区航道:

$$C_1 = 0.7b' + 4$$
$$C_2 = 0.2b + 1.2$$

式中: b' ——会船的两船队宽度的平均值,其他符号意义同前。

(2)山区航道:

$$C_1 = 0.8b$$

Ⅳ级以上(含Ⅳ级)航道: $C_2 = (0.24 \sim 0.33)b$

Ⅳ级以下航道: $C_2 = (0.32 \sim 0.60)b$

我国目前确定的直段双线航道宽度大致是船队宽度的4倍,即 $\dfrac{B}{b} = 4$,随着航运事业的发展,船舶趋向大型化,高速化,这一比值将会增加。根据资料,美国一般 $\dfrac{B}{b} = 5.0 \sim 6.0$,西欧 $\dfrac{B}{b} \geq 4.4$。

4. 航道弯曲半径 R 和弯曲航道加宽

航道弯曲半径 R 是指弯曲航道中心线的曲率半径,弯曲半径越大航行越便利。但是受自然河道地形及两岸地物限制,船舶往往不得不在半径较小的弯曲河道中行驶。因此,就规定一个弯曲半径的最小限值,作为航行保障的一个条件。我国《内河通航标准》中规定航道最小弯曲半径为顶推船队长度的 3 倍、拖带船队最大单船长度的 4 倍,特殊困难航道难以达到此值时,弯曲半径可适当缩小,但不得小于顶推船队长度的 2 倍、拖带船队最大单船长度的 3 倍。随着内河运输的发展,顶推船队逐步推广,船队尺度日益增大,船舶航速提高,操纵性能改进,弯曲半径的最小限值可适当减小。美国的经验认为他们的船队可以在弯曲半径与船队长度相等的航道中转弯,弯曲半径一般采用船队长度的 1.5 ~ 2.5 倍。

众所周知,航道弯曲后,流向发生变化,面流扫向凹岸,底流指向凸岸。纵向流速在横断面上分布也不均匀,外侧较大,内侧偏小,在凸岸下游,常出现回流或泡漩,流态紊乱。航行在弯曲航道中的船舶,在前进中的同时必须围绕弯道中心旋转,不断改变航向。改变航向的过程,会使船舶承受力矩、离心力和动水压力,船舶必须用较大的漂角来克服这些作用力,因此要求船舶有更高的灵活性和自控能力,亦即是说,当船舶条件相同时,在弯道上行驶的航迹要比直段上宽得多,其宽度随弯曲半径减小而增加。

弯曲航道的航行漂角是指船队纵轴线与通过船队回转中心圆弧的切线间夹角。目前对弯曲航道的研究多将航道宽度同弯曲半径结合在一起考虑,而集中注意船舶(队)转弯时的航行漂角。因为漂角最能代表船舶(队)在弯道航行时的航态,反映船舶(队)尺度、弯曲航道尺度、流速、航速等多种因素的关系。根据我国实船试验并结合国外的研究资料,影响漂角的各项因素有:

(1)弯曲半径:漂角 α 与比值 $\dfrac{R}{L}$ 呈反比关系,此处 R 为航道的弯曲半径,L 为船舶(队)长度。

(2)弯道圆心角:在弯曲航道中航行的船舶(队),其漂角是变化的。当弯道圆心角较大时,产生的最大漂角亦大。

(3)流速和航速:在有一定流速的弯道上,下水船的漂角比上水船大。在一定的弯曲半径下,船对岸的航行速度 V_s 与船对水的航行速度 V_r 的比值越大,漂角越大,亦即下水航行时,流速越大,漂角亦越大,上水航行时,流速越大(但仍比 V_r 小),漂角则越小。

(4)水深:一般 H/T 越大,漂角越大,H/T 越小,漂角亦越小。

(5)船队队形:一般 L/b 较小的队形其漂角较大。

综合我国多次实船试验资料,漂角值如表 1-2 所示。

弯曲航道的船舶(队)航行漂角 表 1-2

R/L	α（下水）	α（上水）
2.0	28° ~ 35°	9°
3.0	21° ~ 25°	5°
4.0	16° ~ 20°	4°
5.0	13° ~ 17°	3°

在弯道上的航道宽度应在直段宽度的基础上加宽。影响弯曲航道加宽值的因素很多:如漂角、船长、航速、视距和船舶控制性能等,河流的弯曲半径、过渡段长度等参数也应该加以考虑。弯道加宽值与漂角、船长、航速成正比,与弯曲半径、视距和船舶控制性能成反比。弯曲航道的航迹带宽度可按照直线航道的方法计算。而弯曲航道的富余宽度一般比直线航

道大,各级航道随弯曲半径变化的宽度取值亦可查相关表格。由于船舶在弯曲航道中行驶时下行的航迹带宽度大于上行的航迹带宽度,故单线航道的尺度按下行需要确定,双线航道则按上下行要求宽度之和计算。

在弯道上航行,还必须有足够的通视距离,以便安全会让对方来船。弯道的通视距离 S 如图 1-6 所示。通视距离以不小于船队长度的 3 倍为宜,由图可得:

$$S = \sqrt{\left(R + \frac{B}{2}\right)^2 - \left(R - \frac{B}{2}\right)^2} + \sqrt{R^2 - \left(R - \frac{B}{2}\right)^2} \quad (1-4)$$

式中: S ——通视距离;

　　　B ——航道宽度;

　　　R ——弯曲半径。

图 1-6　弯曲航道视距计算图

从直线段的正常宽度到弯道段的加宽段,应采取逐步平缓的过渡,形成一个渐变段。一般采用直线渐变过渡段,其最小扩宽率为 $1:20$,如图 1-7 所示。

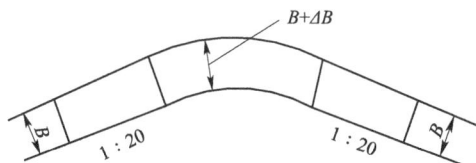

图 1-7　航道扩宽过渡段示意图

5. 航道断面系数

航道断面系数 η 是指设计最低通航水位时,航道过水断面面积与船舶(队)标准载量时船舶横断面面积的比值

$$\eta = \frac{A}{A_\varphi}$$

式中: η ——航道断面系数;

　　　A ——航道过水断面面积;

　　　A_φ ——船舶横断面面积。

航道断面系数与船舶航行阻力关系密切, η 值越小,航行阻力越大; η 值应随船速的提高而增大;航道流速大时,同样也应增加 η 值。国内外的研究成果表明: $\eta = 7$ 是最经济合理的。当 $\eta > 10$ 时,断面形状对航道阻力的影响可忽略不计,当 $\eta \geq 14$ 时,再增加 η 值对阻力影响不明显。

在平原河流上,由于河流横断面面积大, η 值一般都能满足要求。新开的狭窄浅水航道或运河上必须考虑 η 值。

6. 流速流态

航道中的表面流速和局部比降不能过大,否则航行船舶的推力不能克服逆流阻力前进,下行船舶的舵效难以发挥,使船舶操纵困难。航道中允许的最大纵向表面流速和局部比降的数值与船型和整治措施有着密切关系,应进行综合比较确定。垂直航道轴线的横向流速亦不应过大,否则会将船舶推离航道,发生事故。例如,船闸引航道口门区要求最大横向流速不大于 $0.3 m/s$,回流流速不大于 $0.4 m/s$。航道中的流态应满足船舶(队)航行安全要求。

7. 水上跨河建筑物的净空

跨河桥梁、渡槽、管道、电缆等应有足够的水上净空高度和净空宽度,以便船舶能安全顺利地通过。净空高度是指设计最高通航水位至建筑物底部的垂直距离。设计最高通航水位

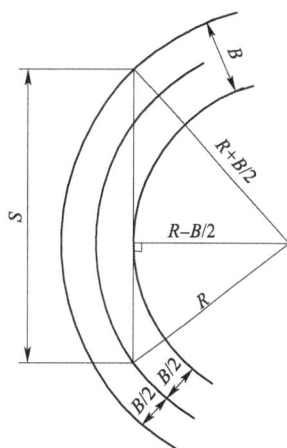

的标准,应根据航道等级依据国家颁布的标准执行。净空高度的数值应满足设计船舶空载的水上高度加富余值。净空宽度系指航道底标高以上桥墩(或墩柱)间的最小净宽度,包括船舶过桥航行轨迹宽度和富余宽度两部分。一般说来,为了使桥梁通航孔的净宽尺度尽量小些,较大船舶(队)应避免在桥孔会船。水上跨河建筑物的布置不得影响和限制航道的通过能力,通航孔的布置应满足所在河段双向通航的要求,应该特别注意航道两侧安全距离的取值。桥墩(墩柱)的顺水面应尽可能与水流流向平行,其偏角超过5°时,净宽必须相应加大。

天然、渠化河流上的水上跨河建筑物,一般应不少于两个通航孔,水运很繁忙的河流上,应设多孔通航。若在限制性航道上,净宽应采用航道宽度值,一般宜一孔跨过。

第三节　内河助航标志

一、航标的基本概念

航标,即助航标志,是船舶安全航行的重要助航设施。它的主要功能是标示内河航道的方向、界限与碍航物,揭示有关航道信息,为船舶指引安全、经济的航线。

航标分类,因不同的分类方法和标准而不同。

1. 按航标的作用分类

可以分为视觉航标、音响航标和无线电助航设施。

（1）视觉航标

是固定的或浮动的、更直观的助航标志。它具有易辨认的形状与颜色,可安装灯器及其他附加设备。广泛设置于沿海及内河上,是一种最重要、最基本的助航标志。国际航标协会亦称为传统航标(Traditional Aids)。

视觉航标常用标身的形状、颜色或顶标来区分或表示不同的航标功能,供驾驶人员在白天观察使用,而在夜间则以灯质即灯光颜色、灯光节奏、周期来区分识别。

（2）音响航标

音响航标是指能发出声音传送信息以引起驾驶人员注意其概略方位的助航标志,一般与视觉航标共同设置,多用于沿海地区。

音响航标,在能见度不良的天气里,发出具有一定识别特征的音响信号,使驾驶人员知道其概略方位,起警告船舶避免发生危险的作用。

（3）无线电助航设施

无线电助航设施,是以无线电波传送信息供船舶接收以测定船位的助航标志。

无线电助航设施能在大雾或恶劣的天气下远距离地保证船舶准确测定船位和航行安全。无线电助航设施包括:无线电指向标、无线电测向仪、雷达应答器、雷达反射器、雷达设标、雷达指向标、罗兰、台卡、奥米加和卫星导航等。

2. 按航标设置水域分类

按照航标设置在不同的水域,可分为内河航标(包括湖泊、水库)和海区航标,当航标在不同地点如岸上或水中时,也可简单划分为岸标与浮标。

3.按航标的功能分类

内河航标按功能分为航行标志、信号标志和专用标志。航行标志包括过河标、沿岸标、导标、过渡导标、首尾导标、侧面标、左右通航标、示位标、泛滥标、桥涵标;信号标志包括通行信号标、鸣笛标、界限标、水深信号标、横流标、节制闸标;专用标志包括管线标和专用标。

根据国家标准《内河助航标志》的规定,内河航标配布类别应根据航道条件与运输需要,通过技术经济论证确定。内河航标配布可分为以下四类:

(1)一类航标配布:配布的航标夜间全部发光。白天,船舶能从一座标志看到次一座标志;夜间,船舶能从一盏标灯看到次一盏标灯。

(2)二类航标配布:发光航标和不发光航标分段配布。在昼夜通航的河段上配布发光航标,其标志配布与一类航标配布相同;在夜间不能通航的河段上配布不发光航标,其标志配布密度与三类航标配布相同。

(3)三类航标配布:航标配布的密度比较稀,不要求从一座标志看到次一座标志,对优良河段的沿岸航道,可沿岸形航行不再配布沿岸标,但每一座标志所表现的功能与次一座标志的功能应互相边贯,指引船舶在白天安全航行。

(4)重点航标配布:只在航行困难的河段和个别地点配布航标。优良河段一般仅标示出碍航物。根据需要与条件配布发光航标或不发光航标。船舶需借助驾驶人员的经验利用航标和其他物标航行。

根据国家标准《内河助航标志》的规定,决定河流左、右的原则为:按水流方向确定河流的上、下游;面向河流下游,左手一侧为左岸,右手一侧为右岸。

对水流流向不明显或各河段流向不同的河流,按下列顺序确定上、下游(图1-8):

(1)通往海口的一端为下游;

(2)通往主要干流的一端为下游;

(3)河流偏南或偏东的一端为下游;

(4)以航线两端主要港埠间的主要水流方向确定上、下游。

航道右侧的标志漆红色,夜间闪红灯,航道左侧的标志漆白色,夜间闪白灯或绿灯。

具体设置内河航标时还应根据国家标准局批准发布的《内河助航标志》办理。

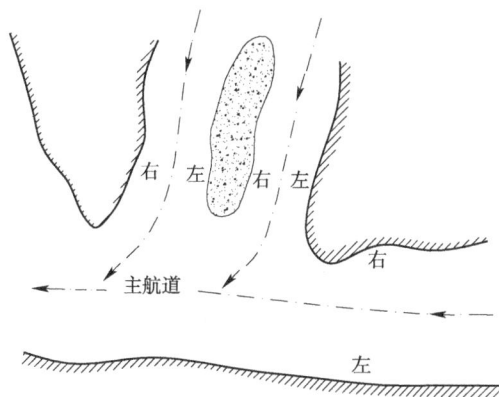

图1-8 确定航道左右方向示意图

二、内河助航标志及设置

平原河流浅滩多出现于枯水期或中枯水期,在分汊河段、汇流河口等处,从一岸到另一岸的过渡段尤易形成碍航浅滩,在沙质河床河段,由于冲淤活动频繁,浅滩航道位置、水深等经常处于变化之中,故航标配布应随时依据探测及测量结果予以调整,使航标能随时为船舶标示出或提供安全而经济的航行条件。

1. 过河标

标志跨河航道的起点或终点，指示由对岸驶来的船舶在接近标志时沿着本岸航行，或指示沿本岸驶来的船舶在接近标志时驶往对岸，如图1-9所示。其形状在标杆上端装正方形顶标两块，分别面向上、下方航道。如跨河航道距离过远以致目标不够显著时，可以在标杆前加装面向航道的梯形牌，梯形牌的颜色按背景的明暗来确定，背景深暗处为白色，背景明亮处为黑色。灯质左岸为白光，莫尔斯信号"A"（·—）或"M"（——），右岸为红光，莫尔斯信号"N"（—·）或"D"（—··）。此处"·"表示闪光时间较短，"—"表示闪光时间较长。

2. 沿岸标

标杆顶端装球形顶标一个，标示沿岸航道的方向，指示船舶继续沿着本岸行驶，如图1-10所示。灯色左岸为白色或绿色单闪，右岸为红色单闪。

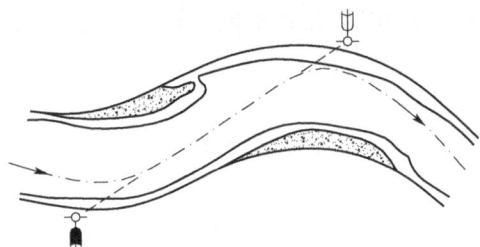

图1-9 过河标布置

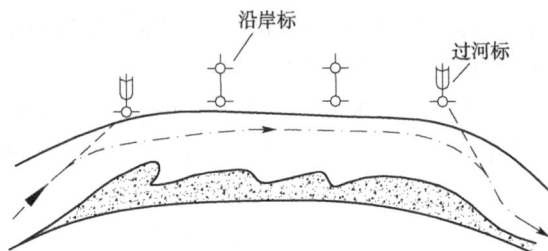

图1-10 沿岸标布置

3. 导标

由高低不同的两座标志（前低后高）前后竖立组成。前后标所构成的导线标志狭窄航道方向，引导船舶沿该导线行驶，如图1-11所示。导标的每一座标志由标杆顶端加一块正方形板制成。如导线航道过长以致目标不够显著时，可以在标杆前加面向航道方向的梯形牌。导标灯质前、后标均为白色单面定光，如背景灯光复杂白色容易混淆时，可以改为红色单面定光。

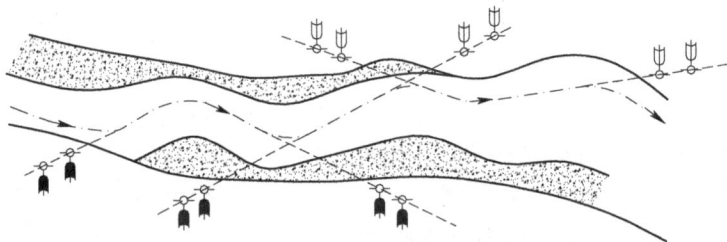

图1-11 导标标志河心航道

4. 过渡导标

由前标同过河标，后标同导标的两座标志组成，标示一方为导标指示的狭窄航道，另一方为较宽阔的沿岸航道或跨河航道，指示沿导线驶来的船舶在接近标志时驶入较宽阔的沿岸航道或跨河航道（或反之），如图1-12所示。灯质前标同过河标，后标同导标。

5. 首尾导标

由三座标志前后鼎足组成，前一座同过河标，后两座与导标相同。三座标志组成两条导线分别标示上、下方狭窄航道的方向，指示循导线驶来的船舶在接近标志时转向另一条导线航道,如图 1-13 所示。灯质前一座同过河标,后两座同导标。

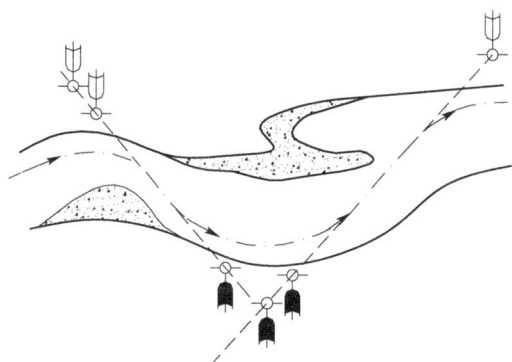

图 1-12　过渡导标布置　　　　　　　　　　　图 1-13　首尾导标布置

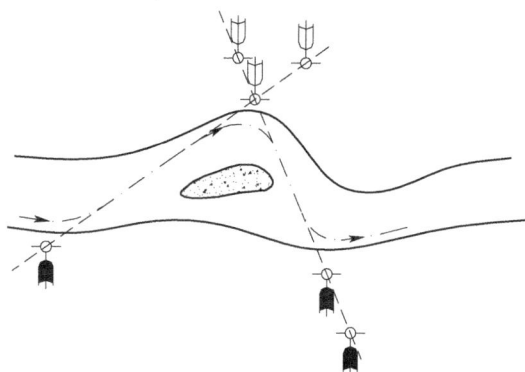

6. 侧面标

设在浅滩、礁石、沉船或其他碍航物靠近航道一侧,标示航道的侧面界限;设在水网地区优良航道两岸时,标示岸形、突嘴或不通航的汊港。其形状浮标可采用柱形、锥形、罐形、杆形或灯船,灯桩可采用框架形。也可以固定设置在水中。灯质左岸为绿色或白色,右岸为红色,均为单、双闪光。

7. 左右通航标

设在航道中个别河心碍航物或航道分汊处,标示该标两侧都是通航航道。在同一标体中线两侧分别为红色和白色,灯质为绿色和白色,三闪光。

8. 示位标

设在湖泊、水库、水网地区或其他宽阔水域,标示河口、岛屿、浅滩、礁石等位置,供船舶确定航向,指示船舶循标志进入河口或警告船舶避离危险区。其形状可采用各种形状的塔形体。灯质为白光、绿光或红光莫尔斯信号。

9. 泛滥标

设在被洪水淹没的河岸或岛屿靠近航道一侧,标示岸线或岛屿的轮廓。其形状为标杆上端装载锥体顶标一个,也可以安装在具有浮力的底座上作为浮标设置,左岸为白色或黑色,右岸为红色。灯质左岸为绿光或白光,右岸为红光,都为定光。

10. 桥涵标

在桥梁通航孔中央设置正方形红色或圆形白色标牌,分别指引大轮或小轮通过该桥孔。正方形标牌夜间为红色单面定光,圆形标牌为绿色单面定光。

三、浅滩河段航标配布

航标配布应根据河段的具体情况设计,此处以平原浅滩河段为例说明航标的配布。

在过渡段浅滩航道上,一般是在过河航道的两端河岸上设置过河标或过渡导标,但当过河处的岸边滩较大或岸上一时无法设标时,在不影响视距条件下,过河标可改用浮标形式设置。

浅滩过河航道通往上、下深槽的两端出入口,应各设一对侧面浮标(图 1-14)。如该段航道较长,可以在它中间适当加设侧面浮标,如果航道弯曲,应当在凸嘴处加设侧面浮标,标示弯曲航道的界限(图1-15)。

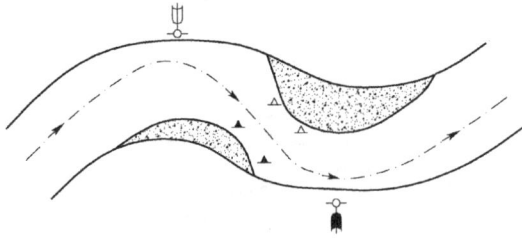

图1-14　浅滩过河航道航标配布

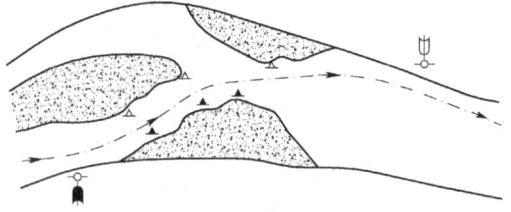

图1-15　弯曲浅滩过河航道航标配布

浅滩航道设置侧面浮标应设在浅滩、礁石伸向航道一侧。每对侧面浮标的设置,应当尽量互相错开。任何碍航物,应根据其形状、大小和碍航程度,用一座或几座侧面浮标标示(图1-16)。浅滩航道的上、下深槽和出入口在同一岸时,应在上、下两端的河岸上各设置沿岸标。

平原河流深槽航道多位于优良形态的微弯河段及弯曲河段的凹岸一侧。浅滩航道在中洪期或洪水期由于水位抬高也成为深槽航道。

深槽过河航道的两端河岸上应设置过河标。如果过河航道为碍航物所束窄,可改过渡导标,必要时在碍航物近道一侧设置侧面浮标,标示船舶偏离导线的允许范围(图1-17)。

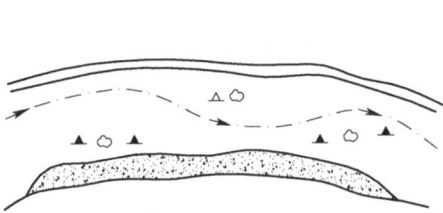

图1-16　用浮标标示障碍物

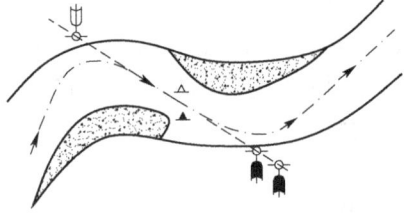

图1-17　窄深槽过河航道航标配布

如果同岸相邻两座过河标之间的沿岸航道距离过远或者为岸边突出部分所遮挡,不能从一座标志看到它同岸的另一座标志,应当在两标中间或在岸边突出处设置沿岸标(图1-18)。如因航道弯曲,同岸相邻两标之间的连线超出航道界限,应在河岸凹入处设沿岸标(图1-19)。

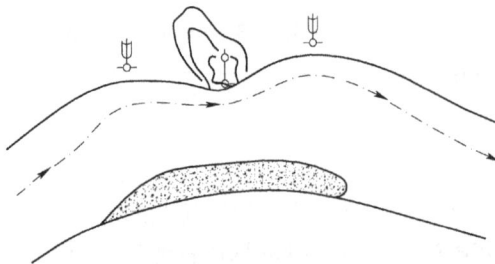

图1-18　凸岸深槽沿岸航道航标配布

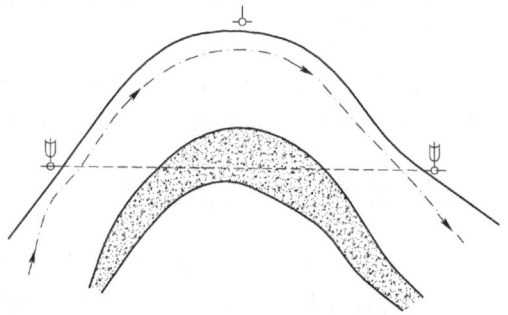

图1-19　凹岸深槽沿岸航道航标配布

狭窄沿岸航道的陡岸河段,设置沿岸标有困难时,可以将锥(罐)形浮标改设在岸上,作为岸标式设置,也可设在露出水面的孤立碍航物上(碍航物附近必须有足够水深)。

河心航道,主要用标示航道界限的侧面浮标标示(图1-20),如果航道外狭窄,也可以用一系列的导标标示航道方向(图1-21)。

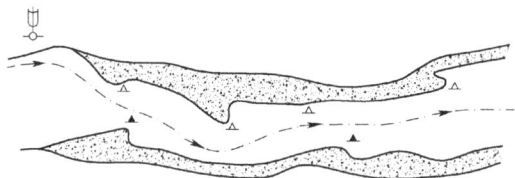

图1-20 河心航道航标配布

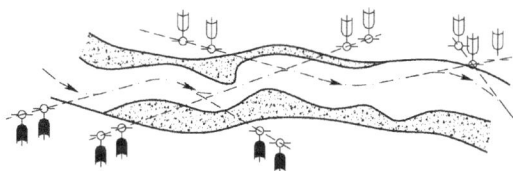

图1-21 用导标表示河心航道

第四节 航道工程

一、航道工程的内容

航道工程包括整治工程、疏浚工程、渠化工程、径流调节、运河工程及一些辅助工程措施。

1.整治工程

狭义的整治工程专指建造整治建筑物,用于改变和调整水流结构,稳定、控制和调整水流和泥沙在河槽内的运动,集中水流冲刷浅滩河床,增加航道水深;改善或消除不利于航行的急弯与汊道,减缓过大的纵向和横向流速;调整不利的水流流态,以达到改善险滩的流态和降低急流滩的流速。采取护岸等工程保护河岸,稳定目前的良好河势。成功的整治工程能较大地提高航道尺度,并能长期地维持航道的稳定。

2.疏浚工程

一般而言,是指采用机械、人工或其他措施在水中疏挖河槽的工作,这里特指通过疏挖河槽调整河床边界达到改善通航条件的工程措施。对于沙质和沙卵石河床,采用挖泥船挖除碍航的泥沙堆积体,增加航道水深。对于石质河床,采用爆破的方法(常称炸礁)炸除碍航的石嘴、石梁、孤石、岩盘等。

3.渠化工程

在河道中建造拦河闸坝,抬高上游水位,在闸坝的壅水河段内,由于水位抬高,增加了航深,减缓了流速,消除了急、险滩段。河流建造拦河闸坝以后,为了使船舶通过存在上下游水位差的闸坝,需建造船闸或其他类型的通航建筑物。渠化是一种提高河流的航道等级,构成标准统一的航道网和综合利用水资源的有效措施。

4.径流调节

根据河流流量加大,水深也相应加大的道理,利用浅滩上游水库调节流量,洪季拦蓄,枯季泄放,使靠近水库下游的浅滩枯季水深增加。以径流调节增加航深,一般是航运受到的间接利益。单纯为了增加枯季航深需要补充的流量很大,必须建造大型水库,同时水库距浅滩段越远,增深的效果越差。事实上水库的建造是多目标的综合开发,不可能单纯为增加枯水期航道水深而建造水库。水库建成后,浅滩河段的来水、来沙受到了控制,洪峰削减,枯季流量增加,流量变幅减小,中水历时增长,来沙量锐减,这在一定程度上有利于河槽的稳定和浅滩的刷深。

5. 运河工程

运河是人工开凿的通航河道。广义上讲,运河是用以沟通地区或水域间水运的人工水道,通常与自然水道或其他水域相连。通过兴建运河,可以在原有陆地上新增某些水运线路,使不同水系之间得以沟通,有的可以缩短水运距离,有的可以实现跨流域通航,使水运成网、直达,提高效益。

二、助航措施

上述所述的措施是为改善河流通航条件所采取的主要工程手段。航道治理和管理中还有一些其他(助航)措施。

1. 绞滩

在急流滩上,可直接采用卷扬机一类的设备牵引船舶过滩,俗称绞滩。绞滩一般宜在下列情况下采用:上游有不少滩险紧邻,经论证,彻底整治该滩,滩头水位将降落,会恶化上游若干滩险;因工程量大,目前较难彻底整治,为了解决急需,可考虑设绞;不久将渠化淹没的急流滩,宜设绞解决当前需要;屡经整治,但整治效果不能巩固,滩势反复重演的急流滩,宜设绞。

2. 扫床

在河口区也称扫海,目的是探明航道内影响航行的障碍物的位置,为清槽工作做准备。扫床工作可分目力观察、探测、用专门的扫床工具清扫等三种方法。目力观察最简单,根据经验,由水面上的浪花、乱流和漩涡等现象,推测障碍物的位置。探测则利用测深杆、测深锤、回声测深仪等进行探测,遇到特别浅的地方,就可以判定有障碍物。用与航道相适应的刮刀与链条构成扫床工具,将扫床工具沿整个航道拖曳,如遇到障碍物,它们自己就会做出反映。近年来,多种自记测深仪在航道管理与维护中得到了广泛的应用,工作船在行进中就能将航道河床的情况在显示器中清楚地显示出来,航道床面的情况一目了然。

3. 清槽

主要是清除打捞航道内的障碍物,其次是清除水草,爆破暗礁。一般说来,清槽工作需要进行潜水作业。

4. 布设航标

由于航道只是河道中满足航行要求的部分范围,为了在自然水域的水面上保证船舶能安全方便地在航道中行驶,就需要布设航标,供船舶确定船位、航向,避免危险。

三、改善航道的综合工程措施

在进行航道治理时,采取哪一种改善通航条件的工程措施,应视具体的自然条件和航行要求,通过技术经济论证比较确定。一般说来对于山区河流宜采取渠化工程,但有些山区河流枯水流量丰沛,比降和流速不是特别大,滩险也不甚密集,航道尺度与拟达到的尺度差别不是很大,也可以考虑采取整治、炸礁和疏浚等措施。对于平原地区的河流和潮汐河口的拦门沙治理,宜采用整治措施和疏浚措施相结合,而对于平原地区的大江大河,用疏浚办法维护航道尺度比较简单易行,可以明显地增加航道水深。河网地区和湖区航道,应以疏浚为主,但不排除在个别河段设置少量导治建筑物。

应该明确的是,进行航道整治,目的不是消灭浅滩形态,而是改善碍航浅滩;每个浅滩可以达到的枯水稳定深度,与各河流和各河段的自然条件有关。一般说来该值与枯季流量成正比关系;此外,尚可参考同类河流上整治得比较好的浅滩所取得的结果。正确的整治方案必须建立在对河性及浅滩演变规律充分掌握的基础上,因此,在进行航道整治时,要作好分析研究,认真总结实践经验,以及进行必要的数学模型计算和物理模型试验。要注意综观全局,整治一个滩险要同整个河段的河势联系起来,避免顾此失彼。

从长远来看,在大范围内建设江海衔接、干支直达、水系沟通、四通八达的现代化航道网,离不开河流的系统开发。相对于航道整治而言,渠化工程量比较大,工程技术等问题比较复杂,投资比较多,对环境的影响较明显,因此,通常在可以满足运量需要的前提下,应首先考虑疏浚和整治措施,如果通过疏浚和整治措施不能满足运量的需要时,才考虑采取渠化。以航运为主要目的渠化,枢纽布置以采用低坝多梯级连续渠化的方案为宜。梯级开发应注意到水资源的综合利用,尽可能兼顾防洪、发电、灌溉、水产养殖、木材流放、环境保护和发展旅游事业等方面的利益。

疏浚的特点是工程完成后,航道尺度即刻增加,通航条件即可改善,不需要大量的工程材料和人力。随着挖泥船的生产能力日益加大,疏浚措施在航道工程中得到越来越多的应用。在较大的平原河流下游和河口地区,由于河流尺度大,采用其他工程措施,工程量常常很大,还可能引起一系列其他问题,此时,疏浚常有着它的独特之处,特别是在河流特性和规律还未充分掌握之前,贸然采取整治建筑物等强制性的工程措施,反而引起不良后果;相对而言,疏浚所引起问题后果就容易处理一些。

采用疏浚措施整治航道最主要的问题是挖槽回淤,由于挖槽尺度与河床的尺度相比常常很小,不会引起河槽水流条件有较大的变化,因而在淤积季节挖槽常常产生大量回淤,以致有不少挖槽,每年都要进行定期维护。另外,长距离和大量的挖泥疏浚会导致上游水位的下降,使上游已经整治好的浅滩水深重新不足。因此,在疏浚工程中处理挖槽定线、抛泥区选择、施工方案的选定等问题时,应该充分认识整治河段地质条件,多变的水文、气象因素等,在系统收集实测资料的基础上,做仔细的分析研究,弄清其规律和实际情况,做出恰当的抉择,尽量减少挖槽的回淤。山区航道治理中,通过爆破,清除碍航礁石,切除石嘴、石梁,对于扩大石质滩航道尺度,改善险滩流态,减缓急流滩流速与比降,常是行之有效的措施。在实施中应逐步采用先进的炸礁技术、工艺和设备,以进一步提高炸礁的精度、工效和安全可靠程度。同时,对上下游滩险整治工程相互的影响应该引起足够的重视。

四、航道工程建设管理的现代化

水运正向着高效能、高效益的方向发展,航道工程建设的技术手段也日新月异,但是内河航道建设与管理相应现代化进程还很不平衡,存在诸多不足和缺陷,主要表现在:(1)航道建设与管理资料陈旧,难以利用现代化信息技术进行管理和利用。航道资料的利用率很低,在历史资料中挖掘出有用的信息非常困难。难以实现远程航道信息的资源共享,难以快速实现航道实时信息的查询。(2)航道维护信息收集主要依靠人工,信息统计耗费大量人力、物力和时间,容易出现差错。(3)长期以来,航标导航系统的监控和维护手段没有大的改进,一直沿用人工出航巡视的方式检查航标状况。此种方式不利于及时发现航标的状况异常,工作量大、成本高。

针对航道管理中的上述问题,国外在20世纪80年代就开始将许多最新的信息和电子技术应用到航道管理中。近年来,长江黄金水道建设中推进绿色发展、循环发展、低碳发展的总要求,树立尊重自然、顺应自然、保护自然的生态文明理念,推动长江航道发展的转型升级,大力建设生态文明航道。在航道整治工程中,坚持"在设计上最大限度地保护生态环境,在施工中最小程度地影响和最大限度地恢复生态环境"的原则,大力开展环保疏浚技术、环保节能型船舶研究和推广应用。在建设过程中最大限度地保护长江生态环境,尽量减小工程建设对长江生态的影响。统筹考虑沿江经济社会的发展需求、长江航道的通航潜力和长江生态的承受能力,科学合理地确定航道开发强度,实现航道可持续发展。长江及国内多个省市的航道管理部门开展了技术攻关,将地理信息系统、全球卫星定位系统、遥感遥测技术、监控摄像等技术进行应用。浙江嘉兴市在市区运河整治后,进行了管理系统的自动化升级,全球卫星定位技术、摄像监控系统等技术的应用大大地提高了航道管理的效率,水上运输安全得到保障,经济效益大幅提升。长江航道局,江苏省、湖南省等航道管理部门组织技术攻关,在新型航标灯、航标的遥感遥测等方面进行技术创新,新材料、新能源、通信平台等多方面得到应用。航道管理的成本降低,效率提高,安全性和可靠性增强,更加适应环保要求。数字航道、智能航道建设为核心的信息化建设的开展,提高了航道的信息化、智能化水平,航道维护管理手段升级,航道服务品质提升,航道资源充分利用,航道通过能力提高。另外,江苏、湖南等省在航道工程建设标准化方面开展了大量工作。可以预测,随着新技术的开发和应用,在不久的将来,航道建设与管理将逐步实现以生态文明、标准化、信息化、智能化为标志的现代化。

思考及练习题

1. 国家制定航道法对水运行业发展有什么意义？
2. 什么是航道,航道中安全通航有什么基本要求？
3. 通航标准涉及到哪些方面？
4. 漂角是怎样影响航道宽度的？
5. 为什么航宽计算时要在航迹带宽度外再增加富余宽度,影响富余宽度的因素有哪些？
6. 弯曲河段的航行难度有哪些方面？怎样改善弯曲航道条件？
7. 航道(河流)的方向怎么定？有哪些特殊情况？
8. 航道治理工程的现代化有哪些途径,创新工作从哪些方面开展？

第二章　碍航滩险及其特性

天然状态下的河流,不是处处都能满足航道的三大基本要求的(航道尺度、水流条件、通航净空)。冲积河流泥沙堆积造成局部水深不足,形成所谓浅滩;山区河流河床边界起主导作用,除有浅滩外,有些河段落差大、坡陡流急,船舶上行困难,下行危险,形成急流滩;还有些河段航宽不足、弯曲半径过小,并存在着险恶的水流流态,形成险滩。这些妨碍船舶航行的部位或河段统称为碍航滩险。

第一节　碍航滩险的分类

一般情况下,平原河流碍航主要是枯水季节水深不足而碍航;山区河流往往是水浅、流急和险恶流态碍航并存,且密度大、类型多、成因复杂,一年四季均可能有滩险碍航。按照碍航原因,可将碍航滩险分成三种基本类型:浅滩、急流滩和险滩。

一、浅滩

天然河流的河床,在纵向及横向总是高低起伏的,水深有深有浅,天然湖泊也有类似情况。一般意义上,天然河流中相对较浅的部位,航道自然水深有时不能满足设计标准或维护要求的区段,可以称为浅滩。从航道工程的意义上讲,通航期水深不能满足设计船舶通航的通航水域,即为浅滩。

1.浅滩的组成

冲积性河道中,水流与河床相互作用形成各种淤积体。其中与河岸相联结,枯水时出露,洪水时淹没的沙体为边滩,连接上、下边滩的为水下沙埂,典型的浅滩段河床形态构成见图2-1。

图中上、下边滩向沙埂延伸的部分为上、下沙嘴;与上、下边滩相对,水深较大的部位为上深槽与下深槽;上深槽下部的尖端称为尖潭,下深槽上部尖端称为倒套或沱口;沙埂纵剖面的最高处为浅滩脊;浅滩脊线上最低点称鞍凹或浅滩槽;沙埂的迎水面和背水面称为迎水(上)坡和背水(下)坡。

2.浅滩的分类

1)按浅滩形态分类

(1)正常浅滩

正常浅滩多出现在曲率平缓的弯曲河段和河道较窄的顺直河段的过渡段上,见图2-2。边滩与深槽相互对应分布,上、下深槽相互对峙而不交错,它的两侧具有较高的边滩。浅滩鞍凹轴线与各级水位下的水流方向交角均较小,流路集中,过渡段长度适当,水流平顺。鞍凹明显，且宽度较小、顺直，鞍凹水深较大，航槽位置稳定，浅滩的冲淤变化不大。一般情况下，这类浅滩不碍航，只有在洪水期来沙特别多的年份才会出现水深不足，但稍加整治即可通航，可以算是好的浅滩。

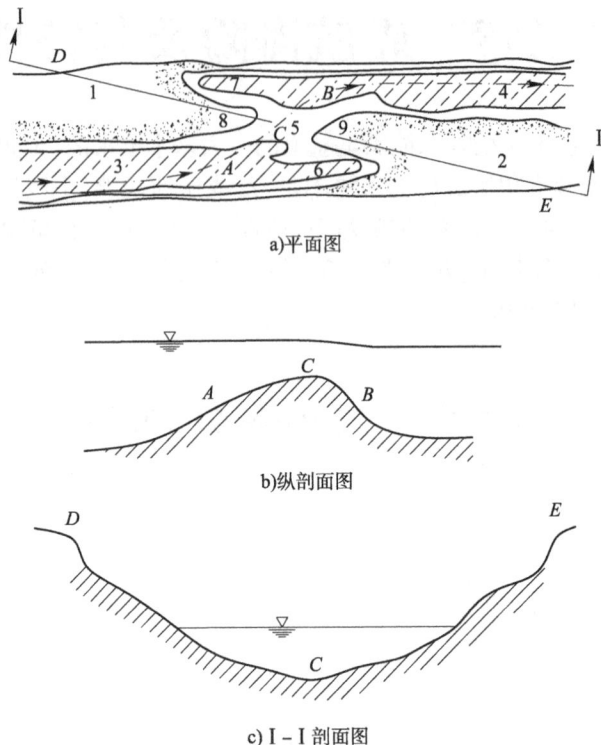

a)平面图

b)纵剖面图

c)Ⅰ-Ⅰ剖面图

图 2-1　典型浅滩的组成

1-上边滩；2-下边滩；3-上深槽；4-下深槽；5-沙埂；6-尖潭；7-倒套；8-上沙嘴；9-下沙嘴

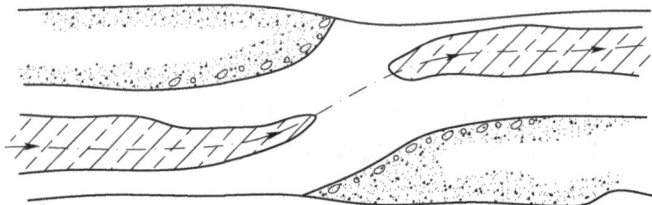

图 2-2　正常浅滩示意图

（2）交错浅滩

交错浅滩常出现在河宽较大、边滩比较发育的顺直河段或曲率大、过渡段很短的弯曲河段上，见图 2-3。

这种浅滩的特点是：上、下深槽在平面上相互交错，下深槽的上端（倒套）窄而深，边滩较低，横向漫滩水流比较强烈，浅滩脊宽浅，鞍凹斜窄或无明显鞍凹，浅滩冲淤变化较大，航槽极不稳定，航行条件不好。

（3）复式浅滩

复式浅滩是由两个或两个以上的浅滩所组成，这种浅滩常出现在比较顺直的河段和过渡段很长的河段内，见图 2-4。复式浅滩的上、下浅滩相距很近，有共同的中间深槽和中间边滩,即上浅滩的下边滩为下浅滩的上边滩,相互影响较大。例如,洪水期泥沙首先在上浅滩落淤,减少了进入下浅滩的泥沙量,下浅滩产生冲刷。水位降落期间,上浅滩冲下的泥沙,部分会在下浅滩淤积。因此,上浅滩常常是洪淤枯冲,下浅滩常常是洪冲枯淤。一般情况下,这种浅滩的中间边滩较低,中间深槽较小,上深槽与中间深槽,以及中间深槽与下深槽可能是交错的,也可能不交错。复式浅滩冲淤变化大,不稳定,航道弯曲狭窄且往往存在横流,严重碍航。

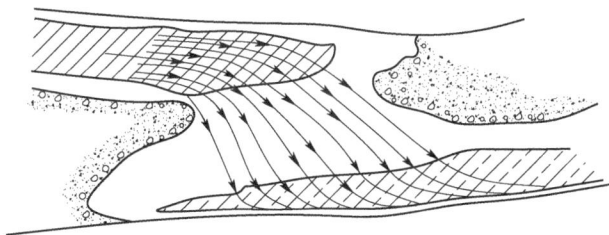

图 2-3 交错浅滩示意图

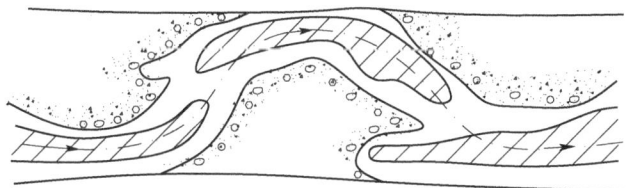

图 2-4 复式浅滩示意图

(4)散乱浅滩

散乱浅滩又称散滩,多出现在河槽宽阔的顺直河段、有周期性壅水的河段以及游荡型的河段上,见图 2-5。其主要特点是河床宽浅,淤积沙体散乱,没有明显的边滩和深槽,沙体位置随水位变化而频繁变动,很不稳定,航道弯曲,水深小且航槽位置经常摆动,因而航行条件极差。

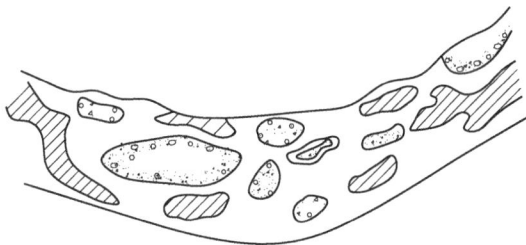

图 2-5 散乱浅滩示意图

2)按河床质分类

浅滩按河床质可分为沙(泥)质浅滩、卵石浅滩、石质浅滩等,但也不能绝对分开,因为卵石浅滩中会含有粗、细沙,沙质浅滩中可能含有小卵石,石质浅滩上也可能有沙卵石运动。

(1)沙(泥)质浅滩

在天然河流的中、下游,因河流往往流经冲积平原,在含沙水流与可动河床相互作用下,常常形成许多沙质浅滩;在河流的上游或上、中游,有时也会出现一些沙质浅滩。

在天然河流的潮汐河口,在径流和潮流的综合作用下,除河口口门内会因河道放宽而形成某些浅滩外,在口门处也可能出现有碍通航的拦门沙,河口浅滩多由粉细沙组成,的还可能出现浮泥层。

在湖区,穿越湖泊的航道,其浅段往往为泥质床面;在洪水为湖、枯水为河的河湖两相航道上,其浅段床面有的为泥,有的为沙;在河流连接湖泊并受湖水影响的滨湖航道上,其浅段则多由中细沙组成。

（2）卵石质浅滩

在天然河流的上游或上、中游，当其流经山区或丘陵地区时，浅滩河床质多由卵石或沙卵石组成。

（3）石质浅滩

在天然河流的上游或上、中游个别地方，会出现石质浅滩，石质浅滩的形成是缘于地质构造因素。

3）按淤积部位分类

（1）过渡段浅滩

环流是泥沙横向输移的动力，也是沙质河床形成各种类型淤积体的重要因素之一。在弯曲河流的两个反向弯道的过渡段上，环流从一个方向转向另一个相反的方向，因而过渡段也是环流过渡之处，过渡段环流的强度必然大大减弱或消失，横向泥沙运动减弱或停止，从而造成局部泥沙堆积形成过渡段浅滩。有些地方虽然不是弯曲型河流的过渡段，但在泥沙冲淤的造床过程中，两岸边滩和深槽总是犬牙交错的分布，也会造成水流曲折，产生类似的环流，在其过渡段处也会形成浅滩。

（2）放宽段浅滩

由于河床断面放宽，水流分散，水流流速明显减缓，输沙能力减弱，使泥沙大量淤积，形成放宽段浅滩。

（3）峡口浅滩（河槽束窄处上游浅滩）

当河道突然束窄，水流受到峡口的壅水作用，使峡口上游一定范围的河段内，流速明显减缓，输沙能力减弱，泥沙在束窄处上游河段大量淤积，形成河槽束窄处上游浅滩，即峡口浅滩。

例如广东省北江飞来峡峡口浅滩，位于峡口上游3km范围内（图2-6），洪水河宽800～1000m，至飞来峡口，河床突然束窄为290m左右。中洪水上涨时期，水流因受峡口壅水影响，汛期大量泥沙落淤，以致在该河段内形成多处浅区，每年枯水期水深不足，需疏浚维护。

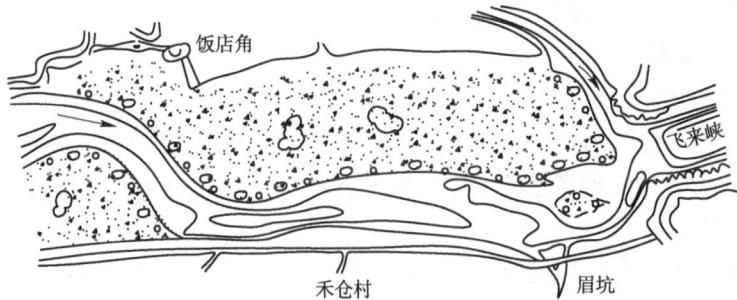

图2-6 广东飞来峡上口浅滩

（4）分汊河段浅滩

在河流的分汊段，河道的总宽度比单一河道宽。由于水流分散，航道内往往水深不足，在中、小河流内，更为明显。根据不同的河床形态和水流条件，汊道浅滩的出浅位置可能在汊道的进口、出口或较长汊道的中部。汊道的入口，由于江心洲颈部的顶托作用和两个汊道阻力不一致,以及分流时水流发生的弯曲,往往形成水面横比降及环流,这些水流现象影响汊道演变。在分流点上游,主流表面指向江心洲头部,在洪水和中水期,江心洲头部和两侧受水流冲刷,冲刷下来的泥沙,在环流作用下一部分带向岸边,其余部分被带到汊道的中、下游或江心洲的尾部,因此在汊道的中部和尾部也常有浅滩。

(5)支流河口浅滩

支流河口浅滩主要是由于支流入汇,干、支流相互顶托壅水所造成。出浅情况和浅滩的位置,与干、支流的来水、来沙条件,干、支流交汇角以及入汇处的河床形态等有着密切关系。

干流与支流的洪峰期往往不一致,大多是相互错开,如干流的洪水流量大于支流,此时支流受干流水位的顶托,支流的比降减缓,流速降低,甚至形成洪水倒灌,大量泥沙将淤积于支流河口段内。若支流的流量相对较大时,干流受支流顶托影响较严重,则大量泥沙淤积在干流。支流河口浅滩的位置还与年内最后一次洪水发生的河道有关。最后一次洪水发生在干流,则支流内的浅滩出浅;反之,则干流内的浅滩出浅。图2-7为嘉陵江与长江汇合口浅滩示意图。

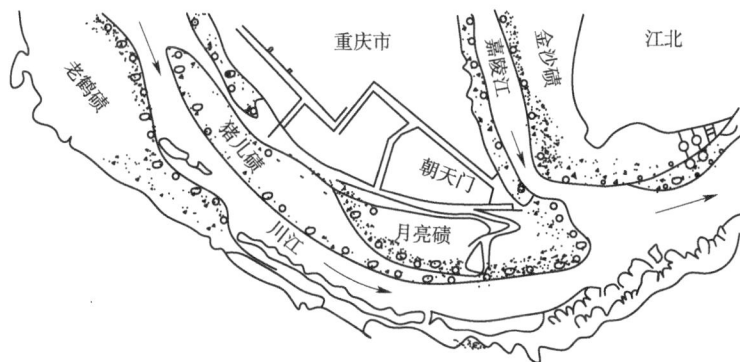

图2-7 嘉陵江与长江汇合口示意图

浅滩的分类还有其他一些分类方法。例如,按照滩期水位进行分类,分为枯水浅滩与中水浅滩。绝大部分浅滩均出现在枯水期,仅有少量由于特殊的河床形态与水沙条件,可能在中水期出浅,如川江著名的峡口淤沙浅滩臭盐碛,就是在中水期出浅碍航。

3.浅滩的成因

除石质浅滩的形成是缘于地质构造因素之外,其他浅滩都是河床演变的产物。因此,除石质浅滩外,其他浅滩的形成原因可归结为:输沙不平衡而造成的局部淤积。

1)因泥沙输移在时间和空间上不平衡,形成沙质或沙卵石碍航淤积体

这种情况多在冲积性河流上出现,在输沙量较多的河流的中、下游和河口段,绝大部分浅滩由此形成。主要表现有:①河段流速突然减小,输沙能力降低,如河道放宽、束窄壅水、分汊、分流、入汇等。②环流消失或不稳定,造成河段横向输沙能力降低,如弯道过渡段过长时,过渡段环流减弱或消失,泥沙落淤。③洪、枯水流方向不一致,洪水期水流挟带的大量泥沙产生淤积,枯水期得不到足够的冲刷。④上游来沙量过多,如上游发生山洪、冲刷、塌方等原因。

2)因多年乃至长期泥沙沉积,形成淤泥质或黏土质碍航淤积体

这种情况多出现在湖区、运河以及水沙运动缓慢的水网航道上。湖泊内泥沙沉积的快

27

慢与入湖河流携带泥沙数量以及湖泊周边土壤侵蚀等因素有关。运河水网航道泥沙沉积快慢除与其本身的汇水条件、土壤侵蚀状况等因素有关外,还涉及与天然河流的沟通状况。实践表明,无论湖泊或者运河、水网,凡位于与天然河流相通处,泥沙沉积往往大于其他部位。

3）因地质构造形成水下碍航岩盘

这种情况基本上只出现山区河流上,由此形成的碍航浅滩为石质浅滩,石质浅滩多存在于非冲积性河流或河段上。

4）因人类活动使河床发生再造过程,形成新的碍航淤积体

这种情况多出现在拦河建筑物的上、下游,过河建筑物的上游,以及大型调（引）水工程的下游。在泥沙较多的河流上兴建水库后,在水库的变动回水区往往会因泥沙淤积（特别是累积性淤积）而形成新的浅滩;在枢纽下游,在"清水冲刷"过程中可能出现的不平衡输沙或河床侧蚀,也会导致新的浅滩出现。建桥后由于桥墩壅水促成边滩增长、影响通航桥孔上游航道淤浅已有实例。在大型调（引）水工程下游因流量锐减,可能导致一系列原有浅滩变化并形成新的浅滩也有研究成果。

二、急流滩

河床过水断面狭小,流速和比降较大,流急坡陡,船舶航行困难的局部河段称为急流滩。急流滩主要出现在山区河段,平原、丘陵河段相对比较少见。

1．急滩的分类

1）按滩险成因分类

（1）基岩急滩

基岩急滩是指滩段河床由较坚硬的基岩构成,不易被水流冲蚀,同时河床过水断面窄小的急流滩险（图2-8）。

（2）卵石急滩

有些较宽的河道,中、洪水期有大量的卵石淤积,当卵石粒径较大,排列紧密,退水期不能全部冲刷,在航槽中形成浅埂,过水断面缩小,枯水期水流湍急而成为卵石急滩（图2-9）。

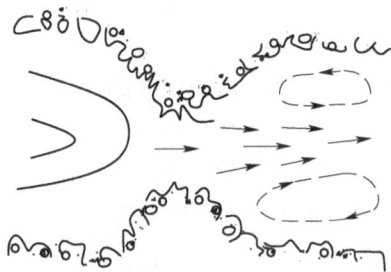

图2-8　基岩急滩　　　　　　　　　　图2-9　卵石急滩

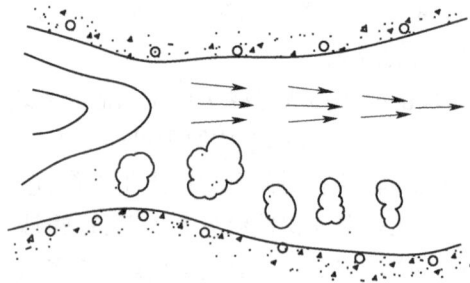

（3）溪口急滩

溪口急滩是指河道一岸或两岸有溪沟汇入,山洪暴发时冲出大量石块堆积溪口,造成河床断面减小而形成的急滩（图2-10）。

（4）崩岩与滑坡急滩

崩岩与滑坡急滩是指岸边发生较大的崩岩或滑坡,大量破碎岩体倾入江中,造成过水断

面减小的急滩(图2-11)。

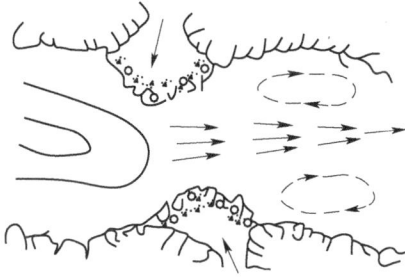

图2-10 溪口急滩

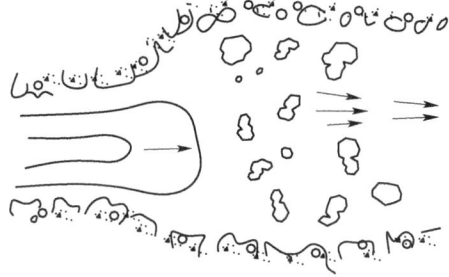

图2-11 崩岩急滩

2)按滩险形态分类

(1)突嘴型急滩

由岸边伸向江中突嘴所形成的急滩(图2-12),又可分为单口、对口、错口与多口等滩型。

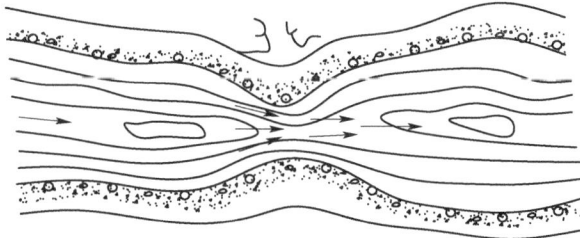

图2-12 突嘴型急滩

(2)窄槽型急滩

由于基岩或其他地质原因,形成窄长形河道(图2-13),如峡谷型急滩。

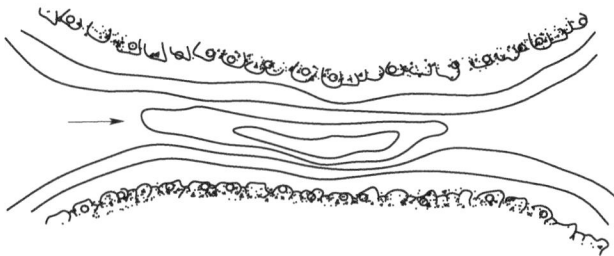

图2-13 窄槽型急滩

(3)横埂型急滩

由于基岩或崩岩原因,形成横亘江中的石埂,埂顶高低不平,或潜入水下,或露出水面,产生跌水,多在枯水期成滩(图2-14)。

(4)汉道型急滩

在有些分汊河道中,由于基岩突嘴或潜埂,缩小河床泄水断面,可能在通航汉道内形成急滩。

3)按滩险成滩期水位分类

(1)枯水滩

在枯水期成滩碍航。一般其成滩期的上限水位较低,随着水位的下降,碍航情况越来越

29

严重,水位下降到设计最低通航水位时,碍航往往最严重,即最汹水位往往在设计最低通航水位附近。

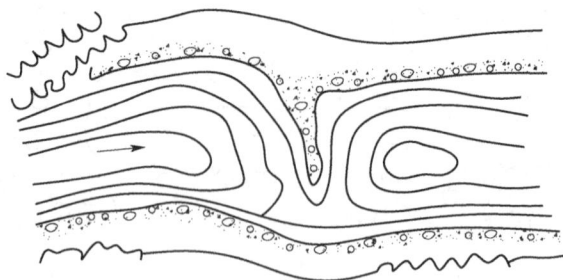

图 2-14 横埂型急滩

（2）洪水滩

在洪水期成滩碍航。一般其成滩期的下限水位较高,随着水位的上升,碍航情况越来越严重,水位上升到设计最高通航水位时,碍航往往最严重,即最汹水位往往在设计最高通航水位附近。

（3）中水滩

在中水期成滩碍航。其成滩期的下限水位高于设计最低通航水位,上限水位低于设计最高通航水位,碍航的最汹水位在成滩下限水位和上限水位之间。

有些滩险存在两种水位期或全年各个水位期都成滩,所以还有中枯水位滩、中洪水位滩以及常年滩等几种。

2. 急滩的成因

急滩的成因主要是由于河床泄水断面的缩小,造成局部河段水流能量的急剧变化。在缩小断面的上游,水位壅高,位能增大,在位能转换为动能的过程中,形成陡坡急流,给上行船舶产生较大的坡降阻力与流速阻力。当船舶的推力小于上述两阻力之和时,上行船舶需借助施绞设施上滩,而成为碍航的急滩。造成河床泄水断面缩小,主要有以下原因:

1）地质构造

局部河段,河床为较坚硬的基岩所构成,或为岸边突出石嘴或为江中潜伏石埂,不易被水流冲蚀拓宽,阻束水流而形成基岩急滩。

2）溪沟冲石

河道的一岸或两岸溪沟,遇山洪暴发时,冲出大量石块,在溪口淤成较大的堆积扇,使河床断面缩小而成为溪口急滩。

3）崩岩滑坡

由于较陡的岸坡发生崩塌或滑移,造成大量岩体与石块倾入江中。有的在江中形成石埂,有的在岸边形成一处或多处突嘴,使河床断面急剧缩小而成为崩岩或滑坡急滩。

4）卵石淤积

有些较宽的河道,中、洪水期有大量的卵石淤积,当卵石粒径较大,排列紧密,退水期不能全部冲刷,枯水期在航槽中形成浅埂,缩小过水断面,使水流湍急而成为卵石急滩。

5）因兴建拦河坝,下游发生不均匀冲刷,局部隆起形成陡坡急流

有的枢纽建在山区河流上,而枢纽下游则位于山区向平原过渡的范围内,较大抗冲能力

的卵石层在保持向下游逐步倾斜的总趋势中,有的部位局部隆起,形成"门坎"。水库蓄水运用后,下泄水流变清,引起下游冲刷,卵石顶面上覆盖的沙层冲光,卵石层也出现少量冲刷并形成抗冲保护层,由于"门坎"下游沙层厚,冲刷后水面降低值大于"门坎"上游,因而在"门坎"处极有可能形成坡陡流急段。"门坎"越突出,形成急滩的可能性越大,例如三峡工程下游的芦家河至枝江河段就是如此。

有的急滩可能由于两种或多种原因造成,如基岩与卵石或崩岩等因素综合构成的急滩。

三、险滩

因航道过分弯曲、或者因存在严重的横流、滑梁水等碍航流态,致使航行十分危险的局部河段称为险滩。险滩多出现在山区河段,也有少数险滩存于丘陵河段。较复杂的险滩,往往出现多种碍航因素,往往是险浅、险急或险浅急并存。

1.险滩的分类

险滩的种类很多,当一个险滩有几种碍航现象并存时,可按照碍航原因的主次,命名为急险滩、浅险滩等,以下四种是主要的险滩。

1)礁石险滩

在某些河段中,由于地质原因,在岸边或江中有些较坚硬的岩石不易被水流冲蚀,形成明暗礁石,使航道不得不在礁石丛中通过,航槽弯曲狭窄,船舶极易发生触礁事故而成为碍航险滩,影响船舶的安全航行。

2)泡漩险滩

泡漩水的产生,主要是较强水流受不规则河床的作用,造成水流运动与能场特异变化而形成的一种不良副流,其形成原因与河床形态、流速、水深等因素有关。一般情况水深大于2m,流速大于2m/s,受到岸边或河底突出石梁的挑流作用,即会有泡漩水产生。在山区河流,不同水位、不同河段,均可能出现泡漩水,但需要达到一定强度,在一定位置,才会对航行构成不利影响。

3)滑梁险滩

当岸边或江中有突起沿水流方向的纵向石梁时,当达到一定水位后,水流产生漫过石梁的横流,类似侧向宽顶堰水流形态,即为滑梁水。在梁顶淹没而不足航行水深期间,船舶靠近石梁航行,有被横流冲向石梁而发生触礁的危险。当河面较宽时,船舶可避开滑梁水航行,如江面较窄船舶驾驶不慎,易受滑梁水影响而发生海损事故,特别是两岸同时产生滑梁水时,对船舶航行的危害也更为严重。

4)扫弯险滩

微弯型的弯曲河段,在弯道环流的作用下,一般可成为优良航道。当弯曲半径较小时,弯道环流的强度增大,形成冲向凹岸的强烈横流,下行船舶极易被强烈的横流冲向凹岸,发生触底事故,成为扫弯险滩。越狭窄的急弯,其扫弯水对航行的危害也越为严重。

2.险滩的成因

1)因地质构造或地质灾害,形成过分狭窄或曲折的石质航槽

这种情况在山区河流多有出现,其基本特征是江中礁石密布,水流紊乱,船舶极易触礁酿成恶性事故。这些密布的碍航礁石多数是长期地质构造的产物,少数则是由于崩崖、滑坡

引起,后者往往是急险并存。

2)水流长期塑造形成弯曲狭窄抗冲性强的河槽

黏土质弯窄航槽在滨湖河道、平原水网河道以及三角洲范围内的河网都有可能出现,这类河槽之所以险,主要在于它的弯曲半径达不到要求,航宽又不富余,船舶行经此处极易碰坡或者扫尾。至于在山区河流上出现急弯险滩,除了上述碍航因素外,往往还伴有不良流态,尤以"扫弯水"居多,因而更增加险的因素。

3)因自然因素形成强烈的泡水、漩水、泡漩水、剪刀水、滑梁水、扫弯水等碍航水流

这种情况一般都出现在山区河流上,这些有害的副流对船舶航行安全危害极大。

4)因兴建拦河坝或大型调(引)水工程等形成新的碍航险滩

生产实践和科学试验已经表明,在河流上兴建拦河坝以后,库尾可能出现航槽易位,易位后的航槽如果处于礁石区内,则可能成为新的礁石险滩;在坝区,有的将通航建筑物的引航道置于泄水闸和电站之间,或者让引航道紧邻泄水闸,其间导流(隔流)堤长度不足,均有可能使引航道口门区和口门外连接段汛期流态恶劣,成为新的通航险区。在大型调(引)水工程的引水口附近以及大型火电厂的排水口附近,如果事先考虑不周,设计处理不当,也有可能出现碍航横流或斜流,对航行安全造成威胁。

第二节　平原河流滩险的特性

一、平原河流滩险的特性

1.径流河段

这类河段占平原河道的绝大部分,对于通海的大江大河尤其如此。由于这类河段各自控制的流域面积不同,流域内气象水文条件的差异,以及河流两岸地质地貌情况的差别,构成了不同的径流河段,具有不同的河道类型、通航条件和碍航问题。

不受潮汐影响的径流河段,比起山区河流来,由于水位年变幅和日变幅范围内的通航水流条件一般较为良好,极少出现碍航流态,这对船舶安全航行是较为有利的。平原径流河段的碍航因素主要有以下几个方面:

1)浅滩水深

平原河流基本都属于冲积性河流,其浅滩往往既有年内变化又有年际变化,某些在顺直放宽段、长的顺直段和分汊段出现的浅滩变化更为急速和频繁。特别是散乱河段内的散乱浅滩,以及在其他类型河段偶尔出现的散乱浅滩,其演变之复杂、碍航之严重尤其突出。当一个河段浅滩分布较密,重点浅滩所占比例又大时,很可能出现浅滩交替恶化。

2)急弯、斜流

在平原河流上出现急弯航道往往与以下因素有关:(1)局部山体、矶头迫使河道转折,如20世纪80年代的长江石首弯道;(2)蜿蜒河段的弯道发展到接近切滩或裁弯的时段。

出现斜流碍航除与航道急剧弯曲转折有关外,有的还与天然分流、汇流或大型引水、排水工程有关。

3）人为因素影响

在河流兴建桥梁，方便陆上交通，有利于促进地区经济发展。而有的桥梁由于选址不当，已经造成一些不利水上交通的被动局面。例如，有的桥梁净空跨度偏小，或者水流偏角过大，威胁船舶安全通航。有的桥梁建成后引起边滩淤积增大，或心滩受冲下移，使原设定的通航孔失去通航条件。另外，无序采砂也使航道出现不利变化，使有的航道整治增加了额外负担和新的困难。

4）礁石、沉船威胁航行安全

平原航道河床组成以泥沙为主，个别段落也存在一些碍航礁石，西江出海航道和长江中下游都有这方面的问题。古老的沉船、沉物也是航道障碍，长江下游的江阴、东流、马当等著名的浅滩有沉船又有水雷、块石等沉物。

2. 感潮河段

就多数受潮汐影响的河段而言，由于河宽、水深且流速缓慢，通航条件一般是比较好的。存在一定问题的主要像珠江这样网状三角洲的近口段。其碍航因素主要有以下几点：

1）航道水深不足

对于一些分流量较小的通道，原有天然水深较小，而经济发展提出了新的通航要求，大幅度提高航深就成为突出矛盾和紧迫任务，如广东东平水道、虎跳门水道等。

2）航道通过能力不足

有些水道除了航深以外还有过于弯曲、狭窄的段落。如东平水道的大刀弯、白蛇转等4处，虎跳门水道的横坑、睦州等，既不利于排洪和引流，更限制了航道的通过能力，因而先后成为整治重点。

3）水道互通条件不良

基于水运交通发展的要求，水道互通构成四通八达的网络就提上了议事日程，达不到规划标准的通道就成了需要突破的障碍。

二、平原河流浅滩演变的主要影响因素

水文条件和河床边界条件是影响浅滩演变的两大主要因素。此外，河床质及其分布情况也对浅滩演变有不可忽视的影响。

1. 水文条件对浅滩演变的影响

浅滩形成以后，上游的来水量和来沙量的大小及其过程，对浅滩的冲淤演变有着直接的影响。如来水量相近的年份，来沙量大的年份一般产生较大的淤积；如果来沙量相近，则来水量大的年份，可能少淤、不淤甚至冲刷；如果来水量来沙量相近，洪峰和沙峰先后不同，也会造成不同的河床变形：洪峰先于沙峰，淤积较多；沙峰先于洪峰，少淤或不淤。其他条件相同，各级水位持续时间不同，也会影响浅滩的冲淤变化。冲刷水位持续时间长的，浅滩不仅不淤，反而会出现冲刷；淤积水位持续时间长，则出现淤积较多。归纳起来，水文条件对浅滩冲淤一般有如下特点：

（1）大水、少沙，浅滩一般少淤或冲刷；

（2）小水、多沙，浅滩一般淤积；

（3）洪峰在前，沙峰在后，浅滩一般淤积；

（4）沙峰在前,洪峰在后,浅滩一般少淤或冲刷;

（5）涨水慢（淤）,落水快（冲）,浅滩一般淤积（淤多、冲少）;

（6）涨水快（淤）,落水慢（冲）,浅滩一般冲刷（淤少、冲多）。

一般河床中的浅滩发育的程度与水文过程有一定的关系。如果水位过程为陡涨陡落,高、中水期持续时间短,低水期持续时间长,而泥沙粒径较粗,一般会有较稳定的边滩。如果水位过程平缓,中水持续时间长,泥沙较细,则在高水时淤成的边滩,在较长的中水位时逐渐冲低,因而边滩就不够稳定。

河流的浅滩是在一定的水文条件下产生的,随着水文年内的洪、中、枯周期性的季节变化,浅滩的形态也有周期性的季节变化。

从以上可以看出:河流的来水、来沙条件及其变化过程对浅滩冲淤的影响是很明显的,水文条件的变化是引起浅滩变化的直接条件。

2. 河床边界条件对浅滩演变的影响

如上所述,河流的来水、来沙及其变化过程对浅滩冲淤的影响是很明显的。但在一个河段上,来水来沙及其变化过程一般是相差不大的,为什么有的浅滩上水深大些,有的浅滩水深小些? 解答这个问题,要从各个浅滩所处的边界条件及上下游河段特征去找原因。

1）河床平面形态的影响

河道顺直、放宽、束窄、分汊、弯道过渡段长短等河床平面形态,直接影响到河道的水流流速分布、环流结构等,也影响到浅滩的演变。

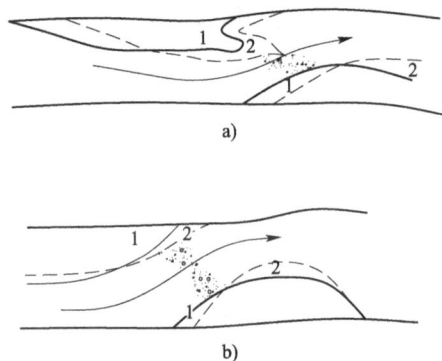

图 2-15 浅滩平面形态与演变

在顺直河段,如果形成沙嘴式边滩,如图 2-15 所示,在水流的作用下会向下游移动,将边滩上的泥沙输移到浅滩脊上,出现淤积。

两弯道之间的过渡段太长,一般可能形成两个以上的浅滩,这样的浅滩是不稳定的。靠近下弯道的浅滩,受下弯道的壅水作用而上下移动,壅水大时浅滩脊在较上处形成,壅水小时浅滩脊在较下处形成。靠近上弯道处的浅滩,随着上弯道的发展情况而上下左右移动,当上弯道弯曲半径变小时,滩脊上移;弯曲半径变大时,滩脊下移。

过渡段长、河床又宽,泥沙将会大量在河床上淤积形成心滩或江心洲。有些过渡段虽然较宽,但不至于到形成心滩和江心洲的程度,泥沙就可能落淤成分散的沙滩,使河床断面宽浅,没有一定的主流流路,水流散乱,从而成散乱浅滩。过渡段太短将形成交错浅滩,对航行不利。

在河道放宽段,高水时淤积下来的泥沙,造成河床高程提高,在低水季节,其过流断面较上游小,因而输沙能力加大,出现冲刷。反映在比降变化上,高水时,由窄段到放宽段,比降自大变小;低水时,比降自小变大,与输沙能力变化是相符的。

在束窄（狭口）上游段,高水时,由于壅水淤积下来的泥沙,随着水位下降,其壅水范围向下游移动,浅滩也随着向下游移动。如果中水位持续时间长,也有可能将淤积下来的泥沙冲刷掉。

支流汇入处,浅滩的变化受干、支流水位高低和发生时间的影响。此外,浅滩淤积的大小还与来沙量、泥沙颗粒以及干支流的交汇角等因素有关。

入海河口,如我国的长江口,洪季径流带下的沙多,拦门沙出现淤积;枯季径流来沙少,拦门沙冲刷。

2)竖向形态的影响

位于浅滩上、下游的边滩对浅滩冲淤有很大的影响,一般情况下,边滩高大,水流归槽早,冲刷历时长,浅滩冲刷多。相反,边滩较低,水流归槽晚,冲刷历时短,浅滩冲刷少。如果边滩特别低,河床滩槽不明显,则水流无控制,其结果不但浅滩的水深小,而且变动大,航槽不稳定。

3)上、下游河势的影响

浅滩除受本河段河床形态影响外,还受上下游河势的影响。上游河段的影响主要表现在进入浅滩段的水流动力轴线。水流动力轴线是水流中能量最大的一股水流,它的位置代表着水流主流流路。水流动力轴线的摆动和变化对河床的冲淤部位起着很大作用,它直接影响着边滩和浅滩位置的变化。影响水流动力轴线变化的因素很多,例如:水流动力因素的变化,边滩、心滩的冲淤和运动,以及沿岸突出的突嘴、矶头等的挑流作用。其中主要的是水流动力因素的变化和河床形态特征。

水流动力轴线的摆动强度和幅度对浅滩位置的稳定和冲淤起着重大的作用。水流动力轴线长期比较稳定、摆动幅度小则浅滩脊、鞍凹和边滩的位置较稳定,有利于浅滩水深的增加和边滩的淤高。要稳定进入浅滩河段的水流动力轴线,就要控制住上游的河床边界条件(包括主导河岸、边滩、心滩和深槽等)。

三、平原河流浅滩演变的基本规律

河流河床演变,是含沙水流和可动河床之间相互作用的产物。冲积性浅滩作为冲积性河流的组成部分,其河床演变当然也是如此。

1.绝对变化性

资料表明,浅滩总是在不停地发生着冲淤变化,这是水流与泥沙相互作用的持续性所决定的。例如,一个水文周期之内浅滩脊向下游移动一定距离,到第二个水文周期又出现在原位或原位附近。这种变动的大小和速度每年也都不相同,所以说浅滩的变化是绝对的。

2.相对稳定性

从地貌的角度来看,浅滩又有着相对的稳定性。有浅滩的河段,一般都长期存在着浅滩,很少发现浅滩自动消失而变成深槽河段的。例如,湘江的三汊矶浅滩,20世纪50年代就是严重碍航的浅滩,在湘江长沙综合枢纽修建之前仍然是浅滩,只是具体位置和碍航的程度有了一些变化。因此,只要河床形态、地貌及水文条件不发生根本变化,浅滩不会消失,必然存在,但如果采取了堵汊或塞支强干等措施,原汊道内的浅滩便可能消失。例如,汊道上的浅滩,只要沙洲没有冲失,汊道没有合并或出现易位等,浅滩还会存在;放宽段的浅滩,只要河床没有缩窄,浅滩也不会消失。只有河床外形、地貌或水文条件发生了根本性的变化以后,浅滩才会发生根本性的变化,这也是水流与河床相互作用的结果。

3. 年内周期性

天然河流的径流量无论主要来自降雨、融雪或者两者兼而有之,都存在洪、中、枯季之分,汛期的水量、沙量总是占了全年的大部分或绝大部分,因此造床作用比较强烈,然而,浅滩在当年是否碍航还要观察和分析汛后的河床变化,亦即应当注意浅滩年内变化的全过程。

前面已经分析,水流条件的变化,是引起浅滩演变的直接原因。而水流条件受水文条件影响有年内周期的变化,浅滩也有年内周期的变化。一般来说,浅滩有洪淤枯冲的规律。浅滩顶面的高度和位置大体上围绕着某一平均范围在变化。有的浅滩由于某些原因,洪季多淤了一些,枯季不能冲刷到所要求的深度,但相差不多,往往靠疏浚可以达到要求。也有一种洪季淤积量很大,而枯季冲刷量也大的浅滩,经过一个年周期的冲淤变化也基本上可以达到平衡,但往往由于落水过快,水位已下降,浅滩还未开始冲刷,致使浅滩水深不能满足要求,而形成碍航浅滩,可见通航条件的好坏与水位变化的速度有关。还有一种处于特殊边界条件的河段,可能形成洪季冲刷,而在水位下降时回淤,即"洪冲枯淤",也往往不能达到要求的水深而碍航。以上三种浅滩也都有作年周期变化的规律,具体又可分四阶段:

(1)涨水初期:冲淤交替;

(2)洪水期:明显淤积;

(3)落水的中、枯水期:明显冲刷;

(4)枯水末期:相对稳定。

4. 年际周期性

从统计的角度看,浅滩演变也呈现多年周期性,这是以水文、气象的多年周期性为基础的。某一频率的大洪水发生以后,河床将发生剧烈的变化,形成一定形式的边滩和浅滩,以后若干年内,边滩及浅滩不发生根本性的变化,而保持着这一基本形态,呈现略淤或略冲周期性的少量变化。经过若干年后,又发生某一频率的大洪水,已有的边滩和浅滩等地貌的位置、高程和形式被改变,它与改变前的形态有着本质的不同。经验表明,后一次形成的边滩、浅滩虽然与上一年度不同,但与上一个多年周期开始时形成的地形基本上相似,而后又在这一新的地形的基础上开始重复上一周期内的变化。这两次地形发生的根本性的重复变化,称之为浅滩演变的多年周期性。

在冲积性河流上,浅滩的年内变化总是客观存在,但年际变化是否明显则不尽相同。多数山区河流和一些少沙的平原河流,年内河床冲淤往往是平衡的,在年际间浅滩河床地形表现不出有明显变化,但是对于输沙量较多的平原河流,浅滩的年际变化则是始终不能忽视的,应当给予认真研究。

浅滩年际间的变化是比较复杂的,尤其是易变浅滩更是如此。浅滩的多年变化有些有周期性的演变规律,有些则缺乏这方面的规律。即使具有某些周期性变化的特征,其变化也不可能是简单重复。综合国内一些浅滩的演变特点,其年际周期变化大体有如下几种表现形式。

1)边滩反复消长,深泓线上下摆动

特大洪水年出现时,浅滩形态变化,然后逐年调整,又恢复原来形态,有一定周期性。这种演变规律在易变的顺直放宽段浅滩上表现较为明显。在顺直放宽段,上、下深槽往往是交错的,深槽之间一般有浅埂斜卧,分别连接上、下边滩。汛期水流较平顺的越过整个沙埂;汛

后随着水位退落,水流受下深槽吸引,常以扇形水流的方式越过沙埂,形成若干串沟,有的串沟发展成为航道,有的则自生自灭,或作一个分流缺口继续存在。当浅滩上有多个缺口同时存在时,航道条件往往会较为恶劣。

由于上、下深槽交错,沙埂上可能存在多个缺口,这就给上边滩逐步下移,深泓线向下游摆动,下边滩受冲创造了条件。当这种下移和摆动发展到接近下边滩根部时,航道必然变得很横,水流流程延长,阻力加大,不能适应全部水流顺畅通过的需要,这时上边滩经过逐年下移,已出现某些薄弱环节,恰好给水流另找出路创造了方便条件。这种情况如果得到进一步发展,深泓线便会大幅上提到在上边滩能冲开缺口的部位来。以后,上边滩再一次发育增大,深泓线即将开始新一轮的下摆。这种上、下边滩此消彼长,深泓下移上提的变化规律,20世纪五六十年代在上荆江的天星洲水道,洪湖附近的界牌水道都表现得极为典型。

2)岸线不断变化,过渡段时而延长时而缩短

这种演变情况在蜿蜒河段的某些部位有所表现,当过渡段过分延长时,航道将变得恶化。下荆江是典型的蜿蜒河段。从1950年到1980年,当下荆江的护岸工程尚未完成时,不少弯道处于不断变化之中,弯道之间的过渡段总是受到上下弯道凹岸崩塌或凸岸边滩切割的影响,即使入流状况发生变化又使过渡段长度发生变化,长度较短时过渡段形成交错浅滩,延长时发展成为复式浅滩,更延长时则成为变化急速的复杂浅滩,浅滩、沙埂多而零乱,深槽时淤时冲,极不稳定。

3)汊道此兴彼衰,通航汊道易位

研究分汊段浅滩的年际变化不能离开汊道的兴衰发展。凡是分汊河段,河道轮廓稳定少变,各汊枯洪水季分流比没有变化的趋势,汊道年际变化一般较小。汊道浅滩显现的年际变化,大都与汊道的兴衰变化有关。当原有通航汊道的分流比出现持续减少的单向变化趋势时,航道会逐步恶化,直至处于发展状态的汊道能够完全取代原有通航汊道,成为新的通航主汊。当实现主支汊易位时,航道才有可能逐步好转。

对于顺直分汊或微弯分汊的分汊河段而言,这种主支汊易位的现象并不是经常发生的,其发展变化一般也较为缓慢,出现周期性变化的颇为罕见。然而,对于鹅头型汊道则是另一种情况。纵观一些鹅头型汊道的发展变化历史,不少表现出有一定的年际周期性变化规律,有的周期并不很长。这种汊道年际周期性变化往往如下:(1)直汊道冲开、发育;(2)江心洲崩塌后退,航道向弯曲方向发展;(3)在原直汊道位置附近形成新的心滩,通航汊道进一步变弯;(4)新的心滩逐步扩大增高,老江心洲加速崩退,航道愈益弯曲,直至并入老的鹅头型弯道(图2-16)。到了此时,原有直汊道又在冲刷发展,开始第二轮的变化,如此周而复始,30年或40年一个周期不等。这种情况,在长江中游的陆溪口水道和下游的罗湖洲水道都一再出现过,陆溪口水道变化急剧时十年八年就是一个周期,可见演变之快。

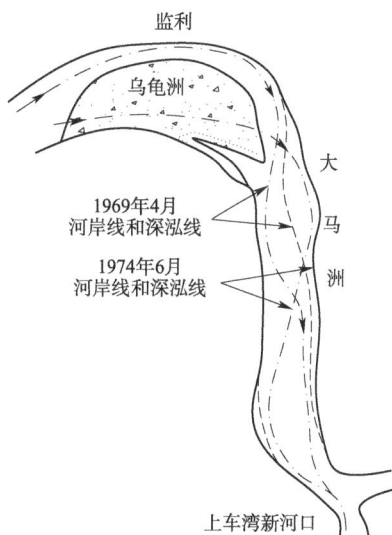

图2-16　长江监利水道年际周期变化图

四、平原河流浅滩上的水流和泥沙运动

浅滩的冲刷和淤积取决于上游的来沙量和浅滩上输沙力的对比关系。浅滩上的输沙力又决定于浅滩上的水流条件和泥沙条件,一般浅滩与深槽的距离不长,泥沙条件变化不大,其输沙力主要决定于水流条件,因而对浅滩的水流条件情况更应有充分的了解。

1.浅滩上的比降和流速特点

浅滩纵向水面形态复杂,洛西也夫斯基根据试验得出滩上局部比降和流速关系式如下：

$$J = \tan\beta \frac{\alpha V^2}{2gH}$$

式中各因素关系见图2-17。由上式可见,浅滩上局部比降与流速水头、滩顶水深以及河底的倒坡有关。倒坡愈大,水深愈小,则比降愈大。在低水期,浅滩上比降大,流速大,有利于浅滩冲刷。国内也有学者做过类似的研究,各家研究成果相似。

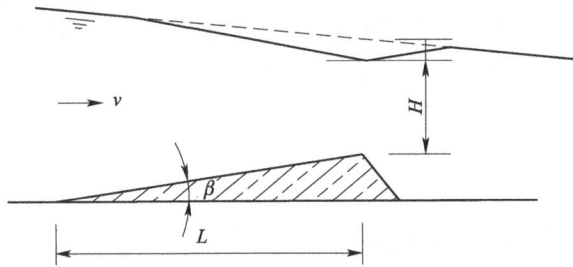

图2-17　浅滩上的水面变化

以上为特定条件下的情况。天然河流浅滩形态是多样的,浅滩段的比降变化要复杂得多。图2-18和图2-19为柴挺生1963年分析长江东流浅滩和窑集老浅滩的比降变化图。由图可见,涨水期水位上升,浅滩上比降减小,而深槽比降增加,深槽比降大于浅滩比降;落水期到中水位以下,浅滩比降增加,浅滩比降大于深槽比降。图中有几个转折点,其转折点水位高程与边滩、心滩、沙洲的高程接近,可以了解洲滩壅水对比降的影响。在窑集老滩段,规律与东流浅滩不同,水位降到枯水时,比降反而减小,见图2-19。

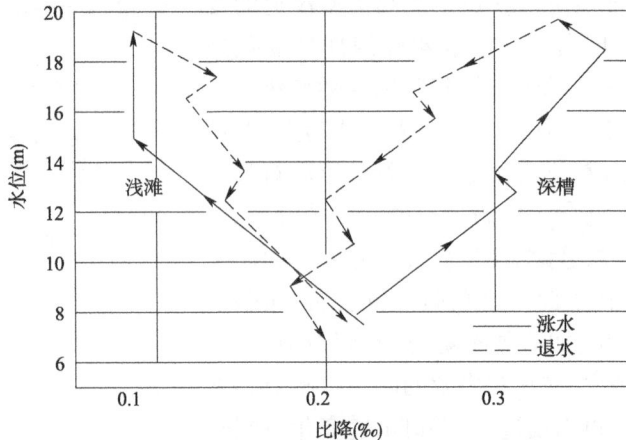

图2-18　东流浅滩和深槽的比降变化图

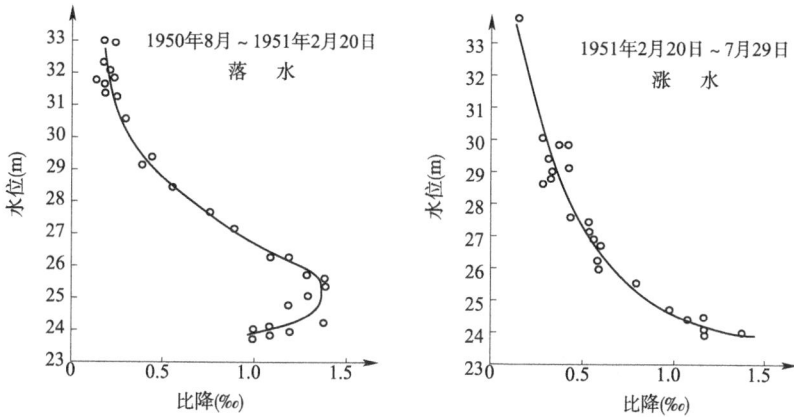

图 2-19　长江窖集老浅滩比降与水位关系图

比降的变化和流速变化是相互关联的。图 2-20 为深槽断面和浅滩断面上的水位和流速关系图,一般情况下,深槽段和浅滩段的流速均随水位上升而增加,但浅滩区流速增率大于深槽区,曲线的交点为深槽段和浅滩段流速变化的转点水位,了解这个转点水位,结合水沙过程,对浅滩冲淤分析有重要意义。这表明,曲线上高水位转点为浅滩冲淤交替时期,低水期交点水位以下,浅滩流速加大,可能是枯水浅滩开始冲刷时期。

浅滩纵向流速沿程变化,直接影响浅滩脊的冲淤。由深槽到浅滩段的水流不均匀运动,至枯水期愈明显。从纵剖面看,浅滩段迎水坡为加速流,背水坡为减速流,特别是底部流速,在迎水坡沿程增加,超过滩脊后逐渐减小,滩脊处最大,见图 2-21。

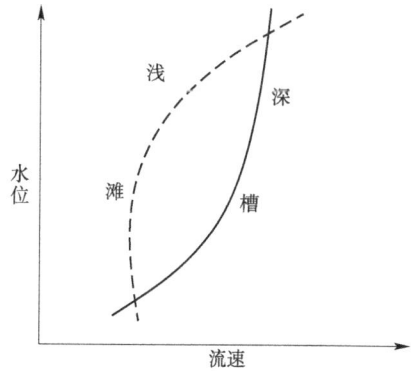

图 2-20　水位与流速关系图

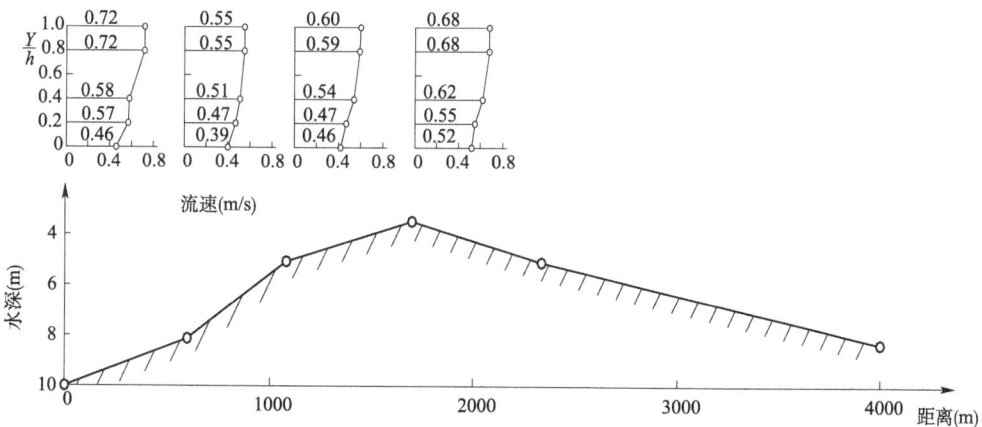

图 2-21　浅滩上流速沿程分布图

总结以上情况,得到浅滩河段的比降和流速特点如下:

(1)枯水期:$J_{浅滩} > J_{深槽}$,随着水位上升,$J_{浅滩}$ 减小,$J_{深槽}$ 增大,到洪水期时 $J_{浅滩} < J_{深槽}$;

（2）同一水位，浅滩上：$J_{涨水期} < J_{落水期}$，深槽上：$J_{涨水期} > J_{落水期}$；

（3）枯水期：$V_{浅滩} > V_{深槽}$，随着水位上升，$V_{浅滩}$增大，$V_{深槽}$增大更多，到洪水期：$V_{浅滩} < V_{深槽}$。

2.浅滩上的环流

环流是浅滩上的重要水流现象，横向输沙主要是环流横向分速的作用。弯道环流以螺旋流形式向两弯道间过渡段浅滩运行。由于上下两弯道之间环流方向相反，在过渡段的环流形态很不稳定或消失。图2-22为长江荆江河段一个浅滩的实测环流图形，图中显示，上、下弯道环流单一，仅有小的次生环流，而在过渡段断面上，上部有一个与下深槽方向相同环流，下部有几个与上深槽方向相同环流。这些现象是上、下深槽环流影响而形成的。

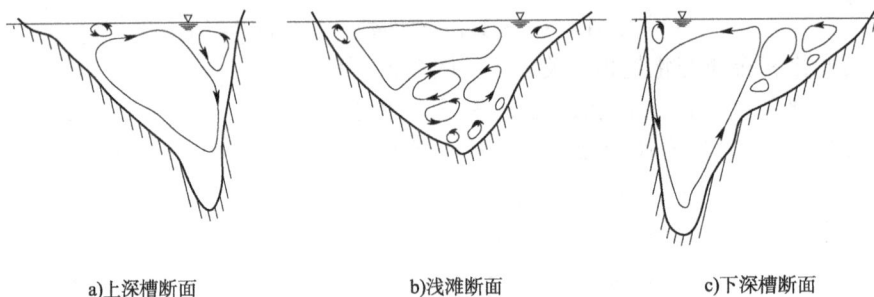

a)上深槽断面   b)浅滩断面   c)下深槽断面

图2-22　浅滩河段断面环流分布图

另外，过渡段长度也影响环流的特征。过渡段短，环流在过渡段急剧过渡，环流相对较强；过渡段长度适宜，水流变化平缓，但过渡段上环流相对较弱；过波段长，则环流更弱，此时输沙作用主要为纵向水流。天然河流中，浅滩形态多种多样，环流在断面上的分布形态比上述复杂得多。例如：过渡段浅滩上也有可能存在两个反向环流；过渡段长度过大时，其上环流消失或方向不定。

3.泥沙运动

冲积性河流浅滩上推移质泥沙运动多以沙波方式运行，有学者认为浅滩是一个大沙波，在它的面上，通常有次级沙波。次级沙波向下游运行，移到浅滩脊时，浅滩淤高，当水位消落，沙波来不及运移时，可能出浅碍航。

浅滩脊的高低，决定于当年上游来水来沙量的大小、水位消落的快慢、各级水位持续时间的长短。小水多沙年浅滩脊大量淤高，大水少沙年又被大量冲刷降低。洪水位持续时间长，中枯水消落快，浅滩来不及冲刷会出浅。因此，浅滩上泥沙运动的特点有：

（1）运动形态：以沙波运动为主要形态；

（2）运动规律：一般情况下，涨水期浅滩淤高，落水期浅滩冲刷。

五、浅滩演变分析

浅滩演变分析的目的在于掌握浅滩演变的规律，区别影响浅滩演变的主要因素和次要因素，预测浅滩演变趋势。

浅滩演变是河道演变的一个组成部分。河道演变过程是一种极为复杂的现象,影响因素非常复杂,这些因素主要包括水流、泥沙和地貌(河床边界条件)等几方面,但每一个方面又包含着许多因素,而且各个因素之间又是相互混杂交织在一起的。因此,要了解哪些是影响浅滩演变的主要因素、哪些是次要因素,不是一件容易的事情。目前,浅滩演变分析的方法主要有实测资料分析研究,数学模型计算分析,物理模型试验研究。三种方法在研究具体浅滩演变时,可以单独使用,也可以联合运用。对于重大的工程技术问题,有条件时应尽可能使用各种方法进行研究,并将所得成果相互比较,以求得较为可靠的认识。

1.浅滩的水深分析

浅滩上的水深变化与水位变化基本上是同步的,即水位上升、水深增大;水位下降、水深减小。但是由于浅滩的高程会随着水位的升降发生冲淤变化,所以浅滩上水深的增减值并不等于水位的升降值。

(1)多年水位与水深关系图

将浅滩的多年水位与水深资料点绘于一幅图中(图2-23)。

①在图2-23a)中,点群集中、呈带状,即同一水位时,水深变化不大,说明该浅滩冲淤变化不大。

②在图2-23b)中,点群散乱、无规律,即同一水位时水深多变,说明浅滩冲淤变化无常。

③在图2-23c)中,点群分布介于①与②之间,说明浅滩冲淤有一定幅度。

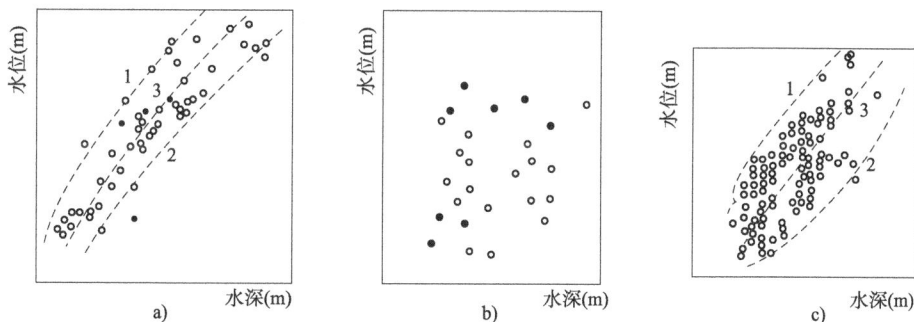

图2-23　多年水位与水深关系图

(2)逐年枯水期水位与水深关系变化图

将浅滩的各年枯水期水位与水深关系资料逐年点绘于一幅图中(图2-24)。从图中可知:1957～1958年比1956～1957年枯水期水位与水深关系线整体向右侧移动,即水位相同(同一横坐标情况下)水深增加,说明浅滩在该时间段出现冲刷;以后各年水位与水深关系线逐年向左侧移动,即水位相同(同一横坐标情况下)水深逐年减小,说明浅滩逐年淤积。

(3)逐日水位与水深变化关系图

将浅滩的逐日水位与水深资料点绘于一

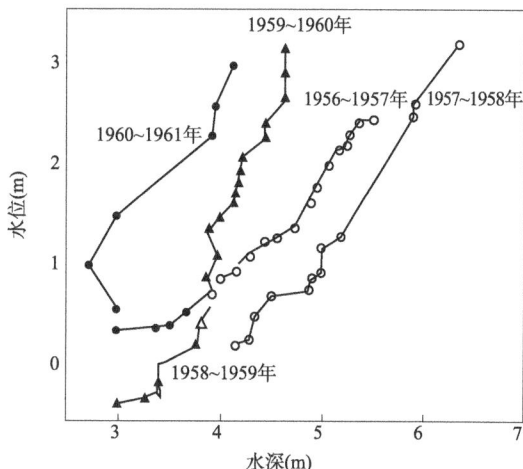

图2-24　逐年枯水期水位与水深关系变化图

幅图中（图2-25）。从图2-25a）可知,水位与水深关系线整体与横轴夹角大于45°,说明涨水时水位涨得多而水深增得少(浅滩淤积);落水时水位降得多而水深减得少(浅滩冲刷)。从图2-25b)可知,水位与水深关系线整体与横轴夹角小于45°,说明涨水时水位涨得少而水深增得多(浅滩冲刷);落水时水位降得少而水深减得多(浅滩淤积)。

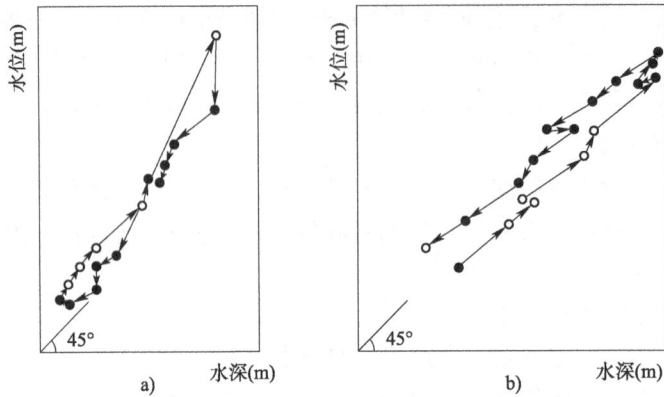

图2-25　逐日水位与水深变化关系图

2.河床形态分析

通过河床形态分析,应明确:浅滩的类型;河段的稳定情况和演变趋势;浅滩与上下游河段演变的联系和影响;河段洲滩演变的速度、方向和趋势;不同水文年及不同水期(如涨水期、落水期)对浅滩演变的影响等。

(1)平面形态分析

搜集相关河道历年的地形图等资料,将地形图重合进行套绘,从而可以分析出河道的岸线变迁、洲滩的成长和消失、浅滩和边滩的移动以及主流摆动等。图2-26为长江南京八卦洲附近河段河床平面形态变化对比图。

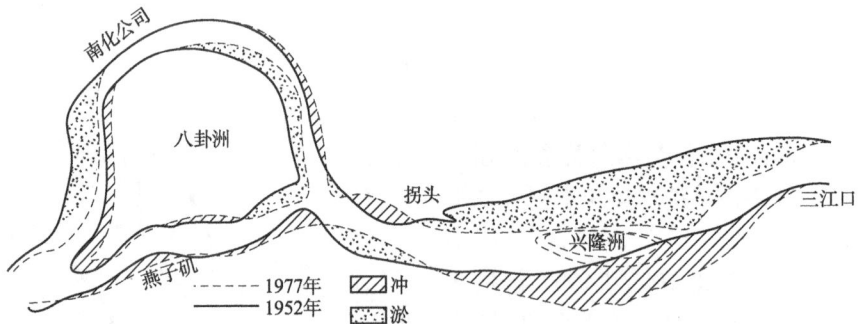

图2-26　长江南京八卦洲附近河段河床平面形态变化图

(2)横断面形态变化分析

根据地形图资料或横断面资料,套绘不同年份特征断面图,从而分析河段横断面形态变化过程及强度(图2-27)。

(3)纵断面形态变化分析

为了解河段的纵向冲淤变化,可将该河段历年测得的深泓线(或河床平均高程)绘制在同一坐标的图纸上,从而分析该河段深泓线(或河床平均高程)的纵向冲淤变化。

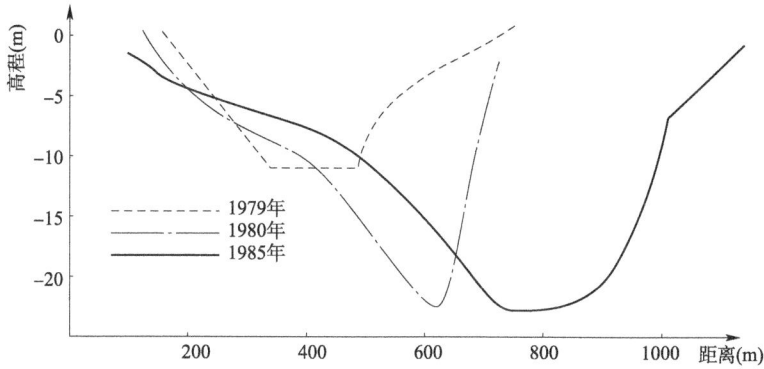

图2-27 某滩特征横断面形态变化图

3.水流泥沙因素分析

(1)来水来沙条件分析

河床的冲淤变化与来水、来沙量及其变化存在着十分密切的关系。一般情况下,丰水少沙年有利于河道冲刷,枯水多沙年会造成河道淤积。

例如,可以根据实则年径流量和年输沙量统计出多年平均值,以各年偏离多年平均值的数量绘制年径流量和输沙量离均值逐年变化图(图2-28),从图2-28可以看出来水来沙各年的变化特征(如丰水多沙、中水中沙、枯水少沙、丰水少沙年等)。

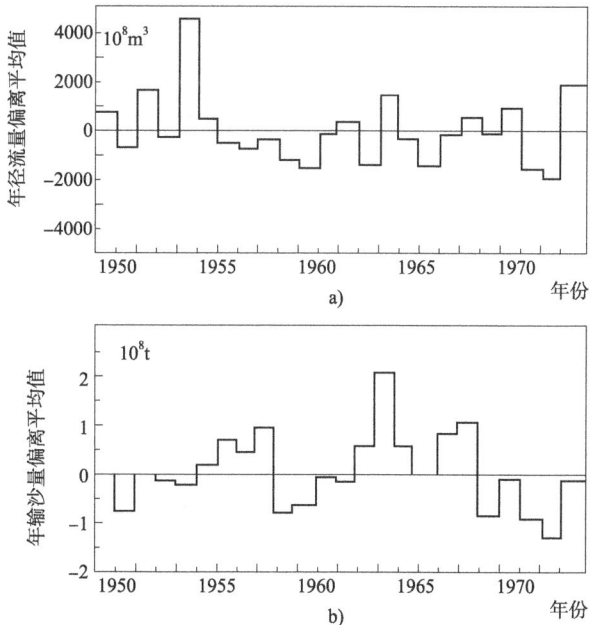

图2-28 某河段的水沙离均值变化图

也可以根据逐日流量和含沙量资料点绘流量和含沙量过程线,从中可以看出来水量和来沙量在一年内的变化情况,如洪峰的大小及其涨落的速度,洪峰与沙峰的对应性以及中枯水的变化特性等。

（2）浅滩水流与泥沙运动特性分析

水流与泥沙的运动情况对河床的冲淤变化有非常密切的关系,因而应深入分析水流与泥沙运动的特性。

根据观测资料可绘制各种水流和泥沙因素在空间和时间上的分布图以及各因素之间的相关图,从中找出它们与河床冲淤变化的关系。

4.浅滩演变的综合分析

影响浅滩演变的主要因素是水文条件和河床边界条件,因此,应将这些因素对浅滩演变影响的情况进行综合分析,了解哪些是影响浅滩演变的主要因素、哪些是次要因素。

利用实测资料,根据水流、泥沙运动和河床演变的基本理论,综合深入地进行分析。主要包括:(1)水流、泥沙和河床形态沿平面变化的综合分析;(2)水流、泥沙和河床形态沿程(纵断面)变化的综合分析;(3)水流、泥沙和河床形态变化过程(随时间)变化的分析等(图2-29)。

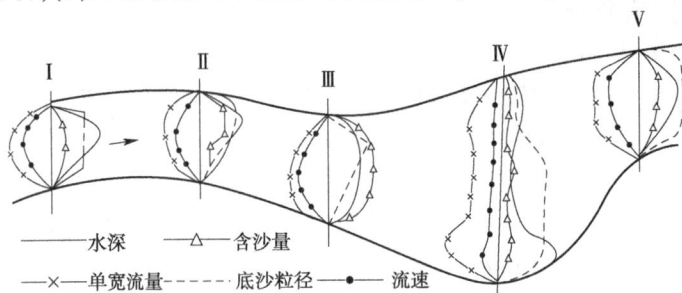

图2-29　水流、泥沙和形态因素平面分布图

第三节　山区河流滩险的特性

一、自然特征

1.地质特征

山区河流经过山地,穿越丘陵地带,主要是石质河床和卵石河床,也有少量的沙质河床。山区河段以石质河床为主,间有卵石河床;丘陵河段则相反,以卵石河床为主,间有石质河床。

1)石质河床

河床质多为基岩或大尺寸的乱石所组成。基岩河床多为抗冲性较强的坚硬岩石,整体性较好;乱石河床主要由崩岩、滑坡或溪沟来石所造成。总的来说,石质河床十分稳定,但由于崩岩、滑坡或溪沟山洪等原因引起的局部河床变形仍很急烈。如金沙江、川江、乌江等河流,均发生过大型的崩岩、滑坡与溪沟泥石流,使河道堵塞,河床急剧变化,形成汹滩恶水,船舶航行十分困难,甚至造成断航。

2)卵石河床

河床质为卵石、砾石和粗沙等覆盖层所组成,有的河段也可能出现纯卵石层。卵石粒径一般大于5mm,最大的可达400~500mm。各条河流流经的地质、地形情况不同,卵石粒径也有所差异,但大多数在 20～100mm 之间。卵石经过水流长距离搬运、长时间摩擦,表面光滑,一般呈扁平椭圆形。卵石河床亦有明显的冲淤变化,但变化幅度远小于沙质河床,故卵石河床相对来说也较为稳定。

3)沙质河床

在山区河流宽谷河段的凸岸、局部凹陷河段、峡谷上游的宽谷河段以及干支流汇合口的附近河段,往往会形成局部的沙质河床,汛期的淤沙量与淤积厚度均较大,但退水归槽后,冲刷速度也较快。

2.地形特征

1)平面形态

山区河流两岸常有岩嘴、石梁和乱石堆伸入江中,形成卡口、急弯、汊道等。河道崎岖曲折,岸线凹凸不平,有的河段江中明、暗礁石林立,航槽弯窄,严重危害航行安全。

总的来说,山区河流远比等流量的平原河流狭窄,但也呈现宽窄相间,一般宽阔段河宽为狭窄段河宽的 5～10 倍。山区河段的平面形态较丘陵河段复杂,通常丘陵河段岸线较山区河段平顺,河面较宽,卡口、窄槽与急弯比山区河段少,但汊道却比山区河段多。

2)横断面形态

由于山区河流宽、窄相间,相应横断面出现宽谷与峡谷两种基本形态。

宽谷河段谷身比较开阔,河床相对宽浅,大致呈抛物线型,谷坡一般较缓,河漫滩多,阶地比较常见。有些河段枯水时期存在尺度不同的江心洲出露,河床被分成许多支汊,河底起伏不平,河床断面甚为复杂。

相对而言,峡谷河段谷身狭窄,谷底被水流切削较深,有时达十几米至几十米,最深可达100m 左右。谷坡陡峻,甚至两岸高山峭壁,基岩裸露,洪、中水位河宽差异不大,横断面形状,多呈 V 形或 U 形。

峡谷河段以石质河床为主,宽谷河段则以沙卵石河床为主。

3)纵断面形态

河流从上游至下游,水面纵坡降总的趋势是向下游逐渐递减。山区河流水面纵坡降一般都较大,急滩河段的局部纵坡降更大,有的可达 20‰以上。河底起伏不平,浅滩与深槽相间,沿流程水深分布极不均匀,深槽水深一般几米至几十米不等,而不少中、小型山区河流,浅滩水深往往不足 1m。相对而言,山区河段河底起伏急剧,河底呈锯齿状排列;丘陵河段则比较缓和。图 2-30 为川江奉节至三斗坪河床深泓线变化图。

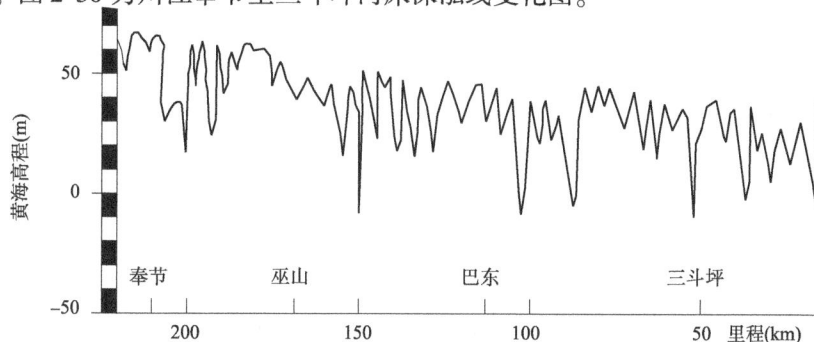

图 2-30 川江奉节至三斗坪河床深泓线变化图

3.水文特征

1）水位

山区河流一般来说,汇流面积小,汇流时间短,径流系数大。加之河谷狭窄,河槽调蓄能力低,因此,在汛期水位暴涨暴落是山区河流水位变化的主要特点。有些河段在一昼夜时间内,水位涨落可达 10m 以上,洪水过程线表现为急剧起伏的多峰型。图 2-31 为嘉陵江北碚站 1952 年日平均水位过程线。

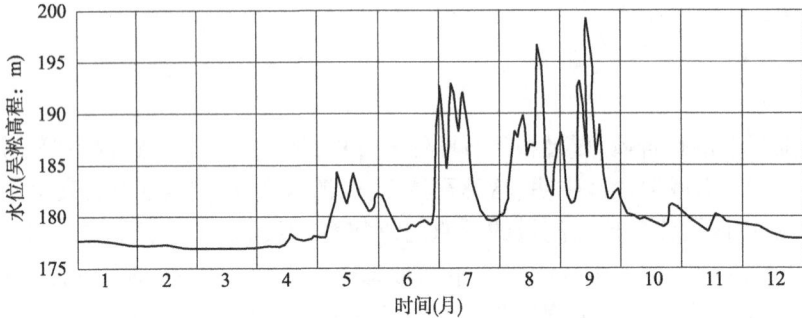

图 2-31　嘉陵江北碚站 1952 年日平均水位过程线图

我国山区河流的洪水期一般出现在每年的 4～9 月,枯水期在 10 月～次年 3 月。但是,有些小型山区河流,由于气候变化复杂,在洪水期久晴不雨,会出现枯水,在枯水期久雨不晴或遇大雨也会出现洪峰。山区河流枯、洪水位变幅一般较大,可达 10～40m。

2）流量

很多山区河流都分布在雨量充沛,暴雨强度较大的地区,河流的径流来源,洪水期主要是降雨或靠高山融雪,枯水期主要靠地下水补充。由于汛期受暴雨影响,流量也有明显的暴增暴减现象,极不稳定,与水位变化相类似,呈多峰型(图 2-32)。枯水流量一般都比较稳定,变化不大,历时较长。枯、洪流量的差值亦很悬殊,一般有几十倍至百多倍,一些小河流的枯、洪流量相差更大,例如四川巴河的枯、洪流量,相差达 2000 多倍。

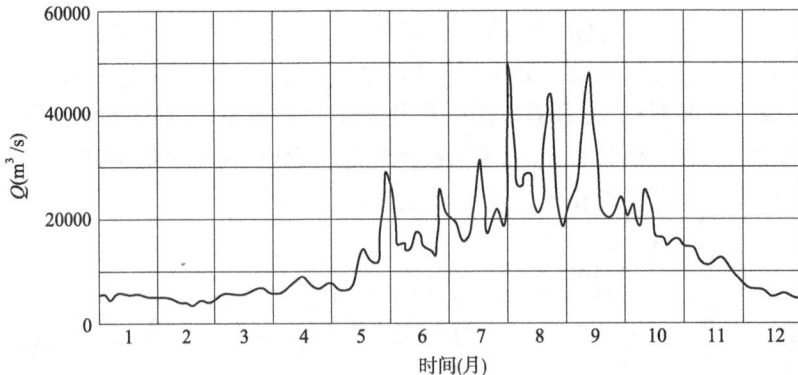

图 2-32　川江寸滩站 1983 年日平均流量过程线图

3）流速

山区河流水流普遍较急,浅、险滩流速一般 2～4m/s,急滩流速更大,常见 4～8m/s。流速的沿程变化很大,枯水期深槽水流平缓,流速很小;而滩上水流湍急,流速很大;洪水期则深槽流速增大,而大多数滩上流速相应减小。通常丘陵河段的流速较山区河段小,沿程分布也较山区河段均匀。

4)比降

山区河流的水面纵坡很陡,大多数山区河流的平均水面纵比降一般为 0.3‰ ~ 1.3‰,有些急滩的局部比降可达20‰以上。由于山区河流滩槽相间,比降的沿程分布也很不均匀,特别是枯水期,深槽水面平缓,比降极小,而滩段水面陡峻,比降很大。沅水某河段长 325km,枯水落差91.2m,其中有滩险 36 处,滩段总长约 50km,滩段总落差82m,不足 16% 的河段长度,却集中了 90% 的落差,可见深槽与滩段比降差异的悬殊。丘陵河段的纵比降较山区河段均匀,滩上的局部最大比降也没有山区河段那么大。

山区河流有较多的河弯与突出石梁挑流,因而存在过大的横比降,浅滩的横比降一般在 0.5‰左右。急、险滩横比降可达 1.0‰以上。

5)泥沙

山区河流的含沙量一般都较小,特别是在枯水期,许多河流都是清澈见底,含沙量较多的广西红水河,洪水期也不过 2 ~ 8kg/m³;川江洪水含沙量也大多小于 8kg/m³,大于 10kg/m³ 的情况很少。山区河流所挟带的悬沙,多为中、细沙和壤土,通常处于不饱和状态,可视为冲泻质,一般不起造床作用。山区河流的底沙有卵石、块石和砂砾,以卵石为主,卵石推移运动在山区河流普遍存在,是河床的主要造床质。

山区河流的部分河段也有沙质河床存在,河床泥沙粒径一般在 0.1 ~ 1.5mm 之间。有些中、小型山区河流的下段,河床质亦较细。

4. 流态特征

由于山区河流崎岖曲折,容易产生各种各样的副流,形成严重碍航的不良流态。碍航流态产生的原因很多,也较复杂,主要有以下 10 种。

1)回流

回流又称西流,是一种竖轴环形水流。几乎在河床平面发生突然变化的附近都可能产生回流,例如在两岸突嘴的上、下游岸边,江中突出礁石的下游等处(图 2-33)。流速小于 1m/s 的回流区,较细泥沙容易产生淤积,流速大于 1m/s,泥沙则不易在回流区淤积。

2)泡水

泡水又称鼓喷水,是一种强烈的上升水流,冲破水面四散奔腾(图 2-34)。其成因主要是高速水流受水下障碍物阻拦,使动能转化为位能,向上涌升。

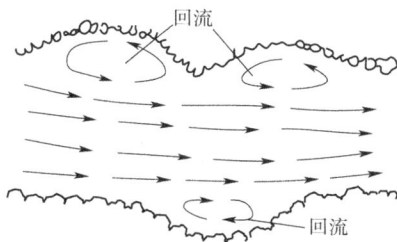

图 2-33　回流位置示意图　　　　图 2-34　泡漩水形态示意图

3）漩水

漩水又称漩涡，也是一种竖轴漩流，但和回流不同。回流的旋转速度较慢，面积较大，水面没有明显的凹陷，在同一水位时平面位置基本不变。而漩水的面积相对较小，中心水面凹陷，并向河底急速旋转，常有多个漩水同时出现，时隐时现，其平面位置在一定范围内移动。产生漩水的原因很多，特殊的河床形态，急流与缓流的激烈摩擦，均可能形成漩水。漩水常与泡水相伴出现，故亦合称泡漩水。

4）横流

横流又称斜流，与航线交角较大的水流均可视为横流。山区河流出现横流的地方很多，例如在河岸边有突出的石嘴，河道中江心洲的头部与尾部等处均可能产生横流。

5）滑梁水

岸边或江中有顺江石梁时，当水位淹过石梁顶部，特别是涨水期，江心水面高于岸边水位。水流由江心漫上石梁，即成为滑梁水（图2-35）。滑梁水为类似侧向堰流的水流形态，亦为横流的一种。

6）扫弯水

扫弯水又称垮弯水，是一种特殊形态的横流。产生在急弯河段，为强烈的弯道环流所形成，其面流冲击指向凹岸，沿凹岸扫弯而下（图2-36）。

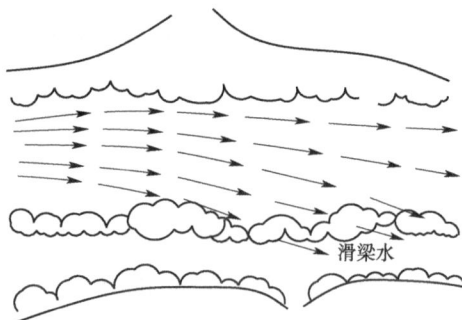

图2-35　滑梁水示意图

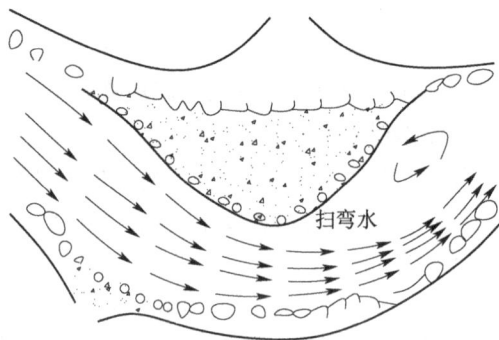

图2-36　扫弯水示意图

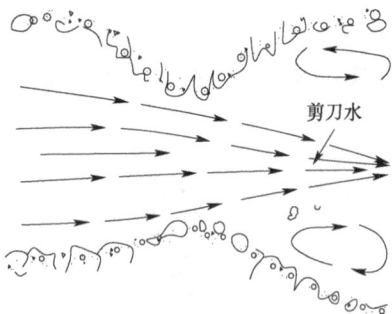

图2-37　剪刀水示意图

7）剪刀水

剪刀水亦称"滩舌"，为河道两岸伸向河心的突嘴挑流所造成。由于两岸突嘴的挑流作用，水流向下游逐渐收缩成一束，平面上呈V字形，形似剪刀，故称剪刀水（图2-37）。剪刀水的上部，坡降较陡，下部汇合处稍下游，流速达到最大值，其两侧为回流区，有时伴有强烈的泡漩水。

8）走沙水

走沙水亦简称沙水，是河道造床作用最强时，一种超常含沙量水流。在洪水期有较细泥沙淤积的宽阔河段，当涨水或退水至某一水位时，流速增大，淤沙大量起动输移，即形成走沙水。走沙水的密度大，水势强，会对上行船舶产生较大的航行阻力。

9）跌水

在河床宽窄与河底起伏的突然变化处,常产生较大的水面落差,这种现象称为跌水。因其像水上门槛一样,故又称"门槛水"。如急滩滩舌的上部(图 2-38),即为一种跌水形式。

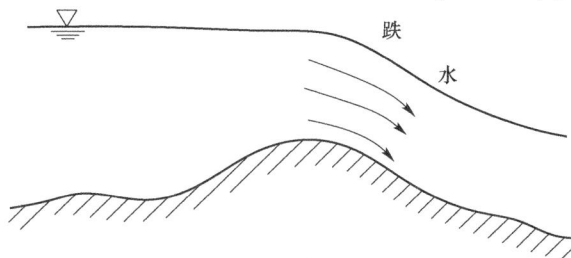

图 2-38　跌水示意图

10）激浪

激浪为复杂的河床地形所引起的较大波浪,大多数激浪是由于湍急的水流冲击床面上较大的障碍物或流经异常凹凸不平的床面所引起。

二、碍航特点

根据山区河流的不同滩险类型,其碍航情况有不同特点:浅滩主要是由于航行水深不足而影响船舶的航行;急滩是因为坡陡流急,主要是造成上行船舶航行困难,有些河床弯曲,流态较坏的急滩,对下行船舶航行亦有较大危害;险滩则是由于江中有明、暗礁石或不良流态,对船舶的安全航行构成很大威胁。此外,有些狭窄河段,全年或某一水位期不能会船,需控制船舶单向航行,影响航道通过能力。雾多为山区河流另一个重要碍航因素,如在 1045km 的川江航道中,雾区的总长度约 187km,雾期多出现在冬、春两季,年平均雾日约 50 天,最高年份曾达 205 天,船舶常需"扎雾"停航,有时由于突然发雾,使船舶偏离正常航线而发生碰岸、触礁甚至沉船的危险事故。各类滩险的碍航特点如下:

1.浅滩碍航特点

山区河流浅滩与平原河流浅滩的碍航情况基本相同,均是枯水期达不到要求的航行水深而碍航。不同之处是山区河流浅滩以卵石浅滩为主,或为石质浅滩,如船舶发生擦浅事故时,更易损坏船底,甚至造成漏水沉船。为避免擦浅,船舶需减载航行,严重时造成断航。

2.急滩碍航特点

由于急滩的坡陡、流急,给上行船舶产生很大的比降阻力与流速阻力,如船舶的推力小于上述阻力之和,则需借助施绞设施上滩(习称绞滩)。故急滩主要是限制上行船舶的载量与延长航行周期,造成船舶运力的很大损失。有些较汹险的洪水急滩船舶无法施绞,则需"扎水"停航,等洪峰过后,滩势稍为平缓才能继续上行。有些急、险滩对上、下行船舶的安全航行均有很大危害,有的由于滩下产生强烈的回流泡漩,上行船舶易发生"倒头打张",下行船舶易发生"打戗冲岸"等海损事故(图 2-39)。

3.险滩碍航特点

险滩主要是危害船舶的安全航行。礁石险滩是由于江中明暗礁石密布,使航道弯曲狭窄。船舶航行极易发生触礁事故。不良流态的碍航情况较为复杂,主要有以下三种:

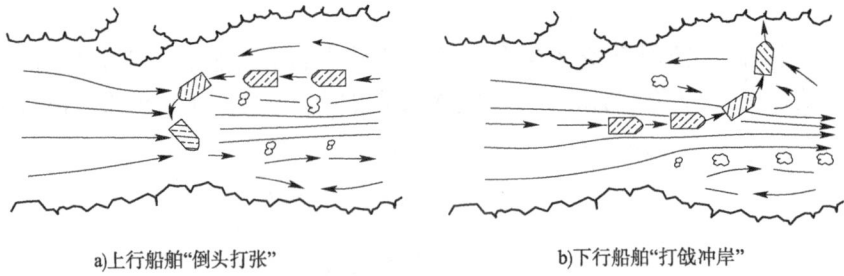

a)上行船舶"倒头打张"　　　　　　　　　b)下行船舶"打戗冲岸"

图2-39　船舶在急流滩发生事故示意图

泡漩水产生由中心向四周扩散的推力，其方向大部分与主流方向不一致，易迫使船舶偏离正常航线而发生海损事故。强大的漩水亦会对航行产生危害，可能将小型船舶漩沉。根据不同的河床形态，各水位期均可能出现泡漩水。洪水期峡谷河段出现泡漩水最多，几乎满江泡漩翻滚，水势汹涌，往往造成歪船、扎驳、断缆，以致触礁、沉船等严重事故。故在峡谷河段遇较大洪峰时，船舶常需"扎水"停航。

滑梁水主要是当石梁上漫水而不足航行水深时，船舶航行不慎，有被滑梁水推至梁上发生触礁的危险。特别是在狭窄河段，两岸同时严重滑梁水时，对上、下水船舶航行，均有很大危害。滑梁水还有可能造成设标困难，或使航标流失而造成船舶发生海损事故。

扫弯水主要对下行船舶的危害过大，当船舶偏凸岸航行时，易在凸岸边滩擦浅；当偏于凹岸航行则易发生扫弯触礁事故。由于凸岸边滩挑流，一方面使主流收缩为一束，直冲凹岸，形成扫弯水。另一方面又在边滩突嘴下游形成较大回流区，使上、下行船舶分别有发生"打张"与"打戗"的危险。

三、碍航滩险特性分析

1.急滩滩性分析

1)形态特征分析

根据急滩所在河段的滩型类别确定其平面形态特点（图2-40）。主要是碍航位置、数量、地质组成和分布；纵向、横向断面形态和船舶上、下行航线顺直程度及其曲率半径的大小；对于突嘴型急滩可进一步分析突嘴形状、大小与挑流情况，对于溪口急滩还需分析溪沟上游来石沙量以及有无形成天然的沟槽；对于崩岩滑坡急滩还需分析岸坡地质状况，岸坡稳定程度；对错口急滩进一步确定错口长度。

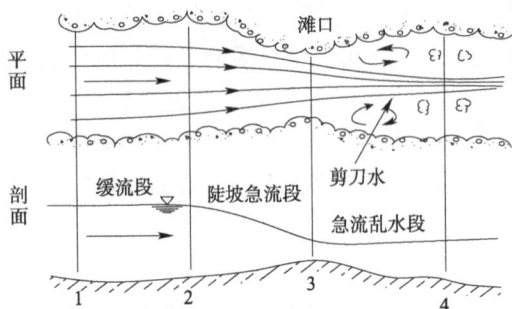

图2-40　卡口急流滩水流状态

2)水力特性分析

应分析确定急滩成滩水位、最汹水位和消滩水位的滩势及其持续时间。特别重视上述各特征水位时航线上沿程的流速、比降、流向的变化。如果为分汊河段的急滩，还应分析分流比及其进、出口横流的变化。

分析确定缓流段、陡坡急流段和急流乱水段的长度和宽度。根据水面线分布和沿程流速分布确定最大流速位置；根据回流宽度、长度确定有无利用缓流区航行的可能;对于崩岩和滑坡急滩还应分析其连续跌水段水流特性。

采用计算方法或观测方法可进一步确定船舶自航上滩的水力指标。

3)船舶航行阻力特性分析

船舶航行阻力主要由水流阻力和坡降阻力两部分组成。急滩类型不同,两种阻力所占比例也不同。突嘴型急滩,河床断面收缩变化急剧,流速水头差和局部水头损失均大,坡降阻力也大;峡谷型急滩,河床断面深窄,但沿程变化不大,水流阻力则占优势,例如川江青滩坡降阻力占 73.6% ~74.9%。

急滩阻力碍航程度还和水位的涨落有关。同一水位高程,涨水时流速比降大于退水时的流速比降。

设推轮推力为 R_1,水流阻力 R_2,坡降阻力为 R_3。当 $R_1 > R_2 + R_3$ 时,船舶能自行上滩,当 $R_1 < R_2 + R_3$ 时,船舶不能自行上滩。

4)急滩水力判数分析

急滩的汹急程度和急滩的比降、流速大小成正比关系。比降的大小可以用一定范围内落差大小来表达。原交通部西南水利水运科学研究所在青滩模型试验中总结以下公式作为表达急滩成滩的水力判数。

$$A = \Delta h + \frac{V_{max}^2}{2g}$$

式中:A ——水力判数(m);

Δh ——滩口的水面落差(m);

V_{max} ——滩口段的最大表面流速(m/s);

g ——重力加速度(m/s^2)。

最大的表面流速由滩口断面平均流速和航槽最大流速的关系曲线求得。

根据青滩资料,通过分析计算求得水力判数与水位关系,如图 2-41 所示。对川江设计通航标准船舶而言,当已知在水位为 3.0m 时消滩,查得水力判数为 1.40。即通过整治,使水力判数达到 1.40 时船舶可自行上滩,大于 1.40 时则需进行绞滩。河段地形和水文特征不同的急滩,水力判数也不同。不同河流,不同标准船型(队)不同动力和不同的急滩需进行具体分析。

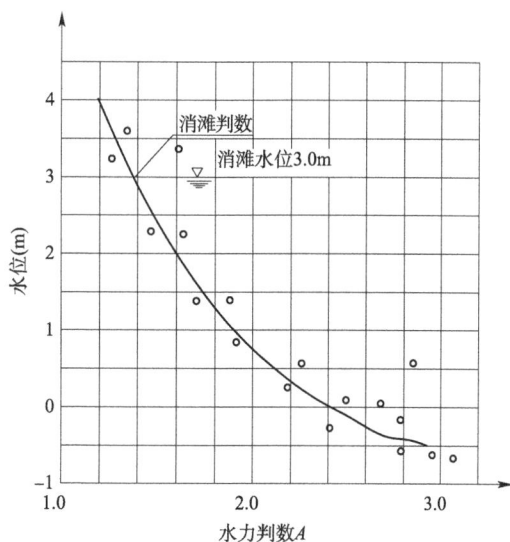

图 2-41 川江青滩水力判数与水位关系图

2.险滩水流特征分析

滩险的复杂地形通过实测,包括大比尺的局部地形测量,即可看出碍航所在,制定相应的切嘴、炸礁方案,分析研究工作不甚困难。而对于险滩的水流特征,则往往需作较深入的分析,才能抓住关键。

险滩水流特性分析主要任务包括：确定成滩水位、最凶水位和消滩水位；具体分析险滩产生碍航流态的原因；确定出碍航流态出现的位置和强度。

1）碍航特征水位分析

由不碍航到开始形成滩势时，其临界水位称为成滩水位；滩势形成后，水位单向变化，滩情由缓变凶，到某一水位时碍航最甚，即滩情最严重，这个临界水位称为最凶水位；滩情随水位的单向变化，至某一水位不再碍航，这个临界水位称为消滩水位。

2）碍航流态分析

泡漩水位的位置和强度因水流的紊动强度大并具有随机性质。例如：川江碍航泡水的直径一般由几米至几十米，泡高和漩深大约 1.0m 左右，扩散速度约 3m/s 左右，出现频率也高。

滑梁水具有侧堰的水流特性，分析时还应确定各级水位时滑梁水和主流夹角大小和航宽的关系，找出碍航水位时航线、航宽和滑梁水的距离，确定梁滑水上、下水位差；如果分汊河段中有滑梁水，找出另一汊道通航水位和原通航汊道水位关系，以便分析分汊分期通航的可能性。

扫弯水分析主要确定各级水位时扫弯主流流速大小，水流顶冲凹岸或边滩位置和夹角，贴岸横流的长度和宽度；凸岸边滩位置、高程的分布和突嘴下回流区范围和强度。

思考及练习题

1. 简述浅滩的概念及成因。

2. 浅滩按形态可分为哪几类？请绘制出正常浅滩示意图，并标注各部位名称。

3. 简述急滩的分类及成因。

4. 浅滩、急流滩、险滩的主要特点和区别是什么？

5. 影响浅滩演变的主要因素有哪些？

6. 浅滩演变的基本规律如何？

7. 解释水流动力轴线、深泓线的含义，两者有何区别？

8. 水流动力轴线的摆动对浅滩的演变有何影响？

9. 山区河流有哪些主要特征？

10. 山区河流碍航的原因是什么？山区河流存在哪些碍航流态？

11. 某浅滩的月均流量、月均含沙量过程如下图所示，试从来水来沙条件方面分析该浅滩冲淤变化过程特点。

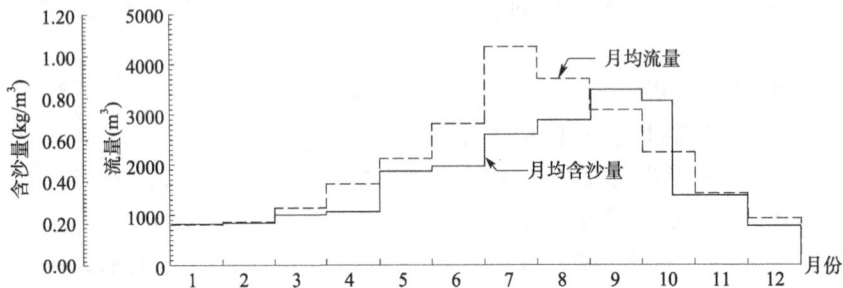

12.某河段滩、槽水位～流量关系曲线见下图,分析说明该河段的滩、槽冲淤过程及其特点。

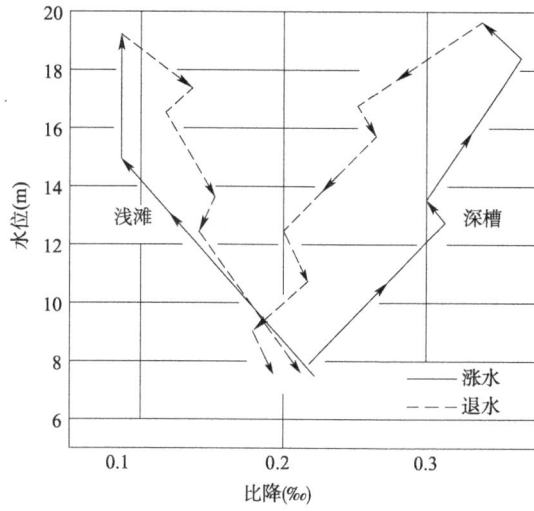

第三章　整治工程规划与设计

航道整治工程的规划和设计是航道建设的关键环节之一，是构思工程实施的方法、步骤和措施的具体工作。由于航道整治工程规划和设计对工程的效果、可靠性、耐用性和经济性起决定性作用，工程技术人员应该给予足够的重视。

第一节　河道治理的理念

国内外航道整治实践的经验和教训表明，在工程的规划和设计中应特别注意贯彻水资源的可持续开发与利用，水路运输与综合交通运输网络相配合，工程建设的经济效益与航道发展规划适当超前相协调，河流发展演变的普遍规律与不同地域区段的具体情况相适宜等指导思想。前人在治理河流和利用河流资源的过程中，积累了丰富的经验，这些经验值得借鉴。从以往的工程实践看，由于河道治理目标的不同，河流治理的出发点有两种。

一种是河道的综合治理，充分考虑各方面对水资源的要求，实现综合利用河道的目的。所谓综合治理，即全面考虑国民经济各部门的利益，采取稳定河势，调整河线等措施，以满足防洪、航运、发电、灌溉、渔业和工农业用水及水环境保护等各方面的要求。由于这些要求既对立又统一，要实现这种河道治理的目标，必须秉持综合开发、可持续利用河流资源的理念，统筹兼顾、合理安排、远近期结合及等级逐步提高的理念，既符合整体利益，又兼顾各部门的要求及尊重自然、保护生态和因势利导治理河流的理念。

航道整治是河流可持续开发利用的一个重要方面，是河流综合治理的组成部分。河流自然条件复杂，航道整治涉及面广，必须搞好分析研究，总结实践经验，切实掌握河床演变规律，从而取得与自然协调相处的主动权。还要注意协调全局、综合规划，做到远近结合。整治个别滩险要同整治整个河段联系起来，整治某一河段应与整治整条河流联系起来，并且处理好整治航道与护岸、防洪、排灌、城市用水和水环境保护等方面的关系，避免顾此失彼，达到相互协调、互相配合。

河流是一个有机整体，在一条不断变迁的河流上，不仅难于对其进行综合利用，而且还可能发生严重的洪灾水患。若控制住河道，不使其崩退、变迁，保证各级水位下的主流一致，才可望给水能利用、农业灌溉、水环境治理和航道建设提供良好的基础。从河流的整体分析，洪水期是河流造床的关键时段，控制了中、洪水的流向，在一定程度上也就稳定了河流发展的总趋势，为保证河槽的稳定性创造了条件。应根据水流、泥沙和河床的条件，规划出由平缓曲线构成的治导线；采取一些工程措施，对一些河段进行改造裁弯，使各级水位下的水流动力轴线趋于一致。固定岸线，防止河岸冲蚀，并将防洪、航道治理、生态保护、环境治理、景观建设等多目标结合。对全河流进行综合统一规划，不同的河型、不同的河段采取不同的措施和手段分期实施,实现综合治理的目标,此时,航道条件相应得到改善。综合治理的理念在我们国家的江河治理中越来越得到重视,发达国家也已有一些全面治理河流的经验,如美国密西西比河综合治理的效果是比较满意的。

另一种是对河道进行单目标治理,例如从航运要求出发,以改善河道航行条件为目的的河道整治。当资金受到限制,对河性还不十分了解的情况下,为慎重起见,一般都是考虑在中枯水位以下,对河段的局部进行治理,可在有限的投资下,达到立竿见影的效果。我国在一些中小河流的建设中采用这种办法,取得了直接的成效。

枯水季节是影响航行的关键时期,因此,必须着重研究枯水河槽的演变规律和水流特性,针对枯水期碍航河段的特性采取具体的整治措施。采用丁、顺坝束水导流整治时,坝顶高程一般均定在中水位与最低通航水位之间,坝高较低,只要求在洪水降落的最后阶段,通过丁坝等整治工程适当提高冲刷能力,达到最小通航保证水深就可以了。强调以保证通航安全为主要目标。这种方法针对性强,投资小见效快。

本章将从关注航道的角度出发,详细介绍航道整治设计参数确定,航道的平面规划和整治建筑物的布置等内容。

第二节　航道整治设计参数

航道整治设计参数包括设计水位、整治水位和整治线宽度等。这些基本参数都是整治工程实施的重要依据。取值是否合理,将直接影响到整治工程的成败和工程量的大小,因而必须慎重。有关尺度的取值,宜参考类似河流或附近已整治好的河段的情况,必要时还要依靠模型试验等手段进行确定。

一、设计水位

1.设计水位的意义

河流中可以正常通航的最低水位,即航道标准尺度的起算水位,称为设计最低通航水位,常简称设计水位,有的河流又称航行基准面或航行零水位。可以正常通航的最高水位,控制桥、闸等跨河建筑物净高的水位,称为设计最高通航水位。

我国按《内河通航标准》规定确定标准船型、航道尺度和通航保证率,依水文统计分析方法确定设计水位。

由于河流的自然演变及受到人类活动的影响,河流的水位流量关系是在发生变化的,例如,近年来我国许多河流上开发建设了水利枢纽,河床泥沙被大量开采,这种人为的因素极大地影响了河流的水文过程。因此在每隔一定年限后,设计水位值要做相应的修改调整。另外,设计水位需要根据多年观测的水位和流量资料推求,但在要整治的浅滩上不可能有这么多的观测资料。因此,确定各浅滩的设计水位,首先必须确定基本水位站及其控制的河段,其次推求基本站设计水位,最后相关到各浅滩上求出浅滩的设计水位。

2.基本水文站的选择

我国在各河流上均设有水文站,进行长年观测,已经积累了大量资料。这些水文站就可作为基本站。一般根据拟整治的浅滩河段,选择上下游邻近水文站做基本站,基本站与浅滩河段之间应符合以下基本原则。

1)水文站与浅滩之间没有拦河闸坝,两者的水位涨落幅度和水面纵比降大致相近;

2)相距不能太远,其间无较大的支流汇入或分出,也没有较大的引水工程,流量相差很小;

3)有连续多年实测可靠的资料并能换算为统一的水准基面。一般要具有 15～20 年以上的资料系列。而在这期间没有大的人工改造河道的工程影响。

如以湘江长沙河段为例,长沙河段有长沙水文站,但由于该站没有流量资料,因此在进行水文分析时,必须结合分析其上游最近的湘潭水文站的资料,共同确定长沙河段航道整治的参数。

在湖区、入海河口情况就比较复杂,选择基本站比较困难,往往需从数个水文站分析比较后选择。

3. 基本站最低通航水位的确定方法和适用条件

根据《内河通航标准》规定,天然河流的设计最低通航水位可采用保证率频率法或综合历时曲线法计算。

1)保证率频率法

天然河流设计最低通航水位,采用保证率频率法的标准如表 3-1 所示。

天然河流设计最低通航水位保证率频率表　　　　　　　　　表 3-1

航 道 等 级	保证率(%)	重现期(年)
Ⅰ～Ⅱ	98～99	5～10
Ⅲ～Ⅳ	95～98	4～5
Ⅴ～Ⅶ	90～95	2～4

2)综合历时曲线法

历时曲线又称保证率曲线、累积频率曲线,该法的标准如表 3-2 所示。表中所列保证率是指统计年限内高于和等于某一水位的天数占总天数的百分比。

天然河流设计最低通航水位综合历时曲线法保证率　　　　　　表 3-2

航 道 等 级	保证率(%)
Ⅰ～Ⅱ	≥98
Ⅲ～Ⅳ	95～98
Ⅴ～Ⅶ	90～95

4. 最高通航水位的确定方法

根据我国国家标准《内河通航标准》的规定,设计最高通航水位洪水重现期如表 3-3 所示。

设计最高通航水位洪水重现期　　　　　　　　　　　　　　表 3-3

航 道 等 级	洪水重现期(年)
Ⅰ～Ⅲ	20
Ⅳ～Ⅴ	10
Ⅵ～Ⅶ	5

处于综合利用的水利水电枢纽下游的平原航道,其设计最高通航水位,应按库水位不高于上游设计最高通航水位时下游也能保证通航的原则确定,以上游设计通航洪水频率的最大值确定下游的设计最高通航水位。坝址处航道的取用标准与通航建筑物相同,如表3-4所示。

通航建筑物设计最高通航水位的洪水频率

表3-4

通航建筑物等级	Ⅰ~Ⅱ	Ⅲ~Ⅴ	Ⅴ~Ⅶ
洪水重现期(年)	100~20	20~10	10~5
洪水频率(%)	1~5	5~10	10~20

5. 浅滩设计水位的确定方法

基本站设计水位求得后,相关到浅滩上,求出浅滩上的设计水位,这才是我们所要求的设计水位值。浅滩上一般没有长期的水位、流量观测资料,为了能找到基本站与浅滩的相互关系,在准备整治该浅滩开始就要在浅滩尾部下深槽附近设临时水尺,该水尺的水位读数将不受以后浅滩整治的影响。记录逐日水位读数,尤其注意观测中枯水时段的水位值,取得一个时段的资料后,就可将基本站设计水位相关到浅滩上来。

山区河流中,比降很大,滩段又长,往往要沿滩段设数个水尺,确定数个设计水位。

6. 特殊河段的设计水位

在一些特殊的河段,由于受工程及自然条件的影响,确定其设计水位时应给予特别的注意。

对有通航要求的引水渠道而言,设计最低通航水位的确定,一般根据渠道的具体条件及综合利用的安排来考虑;最高设计通航水位则一般按引水的较大流量来确定。对设闸控制的运河或河网航道,可根据设闸的控制条件,拟定一个满足通航要求的水位。同时,河网和运河的设计通航水位的确定,应考虑与所衔接的其他航道标准一致,按天然河流标准执行。

对受潮汐影响的河流河口段,设计低潮位应采用每日低潮位累积频率为90%的潮位;设计高潮位应采用每日高潮位累积频率为10%的潮位。对考虑船舶乘潮进出港的设计低潮位,应根据乘潮所需时间和累积频率,在乘潮累积频率曲线上按相应频率取定。

对有调节能力的水利枢纽,上游设计最高通航水位一般采用水库正常蓄水位;上游最低通航水位一般采用水库死水位。枢纽下游设计最高通航水位应采用上游通航期内最大下泄流量时的水位。当下游有梯级衔接时,应该采用下一梯级的上游最高设计通航水位。枢纽下游设计最低通航水位应采用枢纽瞬时最小下泄流量时的水位,且最小下泄流量不得小于原该天然河流时设计最低通航水位时的流量。当下游有梯级衔接时,应该采用下一梯级的上游最低设计通航水位。

7. 设计水位的调整

设计水位是根据水文资料系列进行频率统计求得的,故对选取的水文资料的取舍整编工作必须十分慎重,尤其在水利工程建成前后,水文特性突变的影响必须分别考虑,此问题在工程水文中已有详述,现对一些特殊情况下设计水位的确定问题分述如下:

(1)因裁弯和大型水利工程建筑,破坏了河流原有的平衡状态,使河床不断淤高或下切,使同样流量下的水位抬高或下降,这时用设计水位来控制航深就不合适了,应用流量资料来推求设计流量,再用水位~流量关系曲线求出设计水位。

建枢纽后下游来水流量受发电的装机容量限制,不能按天然水文条件来推求设计流量,首先要求建水库后的最小下泄流量应大于建库前的最小枯水流量;愈靠近枢纽的河段,受水电站日调节的影响愈大,有时需利用峰值通航。许多水利枢纽下游无反调节水库,应根据水库调节方案和机组在枯水期正常下泄流量,确定设计流量。

（2）不论采用什么方法确定设计水位,要求全河各浅滩的设计水位必须同步,如有出入必须进行适当调整。

设计水位需每隔一定时期调整一次,这是由于:河床自然演变,冲淤摆动等;整治工程、闸坝建设及河流渠化对河流的影响;人工采沙等。由于人类对河流的干预越来越大,许多河流水位流量关系的变化已经十分巨大,近年水文资料的积累,才能反映河流的水文情势的变化和经济建设对航运要求的标准改变等等,这一切都需要不断调整设计水位值。

二、整治水位选取与计算

在整治沙、卵石浅滩时,多采用整治建筑物束窄河床,当水位降至与整治建筑物头部高程附近时,将水流约束至整治线范围内,加大束水冲沙的效果,使水流加速冲刷浅滩脊,达到增深航道的目的。整治水位一般是指与整治建筑物头部齐平的水位。目前确定整治水位的方法很多,概括起来可分为:

1. 经验方法

1）经验数值法

我国不少平原河流已取得浅滩整治的成功经验。根据这些经验,表3-5列举一些河流采用的整治水位超过设计最低通航水位的超高值。

整治水位高于设计最低通航水位的经验值（m） 表3-5

河 流 类 型	山 区 河 流	平 原 河 流
小型	0.5~1.2	0.5~1.5
大中型	1.2~2.0	1.5~3.0

2）优良河段模拟法

实践表明,选择优良河段的边滩高程作为浅滩的整治水位是比较合理的。在某些河段,中、枯水河槽稳定,水流条件良好,一般不出浅碍航,故称其优良河段。形成该优良状态,与河势及边滩高程有极密切关系,边滩起到较好的束水造床作用,增大退水期冲刷,从而能维持枯水河槽水深要求。既然这种边滩高程能塑造出优良河段的河形,则整治水位就可模拟优良河段边滩高程相应的超高值确定,这种方法可称优良河段模拟法。

3）多年平均水位

采用多年平均水位或与多年平均流量的相应水位为整治水位,也是一种可供选择的方法,因为该水位一般接近于平边滩水位。

2. 造床流量法

天然河流的流量是不断变化的,每级流量都参与了河床的造床作用,马卡维也夫（H. Макавеев）提出综合作用最大的几级流量为造床流量。

造床作用包含了造床强度和造床历时两方面因素,造床强度取决于输沙率的大小,造床

历时取决于各级流量出现的频率。故输沙率与历时的乘积最大时的流量作为造床流量,输沙率可写成以下关系:

$$G \approx Q^m J \tag{3-1}$$

式中: G ——床沙质输沙率;

　　Q ——流量;

　　J ——比降;

　　m ——指数,通常 m 取2。

P 为各级流量出现的频率,绘制 $Q \sim Q^2 JP$ 关系曲线,曲线上一般有两个 $Q^2 JP$ 的峰值,对应最大的一个流量为第一造床流量,相当于多年平均最大洪水流量,保证率为 1% ~ 6%,其水位约与河漫滩齐平。相应于次大的流量称为第二造床流量,略大于多年平均流量,保证率为 24% ~ 45%,其水位约与边滩水位相当,对于束水归槽,冲刷浅滩来讲应取第二造床流量作为整治流量,其相应的水位即整治水位。

在这个基础上,若取用不同的输沙率公式,也可求得相应的造床流量。

$$断面悬移质输沙率 \ P_s = Q \cdot S_{cp} \tag{3-2}$$

$$断面推称质输沙率 \ G_{PS} = g_s \cdot B \tag{3-3}$$

式中: Q ——流量;

　　S_{cp} ——悬沙挟沙能力;

　　g_s ——底沙单宽输沙率;

　　B ——河宽。

分别将挟沙能力公式和输沙公式代入式(3-2)和式(3-3)。已知断面输沙率的大小主要与平均流速 v 的高次方成正比,一般为4次方。因此,可从洪水开始降落起,到枯水期这一时段的水文资料绘制以下曲线,图3-1所示为水位 $Z \sim$ 频率 P,水位 $Z \sim$ 流速 v 和水位 $Z \sim$ $v^4 P$ 的关系曲线。

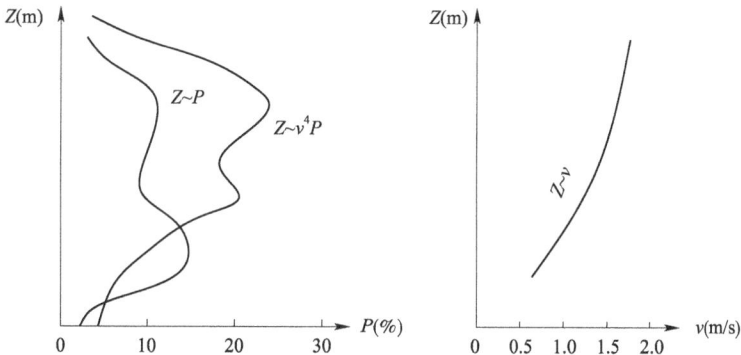

图3-1　$Z \sim P, Z \sim v, Z \sim v^4 P$ 关系曲线

由 $Z \sim v^4 P$ 曲线上查出相应第二个 $v^4 P$ 最大值的水位即为整治水位,这种方法在没有比降资料的基本站上仍可使用。

采用造床流量法求得的整治水位,有一定的理论意义,在有些河流上应用是合适的,但在许多河流上选用第二造床流量相应的水位作为整治水位则太高。究其原因主要有以下几个方面:

（1）所求的造床流量是指对河床的塑造作用最大的流量,但航道整治中只要求在中枯水阶段的冲刷能力稍加提高,达到解决航道水深不足的目的即可,所以实用的整治水位可降低。

（2）基本站的水流特性与浅滩处有所不同。因为基本站往往设在平直稳定的深槽河段上,而深槽的比降值随水位上涨有加大的趋势,通常会使计算的造床流量值偏高。如长江中、下游计算超高值较大。

（3）丁坝的高度对主河道横向导沙和输沙两个方面产生影响。输沙率最大时,丁坝需淹没一定深度使坝下产生最强的螺旋流,从而能将泥沙导入坝田,所以坝顶高程不一定要设在输沙率最大的水位,即造床流量时的水位,而应使丁坝低些,淹没一定深度,以便导沙,如图3-2所示。

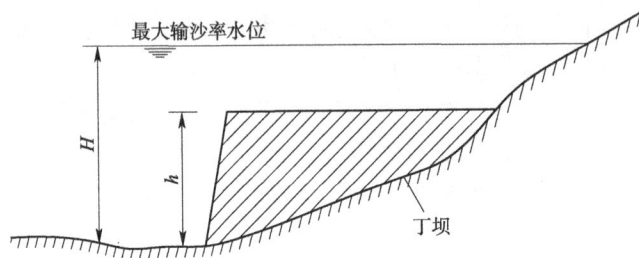

图 3-2 输沙水位与丁坝关系

3. 浅滩转冲临界水位法

有以下两种具体做法可以采用。

1）绘制深槽、浅滩的水位～流速关系曲线

取拟整治浅滩及上下游相邻深槽各级水位下的实测资料,绘制水位～流速关系曲线,深槽与浅滩的两条曲线交于 M 点的水位称临界水位,如图3-3所示,该水位以下浅滩流速大于深槽流速,因此,可将整治水位定在临界水位 M 附近。

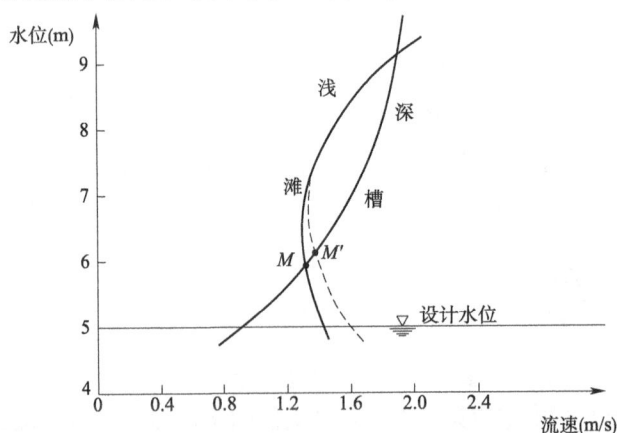

图 3-3 滩上水位流速关系

事实上在整治工程作用下, M 点将提高到 M' ,表明整治后增加了浅滩的冲刷作用,在水位高于 M 点就显现出来。

2）绘制水位～滩脊水深关系曲线

取拟整治浅滩及各级水位下的实测资料,将滩脊处设计水位下的水深值与测时水位值,点绘于坐标纸上,分析该滩的冲淤规律,取由淤转冲的临界水位作为确定整治水位的依据或参考值。

4.整治水位的调整

确定整治水位的目的,是要求在整治流量时水流在整治建筑物束窄的范围内流动,起到束水冲刷调整泥沙运动的作用。但经实践发现由于缩窄了断面,原整治流量相应的天然水位将壅高,整治河段上段丁坝断面淹没溢流,达不到束水归槽的效果,尤其在比降比较大的河流中更为明显。为此,确定的整治建筑物高程,应满足在被控制的河段内,河床的过水断面能容纳整治流量的最小高度,以流量作标准,各处的水面高于设计水位的超高值就不一定是常数,它是随河床断面形态和所在位置不同等因素而异,一般是上游河段超高值大于下游河段。因此,根据常规方法求得整治水位和整治宽度,用整治流量进行水面线计算,调整坝位处的高程与水面线齐平。

三、整治线宽度的计算分析

整治线的宽度是指整治水位时河面宽度。整治线宽度的取值,关系到束水作用的强弱及航道内流速和流态的好坏,因此,正确确定整治线宽度是设计中的一个重要问题。图 3-4 所示为湘江某浅滩,其整治线宽度 B_2 约 300m,它与航槽宽度不同,航槽宽度 b 是根据航道等级确定的,$b = 60$m。

目前确定整治线宽度的计算方法较多,有经验方法和理论计算方法。

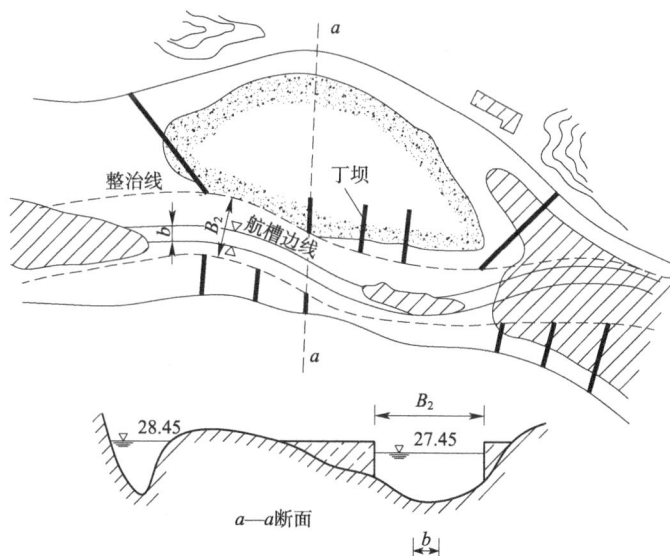

图 3-4 整治线与航槽边线位置图

1.经验方法

根据经验总结了许多整治线宽度计算的方法,例如:

1)C.T.阿尔图宁方法

$$B_2 = (K_a H_2) \frac{1}{m_a} \tag{3-4}$$

式中：k_a，m_a 为经验参数，不同河型及不同河段取值不同，可查有关手册和规范。

2）优良河段法

在浅滩河段上下游，根据调查和河道地形图，寻找与被整浅滩具有相似的水文，泥沙及地质条件的优良河段，绘出其过渡段河床横断面图，求得各优良河段整治水位时的水面宽 B，及平均水深 H。如图 3-5 所示。则可在双对数纸上点绘：

$$\frac{\sqrt{B}}{H} = A \cdot H^m \tag{3-5}$$

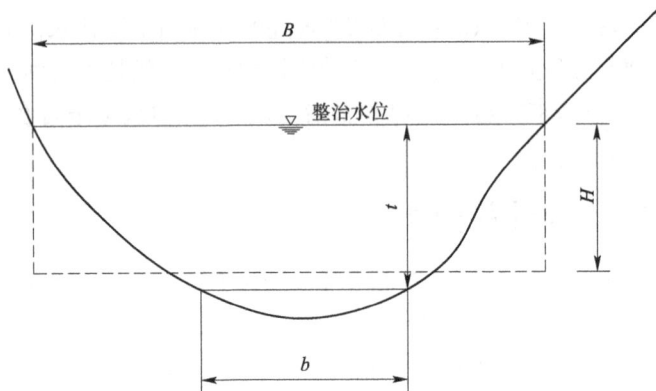

图 3-5　优良河段断面图

由相关线求得截距即为系数 A，斜率即为指数 m。

例如淮河中游，正阳关至蚌埠闸上游，根据优良河段，绘成相关线（图 3-6），求得公式为

$$\frac{\sqrt{B}}{H} = 18.0H^{-1.01} \tag{3-6}$$

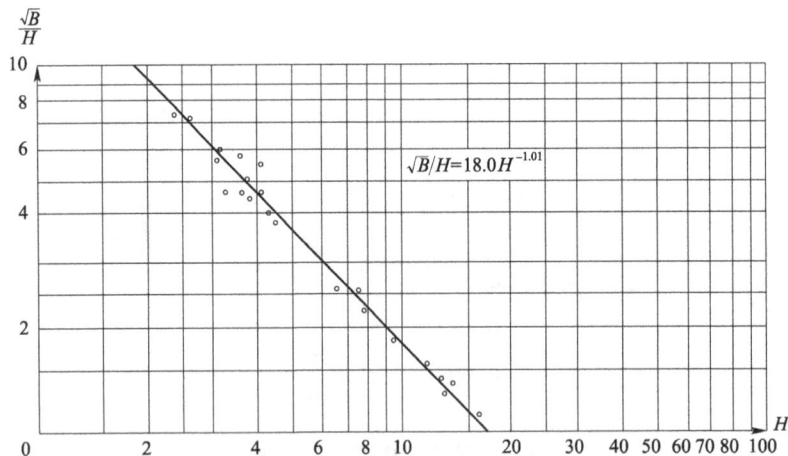

图 3-6　经验河相关系

依据上下游优良河段在整治水位时的航道边缘水深与平均水深的关系另绘相关曲线，再根据被整治浅滩在整治水位时要求的 $t = 4.3\text{m}$，由曲线查得 $H = 3.46\text{m}$，代入式（3-6）得 $B = 316\text{m}$。取整治线宽度 $B_2 = 316\text{m}$，由该河段的方家坎、鲁口孜等浅滩整治效果看，是满足要求的。

2.理论计算方法

1）水力学计算方法

应用水流连续方程和均匀流方程式：

$$Q = BHv \tag{3-7}$$

$$v = \frac{1}{n}H^{\frac{2}{3}}J^{\frac{1}{2}} \tag{3-8}$$

联解得：

$$B = \frac{nQ}{H^{\frac{5}{3}}J^{\frac{1}{2}}} \tag{3-9}$$

认为在整治水位时，整治前后通过的流量 Q 相等，航槽内的糙率 n 及比降 J 不变，代入式(3-9)可得。

$$B_1 H_1^{\frac{5}{3}} = B_2 H_2^{\frac{5}{3}} \tag{3-10}$$

$$B_2 = B_1 \left(\frac{H_1}{H_2}\right)^{\frac{5}{3}} \tag{3-11}$$

式中：H_1，B_1，H_2，B_2 分别为整治前后整治水位时的平均水深及水面宽；因为在设计时并不知道通过整治后在整治水位的平均水深 H_2 是多少。所以，可根据航道设计要求的水深 t 乘以水深改正系数 η。η 值一般小于1，统计一些河流的断面形态资料，点绘水深改正系数 $\eta = \frac{H}{t} \sim f\left(\frac{B}{b}\right)$ 的关系曲线，如图3-7所示。

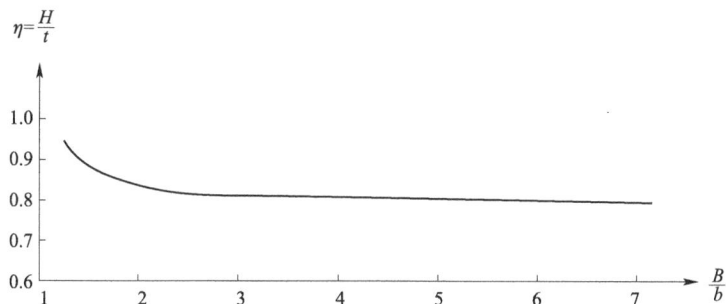

图 3-7　$\eta \sim \frac{B}{b}$ 相关曲线

当 $B/b > 4$ 以后 η 值的变化不大，一般 $\eta = 0.8 \sim 0.9$ 左右，若在资料缺乏时，平原河流的 η 值一般可取0.85左右。式(3-11)可改写成：

$$B_2 = B_1 \left(\frac{H_1}{\eta t}\right)^{1.67} \tag{3-11}$$

该式仅考虑引起河床变形的水流因素，没有考虑到泥沙的输移问题，有一定局限性，对泥沙运动较少的河流进行航道整治工程规划设计时，有一定的使用价值。

2）输沙平衡的方法

格里尚宁（K. Grishanin）曾提出河床变形计算法求整治线宽度，他认为在浅滩上修建整治建筑物束窄河床后，水流输沙能力增大，水流从浅滩上冲刷到下深槽的泥沙量，应等于每年淤积在航道内的泥沙量，推导出在 Δt 时段内冲淤厚度 ΔZ 的公式。根据设计水位及航道要求水深，就可确定浅滩需要冲刷的深度 ΔZ，从而推求需要的整治断面平均流速，进而求得整治线宽度。但格里尚宁未考虑到冲刷期间，上游仍有泥沙输入这一重要因素。据此认识，我国有学者从输沙平衡的原理出发，推导出不同的航道整治线宽度公式，现选择介绍如下：

河床在低水时期是处于相对平衡的，整治建筑物束窄河床后，必然使浅滩流速加大，水流输沙能力加强，冲刷浅区，冲刷到设计要求的水深时，达到新的输沙平衡，输沙能力与整治前相同，根据整治前后断面输沙量相等的条件提出如下计算方法：

$$G_1 = G_2 \tag{3-13}$$

式中：G_1、G_2——整治前后断面输沙率。

（1）底沙造床情况

在以底沙运动为主的河流中，如采用沙莫夫（Г. И. Шамов）公式

$$G = Kd\left(\frac{v}{v_H}\right)^3 v_H\left(\frac{v}{v_H} - 1\right)\left(\frac{d}{H}\right)^z B \tag{3-14}$$

式中：K——系数；

d——泥沙平均粒径；

v——断面平均流速；

H——断面平均水深；

B——河宽；

z——指数，一般为 1/4～1/6，采用 1/4；

v_H——止动流速，用沙漠夫公式求得

$$v_H = 3.83d^{\frac{1}{3}}H^{\frac{1}{6}} \tag{3-15}$$

为计算方便，将式中（$v/v_H - 1$）改写为

$$\left(\frac{v}{v_H} - 1\right) = \alpha\left(\frac{v}{v_H}\right)^m \tag{3-16}$$

式中的 α 和 m 值可以由对数纸上的 $\left(\frac{v}{v_H} - 1\right) \sim \left(\frac{v}{v_H}\right)$ 相关线确定，将曲线分成若干段，每段近似地视为直线关系。从而定出各段的 m 数值，列于表 3-6。将式（3-16）代入式（3-14），并将 α 系数并代入 K 中，以 K' 表示，则可写成下式：

$$G = K'd\left(\frac{v}{v_H}\right)^{3+m} v_H\left(\frac{d}{H}\right)^{\frac{1}{4}} B \tag{3-17}$$

系数 m 值表 表 3-6

v/v_H	$1.1 < v/v_H < 1.5$	$1.5 < v/v_H < 2.5$	$2.5 < v/v_H < 10$
m	5.36	2.22	1.26

又将式（3-16）、（3-17）代入式（3-13），因 K' 是常数，同时认为整治前后 d 变化不大，均可消去。

则

$$B_2 = B_1\left(\frac{Q_2}{Q_1}\right)^{\frac{3+m}{2+m}}\left(\frac{H_1}{H_2}\right)^{\frac{43+14m}{12(2+m)}} \tag{3-18}$$

令：

$$y_1 = \frac{3+m}{2+m}, \quad y_2 = \frac{43+14m}{12(2+m)} \tag{3-19}$$

上式可写成

$$B_2 = B_1 \left(\frac{Q_2}{Q_1}\right)^{y_1} \left(\frac{H_1}{H_2}\right)^{y_2} \tag{3-20}$$

$$B_2 = B_1 \left(\frac{Q_2}{Q_1}\right)^{y_1} \left(\frac{H_1}{\eta t}\right)^{y_2} \tag{3-21}$$

式中：η——水深改正值，一般取 0.8~0.9；

t——整治水位时航道边缘水深。

（2）悬沙造床情况

在以悬沙运动为主的河流中，尤其是在中枯水位时，也是悬沙引起冲淤的情况下可考虑用悬沙输沙平衡的条件推求整治线宽度，不过此情况应用的比较少，公式推导如下：

其断面输沙率可表示为

$$P_s = QS_{CP} = K\left(\frac{v^3}{gH\omega}\right)Q \tag{3-22}$$

式中：P_s——断面输沙率；

S_{CP}——断面平均含沙量；

K——系数；

g——重力加速度；

ω——泥沙的沉降速度；

Q——流量。

将式中 v 以 Q/HB 代入，并认为整治前后 $K_1 = K_2$，$\omega_1 = \omega_2$ 代入式（3-13），化简后得：

$$B_2 = B_1 \left(\frac{Q_2 H_1}{Q_1 H_2}\right)^{\frac{4}{3}} = B_1 \left(\frac{Q_2 H_1}{Q_1 \eta t}\right)^{\frac{4}{3}} \tag{3-23}$$

应用式（3-21）、（3-23）时，必须注意流量的变化，有几种情况要考虑。

①非通航汊道中筑坝或在非通航汊道上口建挑流坝分流工程后，使两汊流量比发生变化。

②在汊道内建丁坝、顺坝工程时，整治线宽度内的流量也会发生变化。

③疏浚后两汊分流比发生变化。

④在山区少沙河流上，坝体渗流较大，一部分流量从坝田中流走。

有以上情况时，上式中的 Q_2 不等于 Q_1，否则整治前后的流量可视为一样，则式中 Q_2/Q_1 项可消去。

计算步骤：

①选择浅滩上计算断面，求得 B_1，H_1；

②计算汊道分流量或丁坝渗透流量，确定整治前后的 Q_1，Q_2；

③计算 v 及 v_H，因 v/v_H 的比值在一定范围内 y_1 和 y_2 可以近似为定值，这就可用整治前的水力要素 B_1，H_1 和泥沙平均粒径 d_{1cp} 算出（v/v_H）值，求得 y_1 和 y_2；

④应用公式（3-23）求出 B_2；

⑤根据求得的 B_2 及相应的 H_2，并认为整治后泥沙平均粒径 d_{2cp} 与整治前 d_{1cp} 相差不大，取 $d_{2cp} = d_{1cp}$，可算出（v/v_H）$_2$ 值，若比值与（v/v_H）$_1$ 之值在一个 y_1、y_2 范围内，即可认为

求得的 B_2 是正确的。若不在同一范围内,需要重新进行计算。一般情况下校核一次即可。

（3）整治后设计水位降落对航道边缘水深 t 的修正

公式（3-21）及（3-23）中的 t 值,在浅滩上冲深变化较大时,应将因冲深而导致设计水位的降落对 t 的影响考虑进去,如图3-8所示。

$$t = H + \Delta Z' + a \tag{3-24}$$

式中: t 为整治后整治水位至航道边缘的水深,它包括设计水位下要求的航道边缘水深 H ,冲深后设计水位降落值 $\Delta Z'$ 。首先需求出 $\Delta Z'$ 值,可由下列公式推求出浅滩最大降落值 ΔZ ,再插比到浅滩计算断面上求得 $\Delta Z'$ 。

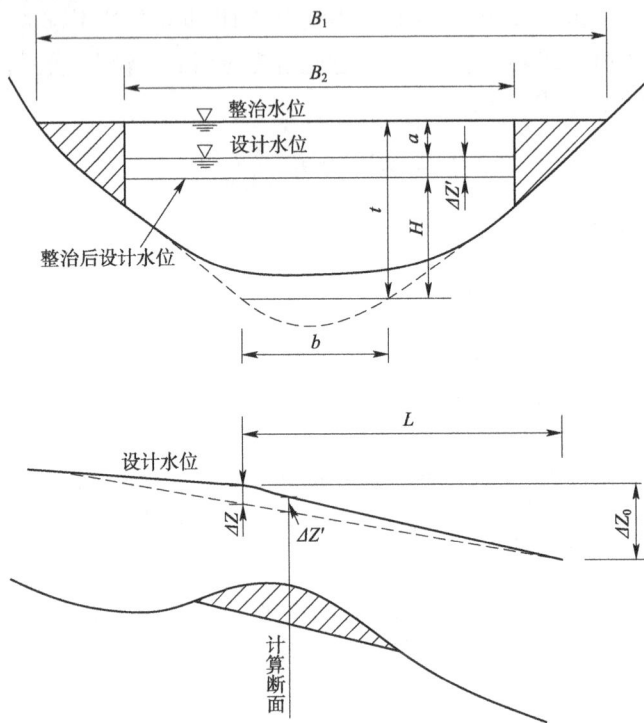

图3-8 整治后水位降落示意图

设整治前在设计水位下通过的流量为

$$Q_0 = \frac{1}{n} B_0 H_0^{\frac{5}{3}} \left(\frac{\Delta Z_0}{L} \right)^{\frac{1}{2}} \tag{3-25}$$

整治后设计水位通过的流量为

$$Q'_0 = \frac{1}{n} B'_0 H'_0{}^{\frac{5}{3}} \left(\frac{\Delta Z_0 - \Delta Z}{L} \right)^{\frac{1}{2}} \tag{3-26}$$

认为 $Q_0 = Q'_0$

所以

$$\left(\frac{B'_0}{B_0} \right)^2 \left(\frac{H'_0}{H_0} \right)^{\frac{10}{3}} \left(1 - \frac{\Delta Z}{\Delta Z_0} \right) = 1 \tag{3-27}$$

式中: H_0 , B_0 , Q_0 ——整治前设计水位时的平均水深、河宽、流量;

H'_0，B'_0，Q'_0——整治后设计水位时的平均水深、河宽、流量；

ΔZ_0——整治前浅滩段水位降落；

ΔZ——整治后河床冲深后水位降落值。

其中：$H'_0 = \eta H$，H 为整治前设计水位时航道边缘水深。由公式（3-27）可求得 ΔZ，按距离插比到计算断面就可求得 $\Delta Z'$。式中 B'_0 也需先按断面估计值代入，当求得 $\Delta Z'$ 后要验证新选取的 B'_0 是否恰当，否则修正 B'_0 再重算 ΔZ，直至符合为止，求出正确的 $\Delta Z'$ 代入公式（3-24）得 t，再代入式（3-21）、式（3-23）就可求得 B_2。

3）整治线宽度的通式

从水力学或输沙平衡等原理出发，得到的整治线宽计算公式很多，基本形式类同，主要是系数和指数不一样，公式的结构形式可归纳为：

$$B_2 = AB_1^m \left(\frac{H_1}{H_2} \right)^y \tag{3-28}$$

式中：系数 A、m、y 与整治前的流量、比降、粒径、糙率等变化有关。

各式考虑的因素均集中在 A 系数中，指数 y 从 $1.2 \sim 1.67$ 之间变化，因此，选用时最好与该河已整好的浅滩实际情况对照使用。如我国广东北江等河流从已整治的几十个滩的资料中整理得出以下可供使用的数据。

东江：$A = 0.787$，$y = 1.373$；

北江：$A = 0.854$，$y = 1.264$；

韩江：$A = 0.733$，$y = 1.207$。

我国交通行业标准《航道整治工程技术规范》考虑不同河流造床泥沙的区别，做出了如下规定：

A——可取 1，复杂情况下取 $0.8 \sim 0.9$；

y——在稳定河床取 1.67，在以悬沙为主的河流上取 1.33，在以底沙为主的河流上取 $1.2 \sim 1.4$。

3.流速控制法

水流流速是决定泥沙运动的关键因素，在设计时应掌握各级水位的流速，尤其在整治水位时，在主流范围内垂线平均流速应大于床沙的起动流速，并小于船舶的航行允许流速；在设计水位，满足要求的冲刷深度时，垂线平均流速要小于床沙的起动流速，且大于止动流速，一般可通过试算法确定。

计算步骤：

（1）根据经验或计算，首先确定整治水位 Z_2 值，同时 Z_2 等于 Z_3（设计水位）加 a（超高值）。如图 3-9 所示。

（2）由水位流量关系曲线求出整治流量 Q_2 及设计流量 Q_3。

（3）将整治流量与设计流量结合考虑，先假设一个整治线宽度 B_2。

（4）划分流带，进行水流平面图计算。

（5）求得整治水位时各流带垂线平均流速 v_{2cp}。

（6）求出设计水位时的垂线平均流速 v_{3cp}。

（7）根据当地情况求床沙的起动流速 v_c 和止动流速 v_H 值。

（8）将整治水位的主流范围的垂线平均流速与起动流速比较，若 $v_{2cp} < v_c$，则需重新假定整治水位，重复（1）~（6）步骤，直到 $v_{2c} > v_c$。即为正确的整治水位。

该方法在湖南、安徽省运用时，取得了较满意的结果。

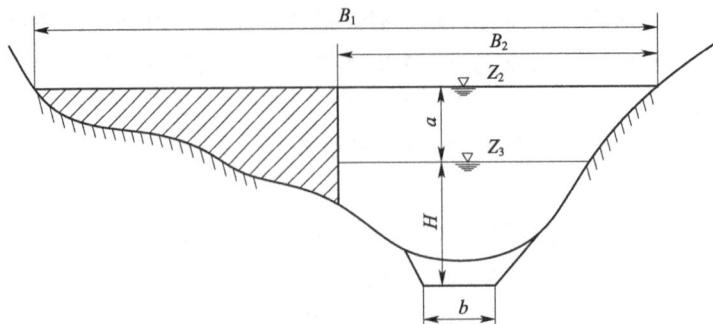

图3-9　整治段河床断面图

4.设计参数的综合考虑

整治航道设计时按上述理论方法推求整治线宽度，有时在实践中航道尺度达不到设计要求，一段时间后必须调整这些设计参数，有的浅滩上往往修改多次才达到设计的标准。一方面是由于来水来沙，河床形态之间的关系十分复杂；另一方面说明采用的公式还有不足之处，主要表现在以下方面：

（1）最优的整治水位与整治线宽度的组合不清楚。整治水位定得高些，可以算出一个满足冲深要求的整治线宽度，整治水位定得低些，也可以算出一个整治线宽度，到底哪种组合最合理，缺乏论证。

（2）公式所描述的断面是在 B_2 的条件下，当水位降落到整治水位时刻能冲出设计断面，至于坝还在淹没状态下及整治水位降到设计水位过程中所起的造床作用未予以考虑。因此，在实际中，水位降落到整治水位时，能满足设计要求，而当水位再从整治水位降至设计水位时能否达到要求尚不够明确，需要核实。

（3）公式假定整治前后糙率、比降不变，不一定完全符合实际。有的公式所取指数对流速比值 v/v_H 反应不敏感。

考虑到整治水位主要控制浅滩起始冲刷的时间，整治线宽主要控制浅滩冲刷强度，而浅滩是否能达到设计要求，并一直保持足够的航道尺度，既需要足够的冲刷强度，又要有足够的冲刷历时。

从上述分析可知，整治水位与整治线宽度是相辅相成的。一般先确定整治水位，再推求整治线宽度。对浅滩的整治水位与整治线宽应综合研究确定，并进行必要的校核，以下方法可供选用。

（1）依据航槽水深与河流相关曲线的方法

基于平原河流存在着水面宽则水深小、水面窄则水深大的基本规律，在过渡段浅滩上这种状况也不例外，因此，可以通过绘制包括浅滩以及上下相邻较优良过渡段在内的历年枯水期航槽水深与水面宽度的相关曲线的办法，来确定整治水位与整治线宽最佳组合。可以先设定几个不同超高值的整治水位，从实际测图上量取不同年份的航槽水深与水面宽度，绘制不同组合的相关曲线，并用设计水位时的相应相关曲线作校核。取枯水期不同水位条件下均能满足航道尺度要求的整治水位与整治线宽度的组合作为设计采用值。

运用此法计算整治线宽度,在湘江中下游应用得到较满意的成果。湘江下摄司浅滩整治研究中,根据优良河段的边滩高程,或参考已整治好浅滩的整治水位超高设计水位的数值,确定该浅滩整治水位的超高值为 1.2~1.5m,因此,可根据河床段面在航道断面图上找出相应于设计水位以上 1.5m 处的边滩或河岸位置,并量出这两点的河宽 B 以代表整治线宽度,与此同时查找该断面规划航槽宽度 b 的水深 t,以及在整治宽度 B 情况所获得的相应航槽水深,然后利用多年资料分段点绘 t~B 曲线(图 3-10)。

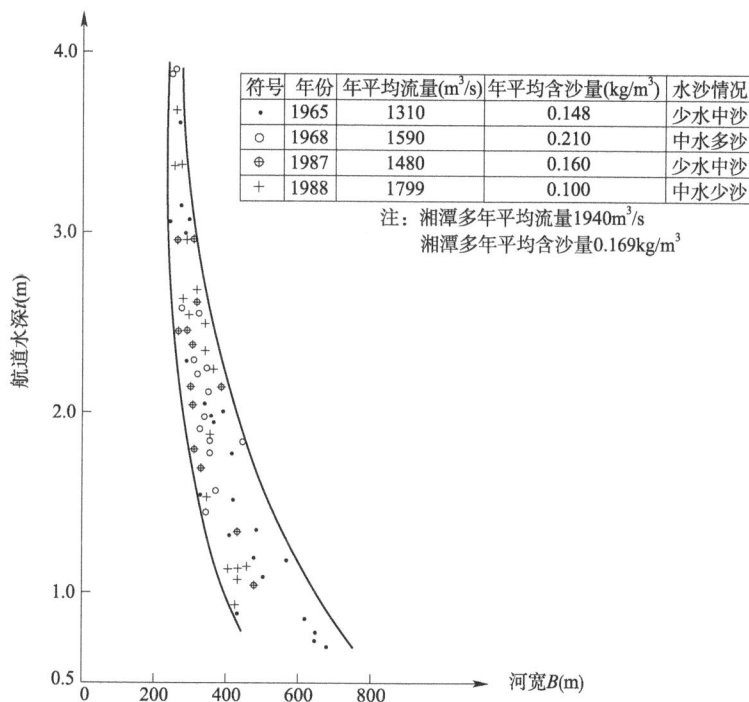

符号	年份	年平均流量(m³/s)	年平均含沙量(kg/m³)	水沙情况
·	1965	1310	0.148	少水中沙
○	1968	1590	0.210	中水多沙
⊕	1987	1480	0.160	少水中沙
+	1988	1799	0.100	中水少沙

注:湘潭多年平均流量1940m³/s
湘潭多年平均含沙量0.169kg/m³

图 3-10　航槽水深与河宽关系

(2)由设计水位推求整治线宽度的方法

①根据测图求出浅滩脊在设计水位时的自然河宽 b_1,平均水深 h_1,横断面面积 A_1。

②确定设计水位时,航道边缘要求水深,水深改正系数 η,一般取 $\eta = 0.80 \sim 0.85$。

③计算设计水位时要求的河宽 B_3,可用前述介绍的整治线宽度公式,不过这里水深是设计水位时的平均水深,可用下式求得:

$$B_3 = Kb_1 \left(\frac{h_1}{\eta T} \right)^y \tag{3-29}$$

式中:K——系数,按优良河段求出,一般取 $K = 1$;

y——指数,从 $1.20 \sim 1.67$ 之间,可取 1.33。

④计算设计水位时,在整治线范围内,河床需要冲刷的平均深度 Δh,取河段整治取得良好效果的浅滩资料点绘出要冲深 Δh 在整治水位时流速比的关系式,如湘江下游求得如下公式:

$$\frac{V}{V_p} = 1.52\Delta h + 0.72 \tag{3-30}$$

式中：V_p——冲刷流速(m/s)，可用扬动流速公式推求；

V——整治水位时断面平均流速(m/s)；

Δh——冲深由整治前后两张地形图求得。

⑤初步确定一个整治水位 Z_2，求整治水位时断面面积 A_2，平均水深 H_2，整治流量，求出 V 和 V_p

$$V_p = 6H^{\frac{1}{6}}d^{\frac{1}{3}} \tag{3-31}$$

算出 V/V_p 值，另再由公式(3-30)的右端 Δh 求出一数值，当左右两端数值一致时，认为所取的整治水位是正确的，否则改变 Z_2 重新计算。

⑥根据确定的整治水位 Z_2，在断面上计算出整治水位时的整治线宽度。

第三节　整治线的平面布置

由于河流及被整治滩险的千变万化，滩险通航条件的改善与整治线的布置密切相关。因此必须根据被整治河段的具体情况，对整治线的位置、走向和形态进行规划，使整治线既符合河势，又满足航行安全和航道稳定的要求。此处仅阐述平原航道整治线规划布置的基本准则，浅滩整治线的具体布置尚需结合滩险整治方案的比选一并确定。

一、整治线的基本走向

主要应考虑以下两个方面的因素：

1. 整治线应依托主导河岸走向布置

整治线应与凹岸稳定深槽的河岸吻合，利用河岸的导流作用，也可利用硬土角、矶头、边滩、江心洲作为整治线的控制点，构成稳定的整治线。

整治线离开上深槽的主导河岸起点，过渡到下深槽终点位置，应以枯水动力轴线开始偏向河心的位置为过渡起点，至下深槽沱口稍下一点，与下深槽平顺连接的位置，为过渡终点。过渡段的整治线应与起、终点平顺相接。

2. 整治线应根据不同水流方向布置

(1)洪枯水流流向基本一致，整治线按照水流方向布置。

(2)洪、枯水流向交角较大，洪水经边滩流入过渡段，再在下游河槽转向，洪枯水趋于一致。在过渡段上，随洪水挟带的泥沙在凹岸发生淤积，整治线反而宜布置在远离泥沙淤积的凸岸。

(3)洪枯水流向交角较大，洪水基本上横跨枯水河槽，这情况下的浅滩比较恶劣，为增强环流作用，宜在过渡段范围内布置成反弯曲线。

二、整治线的形态控制

在通常的情况下，整治线宜由两反向弯道内插一个长度适当的直线段线形构成。

1. 弯段曲率半径

整治线的弯段可以由一个或几个圆弧段组成,当有几个圆弧时连接处应相切。整治线的最小曲率半径 R 可参考表 3-7 所提供方法选取。

整治线最小曲率半径 R 的计算公式　　　　　　表 3-7

情　　况	算　　式	备　　注
来沙较多,枯水比降较大 来沙较少,枯水比降较缓 需切凸角,改善航行条件 经验公式	$R = 4B_2$ $R = 6B_2$ $R = (2 \sim 3)B_2$ $R = 40\sqrt{\omega}$	B_2 为整治线宽(m) ω 为过水断面面积(m²)
当天然河弯 $R' > 40\sqrt{\omega}$	$R = \dfrac{100\sqrt{Q}}{\varphi}$	Q 为造床流量(m³/s),φ 为河弯中心角(rad)
马卡维也夫稳定河弯曲率半径	$R = K\dfrac{Q^m}{J^n}$	Q 为整治流量,J 为水面比降;在非黏性土河床 $K = 0.0014$,$n = 0.5$,$m = 1$

2. 直段长度

两弯段之间的直线段长度一般不宜超过 3 倍整治线宽度,也不宜小于 1 倍整治线宽度。如遇长的顺直河段无法控制在 3 倍以内,最多不得超过 5 倍。

3. 整治线与航槽间的距离

整治线是今后布置整治建筑物头部的位置,航槽则位于两侧整治线范围内满足航行要求的深水河槽部分。航槽边缘与整治线间应有一定距离,该距离可用下式计算确定:

$$L = (3 \sim 5)h + c \tag{3-32}$$

式中:L——航槽边缘与整治线的距离(m);

h——整治建筑物头部高度(m);

c——安全距离,大中型河流可取 10m。

三、其他影响整治线布置的因素

布置整治线时尚应考虑其他相关因素:

(1)支流入汇口门不宜布置整治线,因相互顶托,口门易形成拦门沙,整治线应当布置到河中或对岸;

(2)在两岸有取排水口、港口等建筑物时,整治线布置应保证它们不会因建整治建筑物形成新的边滩淤塞,影响正常运转;

(3)考虑对防洪大堤的影响,弯顶主导河岸如果太靠近大堤,整治线应尽可能移向凸岸。

第四节　整治河段的水力及冲淤计算

航道整治工程改变了河道的边界条件,使水力要素发生了相应的变化,河床形态也将相应发生调整。因此,在规划设计阶段就有必要了解这些变化是否有利于通航。

物理模型和数学模型是目前预估工程影响的重要手段，此外，在中小整治工程以及规划阶段，采用有关水力计算公式对水流要素乃至河床冲淤进行的计算，仍然得到了广泛的应用。本节介绍整治工程效果预测中常遇到的几个水力计算问题，即河道水面线计算，流速平面分布简化计算，丁坝水力计算等。

一、水面线计算的基本方程及参数

对于内陆河流，除洪水期外，水力要素一般变化较慢，水流可视为恒定流。又因为河道水流通常为缓流，故推算水面线时，将控制断面设在下游，把计算河段划分为若干计算段，根据控制断面已知的水位，从下游向上游逐段推算。

一维水面线计算时，浅滩段分成许多计算断面，连续写出相邻两断面的能量方程，自最下游的计算断面向上游推算，计算出各断面的水位高程，其公式为

$$Z_2 + \frac{\alpha_2 V_2^2}{2g} = Z_1 + \frac{\alpha_1 V_1^2}{2g} + h_f + h_j \tag{3-33}$$

式中各项如图 3-11 所示。

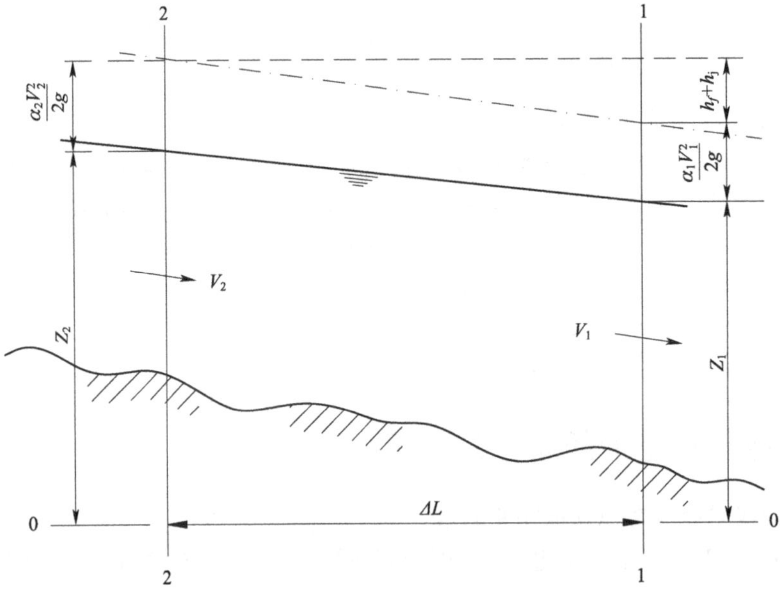

图 3-11 水面线计算图

式中：Z_2、Z_1 ——计算段上、下游断面水位；

V_2、V_1 ——计算段上、下游断面平均流速；

α_2、α_1 ——计算段上、下游断面动能改正系数。与流速分布不均匀程度有关，平原河流一般可取 $\alpha = 1.0 \sim 1.1$；对不同的河流区段和不同的河型，α 的取值不同，可查有关手册或参考资料；

g ——重力加速度；

h_f ——沿程水头损失（m），按下式计算：

$$h_f = \frac{Q^2}{K^2}\Delta L \tag{3-34}$$

其中：Q——计算流量（m^3/s）；

$\quad$$\Delta L$——上下断面间距（m），宜沿相应流量主流线量取；

$\quad$$K$——计算段平均流量模数（$\mathrm{m}^3/\mathrm{s}$），与计算段上、下游断面的流量模数 K_2、K_1 有关。

断面流量模数 K 可按下式计算：

$$K = CA\sqrt{R} \tag{3-35}$$

其中：A——过水断面面积（m^2）；

$\quad$$C$——谢才系数；

$\quad$$h_j$——局部水头损失，按下式计算：

$$h_j = \zeta\frac{V_1{}^2}{2g} \tag{3-36}$$

其中：ζ——局部阻力系数。与计算段上、下游断面面积之比等因素有关。

将 h_j 写成式（3-36）的形式是考虑到自下游向上游推算水面线，用已知的 V_1 来表达 h_j，更便于计算。

根据给定的计算流量与下游断面水位，可用不同的方法按式（3-33）推算水面线。由于基本方程式可见，正确确定沿程水头损失 h_f 与局部水头损失 h_j 就成了求解水面线的关键，前者与糙率 n 有关，后者与局部阻力系数 ζ 有关。因此，计算水面线时，必须注意收集有关资料，根据实测资料确定 n 与 ζ 的数值，以反映计算段的实际情况。计算中，同时还要妥善处理河段划分与计算断面选择的问题。

故式（3-33）可写成

$$Z_2 + (\alpha_2 - \zeta)\frac{Q^2}{2gA_2^2} - \frac{Q^2 l}{2K_2^2} = Z_1 + (\alpha_1 - \zeta)\frac{Q^2}{2gA_1^2} + \frac{Q^2 l}{2K_1^2} \tag{3-37}$$

式中：A_1，A_2——分别表示下、上断面面积。

式（3-37）的右边均为已知水位 Z_1 的函数，从而可求得等式左边未知值 Z_2，一般可用试算和图解等方法逐段向上游推求。

应该注意的是，在计算工程后的水面线时，常假定工程前后河床的糙率不变。为了确切了解筑坝及挖槽后水面线的变化，应在筑坝影响范围内的上、下游及挖槽工程的首端与尾端增加计算断面；并且在工程前根据沿程水尺的实测水位资料，通过水面线计算试算确定糙率时，就应考虑加设这种断面。

计算断面间距视河道断面变化情况而定。河道顺直、断面沿程变化较小、水流平缓时断面间距可长些；反之，应短些。平原河流一般取 $1\sim 2$ 倍河宽，有时可达 $2\sim 4\mathrm{km}$。山区河流因河床断面沿程变化大，断面间距往往取得较小，中小山区河流一般取 $20\sim 100\mathrm{m}$，有时甚至小于河宽一半；沿程流态不同，断面选取位置亦异。

计算所需的资料及用途：河道地形图。据以了解河道地形的沿程变化情况，选取计算断面，划分计算段，决定计算段长度以及各断面指定高程下的水面宽、过水面积、平均水深等断面要素。

计算河段下游端固定水尺较长时间的水位资料和实测洪、中、枯三级水位的沿程瞬时水面线及相应的流量。将该固定水尺的资料与计算河段附近水文站的资料相关，可得到固定水尺的水位的流量关系曲线。根据不同水位下实测的沿程瞬时水面线及相应流量可推求糙率及其随水位变化的关系,并为工程前水面线的计算提供验证依据。在工程段实测流量有困难时,可以通过水位与流量相关曲线求得相应的流量。

整治后水流特征值的计算,是以整治前的水流计算为依据的;整治后的计算范围需根据整治工程的情况重新调整,整治后的许多参数、系数的选择,在设计过程中还无法取得,可参照该河段附近已整治好的河段实测资料反求,或采用整治前本段求得的数值。计算中的主要系数有以下几个,现分别介绍如下:

1. 糙率的确定

河道水面线计算的精度与沿程能量损失有很大关系,产生这种能量损失的主要原因是边壁的阻滞作用,边壁的低流速区对高流速区产生的阻力,水流在运动中为克服阻力而消耗的能量,以 h_f 表示,将式(3-34)改写

$$h_f = \frac{n^2 Q^2 l}{R^{\frac{4}{3}} A^2} \tag{3-38}$$

式中: R ——水力半径;

　　n ——曼宁糙率系数。

明显可见,求沿程阻力公式中除 n 值以外均可确定,因此,求 h_f 就成了如何确定糙率 n 值的问题,影响糙率的因素比较复杂,它取决于:

(1)河床边壁的组成物质;

(2)河床的形态,如平原河流中的沙丘、江心洲,山区河流中礁石、石梁等。当水位改变时,边壁河床形态也随之变化,从而影响糙率 n 值的变化;

(3)建筑物的附加阻力等。

鉴于上述复杂的影响关系,确定天然河流的糙率一般用实测资料由能量方程反求 n 值,当不计局部水头损失时公式如下

$$n = \sqrt{\frac{2\Delta Z - 0.102Q^2\left(\frac{1}{A_1^2} - \frac{1}{A_2^2}\right)}{Q^2 l\left(\frac{\chi_2^{4/3}}{A_2^{10/3}} + \frac{\chi_1^{4/3}}{A_1^{10/3}}\right)}} \tag{3-39}$$

式中: ΔZ ——上下两计算断面间的水位差;

　　χ_1、χ_2 ——上下两断面湿周;

　　A_1、A_2 ——上下两断面面积。

根据不同流量,由实测水位差(ΔZ),就可求得该河段的糙率值,一般假定整治前后糙率不变来推求整治后的水面线,实践证明出入不大。当缺乏实测资料时,参照有关糙率表格选用。

通常情况下,河床组成、河床地质,植物覆盖差别不大时,各河段糙率值相差也应不大,但往往在反推中会发现各段计算的糙率相差很大,这主要是河段划分不当所致,在平原河流中应将深槽、浅滩段分开计算或将有江心洲、边滩的河段与单一河槽分开计算,由于影响河漫滩糙率的主要因素是植物覆被,河漫滩部分也要与河槽分开计算,河段的长度不能取得太长。注意这些方面就可以求得较符合实际的分段糙率值。在山区河流中,首先需要将跌水、急弯、卡口等突变河段分开另行考虑,在一般河段上,因平面及断面的沿程变化很剧烈,急流变化很大,取较长河段的首尾断面来推求 n 值,显然是不能反映河段间糙率的真实情况,因此,

计算河段长度要取得小,经南京水利科学研究院证明,计算段长度一般取几十米为宜,并要小于河宽的一半,有跌水或强烈漩涡河段,可取其上下相邻段的糙率作为该河段的糙率值。

2.局部阻力系数的确定

公式(3-36)中的阻力系数 ζ 与河槽形态、收缩或放宽的比例以及水流情况有关,在平原河流中因河床断面沿程变化不剧烈,所以计算天然河流水面线时,局部阻力损失常可忽略不计,山区河流中往往有跌水、急流、卡口等,局部阻力损失较大,不能忽略。

天然状态下的局部阻力损失,可根据实测水面线资料运用式(3-36)反求 ζ 值。问题是当工程实施后,水力条件发生改变,局部损失也随之改变,要计算水面线时,必须找出随断面变化的规律,但要彻底解决这个问题还有困难,目前多采用简化的办法。实验与实测资料表明,对某流量级而言,与计算段上、下过水断面的束窄比 v 近似成线性关系,即 $\zeta = mv + k$。考虑到当 $v = 1$ 时,局部阻力损失为零,故得

$$\zeta = k(1 - v) \tag{3-40}$$

式中: k——系数,由工程前的 ζ 及 v 反求,并认为其值在挖槽后不变,可应用于挖槽后水面线计算。应该注意的是,不同流量级时, k 值也相应变化;

v——计算段上、下过水断面面积之比, $v = \dfrac{A_2}{A_1}$ 。

由于山区河流阻力损失情况比较复杂,可按照相关手册或参考书中的方法计算。

3.平均流量模数 K 的计算

公式(3-34)中流量模数的含义为

$$K = CA\sqrt{R} \tag{3-41}$$

若水力半径 R 用平均水深 H 表示,取谢才系数 $C = \dfrac{1}{n}H^{\frac{1}{6}}$ 则式(3-41)为

$$K = \frac{1}{n}H^{5/3}B \tag{3-42}$$

可以看出 K 是 H 、 B 等的函数,但上下断面 K 的平均值平方的倒数可用以下几种形式表示。

$$\frac{1}{K^2} = \frac{1}{2}\left(\frac{1}{K_1^2} + \frac{1}{K_2^2}\right) \tag{3-43}$$

$$\frac{1}{K^2} = \frac{1}{K_1 K_2} \tag{3-44}$$

$$\frac{1}{K^2} = \frac{4}{(K_1 + K_2)^2} \tag{3-45}$$

分别代入计算并与实例资料比较证明

$$\frac{4}{(K_1 + K_2)^2} \leqslant \frac{1}{K_1 K_2} \leqslant \frac{1}{2}\left(\frac{1}{K_1^2} + \frac{1}{K_2^2}\right) \tag{3-46}$$

计算水线面时,用式(3-44)计算比较满意,并与式(3-45)计算结果相差不大,而用式(3-43)计算的结果偏高,但在实用中为计算简便起见多用式(3-43),如上述式(3-39)即用该式代入推导出的,它可以将两断面的流量模数分别放到等式的两端,便于由已知值推求未知值。故今后运用式(3-37)推求水面线,划分河段时,应注意不要使上下断面的 H 、 B 值变化

太大，K_1 与 K_2 愈趋近，式(3-46)的三个值也愈趋于一致，则计算的水面线误差愈小。

二、水流平面分布简化计算

河道沿程各断面流速平面分布的形态及其数值的大小，是分析浅滩冲淤原因、估计航槽流速是否超过通航允许值以及预测河床变形、判别航道整治工程效果的重要依据。河段各断面的断面形态不同，水深不同，流速沿断面的分布也各异。过水断面各垂线的平均流速，可以通过实测或在物理模型中观测确定。

目前计算水力学发展迅速，可以采用二维数值模拟方法计算流速平面分布。这种方法要求计算者熟悉数值方法。因此这里仅介绍流速分布简化计算的水流平面图方法，便于实际应用。

在简化计算中，进口段水流条件与计算段断面形态对计算结果有很大的影响。若进口段水流流速较缓，且其流向与河段走向基本一致，则计算结果将能反映实际情况；反之，则会产生相当大的误差。计算中可能遇到的断面形态大体有三种：第一种是河道较顺直，断面形态比较规则，接近矩形或抛物线形；第二种是过渡段有上下深槽交错，断面形态近似不规则的 W 形；第三种是有边滩的微弯或弯道段，断面形态类似复式断面。

对于第一种断面形态，符合简化计算法的假定条件，简化计算能得出符合实际的计算结果。对于第二种断面形态，如果全断面上过流，原则上可以采用简化计算方法；在某种计算水位下，如果下边滩沙嘴相对较高，使得沿程某一部位发生回流或横向溢流，这种情况下，则先在平面上根据流态实测资料，绘出主流和副流边界或估计横向溢流引起的流量重新分配，再进行计算。对于第三种断面形态，则视计算水位高低分别处理。计算水位在河漫滩以下，可按简化计算方法处理，有河道弯曲产生的横比降时，加上横比降的改正计算；当计算水位高出河漫滩时，原则上仍可按简化方法近似计算。但根据研究，由于河漫滩的存在，滩槽交界面存在动量交换，使滩槽的流速、流量重新分布。对于这种情况，则宜首先对滩槽流量分配进行估算，分别计算出滩地与主槽区的流量，然后按简化方法计算出各流带的流速平面分布。基于这种考虑，本章在介绍简化方法以后，相应介绍滩槽平均流速计算方法以便应用。

绘制水流平面图需要的资料有：研究河段的河道地形图，各级计算水位及其水面比降与相应的流量和必要的流态图，以便选取计算断面，决定流带数目和决定各断面上各计算流带的几何要素与水力要素。对于以航行基面绘制的河床地形图，图中仅具备设计水位的水面比降资料，其他级水位，可参照设计水位时的比降进行近似计算。

水流平面图是由一组分布适当的流线和若干与流线正交的计算断面组成的流网，相邻流线构成流带，各流带通过的单元流量相同。各流带的平均流速可按下式确定：

$$V = \frac{q_i}{b_i H_i} \tag{3-47}$$

式中：V——某流带的平均流速(m/s)；

b_i、H_i——分别为某流带的宽度与平均水深(m)；

q_i——通过某流带的单元流量(m^3/s)；

$$q_i = \frac{Q}{m} \tag{3-48}$$

其中：Q——通过计算断面的总流量（m^3/s）；

　　m——流带数。

对比较顺直过水断面沿程变化不大的河段，可采用均匀流公式描述其水流运动，从而得：

$$V = \frac{1}{n_i}H_i^{\frac{2}{3}}J_i^{\frac{1}{2}} \tag{3-49}$$

$$q_i = b_iH_iV = \frac{J_i^{\frac{1}{2}}}{n_i}b_iH_i^{\frac{5}{3}} \tag{3-50}$$

$$Q = \sum_{i=1}^{m}q_i = \sum_{i=1}^{m}\frac{J_i^{\frac{1}{2}}}{n_i}b_iH_i^{\frac{5}{3}} \tag{3-51}$$

式中：b_i、H_i、V、n_i、J_i、q_i——分别为所考虑流带的宽度、平均水深、平均流速、糙率、比降及相应的单元流量。

由于水流平面图实际上反映的是流量沿河宽的相对分配，所以在计算时，若各流带的比降 J_i 及糙率 n_i 各自相差不大，则式（3-50）中的 $\frac{J_i^{1/2}}{n_i}$ 可视为常数，此时，仅需计算 $b_iH_i^{5/3}$ 及 $\sum b_iH_i^{5/3}$ 即可。因为 $b_iH_i^{5/3}$ 在一定条件下与流量成正比，故称为条件流量。

绘制水流平面图的具体步骤如下：

（1）根据河道地形图和大致的流向选定计算断面，计算断面应与流向正交。

（2）根据地形变化折点将各断面沿河宽划分成若干试算流带，其数目应略多于最后要求得到的流带数。

（3）按 $b_iH_i^{5/3}$ 计算各试算流带的条件流量，累加得累积条件流量。以河宽为横坐标，累积条件流量为纵坐标，绘累积条件流量分布曲线。累积条件流量在一岸为零，在另一岸为其总和，见图3-12。

（4）按需要的流带数等分累积条件总流量，从各分点作水平线与累积条件流量曲线相交，再将各交点投影到断面的水面线上，得各流带的宽度与分界点，见图3-12。

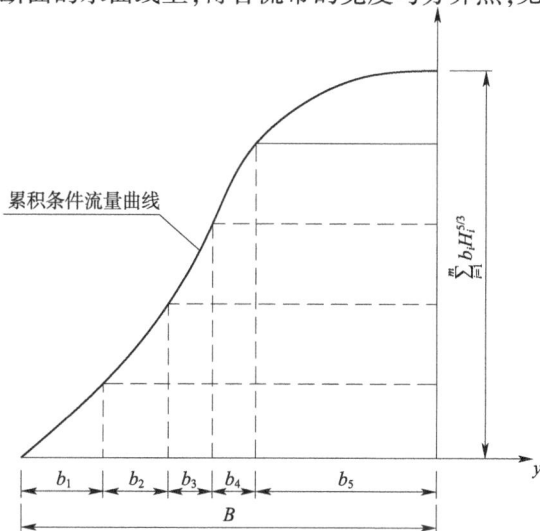

图3-12　等分累积条件流量曲线

（5）校核各流带的条件流量是否相等,若不等,将流带宽度略作调整,重复计算,直至各流带条件流量的误差小于 ±5% 为止。在调整各流带宽度时,各流带应有的宽度 b'_i 可根据流带的平均条件流量 $(bH^{5/3})_{pj}$ 按下式近似估算:

$$b'_i = \frac{(bH^{\frac{5}{3}})_{pj}}{H'^{\frac{5}{3}}_i} \tag{3-52}$$

式中: H'_i——调整后流带的平均水深(m)。

$$(bH^{\frac{5}{3}})_{pj} = \frac{\sum_{i=1}^{m} b_i H_i^{\frac{5}{3}}}{m} \tag{3-53}$$

（6）以平顺曲线连结河道各断面各流带相应的分界点,得水流平面图。

（7）水流平面图上各流带的分界线即为大致的流线;各流带的单元流量、平均流速按式（3-48）和式（3-47）计算。

三、丁坝与顺坝水力计算

许多学者从不同角度对单丁坝与群丁坝的壅水现象作了研究,并得到了相应的半经验公式。以下介绍的壅水计算公式大多是在实验室矩形断面水槽试验的基础上得到的,没有反映天然河道不同平面和断面形态的影响,特别是没有反映筑坝后河床冲刷对减小壅水的影响。考虑到工程后河床发生冲刷,运用公式计算壅水时,就应尽可能采用冲深平衡后的河床形态及相应水深。

1. 单丁坝、顺坝壅水计算

为了了解修建丁坝或顺坝后整治河段水位、比降及断面平均流速的沿程变化,预估工程的效果,应计算修筑丁、顺坝的水面线。计算的原则与方法和天然河道水面线相同,重点是考虑建筑物壅水对水面线计算的影响。

计算需要的水文资料与一般水面线计算要求的类似。地形方面的资料还应具备布置有丁坝、顺坝的整治河段地形图。此外还需要搜集建筑物的纵、横断面图,坝体所用材料的孔隙率及其物理特性等资料。

1）非淹没条件下壅水计算

早期用均匀流阻力公式推求:

一般可粗略的分成两个河段计算,即被整治河段的水位壅高值 ΔZ_1 和上游河段水位壅高值 ΔZ_2 ,如图 3-13 所示。

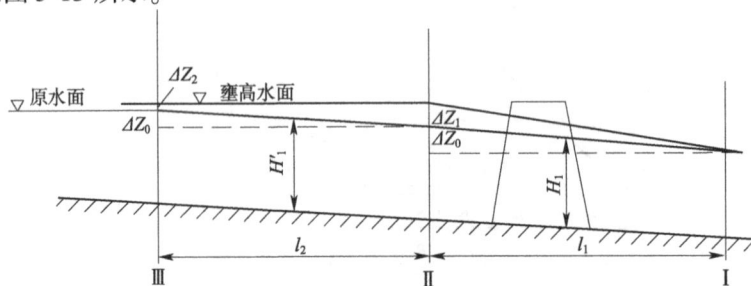

图 3-13　筑坝后壅高值计算

（1）整治河段水位壅高值

整治河段计算长度 l_1，取 I 断面在下游不受整治影响处至 II 断面，II 断面距坝的距离为坝上游三倍平均水深值。

整治前流量

$$Q_0 = \frac{1}{n} B_1 H_1^{\frac{5}{3}} \left(\frac{\Delta Z_0}{l_1} \right)^{\frac{1}{2}}$$

整治后流量，虽断面改变但整治前后流量不变：

$$Q_0 = \frac{1}{n} (B_1 - \Delta B) \left(H_1 + \frac{\Delta Z_1}{2} \right)^{\frac{5}{3}} \left(\frac{\Delta Z_0 + \Delta Z_1}{l_1} \right)^{\frac{1}{2}}$$

式中：ΔB ——筑坝后减少的水面宽度 $B_1 - \Delta B = B_2$，化简得：

$$B_1 H_1^{\frac{5}{3}} \left(\frac{\Delta Z_0}{l_1} \right)^{\frac{1}{2}} = (B_1 - \Delta B) \left(H_1 + \frac{\Delta Z_1}{2} \right)^{\frac{5}{3}} \left(\frac{\Delta Z_0 + \Delta Z_1}{l_1} \right)^{\frac{1}{2}}$$

$$\left(\frac{B_2}{B_1} \right)^2 \left(1 + \frac{\Delta Z_1}{2H_1} \right)^{\frac{10}{3}} \left(1 + \frac{\Delta Z_1}{\Delta Z_0} \right) = 1 \tag{3-54}$$

式中：B_1、B_2 ——整治前后水面宽；

$\quad \Delta Z_0$ ——整治前水面落差；

$\quad \Delta Z_1$ ——坝上水位壅高值；

$\quad H_1$ ——整治前该河段平均水深。

由式（3-54）就可求出壅高值 ΔZ_1。

（2）上游河段水位壅高值

计算河段的长度 l_2，根据需要决定。

整治前

$$Q_0 = \frac{1}{n} B' H_1'^{\frac{5}{3}} \left(\frac{\Delta Z_0'}{l_2} \right)^{\frac{1}{2}}$$

整治后

$$Q_0 = \frac{1}{n} B_1' \left(H_1' + \frac{\Delta Z_1 + \Delta Z_2}{2} \right)^{\frac{5}{3}} \left(\frac{\Delta Z_0' + \Delta Z_2 - \Delta Z_1}{l_2} \right)^{\frac{1}{2}}$$

故

$$\left(1 + \frac{\Delta Z_1 + \Delta Z_2}{2H_1'} \right)^{\frac{10}{3}} \left(1 + \frac{\Delta Z_2 - \Delta Z_1}{\Delta Z_0'} \right) = 1 \tag{3-55}$$

式中：H_1' ——整治前该河段平均水深；

$\quad B_1'$ ——整治前该河段水面宽；

$\quad \Delta Z_0'$ ——整治前落差。

由式（3-55）就可求出上游河段 III 断面处的壅高值 ΔZ_2。

李昌华等在矩形水槽概化模型中进行的大量试验观测表明，丁坝断面水位在筑坝前后近似不变。比较筑坝前后的水流能量方程并忽略流速水头项的变化，可得丁坝上游 $8H$ 处，断面 2 的水位在建坝后的壅水值。H 为丁坝断面平均水深，见图 3-14。

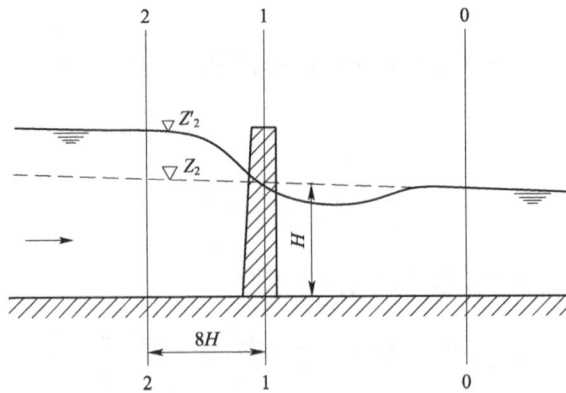

图 3-14 非淹没丁坝上下游水位变化

有关计算公式如下：

$$Z'_2 - Z_2 = \zeta \frac{(v'_1)^2}{2g} \tag{3-56}$$

$$\zeta = 2.8 \left(\frac{A'}{A}\right)^{1.34} \tag{3-57}$$

$$v'_1 = \frac{Q}{A - A'} \tag{3-58}$$

式中：Z'_2——建坝后断面 2 的水位(m)；

Z_2——建坝前断面 2 的水位(m)；

ζ——丁坝局部阻力系数；

v'_1——建坝后，丁坝断面的平均流速(m/s)；

A——计算水位下，丁坝断面全河总面积(m^2)，对冲积河流，取达到冲刷平衡后的总面积；

A'——丁坝阻挡的过水面积(m^2)；

Q——计算流量(m^3/s)。

计算步骤如下：

①计算建坝前天然河道水面线，得断面 1、2 的水位 Z_1 及 Z_2；

②按式(3-58)计算 v'_1。大量的试验表明，单丁坝建成前后，丁坝断面的水位基本不变。引用步骤(1)的计算成果，由 Z_1 可得该断面全河总面积 A 和丁坝拦水面积 A'；

③将 A 及 A'值代入式(3-57)求得 ζ，根据 v'_1 及 ζ 由式(3-56)就可算出建坝后的水位壅高值 $Z'_2 - Z_2$；

④根据 Z'_2，由断面 2 可继续向上游推算水面线至所需位置。

2)淹没条件下壅水计算

计算建坝前天然河道水面线，得丁坝上游 $8H$ 处的坝上断面 2 的水位 Z_2，加上丁坝壅水高度 ΔZ 得 Z'_2 后继续向上游推算，见图 3-15。

计算公式如下

$$\Delta Z = Z'_2 - Z_2 = \zeta \frac{(v'_1)^2}{2g}$$

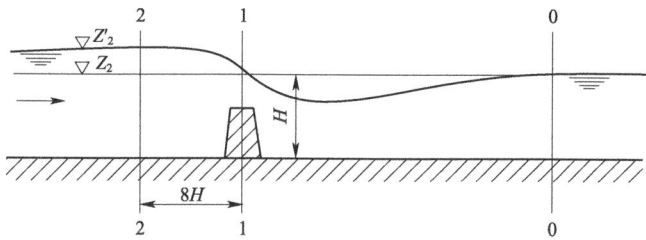

图 3-15　淹没丁坝上下游水位变化

$$\zeta = 2.8 \left(\frac{A'}{A}\right)^{1.24} \tag{3-59}$$

式中符号及计算步骤均与非淹没单丁坝一致,仅局部阻力系数公式在淹没与非淹没时有所不同。顺便指出,本方法适用于顺直河段、河床不发生变形的情况。

2.顺坝壅水计算

对于顺坝束窄的河道,在非淹没时可从下游控制断面按天然河道推算水面线至顺坝下游回流区末端,扣除回流区及顺坝掩护范围后继续向上推算。在淹没时,可参照单丁坝的计算方法,但应将顺坝垂直于水流方向的投影长度 L_p,作为等效丁坝的长度,见图 3-16。

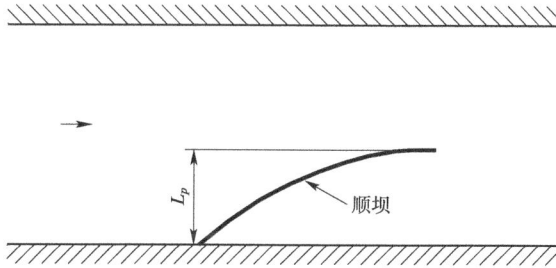

图 3-16　将淹没顺坝化为等效丁坝示意图

3.丁坝群壅水计算

1)非淹没条件下壅水计算

对于丁坝群束窄的河道,可将丁坝拦截及受其影响的坝田范围内的横断面面积从河道过水总面积中扣除,假定筑坝前后糙率不变,按天然河道计算方法,自下游向上游逐段推算。

2)淹没条件下壅水计算

计算原则与上述非淹没条件下壅水计算类似。应注意的是,选取计算断面时,应既有丁坝位置断面,又有丁坝之间的断面。丁坝位置的过水断面面积应扣除丁坝阻挡的面积。丁坝之间的计算断面的过水面积应扣除丁坝投影于该断面的面积,但丁坝面积应乘以折减系数 β。β 可参照邻近或条件类似的、已做工程河段的坝田淤泥情况而定。坝田淤泥量越大,β 值越大,一般情况下都小于1,如赣江下游,经分析,计算时取 $\beta = \dfrac{2}{5}$。

应指出的是,以上壅水计算适用于建坝初期河床尚未调整,且丁坝群在短期内全部建成、同时壅水的情况。考虑到工程后河床冲深及丁坝群的各坝可能分期分批建设的实际情况,壅水计算还需作相应的调整。

李昌华等在矩形水槽概化模型中进行了大量试验。观测表明,丁坝群上游水位壅高值最大的断面位于距离第 1 条丁坝上游 8 H 处,称该断面为壅水断面,H 为丁坝断面的平均水深，见图 3-17。丁坝群每增加一条丁坝，上游壅水高度进一步增加，但最下游丁坝断面的水位也依次降低。因此，坝群最下游丁坝断面可作为丁坝群对水流压缩作用的代表断面，称之为压缩代表断面。求出压缩代表断面的水位，以该断面的流速作为丁坝群局部水头损失的代表流速，确定丁坝群的局部水头损失，比较建坝群前后水流的能量方程，可得壅水断面水位的壅高值。为求得压缩代表断面的水位及有关的局部阻力系数，相应提出了自上游向下游推算的丁坝群壅水计算方法，各断面编号如图 3-17 所示。求得壅水断面与压缩断面的水位后，中间各断面的水位以线性内插方法推求。

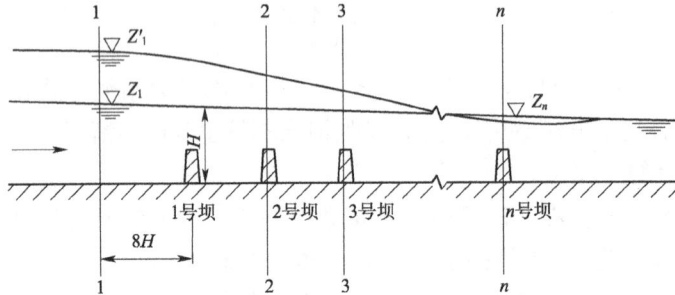

图 3-17　淹没丁坝群水位沿程变化与计算断面布置示意图

四、整治后冲淤效果的验算

河流通过筑坝、疏浚、堵汊等整治工程后，改变了原来的水流情况，从而引起河床变形，对于较长河段平均冲淤厚度计算可以通过一般变形计算求得。个别浅滩疏浚、整治所引起的短河段在短时期内的变化，可用细部变形计算推求。此处主要介绍一般冲刷计算。

河床变形是由于输沙不平衡引起的，当输入该河段的沙量大于该河段可能输出的沙量，则河段将发生淤积，反之冲刷。

为了便于分析计算，观察一河段上的河床高程变化。如图 3-18 所示，在某一时段内，流量 Q 不变化，由于两个断面不同，其输沙能力也不同。假设河床为矩形断面，两断面间距为 dx，第一断面单位宽度上的输沙率为 g_s，单位以 $m^3/(s \cdot m)$ 表示，宽度 B，而 g_s 和 B 是沿程变化的，是 x 的函数。第二个断面单位宽度上的输沙率为（$g_s + \dfrac{\partial g_s}{\partial x} dx$），宽度是（$B + \dfrac{\partial B}{\partial x} dx$），经过时间 dt 后两断面输沙率之差为

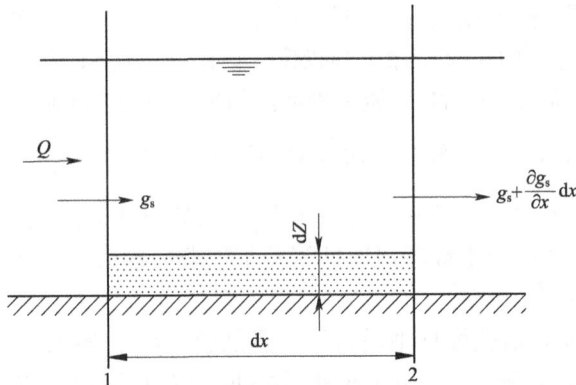

图 3-18　河床冲淤示意图

$$\mathrm{d}g_s = \left[\left(g_s + \frac{\partial g_s}{\partial x}\mathrm{d}x\right)\left(B + \frac{\partial B}{\partial x}\mathrm{d}x\right) - g_s B\right]\mathrm{d}t$$

略去高阶项上式等于

$$\mathrm{d}g_s = \frac{\partial(g_s B)}{\partial x}\mathrm{d}x\mathrm{d}t \tag{3-60}$$

考虑到沉积的泥沙有一定空隙比 β ,如 $1\mathrm{m}^3$ 体积的泥沙淤积在河床上就变成 $(1+\beta)\mathrm{m}^3$ 的容积,则式(3-60)应等于河床容积的变化 $B\mathrm{d}x\mathrm{d}z$,故:

$$(1+\beta)\frac{\partial(g_s B)}{\partial x}\mathrm{d}x\mathrm{d}t + B\mathrm{d}x\mathrm{d}z = 0$$

或

$$(1+\beta)\frac{\partial(g_s B)}{\partial x} + B\frac{\partial z}{\partial t} = 0 \tag{3-61}$$

式(3-61)为输沙平衡方程式,习惯上叫做河床变形方程,如果单宽输沙 g_s 改用重量表示,符号也改为 g_w ,则公式可写成

$$\frac{\partial(g_w B)}{\partial x} + \gamma' B\frac{\partial Z}{\partial t} = 0 \tag{3-62}$$

式中:γ' ——河床质干容重。

当河流中同时有悬沙含沙量影响,则上式须增加悬沙造成的冲淤部分,公式可写成

$$\frac{\partial}{\partial x}(g_w B) + \frac{\partial}{\partial x}(QS) + \gamma' B\frac{\partial Z}{\partial t} = 0 \tag{3-63}$$

式中:S ——为悬沙含沙量,一般只计算造床质部分。

上式通常可用有限差分来求解,变成有限河段、有限时段的形式

$$(B_1 g_{w1} - B_2 g_{w2})\Delta t + Q(S_1 - S_2)\Delta t + \gamma'\frac{B_1 + B_2}{2}L\Delta Z = 0$$

$$\Delta Z = \frac{2\Delta t(B_1 g_{w1} - B_2 g_{w2})}{\gamma'(B_1 + B_2)L} + \frac{2\Delta t Q(S_1 - S_2)}{\gamma'(B_1 + B_2)L} \tag{3-64}$$

式中:L ——上下两计算断面间的河段长度;

　　Q ——断面流量;

S_1 , S_2 ——上下相邻断面平均含沙量。

公式(3-64)就是计算河床平均冲淤公式。为减小计算误差,应将河段、时段划分的足够细,即河段要分得短些,而最上游的起始断面和最下游的结束断面要取在不受整治影响的稳定断面处。时段要取得很小,根据实算经验,一般取 3 ~ 5 天为宜,洪水时段还要取得更小些,保证每时段内河床变形厚度不超过 0.5m,否则计算的冲淤量不是河床断面变过程中相互作用的结果。

计算完一个时段冲淤后,就得到新的河床纵剖面,根据这个新的纵剖面,又可计算出新的水面线,再推求下一个时段的冲淤厚度,以此逐时段地算下去,求得最终河床变形。

近年来,河床冲淤变形计算方法研究进展很快,取得了很多新成果,在此不作详述,可参阅有关专著。

思考及练习题

1.怎样理解河流的综合治理,航道整治在河流治理中的特点是什么?

2.航道整治解决什么问题？

3.航道的标准尺度的意义和计算依据是什么？

4.航道设计水位受哪些因素影响？

5.设计水位变化对航道有哪些影响？水位过程变化对通航条件有影响吗？

6.整治水位的高低是怎样影响航道条件变化的？

7.造床流量对应的水位与整治水位的关系怎样？用造床流量对应的水位分析整治水位应注意什么？

8.写出整治线宽度的一般形式，分析不同情况下计算整治线宽度的差异。

9.分析整治线宽度和整治水位之间的关系。

10.整治线布置需要考虑哪些因素？

第四章　整治建筑物

整治线规划好后,必须用整治建筑物来实现。整治建筑物的型式和布置将直接影响整治的效果和工程造价,应慎重考虑,多方案比较确定。

通常采用的整治建筑物包括:丁坝、顺坝、锁坝、护岸、导流屏、潜坝、鱼嘴和岛尾工程等。

第一节　常用整治建筑物的作用与布置

一、丁坝

丁坝是最常用的整治建筑物。它是坝根与河岸联接,坝头伸向河心,坝轴线与水流方向正交或斜交,在平面上与河岸构成丁字形,横向阻水的整治建筑物。其主要作用有:未淹没时束窄河槽,提高流速冲刷浅滩;淹没后造成环流,横向导沙,增加航道水深;调整分汊河道的分流比,控制分流;淤高河滩,保护河岸或海塘;挑出主流以防顶冲河岸和堤防等。

1. 丁坝的形式

1)按丁坝的长度划分

根据丁坝长度与其占用枯水河床宽度之比,可将丁坝分为长丁坝和短丁坝。

丁坝长度与枯水河宽之比大于1/3为长丁坝;丁坝长度与枯水河宽之比小于等于1/3则为短丁坝。丁坝愈长,束窄河床宽度愈甚,挑流作用愈强。短丁坝一般用于河道迎流顶冲处,起护岸、护滩或外移岸线的作用。

2)按丁坝外形划分

丁坝的平面线形有的为一直线,有的有转折,据此可将丁坝分为普通丁坝、勾头丁坝和丁顺坝。普通丁坝为直线形,勾头丁坝在平面上坝头呈勾形(图4-1)。若勾头部分较长则为丁顺坝,图中 L_1 为坝身在垂直水流方向的投影长度;L_2 为勾头长度。当 $L_2 \leqslant 0.4L_1$ 时称为勾头丁坝;当 $L_2 > 0.4L_1$ 时称为丁顺坝。勾头丁坝主要起丁坝作用,其勾头部分的作用是改善坝头流态,减缓坝头流速,使水流比较平顺。另外,丁坝加筑勾头,可切断绕流使坝田转向正常淤积。丁顺坝则同时兼有丁坝和顺坝的作用,可用以取代坝根与河岸连接段工程量太大的顺坝。

勾头丁坝又分为下伸勾头坝、上伸勾头坝和"T"形勾头坝,分别如图4-1a)、b)、c)所示。下伸勾头以改善流态为主时采用;上伸勾头可兼顾兜拦上方坝田内的泥沙,或削弱支汊经坝田而来的横流;"T"形勾头可用于凹岸控制主导岸形。在勾头丁坝中,以下伸勾头丁坝使用较为广泛。增建勾头后,丁坝间距可相应加长;如已建的丁坝间距过大,可增建勾头加以弥补。

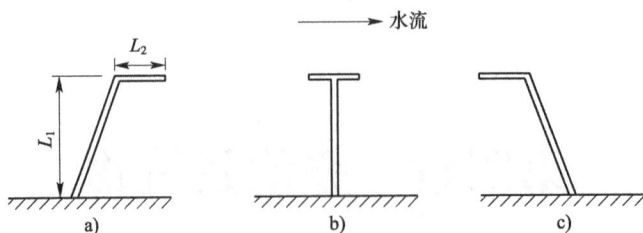

图 4-1　勾头丁坝

3）按丁坝的挑流角划分

根据丁坝轴线与水流的交角大小，即挑流角大小，可将丁坝分为上挑丁坝、下挑丁坝和正挑丁坝三种。丁坝轴线与水流流向交角 $\alpha < 90°$ 时则为上挑丁坝（图 4-2a）；$\alpha > 90°$ 则为下挑丁坝（图 4-2c）；$\alpha = 90°$ 则为正挑丁坝（图 4-2b）。

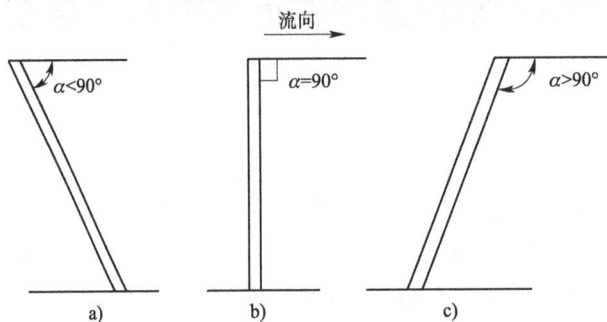

图 4-2　丁坝轴线与水流夹角

4）按丁坝的相对高程划分

相对于设计最低通航水位而言，丁坝坝顶有高有低，据此可将丁坝分为高水丁坝、中水丁坝、枯水丁坝和潜丁坝。坝顶高程接近高水位为高水丁坝；坝顶高程与中水位大体相当的称中水丁坝；坝顶高程在设计最低通航水位以上 0.5~3.0m 的为枯水丁坝；坝顶高程低于设计最低通航水位、常年淹没在水面以下的称为潜丁坝。在航道整治工程中高水丁坝使用较少，中水丁坝使用也不多。

2. 丁坝对河道水流和泥沙的影响

1）非淹没丁坝的水流泥沙现象

如图 4-3 所示，水流流向丁坝时受丁坝壅阻，比降逐渐减小，流速降低，接近丁坝时出现反比降，迫使水流流向河心，绕过坝头下泄。当水流接近丁坝断面（Ⅰ-Ⅰ面）时，流速加大，比降也加大。水流绕过丁坝后在惯性力的作用下，发生流线分离和水流进一步收缩现象，在距丁坝 l_c 处，形成一个收缩断面（Ⅱ-Ⅱ断面），此时流线彼此平行，动能最大，流速最大。在收缩断面下游，水流又逐渐扩散，动能减小而位能增大。至 A 点时，水流的压缩程度等于丁坝断面。在这以下水流扩散，慢慢恢复到天然状态下河宽 B_1 的水流状态，故称 A 点处的断面为临界断面（Ⅲ-Ⅲ断面）。

在丁坝上下游形成几个回流区，如图 4-3 所示，丁坝下游大回流区 1，小回流区 2，丁坝上游小回流区 3，在这些回流区内，流速滞缓，泥沙容易落淤。

上述的水流现象说明，可以利用丁坝加大主流区的流速，冲刷浅滩，使泥沙下移或导入坝田落淤在回流区内。

由于丁坝坝头处的水流流速急剧加大,不仅使坝头受到很大冲击,而且使坝头下的河床遭受强烈冲刷,形成冲刷坑。图4-4为实测淮河鲁口孜浅滩下挑丁坝的冲刷坑情况。坑深约1.5m,范围约1500m²。河床底质、水流速度和坝型不同,冲刷坑大小也不同,在汉江襄樊大桥下游抛筑的2#丁坝,坝头冲刷坑深度达8m左右,面积达100m×200m。

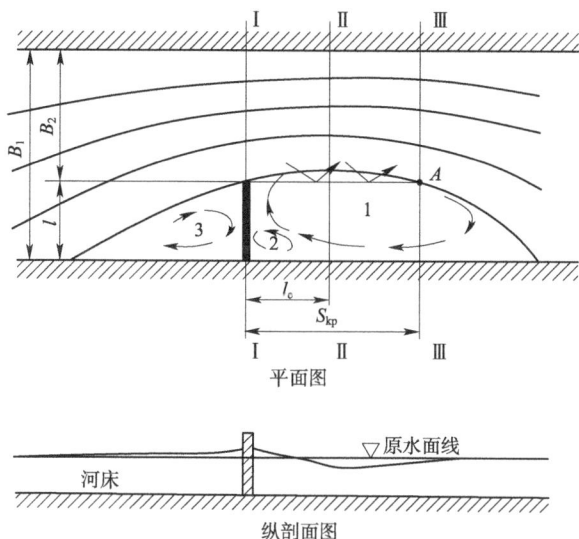

图4-3　丁坝附近绕流现象

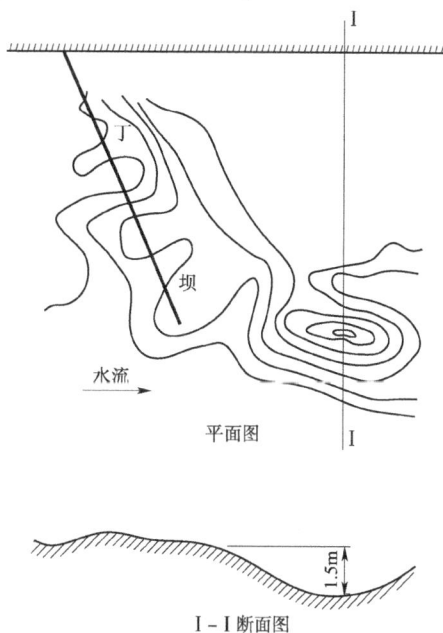

图4-4　丁坝冲刷坑

2)淹没丁坝的水流泥沙现象

水位淹没丁坝后,丁坝束水作用大大降低,坝下回流区逐步消失,丁坝相当于堰流,水流漫过坝顶,形成跌水,在坝后产生横轴螺旋流。这时丁坝主要起导沙作用,而导沙的部位又与丁坝的方向密切相关。

上挑丁坝:丁坝方向指向上游,该形式坝头水流较紊乱,坝头冲刷坑较大。漫坝水流垂直漫过坝顶后偏向河心,以一定角度与航道中的水流汇合形成挤压水流,冲刷航道,而含沙量较多的底层水流,自河心向岸边运动,将泥沙导入坝田。同时坝后的螺旋流也是自坝头向坝根运动,所以,上挑丁坝的坝田的淤积效果较好,如图4-5所示。

下挑丁坝:丁坝方向指向下游,这种形式,坝头水流较平顺,坝头冲刷坑小而浅。漫坝水流漫过丁坝后偏向河岸,则底层水流趋向坝田外缘,这种情况下坝田岸边部位淤积较慢。

正挑丁坝:坝轴线与水流垂直,坝轴线最短,坝头冲刷坑和坝田淤积体介于上挑丁坝与下挑丁坝之间。

丁坝的挑流角首先应根据丁坝所在的部位来考虑,不同的部位采用不同的挑流角。凹岸一般水深较大,在凹岸采用正挑丁坝,可充分发挥丁坝的挑流作用,减小丁坝长度,节省工程量;如采用上挑丁坝,水流流向与坝轴线的交角 α 在60°~90°为宜,在一些特殊部位,如堵塞倒套等则 α 可取40°~50°。布置在凸岸的丁坝或弯道浅滩上口的丁坝宜采用下挑丁坝, α 可取120°~135°。布置在深槽内的丁坝通常采用正挑丁坝,而布置在边滩上的丁坝则多采用正挑丁坝或下挑丁坝，α一般取90°～120°。丁坝群的首座丁坝应采用下挑丁坝，以减小坝体受力，平顺坝头水流。在潮汐河段或流向顺逆不定的河段上，宜采用正挑丁坝。

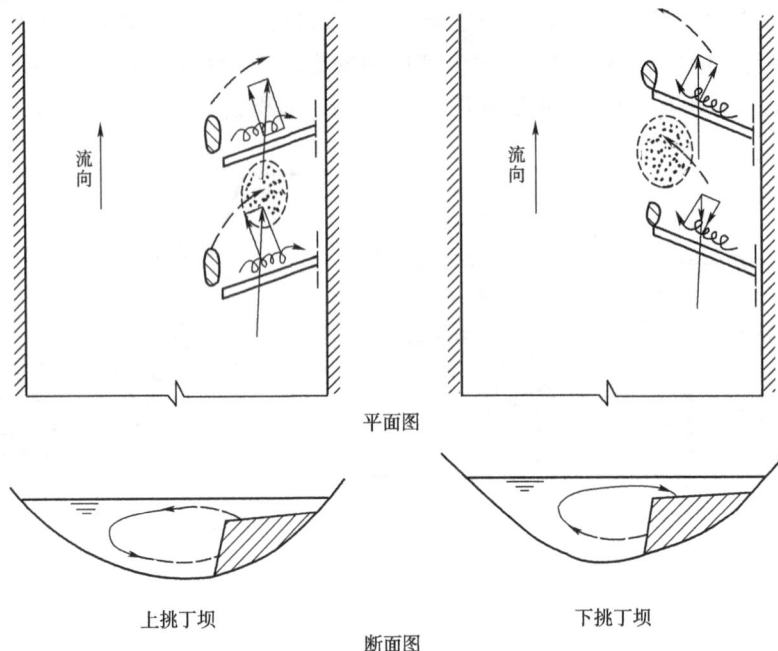

平面图

上挑丁坝　　　　　　　下挑丁坝

断面图

图4-5　淹没丁坝水流泥沙运动情况

丁坝的挑流角同样应考虑丁坝的功能，在流速较大、来沙量小，以维持航槽稳定为主的浅滩，宜采用下挑丁坝。在来沙量大、流速较小，要求冲刷航槽，淤积坝田为主的浅滩，可采用正挑丁坝或上挑丁坝。用于壅高水位、调整比降、减缓流速的丁坝和护岸短丁坝，宜采用正挑丁坝。用于调整流向或把航线挑离危险区的丁坝常用下挑丁坝。

实际上丁坝的作用效果与河床地形、水流、泥沙、河床质的组成有密切关系。如湖南湘江、沅水大部分采用正挑丁坝，在川江则基本上采用下挑丁坝，在淮河采用下挑丁坝。国外如对密西西比河上的正挑、上挑60°和下挑120°三种丁坝系统进行了试验，认为下挑丁坝的性能最好，上挑丁坝较差，正挑丁坝与下挑丁坝性能差不多，只是冲刷深度较下挑丁坝大些。总之，丁坝的挑流角应结合滩险河段的自然条件和丁坝的具体任务来考虑。

3.丁坝的主要作用

丁坝的挑流作用强，对航槽的冲刷有利；丁坝的长度如果不恰当，比较容易纠正和调整；丁坝坝身通过的地点水深一般较浅，工程量较省。因此，在航道整治工程中，丁坝的使用比较广泛。

另一方面，丁坝的挑流作用对水流结构改变较大，由于坝头水流被压缩，过坝头后立即扩散，这样就导致坝头附近水流紊乱。丁坝束窄了河床过水面积，使得流速增大，特别是在坝头附近，导致河床冲刷，在坝头下游形成冲刷坑。采用丁坝整治后，枯水新岸线发展较缓慢，要待坝田淤满后，才能最后形成。

1)用丁坝调整流向，改善流态

在山区河流，受河床地形的影响，在局部河段形成扫弯水、泡漩水等碍航流态，影响船舶安全。有的地方可采用炸除岸边及水下突出礁石,调整河床平面形态,改善不良流态。有的滩险则需要抛筑丁坝调整水流流向,或改变河床横断面形态,以达到改善流态的目的。

川江钓鱼嘴滩为一泡漩水险滩,河床右侧由于较强的底流受水下突出部位的影响,在江面形成强烈的泡漩水,在左侧则产生较大范围的回流,形成浅碛。这样,左侧水深不足,右侧有强烈泡漩水,成为流态险恶、碍航严重的枯水险滩。整治时在右侧筑一潜丁坝,调整河床断面形态,对左侧浅区进行疏浚。整治后效果显著,泡漩水和回流基本消失,主流扩展,疏浚区得以冲刷,水深保持在 3m 以上。

2)用丁坝壅高滩上水位,以增加浅滩水深或调整急滩比降和流速

在浅滩河段较长,水深与设计要求相差不大的情况下,可以采用这种方法,如松花江的三姓浅滩。当用于整治急滩时,应注意以下问题:

(1)坝型选择:一般多采用正挑,只有在水流挟带泥沙较多的情况下,才考虑用上挑。

(2)坝址选取:筑坝位置应选择在被整治险滩的下游、河床顺直、水深较小的地段。若附近找不到合适的坝址,也可以在下深潭末端,选择符合上述条件的坝址。若坝址选择在水较深处,为了增加壅水效果,可在对口丁坝的孔口处加做门槛,门槛顶高程应低于设计河底。

(3)孔口流速校核:孔口流速应限制在航行允许流速之内,并小于床沙的起动流速,若孔口流速大于床沙的起动流速,必须采取铺砌块石护底措施以防冲刷。

如右江思林滩的整治,在滩尾布置两座对口丁坝来壅高水位、减缓比降和降低流速。该壅水丁坝仅比设计水位高 0.2m,不影响中、洪水的泄流,仅在枯水期起作用。整治后该滩的水面落差由 0.84m 降为 0.5m,水面纵比降由 0.8‰降至 0.4‰,流速也大为降低。

3)用丁坝形成错口,使船舶利用坝下回流区"搭跳"上滩

两错口丁坝间距要求与错口滩的错口长度要求相似。影响两错口长度的因素较复杂,除用公式计算外,还应参照当地具体条件和经验而定,如福建普遍采用 2 倍船长(单船上滩)。

4)用短丁坝护岸

通常用于弯道顶冲点附近,起护岸、护滩、外移岸线的作用。右江横滩即在滩段左岸抛筑 23 条短丁坝护岸。短丁坝之间的岸坡,设计水位以下抛片石护脚,设计水位以上干砌片石护坡,护坡高度高于设计水位 3m,等于边滩高度。整治后,左岸农田和公路获得有效保护,岸线得到固定,岸坡由陡变缓且长草,弯道右岸边滩已停止向左扩大,滩尾过渡段淤积大为减少,整治后效果良好。

5)用丁坝束窄枯水河槽

在江面放宽的河段,由于水流分散,往往导致水深不足。这种情况,常采用丁坝缩狭河床,束水归槽,以增加航深。丁坝可布置于一岸,也可两岸布置。由于山区河流水流较急,故多布置于一岸;当两岸同时布置时,则多采用交错,以免航道内流速过大,影响航行。当一岸布置丁坝时,在山区或丘陵地区。坝位多数选择在水较深、流速较大的一岸(即凹岸)。这样布置,比在凸岸增加航槽中流速更为有效,从而对提高航槽内水流输沙能力更为有利。

6)用丁坝堵塞尖潭、倒套

在有尖潭、倒套的浅滩上,用丁坝堵塞尖潭、倒套以束水归槽,并消除有碍航行的横流,是行之有效的措施。此种情况。在平原河流航道整治中较为常用,而在山区航道整治中则

较少采用,仅在丘陵河段上有时用到。

7)用丁坝固定和加高或加大上、下边滩

此种整治措施在平原河流航道整治中采用较多,因为在平原河流上,不少浅滩的恶化都与边滩受冲后被切割,因而变小、变低或下移有关,采用一系列的丁坝固定加高边滩,对于控制航道整治线,增加浅区航道水深都是必不可少的。

8)用丁坝堵塞支汊,稳定主汊

塞支强干常用的整治建筑物为锁坝,有时也可采用丁坝限流的方式。例如,在整治黄河罗裕碛沙质浅滩时,经过方案比较决定建一道与水流夹角为50°,长为180m丁坝,既堵塞左汊起锁坝作用,又有导流作用。后施工中考虑在细沙河床上建180m丁坝有可能冲毁,后改为两条短丁坝。1号坝长95m,2号坝长110m。事实证明,短丁坝可避免由于逼流过甚引起局部严重冲刷而导致工程失事,还可根据实际效果逐步增加坝长,从而逐步改善整治效果。

总之,在山区河流的急险滩航道整治中,丁坝多于用调整流向,改善流态,或壅高滩上水位,增加水深或调整比降、减缓局部地区流速,以便船舶利用缓流上滩。

在平原河流航道整治中,丁坝多用于加高或固定边滩,束窄河床,集中水流冲深航槽,延长水流对浅滩的冲刷时间,或与疏浚相结合,束水归槽,减小挖槽回淤量,保持航道稳定性;有时也可用短丁坝群护岸,防止岸坡崩塌。

4. 丁坝的平面布置

丁坝在不同浅滩上平面布置的一般原则主要是:

(1)山区沙卵石浅滩

在枯水流量较大,浅区较短的沙卵石浅滩,丁坝布置宜少而精,有时布置一道丁坝也可获得良好的整治效果,通常采用带勾头的下挑丁坝。据川江整治经验,勾头长度为20~30m。挑角为100°~130°;对于浅区较长的沙卵石浅滩,应根据滩险的具体情况布置二至三道丁坝;对于河床较复杂、浅区较长、流态较坏的浅滩,需采用丁坝群进行整治。坝位应布置在上深槽主导河岸一侧,以封堵尖潭。上丁坝的下挑角宜稍大,一般取120°~150°,以利引导水流;下丁坝的挑角可稍小(90°~120°),以便集中水流冲刷浅脊。

(2)平原沙质浅滩

在过渡段浅滩,一般用丁坝固定边滩,加高上、下边滩高程,延长浅滩冲刷时间。丁坝的数量应根据浅区的长度和边滩的大小而定,通常采用正挑或下挑丁坝,丁坝群的最上游一道丁坝应做成下挑丁坝,以避免坝头水流过于紊乱。

在交错浅滩,常用丁坝堵塞倒套,消除溢向倒套的漫滩水流。为了加快倒套的淤积,一般在倒套内布置上挑丁坝或正挑丁坝;如果下边滩高程很低,过渡段河槽宽阔,还应布置丁坝抬高和固定下边滩。

在散乱浅滩,丁坝应按规划的微弯形整治线布置,控制整治线的关键部位,丁坝的数量和间距应根据计算或模型试验确定,一般采用正挑丁坝或下挑丁坝。

(3)山区弯道浅滩

在山区河流弯道浅滩,丁坝可布置在凹岸弯顶略上游,以调整水流,加强对凸岸碛嘴的冲刷。如凸岸浅碛较长,可采用丁顺坝,其顺坝部分基本沿设计整治线延伸;当凹岸下游有凸嘴,则顺坝部分可位于丁坝头部至下游凸嘴顶点的连线。顺坝的长度应达到下深槽足够航深处。

（4）山区急滩

对于某些山区急滩（包括滩段较短的窄槽型急滩），可在滩口下的一岸布置或两岸同时布置丁坝，以壅高水位，减缓滩口流速比降。当两岸都布置丁坝时，可采用对称形式的正挑丁坝，当急滩有可能通过筑坝变对口为错口的条件时，则可在一岸布置丁坝，或在两岸交错布置丁坝，以利船舶利用"搭跳"方式迂回上驶。如图4-6所示。

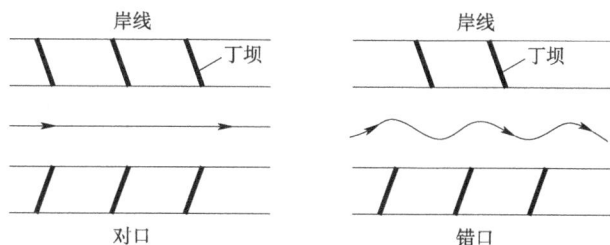

图4-6 两岸丁坝的位置对水流影响

（5）汊道浅滩

整治汊道进口处浅滩，丁坝应布置在非通航汊道一侧的上口；整治汊道中部浅滩，通常采用单一河道中的浅滩治理方法，在一岸或两岸布置丁坝；整治汊道出口处浅滩，如采用洲尾顺坝不能解决问题或洲尾顺坝过长，可在顺坝的对岸（或河道两岸）布置丁坝。此外，还可利用交错布置的丁坝堵塞支汊。

5. 丁坝间距的确定

丁坝间距的大小，直接关系到工程效果和工程量。间距过大，丁坝之间不能互相掩护，达不到控制整治线的目的。若间距太小，则丁坝数目增多，工程量增大，造成浪费。因此必须合理确定丁坝间距。

1）确定丁坝间距的原则

（1）为防止坝头、坝根受到冲刷，应使下一条丁坝的壅水影响能避免上一条丁坝的坝头发生较大的跌水现象。同时应使水流绕过坝头后形成的扩散水流边线能达到下一条丁坝有效长度范围内，避免坝根冲刷。

（2）能控制整治线的各个部位，特别是关键部位。使各条丁坝后的回流区边线的连线组成趋近于整治线的平滑曲线，不致因丁坝间距过大影响束水攻沙效果。

（3）应防止坝田内产生较大的流速，影响坝田淤积。

2）确定丁坝间距的方法

确定丁坝间距的方法很多，现简要介绍以下方法。

（1）经验取值方法

基于防止坝田产生较急水流和促进坝田淤积的要求，一般认为，坝间距 D 以取上游坝长 L 的 $1 \sim 4$ 倍较适宜。根据了解，日本取用：顺直河段 $D = (1.7 \sim 2.3)L$，凹岸 $D = (1.4 \sim 1.8)L$，凸岸 $D = (2.8 \sim 3.6)L$；英国认为 $D = (1 \sim 1.5)L$ 较适宜；美国常用 $D = 1.5L$；而德国则认为 $D = (2 \sim 4)L$ 较好。在我国，《航道工程技术规范》（JTJ 181—2016）根据各地实践经验，做了如表4-1的规定。

丁 坝 间 距　　　　　　　　　　　　　表4-1

所处位置	凸 岸	凹 岸	顺 直 段
一般丁坝	$D=(1.5\sim3.0)L$	$D=(1.0\sim2.0)L$	$D=(1.2\sim2.5)L$
护岸丁坝		$D=(0.8\sim2.0)L$	

注：L 为上一座丁坝在过水断面上的有效投影长度。

（2）采用推求"尖灭点"位置的方法

从水流经丁坝后的收缩和扩散的规律推求收缩水流的"尖灭点"。如图4-7所示，A 为坝头，B 为尖灭点。B 点上游水流向河心收缩，B 点以下水流向岸边扩散。若在 B 点不建坝约束水流，水流分散就无力冲刷河床，河槽中将出现新的沙洲或浅滩。容易看出，这一方法的前提是假设在整治范围内，水流有能力冲刷河床而保证航道水深。由于在整治线范围内水流为变流速，目前尚无法建立理论关系式，故其计算方法仍是以经验为主，其公式为：

$$D=\mu L\sin\beta \tag{4-1}$$

式中：D——尖灭点与其上游坝的距离，即坝间距；

　　L——上游丁坝长度；

　　β——丁坝轴线与水流方向的夹角；

　　μ——系数由 $L\sin\beta/B_1$ 确定，值按表4-2选取；

　　B_1——原河床宽度。

系数 μ 取值表　　　　　　　　　　　表4-2

$L\sin\beta/B_1$	0.49	0.3	0.25	0.2	0.1
μ	2.9	4.2	5.0	6.3	10.5

以上计算适用于顺直段。在弯段，凹岸坝距应减少 $0.4\sim0.7$ 倍，凸岸应加大 $0.3\sim1.0$ 倍。同时还需考虑因建坝而引起的壅水，分析其流速值是否会减少至起动流速以下，若有可能时，坝距应缩小。

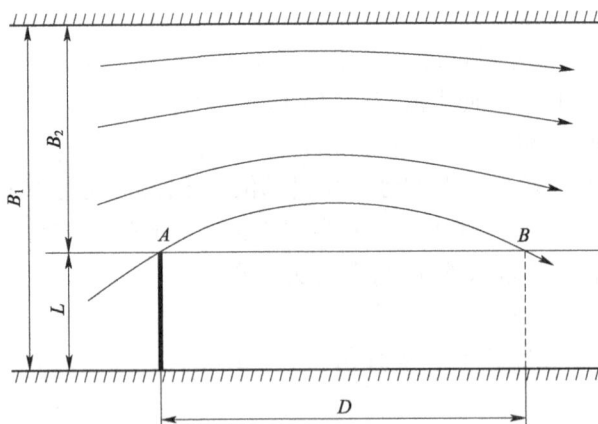

图4-7　尖灭点法计算示意图

（3）由回流区确定丁坝的间距

首先可计算丁坝回流区长度 S 及回流区边线，再根据回流区的范围找到相应的扩散断面，要求该断面的流速等于丁坝断面处的流速，该断面即可作为第二条丁坝位置，从而确定两坝之间的距离。不淹没丁坝回流区的计算,主要是如何确定回流边界因高度紊动而引起紊动切力变化的问题。有的人认为紊动切应力为常数;有的人认为它是沿程增加的;还有人认为在扩散段的上段是沿程增加的,扩散段的下段则是沿程递减的,不同的认识导出回流长度的计算公式也不一样。

6. 各类丁坝群的布置和作用

在浅滩范围内,根据整治线布置丁坝,每条丁坝只能控制一段河长,故一般都需布置数条丁坝,形成丁坝群,若束流的范围虽不大,仅用一条丁坝也不易奏效,主流往往会绕过坝头按原来方向流动。故也应布置多条丁坝,组成较长范围内的束水区域。

(1)丁坝可在河流一岸布置或两岸同时布置,当两岸布置时,根据河岸地形可排列成对口丁坝及错口丁坝,如图4-6所示。

对口丁坝即两岸丁坝坝头相对布置,水流流过坝间比较平顺,流态良好,在流速较小的河流上比较适用。

(2)阶梯式丁坝系统。在平原河流上,天然水面比降很小,在一个浅滩段上总落差往往不到0.1m,故在同一浅滩上丁坝群的坝头高程都根据同一个整治水位确定,称等高式丁坝系统,即在整治水位时丁坝头同时出水。各丁坝高程也可不同,呈阶梯式的,自上游向下游各坝高程逐次递降,称阶梯降低式丁坝系统;坝高逐次递增的,称阶梯升高式丁坝系统。如图4-8所示,这类丁坝系统在我国湖南湘江上曾试用过。美国所进行的试验研究,也可供参考。

阶梯降低式丁坝,是指要相邻两个丁坝,其下游坝总比上游坝低,下游坝开始淹没时,上游坝还露出水面,由于上游坝拦水,水流必然绕过坝头转入该坝背后,再漫过下游坝,较快的表流仍持续走外缘直线方向,而较慢的挟沙底流则趋向坝田,如图4-9所示。由下一条丁坝漫顶到上一条丁坝漫顶,要经过一段时间,这就易使底流更多地将推移质导入坝田,所以这种丁坝系统坝田的淤积效果好,也有利于航道的冲刷和稳定。

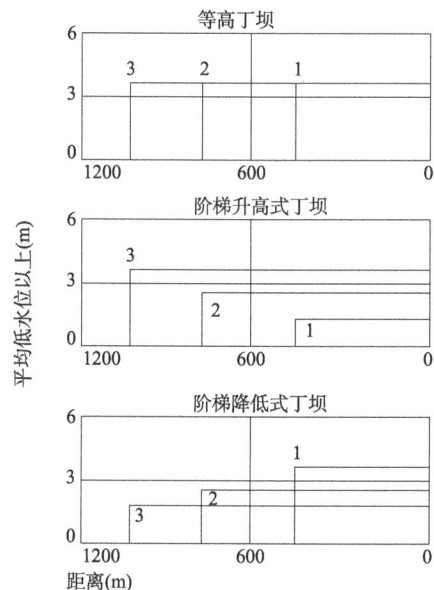

图4-8 等高丁坝与阶梯丁坝正面图

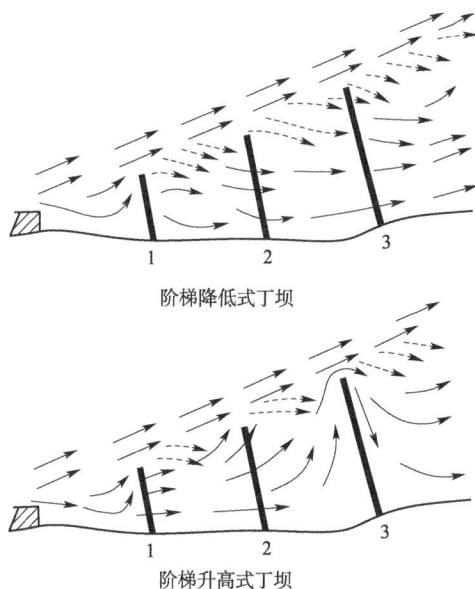

图4-9 阶梯式丁坝系统附近的水流运动

阶梯升高式丁坝系统中，相邻的下一条丁坝，总比上一条高，当上游丁坝漫水时，下游丁坝仍露出水面，这样漫越上游丁坝的水流，受下游较高丁坝阻挡，必然有一部分转向航道方向，不仅因流向产生扰动，而且水流也会阻止挟沙底流流入坝田，故这种形式有较多不利之处。

山区河流比降大，浅滩长度较大时，各丁坝头部就不能定为同一高程，一般按整治流量的水面线确定沿程丁坝的高程；也有设数个水尺，求得各水尺处的整治水位，并控制一部分丁坝高程，使整个浅滩丁坝分成数段阶梯形，以上情况各丁坝头部高程虽然不同，但是同时出水或淹没，从水流及对河床的影响来看，仍属于平原河流中的等高丁坝系统。

二、顺坝

顺坝是坝轴线沿水流方向或与水流交角很小的建筑物，起引导水流，束狭河床的作用，故又称导流坝。顺坝的整治效果，取决于顺坝的位置、坝高、轴线形态及其与水流的交角，其中位置和线型尤为关键，顺坝一般沿整治线布置，施工后若需调整整治线宽度，就很难更动，所以确定位置时应特别慎重。

根据河流情况，有的地区多用顺坝，有的地区多用丁坝。丁、顺坝互有优缺点，四川省岷江、嘉陵江上采用顺坝，在平原河流的分汊和汇流河段也用的较多，顺坝常用于：

(1)调整急弯，规顺岸线，促使航槽稳定，对于一些不规顺的河岸引起的乱流，也可用顺坝构成新的河岸，平顺水流，改善流态。

(2)堵塞倒套、尖潭。

(3)堵塞支汊，调整汇流处的交汇角。

(4)沿整治线束窄河宽。

顺坝布置的一般原则：

(1)顺坝坝身一般靠近整治线，布置在凹岸或主导河岸一侧。

(2)顺坝坝轴线与水流交角不宜过大，当洪、中、枯水流向不一致时，顺坝应与中水流向一致，以免中水位时漫顶产生"滑梁水"，导致航行事故。

在过渡段浅滩上，洪、中、枯水流向不一致，若只按枯水流向布置顺坝，在洪水时反而起促淤作用，中水出现"滑梁水"，所以顺坝不宜延伸到浅滩脊上，必要时可在上深槽末端做导流顺坝，调整上游来水的主流方向，冲深浅滩。

(3)浅滩两岸不宜同时布置顺坝，否则施工后现整治宽度不合适，无法变动。

(4)在多分汊的河流上，为封堵两侧汊道，如大渡河沙湾至乐山河段，为多汊河道，结合主流整治浅宽度，在支汊的进出口，采用顺坝封堵主流两侧的汊道，形成主流两边为顺坝状况，应慎重考虑整治线宽度，确定堵汊的位置。

(5)顺坝平面形态要由平缓的曲线构成，坝根应与河岸平缓边接，顺坝起点位置应在水流转向以上，当顺坝与河岸岸间距较大时，若用顺坝平缓与岸线连接，顺坝就需很长，为节省工程量，可用丁坝与河岸连接。

(6)顺坝坝头要求伸入下深槽，避免坝头附近出浅；坝头不宜只建到水面比降最大、弯曲水势尚在继续的河段上，应伸至水流已经平顺的地方；坝头或坝头的延长线，必须绕过危及船舶安全的石嘴、石梁、冲积堆和取水口等；坝头以下自然河宽不宜过多加宽，以免水流突然扩散,泥沙淤积形成拦门沙;坝头轴线不能向航道内、外挑出,尤其是向航道内挑出造成不良流态,威胁航行安全。

（7）为加速顺坝坝田淤积,可在顺坝与原河岸之间建格坝,格坝坝根与原河岸连接,其高程比顺坝顶稍低,格坝间距以两格坝中不产生纵向水流为原则,一般为其长度的1～3倍,如图4-10所示,实际应用中多吹填浅滩上挖出的沙卵石,起格坝的作用,如大渡河疏整时即用此法。

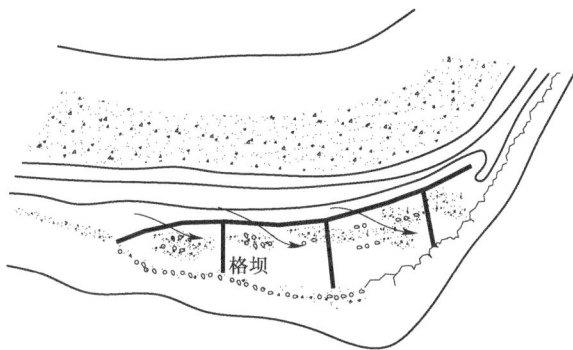

图4-10　格坝布置

三、锁坝

锁坝是从一岸到另一岸横跨河槽及串沟的建筑物,又名堵坝。在分汊河道上为了集中水流冲刷通航汊道,或在有串沟的河汊上,不使串沟发展,可在非通航汊道上或串沟上修建锁坝,这种措施又称"塞支强干"。

在非通航道汊道上是否要建锁坝,以及坝顶高程的确定,均取决于在设计水位下通航汊道需多少通航流量,设计通航流量必须保证通航汊道的断面平均流速满足不淤流速的要求,通航汊道缺少的水量由非通航汊道建锁坝将流量逼过来。

如长江下游南通河段,历来受江阴以下主流摆动的影响,使如皋县境内江面开宽,洲滩多变,如图4-11所示,再加上潮、径流交会,形成许多沙洲,称如皋沙群。沙洲的增长使左岸天生港水道分流比逐年减少,1979年实测天生港水道分流比只占长江总流量的1.5%,上游来水减少,汊道内逐年淤浅阻力加大,逼使进入汊道的微小水量从薛案沙夹槽内泄走,近年来夹槽不断冲深,更加速了天生港水道的恶化,由于各汊阻力不同,在天生港水道薛案沙头形成会潮点,使流速减至最小,淤积更甚。

天生港水道的衰亡将严重威胁电厂用煤的运输及南通港的水域。综上原因,薛案沙夹槽的存在和发展对天生港水道极为不利,为此第一步工程决定在薛案沙夹槽内建锁坝,以拦阻径流及落潮流,消除涨潮流挟带泥沙在薛案沙洲头会潮沉积的条件,工程已于1984年冬施工完成,经一年多观测看,效果比较明显,而该锁坝主要起塞支强干,拦潮挡沙的作用,故坝顶高程较高,在任何水位下均不能漫坝。

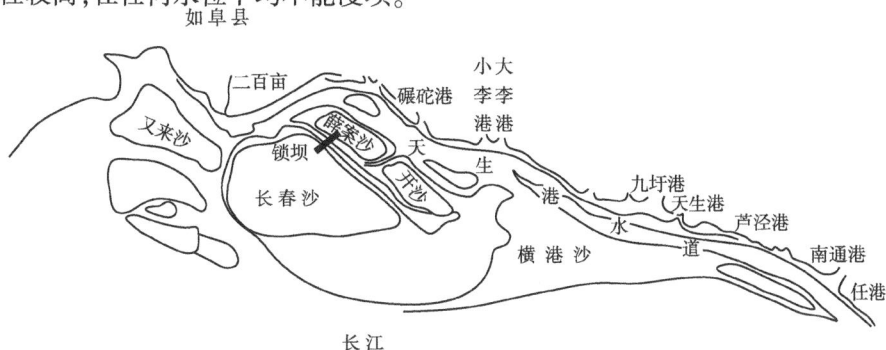

图4-11　如皋沙群堵汊示意图

四、潜坝

潜坝是指在最枯水位时均潜没在水下而不碍航的建筑物，有潜丁坝、潜锁坝等，它的主要作用是，壅高上游水位，调整比降，增加水深；也可以促淤赶沙，减少过水断面和消除不良流态等。

当河底深坑造成跌坎使水流紊乱，并使上段浅滩恶化时，可直接用泥沙将深槽填到一定高程，再用砾石覆盖，使底坡纵断面成平缓曲线，则可有效地改善水深状态，如图 4-12 所示为莱茵河上采用填坑措施，相当于潜锁坝，填筑的高程不同效果不一样，填到设计水位下 7 m 时效果明显，内侧河岸沙洲冲开，航道变宽，上游水位抬高，减小了流速。

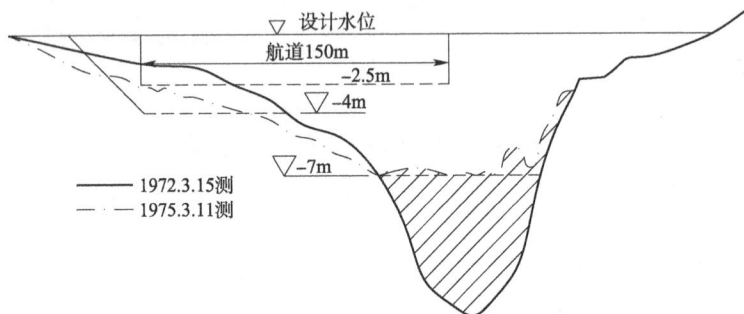

图 4-12　莱茵河下游里斯深槽回填

五、平顺护岸

平原冲积性河流上，河道的变迁主要是通过河岸侵蚀来表现的，所以在大江大河中对护岸工程都十分重视，我国长江下游，钱塘江等每年都投入大量资金进行护岸。

1. 护岸工程的作用

(1)控制河势，稳定水流动力轴线，不使河床边界任意变化，使河势稳定在最满意的状态。

(2)抑制崩岸，防止水流淘刷和波浪冲蚀等，这样也可防止泥沙大量坍落于河中，抬高河床，淤塞航道。

(3)防止主流顶冲，保护堤防，尤其洪水主流顶冲之处，称险工地段，需建护岸工程，同时配合丁坝，矶头挑流更能有效地保护堤防安全。

2. 崩坍的类型及原因

(1)崩坍。临河坡或堤面发生裂缝，堤岸上部失去稳定，倾倒于河中，多发生在岸坡较陡的地方。

(2)滑崩。坡脚被水流淘刷，并在地下水渗透压力作用下，土壤剪切强度降低，产生圆弧滑动，坐入水中，若在汛潮，将会引起堤防溃决。

(3)冲蚀。在水流、波浪的直接冲击下，土粒被逐渐带走，这种情况在天然河流、湖区普遍存在。

3. 护岸工程的布置原则

(1)根据水流动力轴线变化的情况，预测崩岸的发展趋向，不失时机地控制河势，主动防守。

（2）全线规划,重点保护,守点顾线,相互依托。实践证明,局部、片面的护岸效果是不好的。只护本河段顶冲点,当上游主流稍变,顶冲点变化,又需重新护岸,若在分汊道中分流比变化,原护岸的一汊衰亡,又要在发展汊道中重护,这将一直处于被动局面,必须全面规划河势,稳定主流,首先控制主要顶冲点及岸线变化剧烈的部分,控制住上游点才稳定下游点,在此基础上再逐步做到全线防护。

（3）护脚为先,先水下后水上,先护脚后护坡,进而到坡、底兼顾,上下形成一个整体,为预防护岸底部的淘刷,坡脚应置于天然最大深度的高程上。边滩是保护岸线的前沿阵地,滩边的滩坎更是被冲刷的前哨,所以总结出"护岸先护滩,护滩先护坎"的经验。

4.影响护岸工程稳定的因素

河势变迁,主流顶冲点的变化,直接威胁着护岸工程的稳定外,还有以下几方面因素:

（1）护岸工程的边坡,取决于岸坡的土质,地下水动态和岸坡的高度,一般水下较缓(1:3左右),水上较陡(1:2 左右)。据调查和稳定计算,长江中下游块石护坡工程,枯水以上采用1:3才能稳定,枯水以下的护脚工程及抛筑在深泓处的边坡要1:3~1:4左右。

（2）地下水渗流的影响,动水压力,土粒流失和土壤液化导致滑坡,应进行削坡、减载,在护坡下面必须铺设反滤层,仅靠干砌块石勾缝是不耐久的。例如长江某护坡工程不受地下水作用时,安全系数为1.82稳定的,当有地下水作用时,安全系数为1.82就不稳定了。

（3）地表径流影响,地表水经护坡块石缝隙渗入河中,使岸坡含水量增加,降低土体抗剪强度,并可能将土粒带走,为此应设置一些通向河道的明沟,或采取浆砌块石护坡。

（4）风浪、船行波的影响,波浪松动块石,淘刷块石下的泥沙,长期作用下护坡破坏,所以护坡块石尺度要足够大,施工时要相互嵌紧。

六、鱼嘴和岛尾工程

鱼嘴工程:为稳定洲头,控制分流分沙比,可在江心洲头建分水堤,分水堤前端伸入水下,顶部高程向后逐渐升高,与江心洲首部连在一起,形同鱼嘴,如图4-13所示。

岛尾工程与鱼嘴位置相反,建于江心洲尾,有时接一导流顺坝,使洲尾水流更加平顺交汇,减小互相顶托、对冲等不良影响,保证交汇处航道稳定。

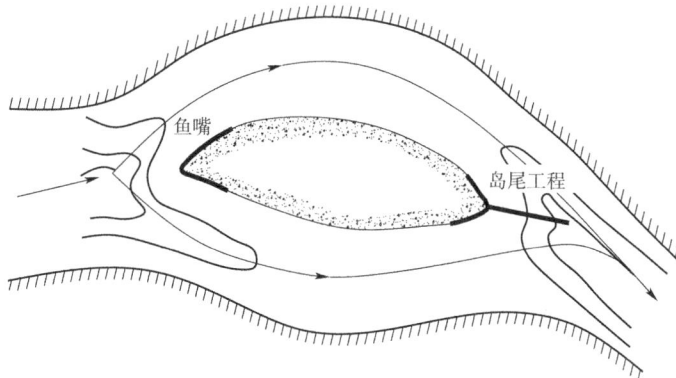

图4-13　鱼嘴和岛尾工程

第二节　整治建筑物构造

一、整治建筑物的类型

根据材料性质,通常将整治建筑物分为轻型整治建筑物和重型整治建筑物两大类。

(1)轻型整治建筑物:一般用竹、木、草、梢料、橡胶等建成,如单排和双排编篱及各种屏式建筑物等。它的结构简单,施工期短,工程费用小,但防腐和抗冲性能差,使用期短,因此亦称临时整治建筑物。

(2)重型整治建筑物:一般由土、石料、混凝土和土工织物等材料建成,如抛石坝及充填袋填心坝等。它的防腐和抗冲性能强,使用期长,故又称永久性整治建筑物。

二、整治建筑物的材料与构件

1.整治建筑物的材料

根据整治建筑物的特点,整治建筑物的材料应具有较好的防腐、抗冲性能,有的则应有一定的柔韧性,以抵御水流冲刷,适应河床变形。由于整治工程所需材料的数量较大,而整治工程又往往建在交通不便、施工条件较差的地区,因此,应尽可能就地取材,减少运输费用,降低工程造价。

整治建筑物常用的材料有土、石料、混凝土、竹、木、梢料和土工织物等。

1)土料

土料主要用于填充建筑物内部。目前使用比较广泛的是用沙充填土工织物袋,抛筑整治建筑物。

2)石料

石料包括块石、碎石、卵石等。块石主要用于筑坝、压排及护坡、护脚工程。碎石及卵石主要用于填充坝身、石笼、石枕和护坡垫层等。

3)竹、木料

木料主要用于做木桩及透水建筑物的构件。竹子主要用来编织竹笼,里面填充卵石或小块石,用来抛筑坝体。

4)梢料

梢料是指小树枝、芦柴和2～5年生的灌木。凡结实耐用,长度在2m以上,直径不超过4～5cm的树枝,均可用梢料。梢料常用作柴排、沉桩和轻型建筑物的构件。

5)混凝土

在重要工程中或特殊情况下,整治建筑物的材料可使用混凝土,通常采用混凝土或钢筋混凝土预制构件;在护坡工程及坝体的防冲撞部位,也可采用现浇混凝土。

6)土工织物

主要指聚丙烯(PP)纤维、聚乙烯(PE)纤维、聚酯(PER)纤维和聚酰胺(PA)纤维等原料制造的土工编织材料和无纺材料。随着材料工业的迅速发展,土工织物越来越广泛地用于整治建筑物中。

2.整治建筑物的构件

上述整治建筑物材料,有时直接用于修建整治建筑物,有时可预先制作成建筑物的构件,然后再用来修建整治建筑物。整治建筑物构件有如下几种:

1)梢龙和梢捆

梢龙和梢捆是将梢、秸、苇、毛竹等材料捆扎起来,细而长的称梢龙,短而粗的称梢捆。梢龙主要用来扎制沉枕或沉排,梢捆主要用于护底和修坝。

2)石笼

石笼是用铁丝、钢筋、竹篾、荆条、PVC 等材料作成各种网格的笼状物,内装块石、砾石或卵石。网格的大小应根据石料的粒径而定,以不漏失石料为度。铁丝、钢筋石笼可作成具有较大的体积和重量,使用年限较长。竹石笼、PVC 石笼韧性好,但强度较差。

石笼多用于抛石坝的坝心、堤岸护脚等,在水深流急而又缺乏足够大的块石时可用以代替抛石工程。为加强石笼的整体性和防止石料因笼破损而散失,可用少量水泥砂浆将石料胶结。

3)沉排

沉排是将梢料或土工织物制成大面积的排状物,用块石、沙袋或混凝土联锁块压沉于河底,以保护河床免受冲刷。用梢料制成的排称柴排,用土工织物制成的排称土工织物软体排。

土工织物软体排主要有散抛压载软体排和系结压载软体排两大类,后者又可分为系袋软体排、沙肋软体排、混凝土联锁块软体排、混合式软体排等多种。无论何种软体排,其排体均由土工织物和加筋条缝制而成,区别主要在于压载方式和压载物的不同。除以上常用的两类软体排外,还有一种沙被式软体排,目前使用较少。从发展情况看,土工织物软体排有取代柴排的趋势。

沉排的整体性强,排体具有柔韧性,能够较好的紧贴河底,抗冲性能较好,使用年限也较长。沉排作为构件,常用于丁坝、顺坝、锁坝、鱼嘴及护岸等工程的护底。

4)混凝土和钢筋混凝土构件

(1)人工块体

用混凝土或钢筋混凝土预制的四角锥体、钩连块体、削角王字块等构件统称为人工块体,主要用于潮汐河口整治建筑物的护面。人工块体坚固耐久,但需要大量的水泥、钢材,投资较大。

(2)钢筋混凝土半圆体

在长江口整治工程中,有部分导堤利用预制的半圆体构件,卧放在堤轴线上,形成导堤。半圆体构件重量大,抗风浪能力强,稳定性好。但需要专门的大型预制场和专用的起吊设备。

半圆体有带趾和不带趾两种,为减小水流和波浪的浮托力,在底部和半圆体一侧开有减压孔。考虑到整治建筑物尽量不透水,在两块半圆体接头部位设置橡胶带止水。

三、坝体的结构形式

1. 抛石、砌石结构

抛石坝是航道整治工程中常见的建筑物。选择有一定级配的坚硬、未风化且不溶于水的块石，用以抛筑丁坝、顺坝、锁坝、潜坝等。水下部分采用人工或专用机械抛筑，水上部分的边坡和坝面采用人工砌筑。

有的地区抛石坝水下部分用块石抛筑，水上部分采用浆砌条石或混凝土挡板，以减小块石用量，加强坝的整体性，防止坝面水毁。

抛石坝施工比较简单，经久耐用，维修方便，容易就地取材，所以是当前国内外采用最普遍的一种形式。

2. 石笼、充填袋填心混合结构

用铁丝、钢筋、竹篾、荆条或 PVC 等材料编成各种网络笼状物，内装块石、砾石或卵石制成石笼，为防止笼子腐烂，一般将石笼作为坝心，外面抛块石防护，称为石笼填心混合结构。

充填袋填心混合结构建筑物则是利用水力机械将泥沙充填在土工织物编织袋内，待灌满泥沙扎紧袋口后抛入河中形成坝体填心部分，然后进行抛石护面的整治建筑物。当袋布和充填料粒径选择适当时，可以防止袋内泥沙流失，用于填筑坝心，在石料短缺地区可大大降低工程造价。如我国在汉江襄樊至皇庄河段整治、长江界牌河段整治和长江口深水航道整治等重大工程实践中，均得到了不同程度的应用。充填袋填心建筑物断面形状见图 4-14。

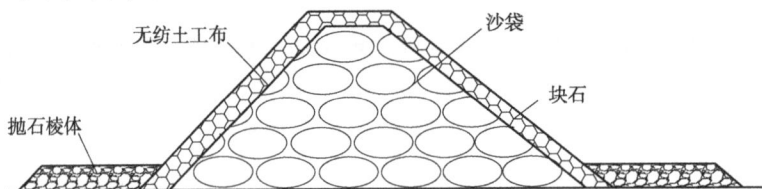

图 4-14　充填袋填心坝断面图

3. 桩板式结构

将预制的混凝土桩沿坝轴线每隔 2m 左右打入土中，在桩与桩之间的预留孔栓上装钢筋混凝土板，组成的坝体为桩板式结构，图 4-15 为上海川沙海塘的护岸丁坝，对淤滩保海塘效果较好。原曾在桩上做成企口槽，将混凝土板插入，但事与愿违，打入的桩位不准，或桩面扭曲，板无法插入，后改成螺栓固定，且在板上宜留成长孔以便调整。

法国河流整治也曾采用过桩板式结构，如在小罗纳河 20km 的整治河段上，使用了 187 组板桩坝，采用钢桩挂混凝土板，相当于底墙建筑物，起转流导沙作用，取得了成功。

桩式实体建筑物与桩板式建筑物基本相同，仅是建筑物中桩与桩紧密相连，形成堵墙式的结构物。为了防止桩式建筑物从底部被淘刷，沿着坝轴线设置宽为 3～4m 的梢排带。也可利用浮梢，将它布置成两行并垂直于建筑物，顺水流方向与桩紧密相靠。将梢捆用石块压载，之后再用附加桩及横梁，把梢捆压沉至河底。在桩式实体丁坝和导流坝的头部，除了沿建筑物设置梢料带以外，还要沉入垫底梢排。这些垫底梢排在迎水面要伸长 5m，在背水面伸长 8m，在向河面伸长 5m，有时在建筑物头部将梢排的伸长部分抛上石料。

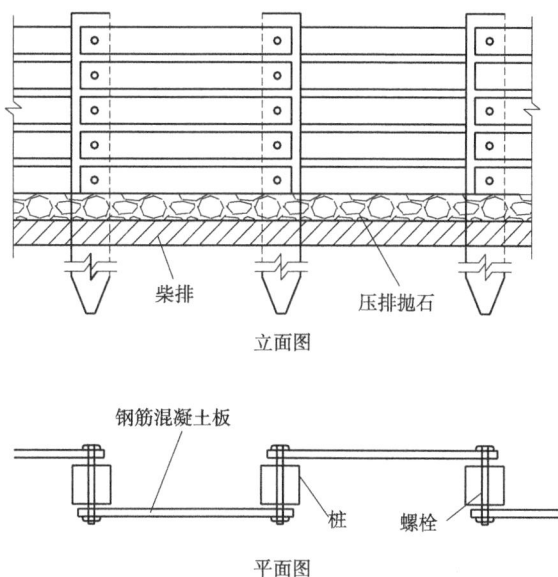

图 4-15　混凝土桩板式结构

4.桩土混合结构

它是由直径 16～22cm、打入土中 2～3m 的桩组成实体墙,为了避免水流冲刷桩基,可用碎石增强基床或用充填法、堆筑法在墙体两侧填筑土料棱体,上铺碎石护面形成实体建筑物,断面见图 4-16。桩土混合结构可作丁坝、锁坝和顺坝用。坝顶高程由计算确定,通常采用高出设计水位 1～2m。从坝根至坝头,桩与桩之间要紧密打入,桩墙在河床部分自坝顶到岸边的纵坡取 1:100 至 1:300,在坝根附近的纵坡取 1:25。在有卵砾石的河床上修建桩式建筑物,为防止底部冲刷,桩墙需穿透卵砾石覆盖层。

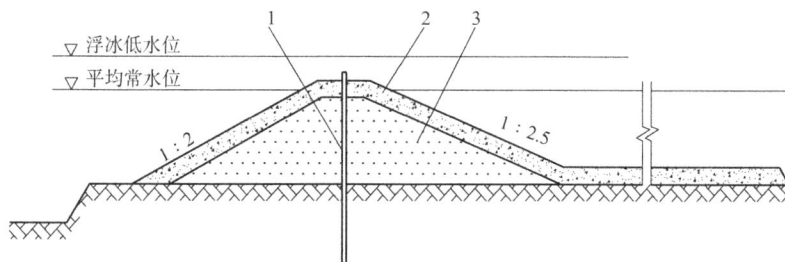

图 4-16　桩土混合结构
1-桩;2-碎石护面;3-土料坝体

5.沉箱式结构

预先作成数米长的钢筋混凝土沉箱,如图 4-17 所示。趁高潮位或高水位时,浮运到施工地点,将箱内填土下沉,组成丁、顺坝等。我国在长江口川沙县护岸工程曾采用此形式,施工方便,还可以重复利用。如若该处边滩已淤成,可将箱内泥土挖出。涨水后浮起拖运至它处再用,虽一次性投资较大,但在无石料的地区,还是可以考虑的一种形式。

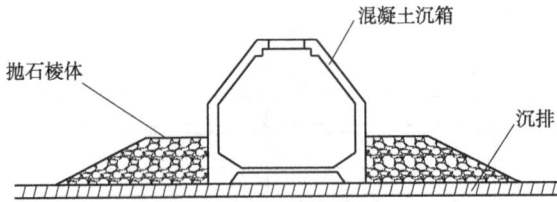

图 4-17　混凝土沉箱式坝

6. 人工块体混合结构

在河口开敞水域，受径流、潮汐、风浪动力条件影响。建筑物受力条件异常复杂，而且河口基础条件差，施工难度大。为了适应河口地区的水动力条件，河口整治工程中常采用人工块体混合结构。

1）四角锥体坝

四角锥体坝基最底层为碎石，碎石层上铺一层 15～50kg 重的块石，然后为一层 0.7m×0.7m×0.7m 的混凝土块体。坝基上抛放四角锥体，组成四角锥体坝，具体见图 4-18。

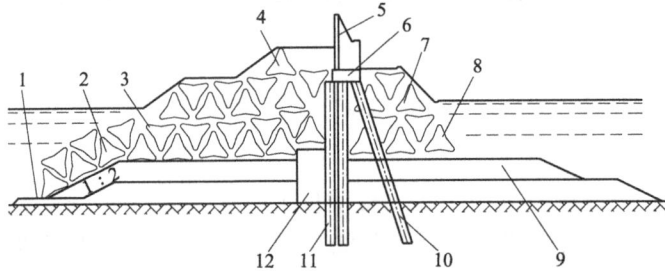

图 4-18　四角锥体坝

1-碎石垫层；2-5t 重的防护用四角锥体；3-13t 重的成双大形四角锥体；4、7-5t 重的四角锥体；5-钢筋混凝土墙；6-钢筋混凝土圈梁；8-13t 重的支撑用四角锥体；9-混凝土抛块；10-槽形钢桩柱；11-钢板桩墙；12-混凝土块体

四角锥体坝建筑物的重要问题是将下层的锥体正确安放与压载，以及锥体在抛放时布置方法。最优的布置方案为最底层四角锥体的中央角锥朝上，而第二层的中央角锥朝下。四角锥体坝的心墙则由钢板桩或钢筋混凝土板桩、槽形支撑钢桩组成。

这类建筑物坚固、耐久，类似建筑物还有抛筑其他不同形式的人工混凝土异形块体，但是需要大量投资。

2）钩连块体混合坝

钩连块体混合坝是长江口整治设计的一种断面型式。堤芯用 10～100kg 小块石充填，外包 100～150kg 的块石垫层，然后是用 4t 重的钩连块体护面，两侧堤脚用 150～300kg 的大块石镇脚。该种型式使用石料较多，要求较高，在石料货源充足的条件下可以优先选用，具体形式见图 4-19。长江口深水航道整治二期工程采用的钩连块体重量为 6t、10t。

7. 半圆体混合结构

半圆体混合堤是长江口整治工程的推荐形式，是利用预制半圆体构件，卧放在堤轴线上。

该型式利用半圆体构件上设置的圆形小孔，可以减小潮流、风浪的浮托力，利于坝体稳定，其基本结构形式见图 4-20。

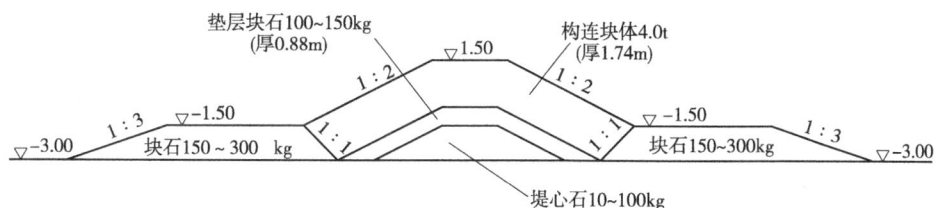

图 4-19 钩连块体混合坝

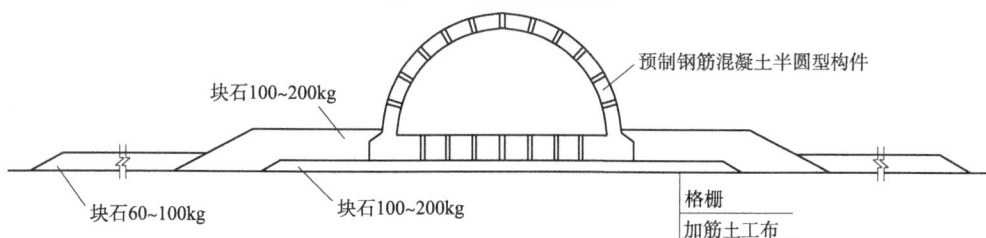

图 4-20 半圆体混合结构断面图

四、护底及护滩软体排设计

根据材料的不同,软体排可分为柴排和土工织物软体排两大类。

柴排是用梢龙、梢料、铁丝等材料捆扎成方形或长方形大面积的排状块体,用块石压沉于近岸河床上,以保护河床岸坡免受水流淘刷。柴排不仅可用于护岸、护脚,也可用于整治建筑物的护底。

土工织物软体排是指用聚丙烯(PP)纤维、聚乙烯(PE)纤维、聚酯(PER)纤维和聚酰胺(PA)纤维等原料制造的土工材料做成的软体排。根据其压载的形式和材料,土工织物软体排可分为散抛压载软体排、系结压载软体排和沙被式软体排等。

1. 柴排

柴排的整体性、柔韧性和抗冲性都比较好,能适应河床的冲刷变形。柴排适用于在河床岸坡较缓的地方使用,一般坡度应缓于 1:2.5。岸坡太陡的地方容易产生滑排。

柴排需要大量梢料,只有在梢料来源丰富的地区才有可能使用柴排。随着人们环保意识的加强,柴排的使用受到限制,今后土工织物软体排将会逐渐代替柴排。

柴排的结构一般分为上、中、下三部分,上、下部分为梢龙扎的方格网。方格间距一般为 1m 左右。中间部分为 2~4 层横竖交错平铺的梢料或芦、秸料垫层,即为排身,用铁丝穿过中间垫层,将上、下对称的梢龙方格扎成整体。

有的地方柴排采用梢排结构,把平列在一起的梢龙用粗 10cm 左右的毛竹一劈两半,上下对应把梢龙夹起来,用铁丝捆扎成排状。

柴排尺寸的大小,可根据工程需要和施工条件确定。护底柴排一般方形,边长 10~20m,长方形长 20m,宽 15m,厚 0.45~0.5m 左右。护岸柴排一般宽 5~10m,长 10~20m,厚 0.6m。如施工条件允许,柴排尺寸也可适当加大。

柴排铺设的要求较高,一般用船拖至指定地点,自岸边至江中,自上游至下游抛石。使柴排浅水部分先沉,这样容易控制位置。相邻柴排的搭接可根据柴排的厚度而定。厚度较薄的柴排搭接长度一般为1.5～2.0m;较厚的柴排,如排与排相互搭接,势必出现架空现象,故只要求相互拼接,尽量使拼接紧凑,拼接处可用石块填补。

筑坝护底柴排,应从坝根向坝头铺设,相邻柴排的搭接与护岸柴排基本相同。坝体两侧的余排宽度,可根据整治建筑物的不同形式选取不同的宽度。

压载物的重量要使柴排能沉入河底并保证在水流和风浪的作用下不发生移动,压载物的厚度可根据块石的容重、柴排的浮力、水深、流速、风浪等因素计算确定,也可根据经验选用,一般压载物的厚度为0.4～0.6m。

2. 散抛压载软体排

散抛压载软体排是用单层或多层的土工织物组成的排布,一般采用编织布或针刺无纺布,国外也有采用机织布上加针刺无纺布的复合土工布的散抛压载软体排。在排体沉放后再散抛块石、沙枕、石笼等压载。根据软体排的受力情况以及土工织物基布抗拉强度的不同,软体排有加筋软体排和不加筋软体排。散抛压载软体排结构简单,加工方便,主要用于水深较小(一般小于3m)、流速不大(一般小于1.5m/s)、河床变形较缓慢的河段。变形不大的露水洲滩,经过论证也可以使用散抛压载软体排。

散抛压载软体排的尺寸主要根据施工条件确定。由于土工织物软体排基布幅宽有限,应根据排体的尺寸进行加工缝制。两块土工织物之间的接缝用工业缝纫机拼接,其搭接量一般为4～5cm,接缝形式可选用包缝、丁缝和蝴蝶缝等。接缝方向一般与软体排的铺设方向相同,不应与最大荷载方向垂直,缝制后接缝处强度不应低于原织物强度的80%。

散抛压载软体排排布与排布之间的搭接要严密,不能出现空隙,以防止泥沙被淘刷,引起整个工程破坏。在陆上排与排之间的搭接宽度可采用0.5～1.0m。在水下,一般取2.0～3.0m。

在单向流的河段上,搭接处上游排布应压在下游的排布上。铺设在陆地上的软体排,可先在排布上铺一层沙或碎石,然后在上面铺设块石或预制混凝土块。块石厚度一般为30～40cm,预制混凝土块厚度8～15cm。铺设在水下的软体排一般可直接用块石压载,厚度为30～40cm。在抛块石时,应尽量低位轻抛,以免砸坏土工布。

3. 系结压载软体排

系结压载软体排是在土工织物上缝制加筋条,以提高排布的强度,然后按一定间距布设系结条,排上压载物通过系结条与排体连接成整体,用专用的沉排船沉放在预定位置。系结压载软体排依据压载物的不同,可分为系袋压载软体排、沙肋压载软体排和混凝土块压载软体排等形式。

1) 系袋压载软体排

系袋压载软体排简称系袋软体排或系袋排。它是在土工布排体上预先缝制好系结条,将装满沙的小沙袋放在排布上用系结条固定,使之成为整体,然后再用沉排船将其沉入河底。沙袋压载软体排的基布可采用编织布或机织布。

系袋压载软体排柔性好,能适宜河床起伏变化。但压载用的沙袋体积小、重量轻、整体性较差。适用于流速在2.0m/s以内,水深不大于5m的河段使用。在水深流急的地方,沉排时排体容易卷曲甚至拉翻,难以平顺沉放在河床上。

系袋压载软体排的压载小沙袋的间距一般为1m,加筋条的间距为50cm,系袋条的长度为 90cm,要保证每个小沙袋有两根系袋条绑扎。

土工织物软体排的宽度理论上是越宽越好,这样可减少接头,节约材料,减少投资,保证施工质量,在设计时则应根据施工条件来确定。根据长江界牌的经验,宽度一般为 15m。

要保证软体排最后下沉的排尾部分都平整地紧贴河底是很困难的,因此,软体排的长度应该为护底宽度加上 5 ~ 10m 的富余量。

土工织物体软排的强度,应根据沉放时压载物的重量及水深、流速等条件确定,以确保施工中排布不发生撕裂、拉断的情况。土工织物软体排的等效孔径 O_{85},应小于或等于河床质泥沙 d_{95} 粒径。

排布与排布之间的搭接要严密,不能出现空隙,以防止泥沙被淘刷,引起整个工程破坏。搭接宽度应根据水深、流速、工程的重要性而定,一般取 2.0 ~ 5.0。在水深大、流速急、工程重要时取偏大值,反之,取偏小值,但搭接宽度不应小于 2.0m。在单向流的河段上,搭接处上游排布应压在下游的排布上。

用于平顺护岸工程中护底部分的系袋排和筑坝护底受水流冲刷较剧烈的部分余排,宜增设部分压载物,压载物一般采用块石,也可以用沙枕压载。块石压载厚度视水深、流速及所处的位置而定,一般为 30 ~ 50cm,在重点部位和流速较大的地方取较大值。沙枕压载厚度一般为 40 ~ 60cm。

2)沙肋压载软体排

沙肋压载软体排简称沙肋软体排或沙肋排。它是在排布上预先缝制好固定沙肋的环,在沉排船上将空的长沙袋穿入环中:用水力将沙充灌在沙袋中,形成沙肋,再沉入河底。沙肋排可采用编织布或机织布,也可采用机织加针刺无纺复合布。

沙肋压载软体排与系袋压载软体排相比,由于沙肋横向贯穿整个排体,整体性较好,适用于水深、流速较大的水域使用。沙肋排一般用于护底工程。

沙肋压载软体排的沙肋间距在排尾 10m 左右范围内较密,一般间距 50cm,其余部分间距一般为 1.0m。沙肋压载软体排的长度、宽度及对排布的要求与系袋压载软体排基本相同。如果条件许可,也可制成更长、更宽的沙肋排,在长江口深水航道治理中,沙肋排的宽度已达 35 ~ 40m。

3)混凝土块压载软体排

混凝土块压载软体排目前有两种形式。一种是长江口深水航道治理中使用的混凝土联锁块软体排,将预制好的混凝土联锁块固定在土工织物软体排上,形成土工织物与混凝土块的混合排,然后用专用的沉排船沉入河底。另一种是在长江中、下游航道整治工程中使用的系结混凝土块压载软体排,将预制好的混凝土块系结在软体排上,代替压载用的小沙袋,又称为系结块软体排。

混凝土联锁块软体排具有整体性强、抗冲刷、施工进度快、护底和压载一次完成的优点,但造价较高,对施工机具有一定要求。混凝土联锁块软体排适用于水深、流急、风浪较大的地方。在长江口整治工程中,大量采用这种混凝土块压载软体排,效果较好。混凝土联锁块软体排由于压载物较重,因此作为基布的土工布要求有足够的强度,一般采用机织布或机织与针刺复合土工布。混凝土联锁块软体排的长度、宽度主要根据施工机具的能力而定。由于混凝土联锁块软体排多用在水深、流急、风浪大的地方,其长度、宽度一般比系袋压载软体排要大。混凝土联锁块软体排的铺设要求与沙肋压载软体排基本相同。混凝土联锁块软体排一般不需要补充压载,在特殊重点部位如要压载,也可采用加抛块石的方式。

在长江口深水航道整治中,广泛采用了沙肋软体排和混凝土联锁块软体排组成的混合式软体排,取得了良好的效果。混合式软体排在整治建筑物坝体的基础部分用疏排的沙肋作为压载物,沙肋间距1.0m左右;两侧余排采用混凝土联锁块软体排;在排头、排尾采用密排的沙肋排,沙肋间距40~50cm。混合式软体排既有混凝土联锁块软体排的优点,又因为坝体部分采用沙肋压载,减少了混凝土块的用量,从而节省了工程投资。

4.沙被式软体排

用土工织物缝制成双层排布,将沙用水力充填到双层排布中,形成巨大的沙被,用于护底工程,称为沙被式软体排。沙被式软体排的压载物是双层排布中的沙,重量轻于块石和混凝土块,可用于水流较缓、风浪较小的潮汐河口。广东省航道部门曾在横门采用过一部分沙被式软体排,造价相对较低,施工进度较快。沙被式软体排的排布一般选用编织布或机织布,沿排布纵向布置加筋条,加筋条的间距1.0m左右;沿加筋条将上、下两层排布缝合在一起,使排布形成多个连在一起的长条形沙袋。上、下两层排布的接缝一定要牢固,防止漏沙。排布与排布之间的搭接要严密,不能出现空隙,以防止泥沙被淘刷,引起整个工程破坏。沙被式软体排一般用于水下护底,搭接宽度应根据水深、流速、工程的重要性而定,一般取2.0~3.0m。在单向流的河段上,搭接处上游排布应压在下游的排布上。

5.护滩软体排

用于护岸和防护洲滩免受冲刷的软体排称为护滩软体排。护滩软体排处于水位变动地区,洪水期淹没水下,受水流冲刷;枯水期露出水面,受日晒雨淋。环境条件较护底软体排恶劣。护滩软体排不仅要求有良好的柔韧性、抗冲性,而且要求能抵御紫外线照射。可供采用的软体排有:

(1)混凝土联锁块软体排

混凝土联锁块软体排具有整体性强、抗冲刷、施工进度快、能抵御紫外线照射,经久耐用的优点,作为护滩软体排是比较合适的。用混凝土联锁块软体排护滩时,混凝土块之间的间距应适当减小,缝隙要用碎石紧密填塞,防止缝隙间的土工布受紫外线照射而老化变质。

(2)铰接混凝土块排

铰接混凝土块排类似于混凝土联锁块软体排,铰接混凝土块排的混凝土块是单块预制的,可以在混凝土块的四周预留钢筋圆环,在施工现场用螺栓将单个的混凝土块连起来,下垫土工布使与铰接混凝土块组合成混合排,混凝土块之间的缝隙用碎石紧密填塞,防止土工布老化。如果混凝土块之间的间隙较小,也可以不垫土工布。

(3)有望发展的软体排

当需要防护的洲滩较为平坦,而防护的范围又较广,则可考虑采用现浇的加筋混凝土排,筋可选用钢丝网、PVC网或竹筋等。为防止砂浆渗入沙土内,可先在滩面铺单层土工布。分缝处可预设天然或人工合成的柔性材料,如稻草、人工海绵条等。

第三节 整治建筑物结构设计

一、抛石丁坝

利用块石抛筑丁、顺坝,一般平原河流中多用直径小于0.5m的石块,每块重量通常小于1470N,以适应机械化较低时用人工抛筑,但在流急的山区河流,有涌潮的河口或受风浪作用的海堤工程,石块应大些,如川江上抛筑的块石有达数吨重的。

抛石丁坝的一些要求如下:

1.材料选用及粒径确定

抛石坝的石质,要选未风化的不溶于水的岩石,忌用页岩和疏松的砾岩等。一般多用花岗岩、砂岩、玄武岩和石灰岩。块石应具有合理的级配,坝身不宜采用片状石,坝体应按设计要求嵌砌牢固。

2.丁坝的断面尺寸

实体丁坝横断面多呈梯形。坝顶宽一般采用1.0~2.0m,川江上宽达4.0m左右。施工机具是确定顶宽的重要因素,如在密西西比河上用驳船抛筑石料时,坝顶宽仅1.5~2.0m。当用翻斗车抛筑时,为行车需要,顶宽达4.0~6.0m。

为使抛石丁坝的坝身稳定,总是将上下游面做成一定边坡,一般上游坡面为1:1~1:1.5,下游坡面为1:1.5~1:2.5左右。

为了防止丁坝全部长度骤然同时过水,而引起河床的急剧变化,应将丁坝设计成斜向河心的纵坡。试验证明,有纵坡的丁坝较平顶的丁坝可以减轻坝根附近的冲刷。纵坡的大小,决定于坝长和与丁坝相接的河岸高度,一般为1:1~1:300。如长江的护岸丁坝纵坡一般为1:30~1:50。日本的护岸丁坝纵坡1:10~1:50。美国采用1:50。为使丁坝在较大范围的水位下起作用,也可以设计成两个以上的纵坡,坝头部分较缓,坝身中段次之,近岸部分较陡。丁坝结构如图4-21所示。

3.坝根的保护

为了防止中、洪水位时水流冲刷河岸,切断坝根,要做好坝根与河岸的衔接。在坝根与河岸坡面连接段,根据岸坡的地形,采取坝顶纵坡,紧靠坝根上下游河岸,各建一定长度的护岸。其长度视土质、流速、坝轴线与水流交角而定。我国山区河流整治的经验认为:上游护岸5~15m长,下游护岸10~25m长,并高出坝根1~3m,一些小河上往往只要护3~10m范围就够了。前苏联采用上下游各护15~25m长,与我国采用的尺度差不多。

4.坝头处理

坝头处水流湍急,承受的动水压力大,并产生绕过坝头的螺旋流,在坝头稍下地方形成冲刷坑,必须加固。一般采取如下措施:

(1)将坝头放宽成梨形,即在背水面将坝顶加宽1/3~1/2倍,并将头部作成圆滑曲线;

(2)放缓坝头向河坡,采用1:3~1:5坡度;

（3）加大坝头处的河底面积，护底伸出 5～12m，一般采用沉排；

（4）在坝头下游一侧加设一段与水流方向平行的顺坝，使坝轴线成勾头状。

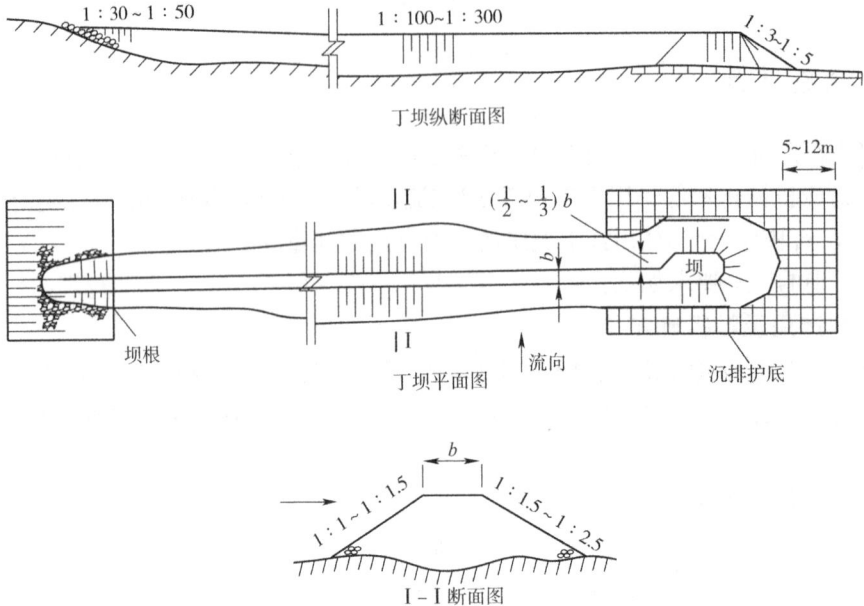

图 4-21　抛石丁坝结构图

5. 丁坝坝基处理

在山区河流流速较大，丁坝的坝面、坝头等部位容易发生破坏；在平原河流及松散的沙、沙卵石河床上筑丁坝，基础容易淘刷，导致坝体沉陷乃至崩滑，在坝根与天然岸坡连接处，上下游均会产生回流，岸坡容易被冲刷，使得坝体接岸处冲开，形成缺口，导致岸坡垮塌。因此，在修筑丁坝时，一定要采取可靠的防护措施。

山区河流的河床多为基岩和卵石覆盖，坝基一般不需要处理。在卵石粒径较小且松散的地方，可先沿坝轴线平抛一层块石护底，然后再进行筑坝。

在平原河流和河床易冲刷的河段，应采取可靠的护底措施。护底采用柴排或土工织物软体排。由于梢料来源困难，目前一般都用土工织物软体排。

（1）土工织物软体排的选型

土工织物软体排可分为散抛压载软体排和系结压载软体排两大形式。散抛压载软体排包括块石压载软体排、石笼压载软体排等。系结压载软体排包括系袋软体排、沙肋软体排、混凝土联锁块软体排等形式，应根据河床地质、水流条件、施工机具及工程的重要性合理选择。

（2）护底软体排余排宽度的取用

丁坝护底的范围可伸出迎水坡脚 2～4m，伸出背水坡脚 5～10m，伸出坝头向河坡脚 5～12m。在河床特别容易冲刷的河段，护底范围应当增大，可伸出迎水坡脚 10～20m，伸出背水坡脚 20～30m，伸出坝头向河坡脚 30～60m。必要时，应通过计算或模型试验确定。

6. 丁坝坝面的防护措施

山区河流丁坝坝面的破坏一方面是水流的冲蚀，另一方面是流木的撞击力以及堆积增大的作用力。平原河流由于流速较小，丁坝坝面一般不容易破坏。在潮汐河口，受风浪和潮流的影响，坝面需要采取特别的防护措施。

要保持坝面稳定主要应发挥整体作用。因此，施工水位以上，一般选用较大的石块嵌紧或用条石浆砌。川江整治时，在坝体 1m 左右面层和坝头用水泥浆砌，其下用块石抛筑。黄河整治中，将坝面镶嵌好以后，在坝面上罩铁丝笼，然后添加絮凝剂搅拌制浆，再把浆灌注于坝面，以增加坝面稳定性，经处理后的坝面稳定性较好。贵州南、北盘江整治中，为保证坝体稳定，先用大块石抛筑，其上用水泥浇卵石或小块石，坝面面层 50cm 内用条石浆砌，该方法坝面稳定性好，且可缩短工期，节约投资。

在潮汐河口，丁坝坝面一般采用大型的混凝土人工块体或模袋混凝土压顶，两边边坡应设置 25～40cm 的干砌块石或浆砌块石护面。或采用混凝土人工块体护面。

二、充填袋填心坝

近年来，随着土工织物的迅速发展，在平原和石料来源比较困难的其他地区，已开始较大数量地采用土工织物来修筑整治建筑物。如采用土工织物充填袋填筑坝心、用模袋混凝土压盖坝顶等。

1. 材料的选用

土工织物充填袋的材料一般选用编织土工布或机织土工布，大型充填袋也可选用复合土工布。土工织物的选用应根据丁坝的位置、受力情况、填充物的粒径等多方面因素综合考虑。选用的土工织物应满足抗拉强度、顶破强度、撕裂强度等强度要求；满足等效孔径、渗透系数等要求。

填充沙尽可能就地取材，中粗沙和细沙均可，要求含泥量要小。

2. 丁坝的断面尺寸及纵坡

充填袋填心坝的断面尺寸可略大于抛石丁坝，横断面一般为梯形。顶宽可取 2.0～4.0m。迎水坡 1:1.5～1:2.0，背水坡 1:2.0～1:2.5。充填袋填心坝的纵坡可参照抛石坝的纵坡确定。

3. 充填袋填心坝的结构要求

根据施工工艺的不同，可分为水上充填袋和水下充填袋。水上充填袋体积较小，抛筑时袋子的长轴方向应与坝轴线垂直，袋与袋之间应平行排列，上下层充填袋应错缝。水下充填袋均为大型充填袋，袋子的长度应略小于丁坝横断面宽度，袋子的宽度应根据具体情况而定。大型充填袋的宽度可达 10m 以上（图4-22）。

充填袋抛筑后，坝的边坡及坝顶，应先用无纺土工布覆盖，然后抛块石覆盖，覆盖块石厚度 0.7～1.0m。沙袋填心坝坡脚应用块石抛筑镇压棱体，抛石棱体高出原河床 1m 左右，迎水面抛石棱体顶宽 1.0～1.5m。背水面抛石棱体顶宽 1.5～2.0m。丁坝坝头 10m 范围内不宜采用充填袋，应抛筑块石，块石大小可按抛石坝确定。在坝体高度小于 2m 的浅区，也不宜用充填袋。

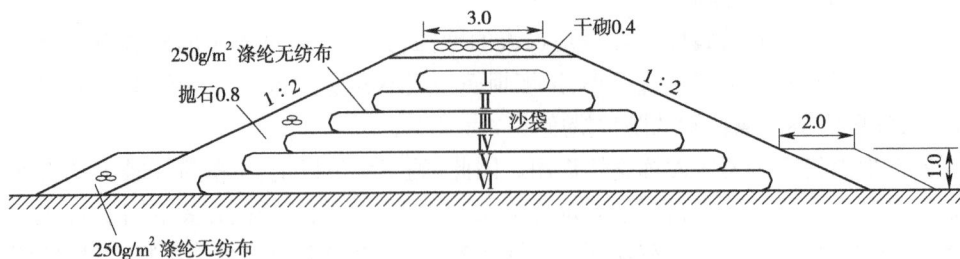

图 4-22　水下充填袋断面图

三、石笼填心坝

在大块石来源较困难而砾、卵石较丰富的中小河流。可采用石笼填心坝。

1.石笼制作

石笼可用铁丝、钢筋、竹篾、荆条等编织成网格笼状物,内填砾卵石或小块石。近年来有的地方也采用 PVC 材料制作石笼。

铁丝石笼一般用 2.5～4.0mm 的铁丝编网,用 6～9mm 的钢筋作框架,通常作成箱形或圆柱形,网格的大小以不漏失填充的石料为度。铁丝笼的大小应根据施工机具确定。铁丝笼韧性好,使用年限长(5～10 年),但造价较高。竹石笼或荆条石笼是用竹篾或荆条编成的圆柱形笼,一般长 1.5～6.0m,直径 0.6～1.0m。竹石笼造价低,制造容易,韧性好,但强度较差。用于筑坝工程的竹石笼通常有三种形式:

(1)无底盖筒状竹石笼:形状像无底筒子,它的刚性好,广泛用作立笼结构。

(2)有底盖筒状竹石笼:形状与无底盖筒状竹石笼相似,只是把底和盖编在一起,广泛用作卧笼。

(3)网状竹石笼:这种竹石笼的底和盖与笼编在一起,它较软,只宜作卧笼。

2.石笼填心坝的断面尺寸及纵坡

石笼填心坝的断面尺寸及纵坡可按抛石坝确定。

3.石笼填心坝的结构要求

石笼宜采用立放和卧放相结合的形式。立笼安放在坝体中心部位,卧笼安放在立笼的两侧或一侧(视两侧坝高而定),为提高坝体的密实度。各排立笼应错缝贴紧,卧笼应贴紧立笼,笼与笼之间的空隙应抛填卵石或碎石,见图 4-23。

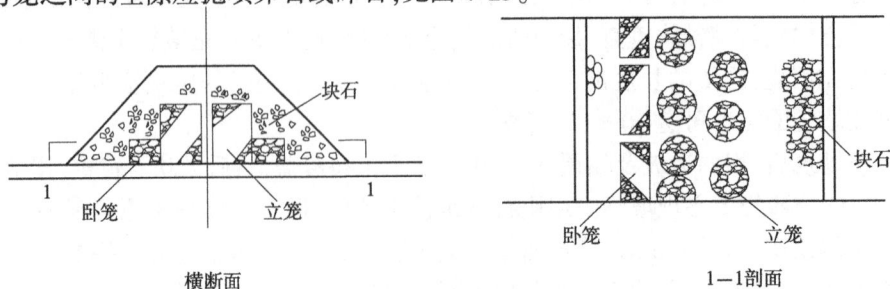

横断面　　　　　　　　1—1剖面

图 4-23　石笼放置形式示意图

石笼安放完成后,在坝顶和两侧应抛块石防护并形成边坡和坝顶,块石规格按抛石坝确定。

石笼的尺寸应根据流速大小、投放难易、是否经济而定,坝址流速大,要求石笼也大(特别是卧笼),以保持坝体稳定。但石笼过大,编织和投放都较困难。

四、抛泥坝

利用疏浚航道挖取的泥土,吹填坝心,在坝头和坝面上分别用沉排和块石保护。坝头做成梨头形,坝根拓宽成喇叭形。

疏浚出的泥土中如含有一部分粒径较粗的沙卵石,在流速不大的河道上,就可以用来吹填丁、顺坝,这种丁、顺坝上下游坡面比较平坦,坡度约 $1:6 \sim 1:8$ 左右。当吹填泥土受水流冲刷粗化后,表面覆盖一层粗颗粒沙卵石,能经受浅滩上最大流速的冲刷,此时坝表面就不需要覆盖块石护面。

抛泥坝的施工方法,可分为泥驳抛筑和排泥管吹填两种。泥驳抛筑坝时,施工水位要求较高,水深应大于坝高与泥驳吃水的总和,一般有河岸向河心抛筑,当水位退落至坝顶露出水面后应补缺整平,进行坝头、坝根处理。采用排泥管吹填时,抛筑地点流速应小于 $1.0 \sim 1.5 \text{m/s}$,否则泥沙不易沉积,有时在坝位抛沉树梢料,减缓水流,促使吹填泥土沉积。或在坝下游一侧预先填筑一条断面较小的石坝,以拦阻泥沙。一般希望抛填的泥浆浓度控制在 13% ~15% 以上,尽量避免浓度过小的泥浆上坝,以减少泥沙流失。

在水力、地质、机械等条件适合的地方应积极争取筑抛泥坝,既省石料,又可利用疏浚泥土,节省投资。在我国沅水上曾采用过抛泥坝,取得了满意的效果。

第四节 平顺护岸工程

一、护岸建筑物的类型与使用条件

1. 平顺护岸建筑物的类型

平顺护岸一般可分为斜坡式和直立(岸壁)式两大类。

1)斜坡式平顺护岸

将原有河岸作适当削坡、修整,形成连续的平缓岸坡后,采用柴排、柴枕、土工织物软体排、沙枕、铰接混凝土块、块石等材料,将其深泓线以内的岸坡防护起来,避免水流淘刷。这种坡式平顺护岸对水流流速、流态无明显影响,因此,广泛用于天然河流的护岸工程中。

坡式平顺护岸可分为连续护岸和间断护岸。在需要护岸的河段用工程将河岸连续的防护起来称为连续护岸,长度可达几公里甚至更长。在需要护岸的河段,每间隔一定距离防护一段称为间断护岸。

2)直立(岸壁)式平顺护岸

流经城区的河道,两岸占地受限制,多做成直立式岸壁。在长江下游平原水网地区,两岸耕地十分宝贵，采用了较多的直立式平顺护岸。

2.护岸建筑物的使用条件

在冲积性河流，两岸岸坡多为泥沙组成，地质条件差，抗冲刷能力弱。在航道整治工程中往往需对主流顶冲及近岸流速较大的河岸进行防护，以保护主导河岸，稳定河势，巩固整治效果。

直立式平顺护岸适应于岸坡变形较小的河段或河流，但造价一般较高，除天然河流的城区、码头区以及运河、水网航道外，天然河流的航道整治以至于河道治理均较少采用。

斜坡式平顺护岸，在天然河流的河道治理中使用广泛，水利部门积极推荐，航道整治中也较多采用。

斜坡式护岸包括护底、镇脚和护坡三个组成部分。护底是护岸的基础部分。是从坡脚向外直至深槽的防护体，起遏制河底过度冲刷的作用。镇脚是护底与护坡的结合部，是从坡脚向里直至枯水平台或脚槽的填筑体，起调整水下岸坡、支撑水上岸坡的作用。护坡是从枯水平台(脚槽)直至护岸顶部的砌筑体，与镇脚一道起防止水流和波浪淘刷岸坡的作用。护岸的各个部分组成的情况见图4-24。

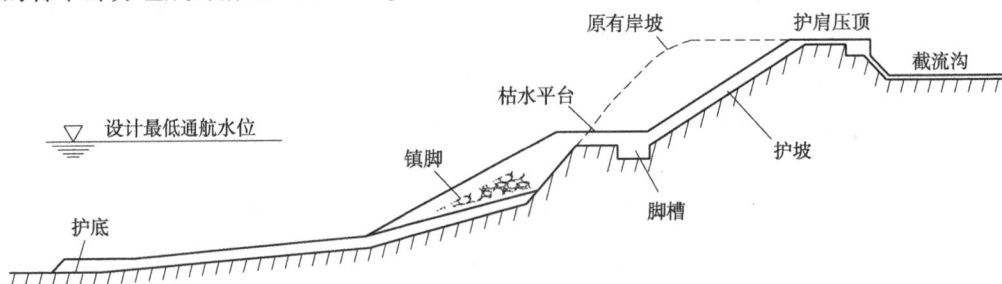

图4-24　斜坡式平顺护岸结构示意图

二、斜坡式护岸的护底部分

护底的范围应从脚槽开始，向外延伸至水流的淘刷深度以下，以保证河床的稳定。若深泓距河岸较近，护底应达到深泓处。如果深泓距河岸较远，且为非顶冲段，可护至河底边坡平坦稳定处。

1.块石护底

山区河流一般采用块石护底，平原河流也有用块石护底的。应选择受水浸泡后不变软、不水解的坚石，其大小以能抵抗水流冲刷，不被水流带走为准。块石粒径的计算同丁坝，一般块石粒径为 $30\sim60cm$，重约 $50\sim150kg$，并应有一定的级配。

块石护底的厚度要能掩护河床，防止漩涡及渗流将下面的泥沙带出，还应考虑块石着床后的沉降。护底厚度一般为 $40\sim60cm$。块石护底一般采用等厚度护底，在有的地方也可采用上段稍薄下段稍厚的变厚度块石护底，以保证坡脚稳定，控制工程数量。

2.梢石排混合护底

在有的地区也采用梢石排混合护底。即用梢料加工成柴排。沉入河底后再压块石。梢石排混合护底适用于河床岸坡较缓的地方使用，坡度应缓于 $1:2.5$。岸坡太陡容易产生滑排。梢石排的块石压载厚度一般为 $0.4\sim0.6m$。

平原河流多采用软体排混合护底,常用的护底软体排有系袋软体排、沙肋软体排、沙被式软体排、混凝土联锁块软体排、混合式软体排等,水利部门还采用铰接混凝土块软体排护底。

采用系袋软体排、沙肋软体排、沙被式软体排护底,均需要抛块石压载,形成软体排与块石混合护底,块石厚度一般为 30~50cm。

在流速、风浪不太大的河段,采用混凝土联锁块软体排、混合式软体排或铰接混凝土块软体排护底,不需要抛压块石,护底压载一次完成。在流速或风浪较大的河段或潮汐河口,仍需适当抛石压载。

三、斜坡式护岸的护脚部分

处于枯水位以下的护岸工程,常年淹没在水下,遭受水流冲蚀作用。一般岸坡坍塌,往往是坡脚部分被淘刷,使整个河岸失去支持所致,所以护岸要着重做好护脚部分,护脚是水下施工,通常多采用抛石、沉枕、沉排、聚烯烃纤维滤层加压等方法。

1. 抛石护脚

选取不易融于水的坚石,其大小能抵抗水流冲刷,不被水流带走为准。一般石块直径 0.2~0.3m,重约 30~150kg,同时还要有一定级配,减小孔隙率,防止泥沙被淘失。

在护脚位置抛石,应满足石块本身稳定及土坡的滑动稳定,因此,必须结合块石体在水中的临界休止角和河岸的土质在水下的稳定边坡来考虑。块石水中的临界稳定边坡约 1:1.5 左右,河岸的稳定边坡应根据其部位和土质决定。护脚的边坡应比块石在水中的临界稳定边坡平缓,以保证其稳定性。

抛石的厚度要能掩护边坡,防止旋涡及渗流将下面泥沙带出,还要考虑到水下抛石的不均匀性,设计得不能太薄,起码两层块石厚度。目前长江中下游离岸较远的深泓部分抛石厚度控制于 0.8~1.5m,近岸部分抛石厚度较易控制,可薄一些,为 0.4~0.8m。

抛石护脚下伸的范围,应在水流的淘刷深度以下,保证护脚有足够的稳定性。若深泓距河岸较远,护脚应达到深泓处。如果深泓距河岸较远又没有冲刷坑的河段,护脚范围应伸到河床边坡小于 1:3~1:4 之处,形式如图 4-25 所示。在接坡段紧接枯水位处加抛 2~3m 平台。在近岸护底段因护脚后河床可能冲刷加深,需加抛备填石料。若岸坡坡度太陡,有些国家先进行削坡,再抛石;在我国则多采用加抛块石来达到设计边坡。若石方量太大,可在石堆内部填沙砾,如图 4-26 所示。如果岸滩的土质松软,可先铺沉排再加抛石,以免陷入泥中。

抛石护脚的施工一般在中、枯水期进行。可从岸上抛或用驳船抛,另外还可将石块堆在岸边,随着河岸坍塌自然滚到岸脚下形成护脚。

抛石护脚的最大优点是随河槽淘刷,石块自行填补,适应河床变形,不牵动整体,并可逐年补充,分期施工,灵活性大,但需要石方量多。

2. 沉枕护脚

在流速较大的河段,缺乏大块石料时,可用沉枕及采用石块装入铁丝或竹编的笼内的石笼来护脚。沉枕和石笼是保护坡脚免受冲刷的良好构件。从岸坡推入水中后,能自己滚到坡脚下稳定的位置。在多沙河流上,沉枕或石笼间的孔隙很快被填塞,形成整体,保护坡脚。

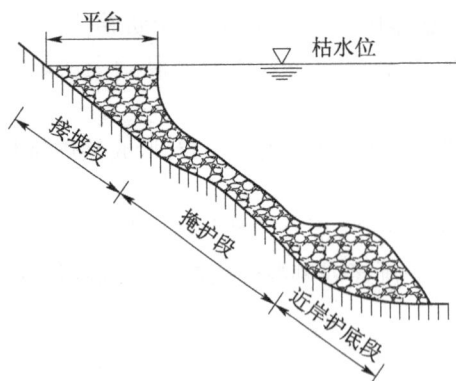

图 4-25　抛石护脚

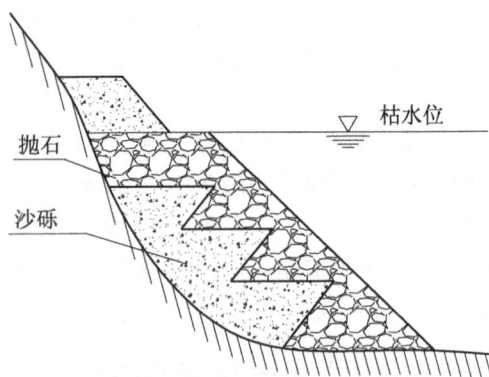

图 4-26　抛石填沙护脚

沉枕多使用单排,如图 4-27 所示。在局部陡坡地方,可设计成 2～3 排。沉枕铺至常年枯水位 0.5 以下,以防最枯水位时沉枕露出水面,腐烂损坏。因此应加抛接坡面。为防止河床冲深后沉枕下滚破坏护脚,可加抛压脚石,或抛备填石及备填沉枕,以便以后河床刷深自行滚落保护河底。为延长寿命,最好在沉枕上加抛枕压石,石块厚度约 0.4～0.5m。

采用石笼护脚与沉枕类似,可将石笼叠砌或平铺于坡面。

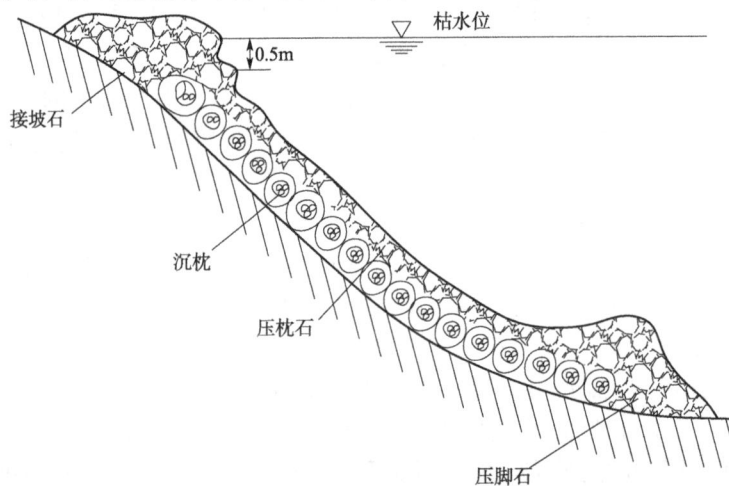

图 4-27　沉枕护脚

3. 沉排护脚

在平原河流上,也常采用沉排来加固水下部分。沉排的整体性,柔韧性和抗冲性都比较好,并能适应河床的冲刷变形,坚固耐用,使用年限可达 10～30 年以上,是一种较好的护脚方式。

沉排的河坡不能太陡,以防滑排,一般边坡应小于 1:2.5。沉排上端应低于枯水位以下,顶部以上加抛接坡面,下端加抛压脚石。排体应尽可能伸至河底较平坦处。沉排拖运至护腿部位抛块石将沉排压沉河底。抛石顺序应自岸边至江中,自上游向下游进行,使沉排浅水部分先沉,以便容易控制定位。抛石分两次进行,先抛较小的石块,每块约 10～20kg 重,当沉排下沉后,再抛较大的石块,抛石要均匀,使排体平稳下沉。最后抛石重量约为沉排重量的 3～5 倍。例如长江南京河段沉抛石为 2940～4900N/m^2。

随着聚烯烃等人工合成材料的发展,逐渐取代了梢料沉排。

四、斜坡式护岸的护坡部分

在水位变动范围内边坡的保护工程称护坡工程。它受中、洪水流的直接冲刷和波浪的冲击,枯水期或落水期又受堤岸渗透水的侵蚀,处于时干时湿的状态,平时受船行波影响,北方还受冰块撞击力等作用。护坡范围一般自枯水位到洪水位加波浪爬高,并预留 0.5 ~ 1.0m 高度。

1. 削坡与排水

在砌筑护坡之前,首先应进行削坡,以保证岸坡的稳定。削坡应在护脚施工之后进行,否则削下的浮土堆置坡脚,若不能及时冲走,以后浮土上建护脚工程就不稳固。将自然岸坡削为 1:2 ~ 1:3 的坡度,削坡的泥土不能作为镇脚的填料,宜运至坡顶后方平铺或填高其渊塘,以减小积水。削坡后,应根据地下水逸出点及渗流量大小、岸坡土质条件,设置"Y"型或"T"型排水盲沟。对透水性良好的粗沙层,可不设置排水盲沟。

排水盲沟断面形式一般为矩形或梯形。矩形断面尺寸 80cm × 80cm,梯形断面下底 60cm,上底 80 ~ 100cm,高 80cm,也可根据渗流量的大小确定断面尺寸。

排水盲沟应设置在面层以下,块石护坡的排水盲沟也可设置在砌体之间。

2. 坡面砌筑

护坡的材料及形式多样,有抛石、砌石、种草、混凝土块、沥青混凝土块、水泥土等。山区河流通常采用抛石护坡,也有少量地方采用浆砌卵石护坡。平原河流护坡主要有块石护坡、混凝土块护坡和水泥土护坡等形式。

1) 护坡高度

可视工程需要及河岸土质条件确定坡顶高程,一般可护至河漫滩顶。其下缘应紧接枯水平台。

2) 护坡的材料与结构

(1) 块石护坡。护坡有抛石、干砌和浆砌三种。如河岸土质抗冲性好,则可直接抛石护坡;如抛石坡面不平整,易走动,就需砌石护坡。干砌块石护坡能适应岸坡变形,渗流水易排出,省工,造价低,但整体性差,易松动破坏。浆砌护坡整体性好,坚固,表面平整美观,但不能适应岸坡变形。

地下水不易排出,地基下沉不均匀时,坡面易损坏,同时造价高。在一般河段上多为干砌块石。

如水流或波浪作用较强,则采用浆砌。护坡的坡度、厚度应根据河岸土质、流速大小、船行波强弱等因素。

块石护坡由槽基,坡面,封顶三部分组成,图 4-28 所示为干砌或浆砌块石护坡形式。

块石护坡一般应设置反滤层。过去一般采用沙石反滤层,随着土工材料的推广使用,现在多采用土工布与沙石料混合反滤层。混合反滤层的具体做法为在岸坡修整后铺一层无纺土工布,土工布上铺 5 ~ 10cm 厚的碎石垫层,然后作块石护坡。块石厚度不宜小于 40cm。在岸坡土质较差的地方,可在土工布下铺 2 ~ 5cm 厚的沙垫层。

(2) 混凝土块护坡。混凝土块护坡分为预制和现浇两种,预制混凝土块有六角形、矩形,厚度 8～10cm。反滤层的结构与块石护坡相同。

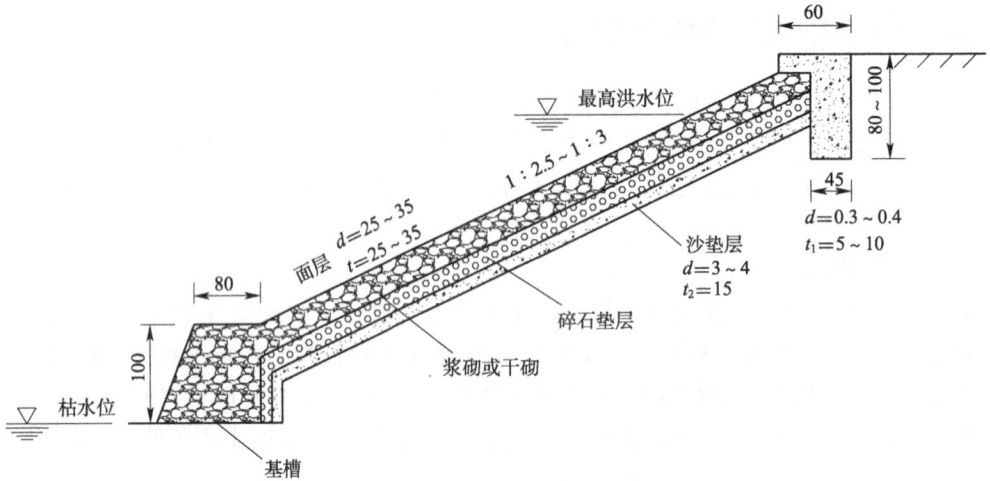

图 4-28　块石护坡断面图(图中单位:cm)

（3）水泥土护坡。水泥土是由 85%～90% 的土经过粉碎过筛后,掺入 10% 左右的水泥和少量的水,经均匀拌和、夯实而成。护坡下端仍用块石护脚,水泥土护坡压实厚度为 0.25～0.30m。采用人工夯实。水泥土护坡抗冲刷、抗冻、抗渗等性能良好。

3.坡顶处理

为防止雨水浸入岸坡,护坡顶部应采用封闭措施。封闭措施一般为齿墙或截水沟。

在护坡顶部沿程作一齿墙,防止雨水直接浸入护坡。齿墙可用浆砌块石或混凝土现浇,齿墙深入岸坡的深度应大于护坡厚度,一般为 80～100cm,齿墙厚 40～60cm。在护坡工程中,齿墙的应用十分广泛。

沿护坡顶部作一明沟截水,明沟可用浆砌块石或混凝土现浇,明沟净面积一般不小于 30cm×30cm。在护坡顶部以上汇水面积较大时,可采用截水沟这种封闭措施。

五、生态护岸工程

传统的河道护岸往往是首先在满足河道防洪、排涝、蓄水等功能的前提下,着重于河道的浆砌块石或混凝土材料方面的结构设计,很少去考虑河道与周边历史环境、社会环境、生态环境及人文环境的统一。由于河道的渠化,造成许多动植物无处安身栖息,水生动物没有地方修筑巢穴,两栖动物无法上岸觅食、产卵繁衍,给他们的生存繁衍造成很大困难。不少地方只考虑河道的防洪作用,片面强调河岸硬化,割裂了土壤与水体的关系,使水系与土地及其生态环境相分离,破坏了自然河流的生物链,破坏了生态环境。治理后的河道与周围的环境不相协调,河道的环境条件模式化,生物种类单一化,一些水生动物濒临灭绝,后果相当严重。

从 20 世纪 80 年代后期开始,人们越来越关注与己休戚相关的环境问题。生态护岸建设方法是一种河道环境综合整治的新方法,它把水边作为多种生物栖息空间的核心,并把河流建设成尽量接近自然的状态,创造出具有丰富自然并富有魅力的水边环境。

1. 生态护岸的定义和特点

生态护岸是指恢复后的自然河岸或具有自然河岸"可渗透性"的人工护岸。它拥有渗透性的自然河床与河岸基底,丰富的河流地貌,可以充分保证河岸与河流水体之间的水分交换和调节功能,同时具有一定的抗洪强度。

2. 生态护岸建设的设计原则

河道生态护岸建设的基本思想和设计原则主要表现在以下几个方面。

(1)自然环境、生态系统的设置:主要通过扩大水面和绿地、设置生物的生长区域和水质保护等实现;

(2)水边景观的设计:通过设置建筑物来保证与周围环境的和谐以及保证水边景观的连续性、自然性;

(3)亲水空间的设计:通过水边的台阶、缆绳、绿地、亭台等设施来实现;

(4)循环型空间的设计:用木材、石头、砂子等天然材料的多孔性构造,控制废料的产生,尽量避免二次环境污染。

3. 生态护岸的作用

(1)滞洪补枯、调节水位

生态护岸采用自然材料,形成一种"可渗透性"的界面。丰水期,河水向堤岸外的地下水层渗透储存,缓解洪灾;枯水期,地下水通过堤岸反渗入河,起着滞洪补枯、调节水位的作用。另外,生态护岸上的大量植被也有涵蓄水分的作用。

(2)保护和建立丰富的生态系统

在河道中形成浅滩和深潭,把岸线做成有宽有窄,有陡有缓,扩大水面和绿地,增强岸边动植物栖息地的连续性,营造出多种多样的、丰富的环境条件,形成丰富、稳定的生态系统。从而,河流的自净作用也大幅度提高。

(3)形成优美的风景

生态护岸不仅可以与周围环境形成相协调的河道景观,而且可以通过保护和建立丰富的生态系统使河水清澈见底、鱼虾洄游、水草茂盛的自然生态景观。

4. 生态型护岸工程的设计要点

(1)工程设计的目标

生态型护岸设计的最终目标应是在满足人类需求的前提下,使工程结构对河流的生态系统冲击最小化,不仅对水流的流量、流速、冲淤平衡、环境外观等影响最小,而且要适宜于创造动物栖息及植物生长所需要的多样性生活空间。

(2)工程实施前的调查

对于所提出的各种生态护岸设计方案,在选用之前应对工程区进行调查,以确定生态工程技术是否适用。主要调查以下几个方面的问题:气候条件,水文条件,河势的变化规律和趋势,岸坡土体的物理和力学性质,工程区关键物种的分布,工程管理状况,现场可用或容易取得的施工材料,有无严重的土质和水质污染,工程施工是否会带来新的生态问题,以及是否需要相应的补偿措施等。

(3)植物种类的选择

选择合适的植物种类对于项目的成功实施非常必要。采用天然材料护岸时,特别是通过植被措施护岸时，不同植物材料的有效性很大程度上取决于它们对于水位和底土土质的适应性。可根据不同水位，结合当地情况，在不同区域选取适合的植物种类。一般来说，混合使用几种不同的植物往往比使用单一植物种类更为有利。另外，现场或现场附近已有物种对于护岸工程中植物种类的选择具有很好的参考作用，可在当地苗圃种植培育所需植物种类，但要考虑到工程施工中的时间因素。

（4）反滤层的设计

在生态型护岸工程中，除考虑传统的技术要求外，还要兼顾生物栖息地的加强和改善等要求，因此要引入一些新的结构型式，以利于植被的生长发育，如石笼、间插植被的堆石、空心混凝土块、生态砖、鱼巢砖等。在这些防护结构下面设置土工合成材料或碎石反滤层。在土工合成材料作为反滤层的生态型护岸工程中，除了对土工合成材料的保土性、透水性、防淤堵性、及强度有所要求外，对于土工合成材料的可栽种性也应有所要求。在生态型护岸工程中最好使用可被生物分解的土工合成材料层，其分解后可促进腐殖质的形成，如黄麻、椰壳纤维、木棉、稻草、亚麻等天然纤维制成的材料。此外，不同的植被方式、期望使用年限、腐烂时的分解产物等问题也会影响工程效果。因此，对于所使用的土工材料，应进行试验以确定土工材料的可栽种性。

5. 生态型护岸工程的实施

生态型护岸技术种类多样，可根据当地的具体情况在设计时进行调整，如土体生态工程技术、生态砖/鱼巢砖等构件、石笼席、天然材料垫、土工布包裹、混凝土块、土工格室、间插枝条的抛石护岸、椰壳纤维捆、木框墙、三维土工网垫等。工程实施过程中应形成规划、设计、施工、监测等各方合作的机制，以根据现场情况对施工细节做出适时调整，并应根据监测方案收集数据以对各种方案做出合理评价。

第五节　整治建筑物的受力分析与设计

整治建筑物多是低坝或平铺护面等形式，受水压力不大，关键是受水流波浪冲击，渗透水流淘刷等作用，逐步崩溃破坏。整治建筑物在外力作用下需满足稳定的强度的要求，由此确定结构的尺寸和块石的粒度等。整治建筑物稳定验算应包括块石粒径、坝体整体稳定、护岸抗滑稳定和锁坝抗滑稳定等。布置在松软地基上的整治建筑物，尚应进行地基沉降计算。在有流冰的河流上，整治建筑物设计应考虑冰凌的影响，采取防护措施。整治建筑物稳定验算中的荷载，应考虑自重力、土压力、浮托力、渗压力、水流力、波浪力和冰凌作用力等，根据不同情况分别组合。

一、块石粒径计算

水流作用下块石粒径可根据已有工程实践经验确定，当流速大于3m/s时可参照下式估算：

$$d = 0.04v_f^2 \tag{4-2}$$

式中：d——块石等容粒径；

v_f——建筑物处表面流速(m/s)。

实践表明,由上式计算所得粒径偏小。各地实际采用值与计算值见表4-3。

块石计算值与采用值比较表 表4-3

流速(m/s)	计算值(kg)	实际采用值(kg)
3.0	65	75~100
3.5	163	75~100
4.0	364	≥400

波浪大的水域,建筑物块石的稳定重量可按现行行业标准《防波堤设计与施工规范》(JTS 154-1—2011)的有关规定确定。

有流冰和船行波等因素影响的河段,块石粒经应综合考虑选定。

据川江的实践经验,块石粒径的大小与坝体的施工方法密切相关。如采用机械化施工,可全部采用抛石方法,块石级配要求合理。大块石一般不小于100kg,坝顶采用不小于800kg的块石压顶护面,顶部与露出水面边坡采用较小石块填实卡牢。川江青岩子滩丁顺坝采用机械抛筑,其块石重量和级配为:25~75kg占10%,75~200kg占40%,200kg以上占50%。为保证坝面的平整度和坝体稳定,边坡采用200kg以上的块石,坝面采用M7.5水泥砂浆浆砌条石,条石层数三层,应错缝砌筑。如采用人工抛石,块石大多小于100kg,其露出枯水的部位,需根据块石的大小,采用干砌或浆砌以加强坝体的整体性,避免被水流冲毁。

四川省内河勘测设计院根据实践经验,得出抛石坝块石规格如表4-4所列。

四川省抛石坝块石规格表 表4-4

建筑物部位	规格	块石重量	块石边长(m)
填心	块石	25~75kg占10%,75~200kg占40%,>200kg占50%	不限
坝面及边坡	人工砌筑 机械铺筑	200kg以上 1000kg以上	0.4以上 0.8以上

除此之外,大渡河上的有些丁坝用大卵石浆砌而成,效果也不错。

二、丁坝冲刷坑的计算

河床上建丁坝后,水流受丁坝的约束,改变了局部水流条件,在坝上游形成壅水,使坝头附近产生向下的环流,这个环流使坝头附近形成平面上大体成椭圆形状的冲刷坑。在冲刷坑发展过程中,常促使坝头坍塌破坏。因此,在设计丁坝时,正确估计冲刷坑的最大可能深度,对于确定坝头防护措施和防护范围很重要。

影响冲刷坑大小的主要因素有:流量的大小,坝长,坝轴线与水流的交角,坝面的坡度以及河床的土质等。由于径流的变化,冲刷坑深度也在变化,一般具有洪水刷深枯水回淤的现象。因而通常将洪水时期的最大冲刷深度作为设计丁坝的数据。

关于丁坝坝头冲刷坑深的计算,目前尚处于试验阶段,多以经验公式表达,一般依靠统计相邻河段类似丁坝的实测资料为依据,如长江下游启东县护岸丁坝,在坝头水深7~8m

时,冲刷坑达 14 ~ 15m 深;在汉江襄樊河段叫驴滩的坝头冲刷坑达 7 ~ 13m;但在湘江、赣江等河流上冲刷坑的深度不大,在坝头多抛一些石块即可。可见各处情况极不一样,需视当地水流、地质等条件而定。

现介绍几个计算公式以供参考:

(1)当床沙较细时,丁坝坝头冲刷坑的水深可用下式计算

$$h = h_0 + \frac{2.8v_0{}^2}{\sqrt{1 + m^2}}\sin\theta \tag{4-3}$$

式中: v_0 ——丁坝的行进流速(m/s);

h_0 ——行进水流的水深(m);

h ——丁坝坝头冲刷坑水深(m);

m ——丁坝边坡;

θ ——水流与丁坝轴线交角。

(2)吉尔(M. A. Gill)公式,认为平衡冲刷深度受河床粒径的影响

细沙的冲刷速率较粗沙快,平衡冲刷坑深度与丁坝上游水深有关:

$$\left(\frac{h}{h_0}\right)_{\max} = 8.375 \left(\frac{D}{h_0}\right)^{0.25} \left(\frac{B_0}{B_2}\right)^{6/7} \tag{4-4}$$

式中: B_0 ——上游行进水流河宽;

B_2 ——丁坝处河宽;

D ——床沙中值粒径。

(3)斯梯文斯(M. A. Stevens)等人实验和密西西比河实测资料分析所得公式

正挑丁坝坝长 L 与水深 h_0 的比值小于 25 时,即 $L/h_0 < 25$ 时,用

$$\frac{h_s}{h_0} = 1.1 \left(\frac{L}{h_0}\right)^{0.4} F_r{}^{0.33} \tag{4-5}$$

当 $L/h_0 > 25$ 时,

$$\frac{h_s}{h_0} = 4F_r{}^{0.33} \tag{4-6}$$

式中: h_s ——从平均河床高程起到冲刷等底部的平均深度;

F_r ——佛汝德数, $F_r = \dfrac{v_0}{\sqrt{gh_0}}$;

v_0 ——同式(4-3)。

(4)《航道工程技术规范》(JTJ 181—2016)推荐公式

丁坝坝头局部冲刷可按下列公式计算:

$$h_\rho = \left(\frac{1.84h}{0.5L + h} + 0.0207\frac{V - V_c}{\omega}\right)LK_mK_\alpha \tag{4-7}$$

$$V_c = 3.6 (hd)^{\frac{1}{4}} \tag{4-8}$$

$$K_\alpha = \left(\frac{\alpha}{90}\right)^{\frac{1}{3}} \tag{4-9}$$

式中: h_ρ ——计算水面下冲刷坑的最大水深(m);

　　　h ——计算水面下冲刷前拟建丁坝坝头处的水深(m);

　　　L ——丁坝在过水断面上的有效投影长度(m);

　　　V ——丁坝头部水流的垂线平均流速(m);

　　　V_c ——非粘性土的冲刷流速(m/s);

　　　ω ——泥沙颗粒沉速(cm/s),按表4-5取用;

　　　K_m ——与丁坝头部向河边坡系数有关的系数,按表4-6取用;

　　　K_α ——与丁坝轴线和流向之间夹角有关的系数;

　　　d ——泥沙中值粒径(m);

　　　α ——丁坝轴线与流向间的夹角(°)。

d 与 ω 关系表　　　　　　　　　　　　　　　表4-5

d (mm)	ω (cm/s)	d (mm)	ω (cm/s)	D (mm)	ω (cm/s)	d (mm)	ω (cm/s)	d (mm)	ω (cm/s)	d (mm)	ω (cm/s)
0.02	0.02	0.09	0.41	0.7	7.3	4.0	27	15	51	80	100
0.03	0.046	0.10	0.51	0.8	8.4	5.0	30	20	59	90	105
0.04	0.082	0.20	1.7	0.9	9.6	6.0	33	30	69	100	110
0.05	0.12	0.30	2.8	1.0	10.7	7.0	36	40	77	150	135
0.06	0.18	0.40	3.9	1.5	16	8.0	38	50	84	200	153
0.07	0.25	0.50	5.1	2.0	19	9.0	40	60	90	—	—
0.08	0.33	0.60	6.2	3.0	23	10	43	70	95	—	—

m 与 K_m 关系表　　　　　　　　　　　　　　　表4-6

m	1.0	1.5	2.0	2.5	3.0	3.5
K_m	0.71	0.55	0.44	0.37	0.32	0.28

　　实验发现最大冲刷坑深度比平衡冲刷坑深度大30%。当确定了最大冲刷坑深度后,冲刷坑的范围可由河床的安息角和冲刷深度决定。最后可求得坝头护脚沉排等的延伸宽度,即:

$$b = \sqrt{1 + m^2} \cdot \Delta h \tag{4-10}$$

式中: b ——护脚的延伸宽度(m);

　　　m ——河床土壤稳定边坡系数;

　　　Δh ——丁坝坝头冲刷坑深度(m)。

思考及练习题

　　1.整治建筑物有哪些方面的作用?

　　2.丁坝可分为哪些不同形式? 作用有什么差别?

　　3.丁坝非淹没或淹没情况,其水流泥沙运动各有何特点?

　　4.绘图说明上挑、下挑丁坝的水流现象,比较其冲淤特点。

　　5.简述丁坝的间距确定的原则和方法。

6. 对口丁坝和错口丁坝布置的水流特点及适用条件,确定丁坝间距原则有哪些?

7. 顺坝的作用和布置原则是什么?

8. 简述护岸工程的作用和布置原则。

9. 整治建筑物构件有哪些?

10. 整治建筑物可以从哪些方面创新?

第五章　航道疏浚工程

第一节　疏浚工程的任务与特点

一、疏浚工程的任务

疏浚工程是指采用挖泥船或其他机具以及人工进行水下挖掘土石方改善航道的主要措施,在航道和港口工程中,疏浚工程的主要任务有:

1)开辟新的航道、港池和运河;

2)浚深、加宽和清理现有航道和港池;

3)疏通河道、渠道,水库清淤;

4)开挖码头、船坞、船闸及其他水工建筑物的基槽;

5)与开挖相结合的扩大港口、工业、农业及道路等用地的面积以及海滩养护等吹填工程;

6)在港口建筑工程中,挖去不适宜支承基础的水下底基,并代之以适宜的物料(替换物料);

7)在水利工程中,获取混凝土或其他用途的骨料、砾石和砂子以及从海底、河底挖取砂石料,以修整岸坡,筑堤防洪和改良土壤。

航道疏浚工程对于沙质和沙卵石河床,采用挖泥船挖除碍航的泥沙堆积物,增加航道水深。对于石质河床,采用爆破的方法(常称炸礁)炸除碍航的石嘴、石梁、孤石、岩盘等。疏浚是开发和维护航道的主要手段之一,其特点是:通过疏浚,航道尺度得以增加,通航条件得以改善,不需要大量的工程材料和人力。随着挖泥船的生产能力日益加大,疏浚在航道工程上应用越来越多。在较大的平原河流下游和河口地区,由于河流尺度大,采用其他工程措施,工程量常常很大,还可能引起一系列其他问题。此时,疏浚常有着它的独特之处,特别是河流演变性能还未充分掌握之前,冒然采取整治等强制性工程措施,弄得不好,反而引起不良后果,疏浚就不会产生这些问题。

疏浚工程作为航道工程中一项不可缺少的工程措施,与整治工程、渠化工程、径流调节比较具有下列优点:

1)施工简单,施工期较短,收效快

疏浚工程只需将碍航的土石方挖除,并处理好废弃土石方便告完成,不需建造复杂的水工建筑物。施工工序简单,施工期较短,且可以分段分期进行施工。航道一经开挖,航道尺度即可增加。

2）投资较少，不需耗大量工程材料

由于疏浚工程不需建造建筑物，施工时一般也无施工导流问题，不需大量的辅助设施耗费的人力和物力不多，基本上不需占用水泥钢筋、木材等建筑材料，投资少。

3）施工期间仍可维持通航

疏浚工程施工时一般不需断航，可以采用半边航道施工，另半边航道通航，或每天定时断航的方式，这对已通航的航道治理具有特别的重要意义。

4）适应性强，机动灵活

疏浚工程适用于各种不同土质和岩石的河床，开挖机具的功率有大有小，既可进行大面积的疏浚，也可以进行小区域的疏浚，施工时间也可根据航运的情况灵活安排。

5）对河流形态、自然环境、生态平衡影响较少

疏浚方法促使河道水流几何边界改变显著且突然，往往引起水流内部结构的巨大变化。挖槽设计和进行疏浚时，都要千方百计地使疏浚的航道维持稳定，从而满足通航要求和减少以后的大量维护工作。但是，很多浅滩疏浚以后，挖槽容易回淤，每年不得不进行恢复工作。平原河流常利用整治建筑物和疏浚改善航道，中小河流上往往采用综合措施，如用挖槽的泥土就近填筑成为整治建筑物，引导水流，封闭沱口，使弃土有用，建坝有材。

二、航道疏浚工程的分类

1. 航道疏浚工程分类

航道疏浚工程一般分为三类：基建性疏浚、维修性疏浚、临时性疏浚。

（1）基建性疏浚工程是为新辟航道、港口等或为增加它们的尺度、改善航运条件，具有新建、改建、扩建性质的疏浚。基建性疏浚的首要任务是在较长期内根本改善航行条件。它包括以下工作：①改变河道的平面轮廓和航道尺度以建立新航槽，例如：裁弯取直、扩大航槽、切除岸滩等；②裁掉河岸的凸出部分的硬土角，消除或缩小河槽的沱口及其他有害的深水部分；③堵塞分流以及与整治相结合的挖泥工作；④消除新航道上的障碍物和预先疏松航道上河床土壤，炸除石滩及硬土角而进行的爆破工程。

（2）维修性疏浚工程是为了维护或恢复某一指定水域原定的尺度而清除水底淤积物的疏浚。维护性疏浚的首要任务是保持通航期内航道的规定尺度，以保证船舶的安全运行。如为恢复航道而进行的挖槽疏浚工作，在尺度不足的浅滩上进行挖泥或爆破工作等。进行此类的疏浚工作，关键是适应天然河流的演变规律，维持航道的尺度，并不引起演变规律的太大改变。不仅如此，而且在维修性疏浚工程中，必须力求增加航道的稳定性，并降低年挖泥量。

（3）临时性的疏浚工程，是为了解决工程量小的疏浚任务，一般是在没有经常性挖泥船的疏浚力量不足的河段上，临时利用其他地区的疏浚力量来进行工作。

基建性挖槽往往和整治建筑物结合，用来改善维修性挖槽效果不好的航道，并且充分利用多年维修性挖槽积累的经验教训，认清河段的演变规律和碍航特点，作为设计、施工的依据。可见，基建性挖槽和维修性挖槽有着密切的联系，由于基建性挖槽对河床的改变较大，以致引起水流条件的剧烈改变，为了消除对河床演变可能产生的不良影响，以及避免大量工作付诸东流，必须根据航道总体规划仔细分析河流水文条件和河床演变规律，对整治线的轮

廓形状和工程措施进行多方面研究。维修性挖槽工程要比基建性挖槽工程常用得多,如为了恢复上一个航期航道原有的尺度,为了消除本航期内前一时期在挖槽上的回淤,以及小规模的炸滩、取石、清槽都属维修性的。扩大航槽深度、宽度,裁除急弯土角,开辟新航道,规顺河岸和大规模地取石清槽等则都是基建性的。

疏浚施工和河段的水位变化规律有密切联系。当洪水上涨的时候,浅滩上大多落淤,进行挖槽受到边挖边淤的威胁,除非情况特殊,一般不应当进行;当洪水降落到挖泥船的挖泥刀能够触及河底时,施工便要紧张进行,这时河底受冲和挖槽的需要一致,并且一般应该在枯水期完成疏浚,及时提交使用。洪水降落的速度越快,挖泥的强度也就越大,如果需要挖泥的浅滩较多,挖泥的数量较大,这时疏浚施工的组织工作是极为重要的。随着水位的降落,各浅滩先后出浅,需要根据疏浚力量的大小和各处浅滩的水深变化情况,分期分批分层地浚深。使各浅滩在出现碍航以前得到改善,逐期保障航行的需要,并在这个条件下尽量减少挖泥机具的调动,提高效率。拟制这种疏浚计划,必须深入水文站、各个浅滩现场、航运船队,充分掌握水位水深变化规律和浅滩变化以及与碍航特点之间的关系,从而决定挖槽时期、挖泥次序和挖泥的厚度,用以指导和组织挖泥工作有条不紊地进行。

2. 在进行疏浚工作时,应遵守的基本原则

1)根据本年度航道工程设计及远景航道发展规划的总方案,有系统地改善河流航行条件。考虑逐步贯彻远景航道计划,减少每年河段上的挖泥工作量,改善航行条件,使每年施工都能获得有利的效果。

2)根据河流动力学和河床演变理论以及河床演变实际过程的研究,积极促进造床过程和最大限度地利用水流本身来改善航行条件。

3)当河床向有利于形成所需的稳定航道方向演变时,应当促进这种演变趋势的发展。反之,当河床向不利方向发展时,则应当防止或限制这种发展趋势。

4)疏浚的技术工具的组成和类型的选择等,应当根据该河段的水文地质条件(例如河流水量的大小和土质的软硬程度等)进行。

第二节　疏浚工程机械的选择

疏浚工程所使用的机械设备主要是挖泥船以及与其配合的各种附属船舶,总称作业船。附属船舶有接力泵船、泥驳和拖船、抛锚船。另外还有辅助船舶,如修理船、交通船、供油船、住宿船等。疏浚工程施工,要合理选用作业船及其施工方法。

疏浚工程采用的挖泥船按其工作原理分为水力式和机械式两大类。水力式是利用泥泵进行吸泥和排泥,主要有吸扬式挖泥船,包括直吸式挖泥船、续吸式挖泥船和耙吸式挖泥船等;机械式是依靠泥斗挖掘水下土石方,主要有链斗式挖泥船、抓扬式挖泥船和铲扬式挖泥船等。机械式挖泥船作业时,需配备足够数量的泥驳以运送挖出的泥土。非自航的吸扬式挖泥船需配备排泥管路。

挖泥船的性能是挖泥船选型的主要依据,它主要包括:船长、船宽、吃水、功率、机动性能、挖泥深度、适挖土质、泥土输送和处理方法、抗风能力以及各种工况条件下的生产率等。

一般根据疏浚地区的土质及施工条件,选择最适宜的挖泥船型。

一、耙吸式挖泥船

耙吸式挖泥船是吸扬式挖泥船的一种类型。是在航行前进过程中通过泥泵的真空作用,使泥耙吸起水底泥土,经吸泥管进入挖泥船的泥舱中,然后航行到指定地点进行卸泥,或直接将挖起的泥土排出船外。有的挖泥船还可以将装载于泥舱中的泥土自行吸出并吹填于陆地。所以,耙吸式挖泥船上其挖泥、装泥、运泥、卸泥等全部工作都是自身完成的,具有与海轮相同的航行设备,并且还有一套挖泥设备以及驱动这些设备的动力装置。按泥耙和吸泥管所处的位置,耙吸式挖泥船一般分为尾耙型、中耙型、边耙型及混合耙型四种。尾耙型及中耙型的挖泥船,大多在船体上需要开槽,并设置刚性吸泥管及泥耙桥梁。边耙型的挖泥船在船体上则不需要开槽,也没有泥桥,而采用挠性轻型的吸泥管装舱,边耙分单边耙和双边耙两种,设置于船两舷的中部或尾部,见图5-1。混合耙型则在同一挖泥船上配备有边耙、中耙或其他耙型组合型式。

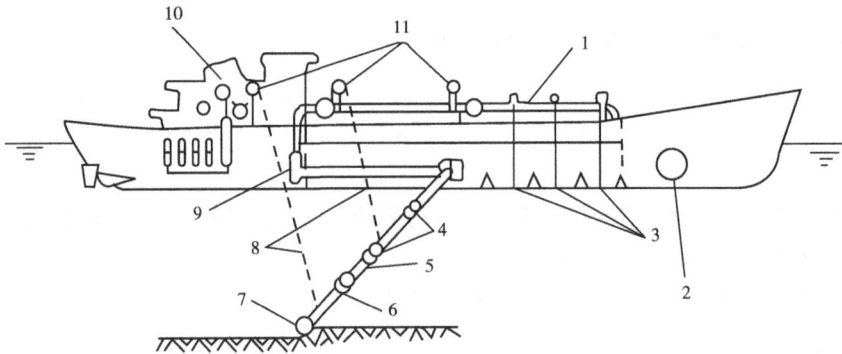

图 5-1　耙吸挖泥船简图

1-输泥管;2-船首横向推进器;3-泥门;4-橡胶软管;5-吸泥管;6-方向节;7-耙头;8-耙头起落钢缆;9-泵;10-波浪补偿器;11-耙头提升吊架

耙吸式挖泥船的主要特点如下:

(1)具有自挖、自装、自运、自抛的施工性能,部分耙吸式挖泥船还设有向陆上吹排泥沙的设备,能自行直接吹填;

(2)抗风性较强、调遣方便,适合沿海、港口航道及内河开阔的深水航道、港池等水域疏浚作业。在航道中疏浚施工时,基本上不影响船舶正常通航;

(3)耙吸式挖泥船最适合浚挖各类软土、松散沙;

(4)对于相对挖泥船长度而言较小的狭隘水域,尤其是转角等部位,往往难以按照设计折线要求浚挖。现今普遍采用的边抛式耙吸挖泥船,更无法挖到直角相接或折曲较大的码头端角部位;

(5)在各类挖泥船中,耙吸式挖泥船的挖槽平整度最差。船型越大,槽底深浅差也越大。

二、绞吸式挖泥船

绞吸式挖泥船是利用装在绞刀桥梁前端的松土装置——绞刀,将河底泥沙不断地绞松,同时利用泥泵工作产生的真空和离心力作用,从吸泥口、吸泥管吸进泥浆,通过排泥管输送到卸泥区。绞吸式挖泥船的生产过程是挖泥—运泥—卸泥,可以一次连续完成。因此是一种效率较高、成本较低的挖泥船,见图 5-2。

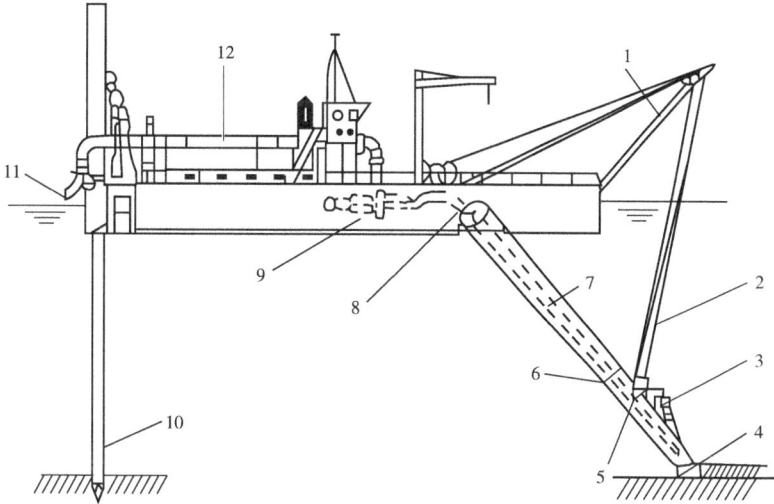

图 5-2　绞吸挖泥船简图

1-绞刀架吊架;2-绞刀架起落钢缆;3-绞刀马达;4-绞刀;5-边锚缆;6-绞刀架;7-吸泥管;8-吸泥管套筒;9-泥泵;10-定位桩;11-浮管连接头;12-排泥管

绞吸式挖泥船主要特点如下:

(1)能自挖、自吹,可以持续吸排作业。

(2)效率高、成本低。对于排距在允许范围内的吹填工程,绞吸式挖泥船较其他挖泥船效率高,成本较低。

(3)绞吸式挖泥船比其他挖泥船更能够广泛有效地挖掘各类沙、粘土和淤泥。

(4)挖硬质土时,效率较低。若加大泥泵功率,选用合适的绞刀,也能挖松散碎石和硬质土,但效率低,还应注意较大块石对绞刀头的损坏。

(5)水面浮管(排泥管)碍航程度大。

(6)受自然条件影响较大,多用在港池、内河航道等较隐蔽水域(风浪较小)的疏浚工程。

三、链斗式挖泥船

链斗式挖泥船是运用斗链将几十个泥斗组成一串而连续不断地进行挖泥。链斗式挖泥船单位时间内挖泥量一般较单斗式为高,适合于挖掘污泥、软粘土、沙质粘土以及松软的沙等。对于硬质土壤必须有足够强的船体结构和挖掘力。唯独对于内聚力和附着力较大的细沙,往往倒泥不尽,大部残留在泥斗内,从而大大降低生产能力,链斗式适合于较大范围的挖槽施工。

链斗式挖泥船可分非自航(或称泥驳链斗式)与自航链斗两种。我国自行设计制造的非自航链斗,设计生产能力为 $500m^3/h$,动力为柴油电动,见图 5-3。近年我国进口了一批 $750m^3/h$ 的自航链斗共 79 个泥斗,斗容 $0.5m^3$,这种船主要是在转移调迁时不需拖带,另外卸泥槽是采用输送带装入泥驳。

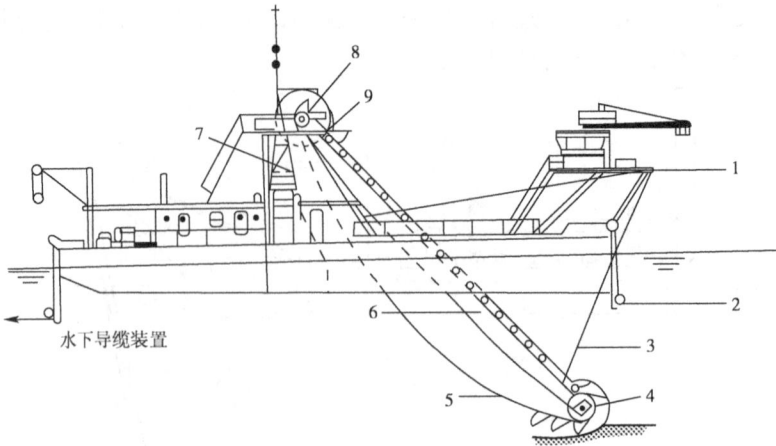

图5-3　链斗式挖泥船简图

1-首锚缆;2-边锚缆;3-吊斗桥钢缆;4-下导轮;5-斗链;6-斗桥;7-溜泥槽;8-上导轮;9-斗桥支承轴

链斗式挖泥船的主要特点如下：

（1）链斗式挖泥船疏浚挖槽平整,适合较大范围的疏浚工程。

（2）施工不受排泥距离限制,即使运距长些也可通过适当调配辅助船舶合理解决。

（3）链斗式挖泥船易挖淤泥、沙、粘土乃至碎石。

（4）链斗式挖泥船施工时,锚缆碍航,且需配备辅助船舶,调遣工作较麻烦。

（5）挖掘流态淤泥、极细的低粘土质时,挖效差,易流失。

（6）挖掘坚硬粘土困难,强粘性土会粘附在泥斗上,增加泥斗卸泥难度。挖掘大块石和密实碎石难度更大。

四、抓斗式挖泥船

抓斗式挖泥船是利用旋转式吊机的吊杆及悬挂在吊斗钢缆上的抓斗,操纵抓斗的开闭和升降来进行抓取水下泥土。吊斗钢缆通过吊杆上端的滑轮,联接于操纵室的绞车上,开动绞车,就可以使抓斗升降、开闭。吊斗钢缆有两根：一根起开闭抓斗的作用,称开闭斗缆;一根用来升降抓斗,称升降斗缆。在挖泥时将张开的抓斗放到水底,利用抓斗的重力,使抓斗切进泥土,然后收紧斗缆闭合抓斗有抓取泥土。将装满泥土的抓斗吊起,同时将升降斗缆绞紧,转动吊机,抓斗悬停在泥驳上方,刹住升降斗缆刹车箍,放松开斗钢缆,将泥土卸入泥驳中,见图5-4。

抓斗式挖泥船主要特点如下：

（1）浚挖水深大,最大挖深可达30～50m,或更深。

（2）可兼作起重船清除水下障碍物。

（3）可浚挖各种土质(流态淤泥除外),挖粗沙和中沙,抓斗效率甚佳。挖细粉沙以下细颗粒物质,会遇到相似链斗的流失情况。挖沙、粘土或含砾石的土质,宜用带齿抓斗。对硬塑以上粘土、砾石、较密实碎石,应采用重型抓斗,减轻施工难度。总之,随着石块的尺寸增大和密度加强,挖效有所降低,以至达到很难挖的程度。

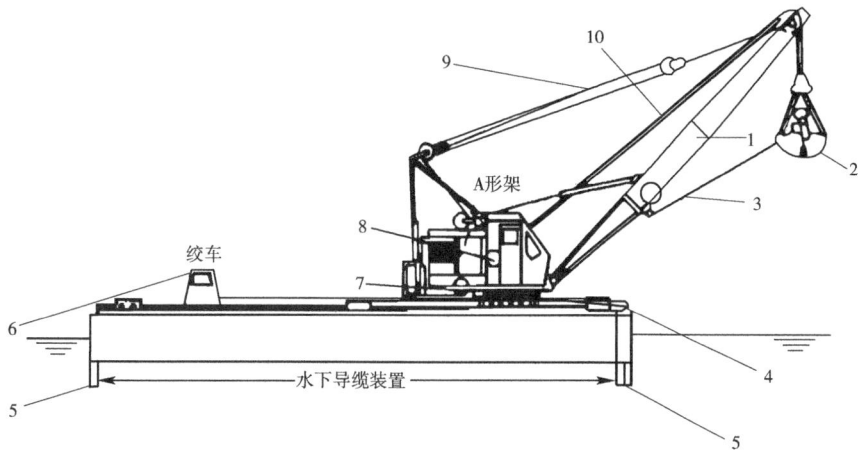

图 5-4　抓斗式挖泥船简图

1-吊杆;2-抓斗;3-抓斗稳定索;4-首缆;5-边缆;6-尾缆;7-吊杆俯仰钢缆滚筒;8-抓斗升降、启闭钢缆滚筒;9-吊杆俯仰钢缆;10-抓斗升降、启闭钢缆

（4）用作码头捞边、港池转角或狭窄部位清淤加深均能发挥其独有的良好功能。

（5）抓斗式挖泥船施工的挖槽平整度稍差,生产效率较前述挖泥船低。

五、铲斗式挖泥船

铲斗式挖泥船是一种单斗式挖泥船,它可以将大部分功率集中在一个铲斗上,进行切削挖掘,见图 5-5。铲斗式挖泥船利用吊杆及斗炳将铲斗伸入水中,推压斗炳,拉紧钢缆使铲斗切入河底进行挖掘,而后由绞车牵引钢缆将铲斗吊离水面至适当高度,由旋回装置转至卸泥处或泥驳上,拉开斗底门卸泥,卸完泥后转回至挖泥点,进行重复作业。一般铲斗式挖泥船为非自航式,作业时利用铲斗、后桩及前桩,移动桩位。在风浪、流速不大的情况下,利用三支定位桩,可直接把两前桩压入河底,适当抬高船身以固定船位,并抵抗挖掘时产生的后座力,减小船只摆动。铲斗有正铲和反铲两种,内河中在水深不超过 7m 时效率较高,被大量使用。

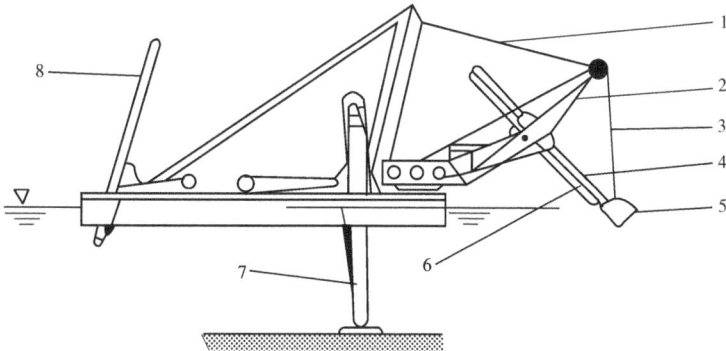

图 5-5　铲斗式挖泥船简图

1-吊杆变幅钢缆;2-吊杆;3-铲斗起升钢缆;4-斗柄;5-铲斗;6-背度钢缆;7-前桩;8-后桩

铲斗容量一般为 $2\sim4m^3$,大的有 $8\sim10m^3$。有轻重两种铲斗,重斗挖掘硬土、石质,轻斗

挖掘软质土。

这种挖泥船适合挖掘珊瑚礁、卵石、块石、硬粘土、粗颗粒沙。对于风化岩及胶结沙之类最难挖的对象，其挖掘能力要胜过其他类挖泥船。一般认为抗压强度小于 3.92×10^6 Pa 的石质土，可以直接挖掘。可以用来清理围堰和水下障碍物，配合炸礁清碴等。铲斗式挖泥船，一般浚挖水深较小。近年新建较大型的铲斗式挖泥船特别注意加大斗容和浚挖水深，以发挥更强的作用。

以上五种挖泥船的疏浚特性综合比较如下：

（1）在挖掘不同土质的广泛性方面，绞吸、链斗、抓斗和铲斗式挖泥船可挖土质类别较广，耙吸式挖泥船仅适用软质土。

（2）在可以挖掘的水深尺度方面，抓斗式挖泥船挖深最大，最小挖深也可很小。其余各类铲斗挖泥船挖深较小，深浅变幅也小。

（3）在挖掘边角部位的性能方面，抓斗、铲斗式挖泥船最佳，耙吸式挖泥船最差。

（4）在用于填地、筑坝等方面，绞吸式挖泥船最适用，铲斗式挖泥船最差。

（5）在施工挖掘面的平整度方面，绞吸、链斗式挖泥船最好，抓斗、铲斗式挖泥船较差，耙吸式挖泥船最差。

（6）在远距离抛泥方面，耙吸式挖泥船最好，非自航的链斗、抓斗式挖泥船最差，必须依靠泥驳运卸。

（7）在影响施工水域的通航方面，耙吸式挖泥船影响最小，非自航的链斗、抓斗、铲斗式挖泥船影响较大，需要附带水上排泥管的绞吸式挖泥船影响最大。

（8）在单船独立施工作业能力方面，耙吸式挖泥船最好，不需要辅助船舶。绞吸式挖泥船有时需要辅助船舶。非自航的链斗、抓斗和铲斗式挖泥船，没有辅助船舶就无法施工。

（9）在耐波浪方面，耙吸式挖泥船最好，绞吸、链斗式挖泥船较差。

（10）在疏浚作业的泥沙扩散影响方面，绞吸式挖泥船影响最小，其余各类挖泥船较差。

第三节　内河挖槽设计及水力计算

一、内河挖槽布置

1.挖槽设计原则

挖槽设计应遵守以下基本原则：

1）挖槽应满足规定的航运对航道尺度的要求，改善通航条件，最大限度地满足航道稳定和船舶航行条件；

2）挖槽宜选在适应船舶或船队的习惯航线，有良好的进出口与航行水域平顺相接，便于船队航行；

3）挖槽宜设计为直线，当必须设计成弯道时，应使用较大的曲率半径，在弯道段设计成折线形式，使过渡段平滑，并对弯道段进行加宽；

4）挖槽方向宜与中枯水位主流方向一致，或与底流方向一致，交角不宜超过15°；

5）在浅滩脊上设计挖槽时，宜通过水深最大的鞍凹部和底质为粗颗粒的区域；

6）挖槽不宜布置在正向下游移动的沙嘴的下游处；

7）挖槽布置应充分利用河床自身的发展变化规律，因势利导，利用水流的能量维护挖槽的稳定；

8）挖槽布置应充分利用自然水深和局部深槽，以减少工程量，节约投资；

9）感潮河段的挖槽宜选择相对稳定的落潮主流处，挖槽的方向与落潮主流方向一致，以利冲刷河床带走泥沙；

10）挖槽设计时，其长度宜短不宜长，以利挖槽的稳定和维护；

11）山区航道及小河流完成设计宜充分考虑流速、流向、水面线的变化及最明显的水面降落，并应进行有关水力计算，采取预防措施。计算方法宜参照《航道整治工程技术规范》的有关规定执行；

12）在跌水区域，若硬土底质下含有软弱夹层，开挖后可能遭受冲刷，再度形成跌水，在设计时应避免或采取必须的防冲措施；

13）对冲淤变化大的地段或大型工程的挖槽设计，宜计算或通过试验确定挖槽稳定性。必要时，宜采取现场试验与模型试验相结合的方法；

14）对施工条件比较恶劣的工程，应考虑疏浚设备使用的可能性和安全性；

15）要满足挖槽的稳定性要求：

①应使挖槽内的流速大于开挖前挖槽区的流速；

②应使挖槽河段开挖后的断面平均流速不小于挖槽上游段的断面平均流速；

③应使挖槽内的流速沿程相等或有所增加。

2. 挖槽的平面设计

1）维护性挖槽平面位置

维护性挖槽设计，应当保证枯水期畅通和挖槽具有良好的稳定性条件。根据长江中、下游浅滩维护性工程的实践，常见的典型浅滩维护性挖槽设计方法如下：

（1）正常浅滩

这类浅滩在特枯水文年或水位急剧下降、水流来不及冲刷鞍凹、枯水期水深不足时，需进行疏浚。其挖槽轴线可选择在与水流动力轴线相重合的深泓线上，如图5-6所示。这样的挖槽，在枯水期是比较稳定的，航行也很方便。

（2）交错浅滩

这类浅滩往往沙埂宽浅，鞍凹较多，水流

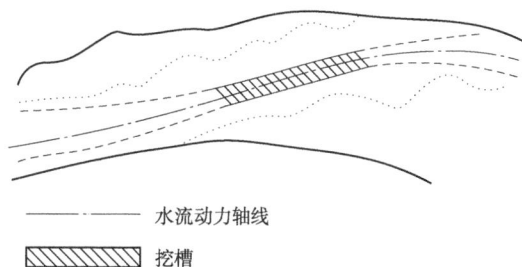

———— 水流动力轴线

░░░░ 挖槽

图5-6 正常浅滩的挖槽设计

分散，选择挖槽轴线应根据汛后浅滩的上、下边滩和上、下深槽的形态与发展趋势而定。汛后上边滩不大，比较稳定，沙埂沿程展宽，下边滩高大并且上深槽稳定不下串，下深槽倒套比较宽深且向上游发展，则挖槽宜选择在沙埂的颈部，如图5-7a）所示；汛后上边滩较大，沙埂宽浅，鞍凹较多，且上下深槽交错距离大，上深槽宽阔，下串速度缓慢，下深槽倒套较窄，无发展趋势，则挖槽宜选择在沙埂腰部靠近上深槽尖端的鞍凹上，如图5-7b）所示；汛后上边滩及

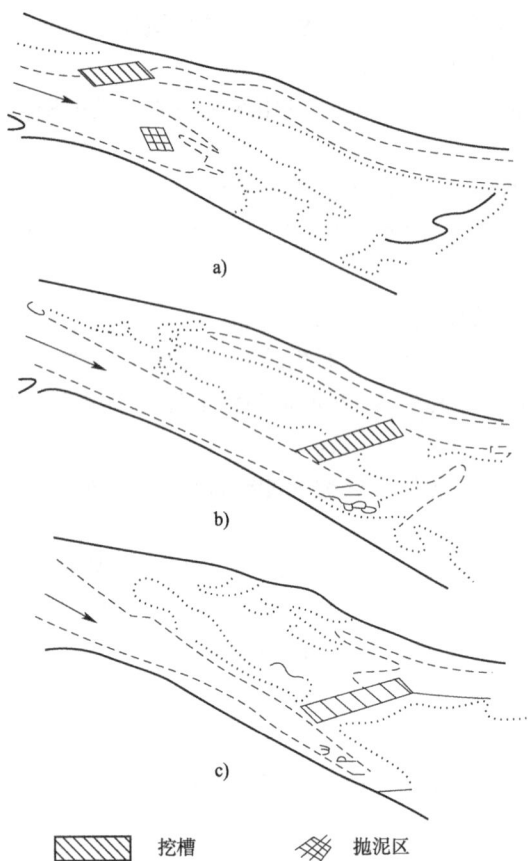

图中图例：
▨ 挖槽　　▦ 抛泥区

图5-7　宽沙埂型交错浅滩的挖槽设计

沙埂上半部均较宽阔，高程也较高，上深槽下串速度较快，下深槽倒套明显萎缩时，则挖槽宜选择在沙埂根部靠近下边滩的鞍凹上，如图5-7c)所示。

对于窄长沙埂型的浅滩，由于沙埂方向基本上与河岸平行，上下深槽交错距离很长，水流长距离自上深槽漫溢沙埂而进入下深槽，往往无明显的鞍凹，而且沙埂上泥沙运动较快，在这种类型的交错浅滩上，正确地选择挖槽往往更为困难些。

根据实践经验，在上边滩比较稳定，上沙嘴补充的泥沙不多，下深槽倒套比较宽深，吸流能力较强的情况下，挖槽宜选择在沙埂上半部比较窄深的部位，如图5-8a)所示；在上沙嘴下移泥沙较多，下深槽倒套较窄浅，吸流能力不强的情况下，挖槽宜选择在沙埂的根部，自上深槽尖端连通下深槽，如图5-8b)所示。上述两种挖槽，均应争取在最短时间内将挖槽挖通，以吸引水流促使挖槽稳定。

（3）分汊型河段浅滩的挖槽

在这类浅滩上选择挖槽时，首先应选择通航汊道。一般是根据当年汛后汊道浅滩的冲淤变化和发展趋势，选择一支滩型较好、航程较短的汊道作为枯水期主航道。如果汊道中存在着一汊发展，另一汊衰退的现象，则应选择发展的一汊作通航汊道。汊道浅滩的挖槽设计，应根据滩型的具体情况，参照上述两种浅滩定线原则决定，如图5-9所示。

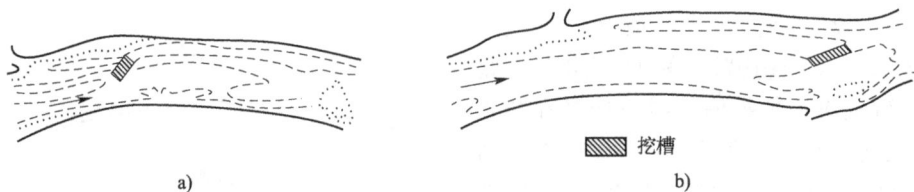

▨ 挖槽

图5-8　窄长沙埂型交错浅滩的挖槽设计

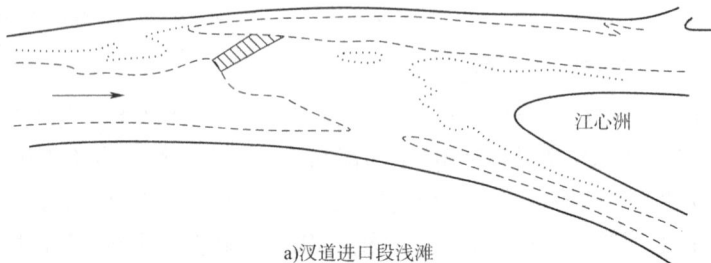

江心洲

a)汊道进口段浅滩

图　5-9

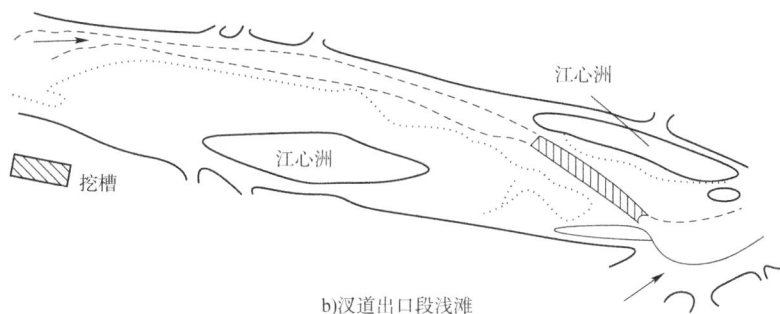

b)汊道出口段浅滩

图5-9　分汊河段浅滩的挖槽设计

2）基建性挖槽平面位置

基建性挖槽在于建设便利航行和长期稳定的航道，从根本改善浅滩的航行条件，并减少每年维护性疏浚工程量。因此，要求基建性挖槽在枯水期和洪水期都比较稳定。

为了建设长期稳定的挖槽，设计时应特别考虑洪水期水流与河床演变的规律，注意解决洪、枯水主流方向不一致的矛盾。当浅滩河段有主导河岸时，挖槽应尽可能靠近主导河岸，并使挖槽方向与主导河岸一致，以便利用主导河岸在各级水位时的导流作用，维持挖槽稳定。当浅滩河段一岸为基岸，另一岸为宽阔边滩时，挖槽应选择靠近基岸，以造成环流维持挖槽稳定。当浅滩河段两岸均为宽阔的边滩且变化较大时，单靠基建性疏浚很难根本改善浅滩航行条件，必须配合整治以稳定挖槽。下面介绍几种典型的基建性挖槽设计。

（1）沿着浅滩现有鞍凹挖槽

在顺直微弯河段的过渡性浅滩上，可沿着浅滩现有鞍凹挖槽，并循着上边滩沿最大水深线方向来布设挖槽轴线，如图5-10所示。如倒套狭窄，而上沙嘴很长时，最好抛填丁坝，堵塞倒套，使坝体上游形成壅水，消除或减弱由深槽漫越上沙嘴进入倒套的横流，促使泥沙在倒套内淤积；如倒套宽而深，或者倒套是一个分流口，则可用吹填土堤的方法，提高上沙嘴的

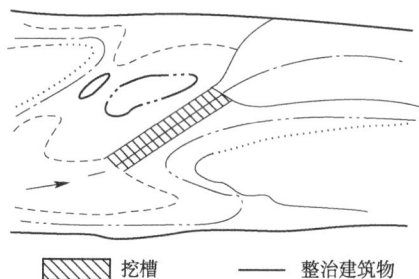

图5-10　沿着浅滩现有鞍凹挖槽

高程，将上深槽与倒套分隔开来，以消除漫滩横流。实践证明，堵塞倒套后，消除了漫滩横流，浅滩状况转好，水深增大，维护性疏浚工作量显著减少。但是，经过若干年后，由于下边滩的冲刷下移，江面展宽，或被堵塞的倒套为泥沙淤满，上沙嘴又开始下移时，浅滩将重新恶化，对此应加注意。

（2）切割下边滩挖槽

当浅滩现有航道特别弯曲，已处于衰亡状态，下边滩已由切滩发展成为新航道时，宜循自然切割下边滩、开辟航槽。与此同时，应利用挖出的泥土或其他材料修建整治建筑物，堵塞倒套，如图5-11所示。若仅切割下边滩开辟航槽，而未同时堵塞倒套，则上深槽水流向下游过渡时，会产生分流，表层清水漫溢上边滩进入倒套，而含沙量较大的底流流向挖槽，将导致维护性疏浚工作量增加。

（3）切割上边滩挖槽

当浅滩位于弯道处，而上边滩处于凹岸；或上游来沙不多，上边滩根部长期没有淤高和

向下游移动；或上边滩根部不很大，而位于其旁的倒套正强烈发展时，则应切割上边摊，开挖航槽，如图 5-12 所示。

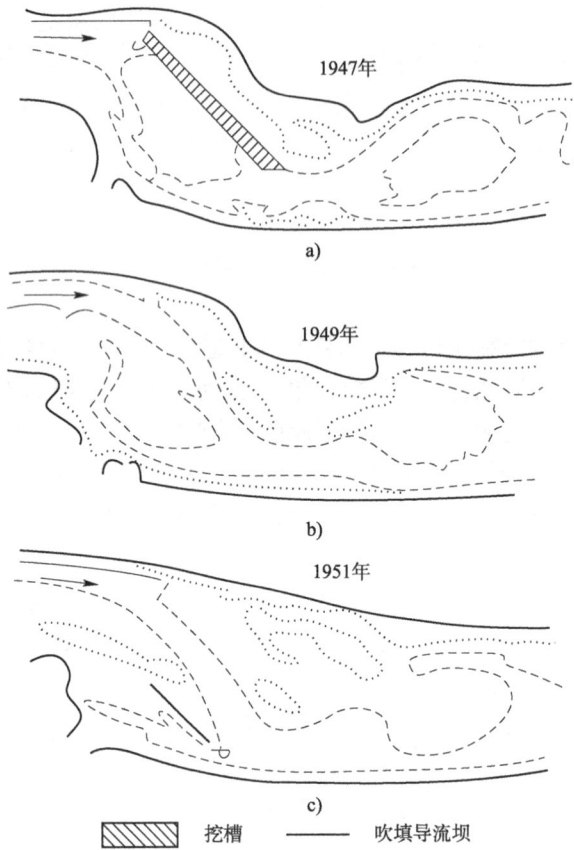

图 5-11　切割下边滩与封闭倒套

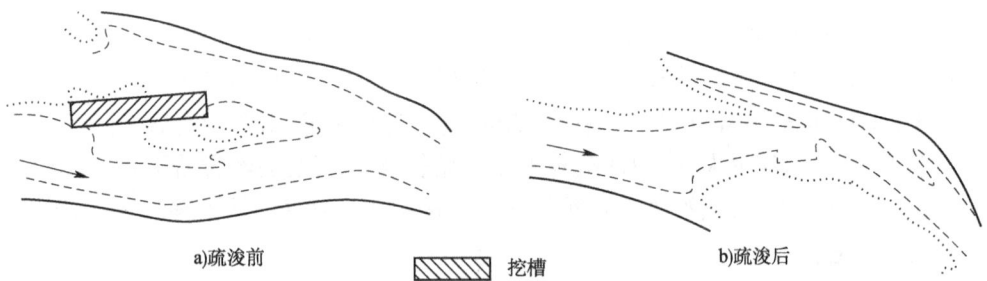

图 5-12　切割上边滩的挖槽

切割上边滩的挖槽，应尽可能靠近上边滩根部，其挖槽方向应与主导河岸方向一致，并利用挖出的泥土封闭老航道，以防止水流分散，且注意不宜在挖槽的上下两侧抛泥。

除上述特定条件外，在其余情况下均不宜采用切割上边滩的方法。因为上边滩通常不是整个切割，而只是切割其一部分，余下的部分仍将下移，挖槽仍易于回淤。需特别注意的是，当倒套发展很微弱，而上边滩本身又比较发育时，不应切割上边摊开辟航槽。

3) 挖槽平面设计方法

绘制挖槽扩大图：①标明挖槽设计边线；②挖槽上下两端与设计挖深相当的等深线；

③标明流速流向。

平面上以直线为宜,必须挖成折线时,其转角尽量小,转折处弯曲半径尺量放大,并适当放宽,以利船舶转向。

挖槽进、出口一般易拓宽成喇叭口,有利于吸引水流,增加单宽流量。

弯道段挖槽平面设计时,①当角度小于10°时,可不加宽。②当角度在10°~30°之间时,采用切角法,见图5-13a)。③当角度大于30°度时,采用折线切割法,即分阶段解成若干小角切割,见图5-13b)。

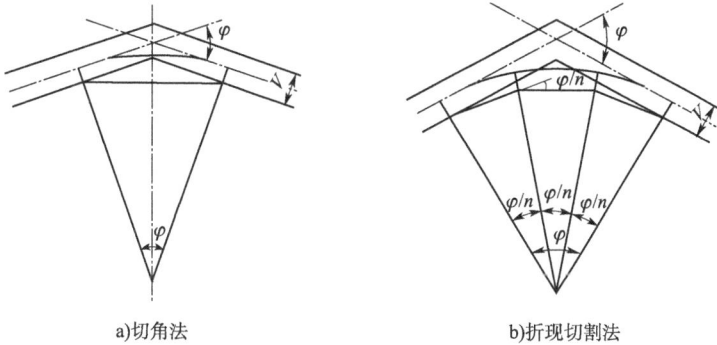

a)切角法   b)折现切割法

图5-13 航道转弯加宽示意图

二、内河挖槽稳定性计算

在冲积性河流浅滩上进行挖槽,要满足稳定要求,即挖槽内回淤量最小。挖槽不回淤的基本条件是使挖槽后槽内流速大于开挖前该断面的槽内流速,并不小于挖槽河段上游来沙河段的流速。

1.挖槽的轴线方向

挖槽方向与水流方向应成适宜的交角,这样可以在沿着挖槽的上游边坡上及底部发生环流,使之沿着挖槽方向的纵向流速汇合,形成螺旋流,有利于泥沙沿挖槽下移,实践表明,在一定的水流条件下,可求得恰当的交角,使挖槽内的螺旋流最大,输沙力最强,从而使挖槽内回淤量最小。

目前,常用的水流与挖槽轴线交角的计算公式是列亚尼兹提出的,挖槽计算的水流模式见图5-14,其计算公式:

$$U_n = v_0 \sqrt{2K_1 \left(\frac{R_n}{h_0}\right)^{2/3} \cos \frac{3}{2}\theta - \left(\frac{R_n}{h_0}\right)^{1/3} \cos\theta + K_1^2} \qquad (5-1)$$

式中:U_n——挖槽内螺旋流的合速度(m/s);

v_0——浅滩的平均流速(m/s);

R_n——挖槽的水力半径(m);

h_0——浅滩的平均水深(m);

K_1——系数,且 $K_1 = u/v_0$;

θ——挖槽主流向交角。

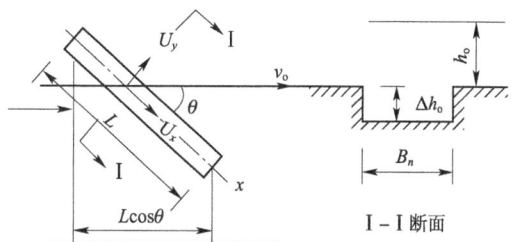

图5-14 挖槽计算水流模式图

从上述公式中可知,流速随 R_n/h 及 θ 而变的,在给定的挖槽断面下,U_n 的大小就只与交角 θ 有关。要使挖槽的输沙能力最强,显然要通过数学方法选择最恰当的交角 θ,使 U_n 具有最大值。

2. 挖槽的稳定断面

挖槽的横断面尺度必须和航道标准尺度相适应。挖槽断面一般设计成倒梯形,设计内容主要有:底宽 B(航道标准宽度);航道标准水深 $H = Z - Z_0$(Z 为设计最低通航水位,Z_0 为挖槽开挖后的河床高程);挖槽边坡 m、超宽、超深及备淤深度 Δh。

内河航道挖槽断面尺度,可根据《内河通航标准》规定取值,按挖槽所在航道的等级,直接可查得航道的标准尺度(航道标准宽度 B、航道标准水深 H、航道最小弯曲半径 R),或用下式计算

$$H = t + \Delta H$$

$$B = 2(b\cos\alpha + L\sin\alpha) + \Delta b + 2D$$

式中,H——航道标准水深(m);

$\quad t$——设计船型标准吃水(m);

$\quad \Delta H$——富余水深(m);

$\quad B$——航道标准宽度(m);

$\quad b$——设计船队(或单船)宽度;

$\quad L$——设计船队长度,拖带船队为最大单船长度(m);

$\quad \alpha$——航行漂角;

$\quad \Delta b$——上、下行船队间的横向舷距(m);

$\quad D$——船舷与航槽边线的距离(m)。

(1)不冲不淤的断面

挖槽断面尺寸,一方面要满足航行要求,具有规定的航道尺度,另一方面要满足稳定要求,使挖槽内回淤量最小。

列亚尼兹依据从航道内获得最大流速的原则,以水力学谢才公式为基础,并假定水流是等速运动情况下,推导出挖槽的最佳尺寸的表达式,挖槽断面见图5-15。

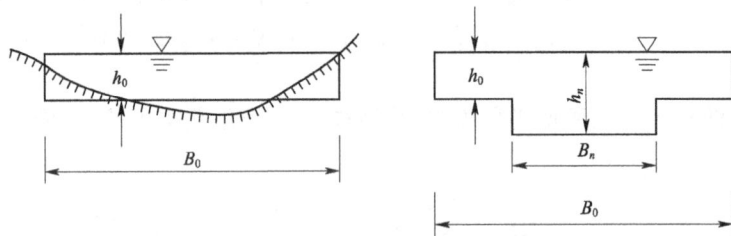

图5-15 挖槽断面图

假定挖槽前后糙率 n 不变:

挖槽前:浅滩上平均流速 $U_0 = \dfrac{1}{n}h_0^{2/3}J_0^{1/2}$

挖槽后:挖槽内平均流速 $U_n = \dfrac{1}{n}h_n^{2/3}J_n^{1/2}$

假定挖槽内外比降相同,挖槽外平均流速 $U'_0 = \dfrac{1}{n}h_0^{2/3}J_n^{1/2}$

由挖槽前后流量相等,推出挖槽计算断面的基本公式,计算曲线见图5-16。

$$K_m = \frac{a^{2/3}}{1 - b + ba^{5/3}}$$ (5-2)

式中:$K_m = \frac{U_n}{U_0}$,$a = \frac{h_n}{h_n}$,$b = \frac{B_n}{B_0}$。

值得提出,上式计算是在假定挖泥前后糙率不变并令其流量相等条件下推得的,有关计算表明,当挖槽的宽度大于1/3河宽时,则挖槽内的流速低于挖泥前浅滩上的平均流速,容易产生淤积。求K_m的极值,得挖槽内获得最大流速的条件为:

$$\frac{\mathrm{d}K_m}{\mathrm{d}a} = 0，a = 0.786\left(\frac{1-b}{b}\right)^{0.6}$$

相应可得K_m的最大值为:

$$K_{\max} = \frac{0.51}{(1-b)^{0.6}b^{0.4}}$$

实验资料还表明,挖槽上边缘回淤,下边缘冲刷,从而促使挖槽变形和移位。为此,对挖槽进行超深、超宽挖泥,挖槽在航期中保持良好的状态。

（2）根据土质决定挖槽边坡

疏浚工程设计应对边坡稳定性进行分析计算,应根据土质特性和水力动力条件确定水下边坡的稳定性,并对下列因素进行分析:

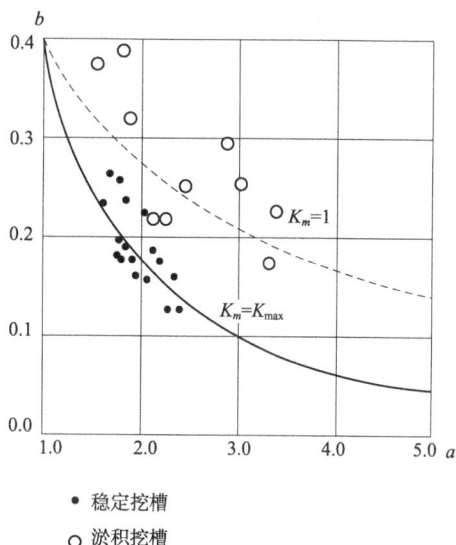

图5-16　挖槽最佳尺度计算曲线

①边坡设计应根据土的类别、物理力学指标对边坡的稳定性进行计算;

②边坡的稳定应考虑水流、潮流、波浪的影响;

③水下土层通常不是全部固结的,且有剩余孔隙水压力的特性,强度较低,特别在潮间带潮汐和内河一定水位的水流作用下,必须考虑其稳定程度;

④对含水量小于塑限的粘土和软土在水位和水流、波浪作用下,仍存在不稳定的因素,因此需要有长期的观测资料,应该通过调查类似土质和水流条件的资料确定边坡;

⑤对流动性淤泥层,当开挖淤泥层厚度较大且水深较小时,边坡的设计应以泥沙运动为重点进行考虑;

⑥同一航道,当土质特性和动力环境出现较大变化时,应分段设计成不同的边坡,如果航道较短而采用同一边坡时,应采用较缓的边坡;

⑦边坡的设计应考虑边坡的稳定性,同时尚宜考虑采用的疏浚设备类型和施工方法;

⑧对边坡精度有特殊要求的工程,如基槽、水工建筑物附近的开挖、水下管沟的开挖等,应对疏浚设备、施工方法、定位措施、监测方法进行周密的考虑,并提出相应的限制条件和措施。

刚疏浚过后的边坡,经过一定时间后便成为稳定的坡度,但在疏浚泥层厚度、疏浚深度、波浪、水流、地质地形和时间等不同条件下,稳定程度有异。所以在设计时应对边坡大小作一定的估计。在缺乏资料的情况下,各类土质的设计水下边坡可参照表5-1选用。

各类土质水下边坡比   表 5-1

土质类别	坡比	土质类别	坡比
基岩	1:0.2～1:1.0	中等及软粘土	1:3.0～1:5.0
块石	1:1.0～1:1.5	密实剂中密沙土	1:3.0～1:5.0
弱胶结碎石	1:1.5～1:2.5	松散及极松沙土	1:5.0～1:10.0
卵石	1:2.5～1:3.0	软淤泥	1:5.0～1:10.0
坚硬及硬粘土	1:2.0～1:3.0	液态淤泥	1:20～1:50

（3）挖槽的超宽、超深

由于挖泥船的挖泥工具在河底挖泥痕并不能形成光滑的干整面，所以一定要允许在施工中保持超过设计深度挖泥才能保证挖后水深符合要求。需要超深的大小因挖泥层厚度大小、土质软硬，挖泥船类型及施工时风浪和施工操作技术而不同。计算断面见图5-17。

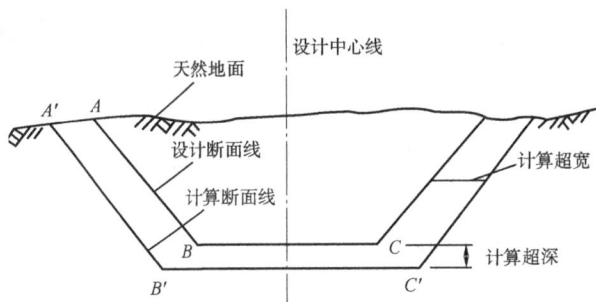

图 5-17 疏浚工程断面图

由于挖泥导标的视觉误差，挖泥船施工时常须在超出导标标志的挖槽边线以外施工，另外，有边坡的自然崩塌也可能比预计的多，因此挖泥船必须超宽施工，一般单侧超宽约为1～8m，整个挖槽宽约为2～15m。

值得注意，在土方计算时，若把边坡塌方考虑在内，就不必再在挖槽宽度内增加超宽，只需按设计宽度计算即可。

（4）备淤深度 Δh

航道备淤深度是考虑航道淤积影响水深增加的富余深度，它是由航道的年淤积强度决定的。理论上，备淤深度取值为：

$$\Delta h = P \cdot (T - t) \tag{5-3}$$

式中：Δh——备淤深度；

　　　P——淤强；

　　　T——维护疏浚周期；

　　　t——疏浚施工时间。

3. 挖槽后的水面降落

计算挖槽后的水面降落，主要考虑其在枯水期的影响，分析判断水面降落后挖槽内的水深能否满足航道标准水深的要求，上游河段内是否由于挖槽的水面降落而出现新的碍航浅滩。

通常计算出挖槽前后水面线，就可以得到水面降落值。在计算挖槽后的水面线时，应考虑挖槽断面的影响,若挖槽断面积与河床断面积的比值不大,可假定槽内糙率与原河床糙率相同。若挖槽断面积相对较大,应采用综合糙率,计算公式如下:

$$n = \sqrt{\frac{n_p^2 \chi_p + n_n^2 \chi_n}{\chi_p + \chi_n}}$$ (5-4)

式中: n ——施工后河床的综合糙率;

   n_p ——施工前河床的糙率;

   χ_p ——施工前河床的湿周(m);

   n_n ——施工后槽内的糙率;

   χ_n ——施工后槽内的湿周(m)。

槽内糙率根据河床组成,按经验或查糙率表确定,天然河床部分糙率由实测资料反推求得。计算流量根据要求而定,一般只对设计流量和整治流量进行计算。

疏浚施工后,由于河床降低.挖槽横断面的过水面积的扩大,同流量下的水面曲线亦将随之下降,下降值在挖槽内以进口处为最大,向下游逐渐减小,至出口处,不再下降,与此同时,挖槽上游河段,水位也会下降。挖槽河段水位降落值计算见图5-18。

挖槽水位的降落,必然会带来挖槽实际所增加的水深有可能小于原来设计要求的水深、同时挖槽上游河段内浅滩的水深也会不足,因此,应预估水位降落值。

计算枯水期水面降落值时,枯水水流比较稳定,可视为渐变流;另一方面,挖槽处在一个较短的河段内、河床断面局部变形较小时,局部阻力损失可忽略不计。在较宽直的河段上,可认为挖槽施工前后的糙率变化不大,可直接取用施工前的糙率。挖槽引起的水面降落值计算公式如下:

按均匀流公式计算:

$$v = \frac{1}{n}H^{2/3}J^{1/2}$$

挖前总流量:

$$Q' = B_0 H_0 v_0 = \frac{B_0 H_0^{5/3}}{n}\left(\frac{\Delta Z_0}{L}\right)^{1/2}$$

挖后总流量:

$$Q = B_0\left(H_0 + \Delta H_0 - \frac{\Delta Z}{2}\right)v_n = \frac{B_0\left(H_0 + \Delta H_0 - \dfrac{\Delta Z}{2}\right)^{5/3}}{n_n}\left(\frac{\Delta Z_0 - \Delta Z}{L}\right)^{1/2}$$

$$Q' = Q$$

假设: $n_n = n_0$

得:

$$\left(1 + \frac{\Delta H_0}{H_0} - \frac{\Delta Z}{2H_0}\right)^{\frac{10}{3}}\left(1 - \frac{\Delta Z}{\Delta Z_0}\right) = 1$$ (5-5)

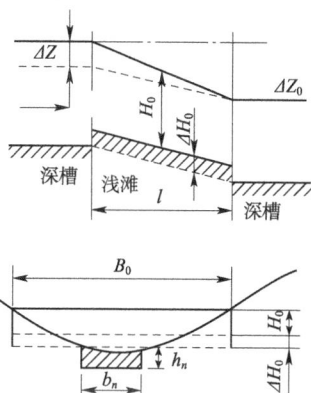

图 5-18 挖槽河段水位降落值计算图

式中：H_0 ——施工前计算段的平均水深(m)；

　　ΔZ_0 ——施工前计算段水面落差(m)；

　　ΔZ ——施工后浅滩上断面水位降低值(m)；

　　ΔH_0 ——施工后计算段平均水深的增加值(m)，可用下式计算：

$$\Delta H_0 = \frac{b_n}{B_0}\Delta h_n$$

式中：b_n ——挖槽宽度(m)；

　　Δh_n ——挖槽内平均挖深(m)；

　　B_0 ——原河床宽度(m)。

从公式中可以看出：

(1)在 H_0、ΔH_0 值一定时，浅滩河段原来的水位落差 ΔZ_0 越大，则挖泥后水位降落值 ΔZ 也越大。因为 ΔZ_0 直接反映着比降的大小，一般中小河流上比降往往较大，所以采用疏浚的办法来增加航道水深，其效果将受到一定限制。

(2)在 H_0、ΔZ_0 值一定时，浅滩上平均开挖深度 ΔH_0 越大，挖泥后水位降落值 ΔZ 也越大。因此，在一定的设计条件下，挖槽的开挖深度 ΔH_0 是有一定的限度的，开挖过深虽然浅滩高程可以降低，但水深增加有限，有时甚至水深不能增加。

(3)在 ΔH_0、ΔZ_0 值一定时，浅滩原来的水深 H_0 越小，则挖泥后水位降落值 ΔZ 越大。因此，对原来水深很小的浅滩，若较大地增加水深，仅用疏浚的办法将不能获得预期的效果，必须辅助整治工程措施。

对于挖槽引起上游河段的水位降落值计算，原理基本同挖槽河段，可用下式计算：

$$\left(1 - \frac{\Delta Z_1 + \Delta Z_2}{2H'_0}\right)^{10/3}\left(1 + \frac{\Delta Z_1 - \Delta Z_2}{\Delta Z'_0}\right) = 1 \tag{5-6}$$

式中：H'_0 ——下游挖槽施工前，上游计算段的平均水深(m)；

　　$\Delta Z'_0$ ——下游挖槽施工前，上游计算段原有水面落差(m)；

　　ΔZ_1 ——下游挖槽施工后，浅滩上断面水位降低值(m)；

　　ΔZ_2 ——下游挖槽施工后，浅滩上游计算段上断面水位降低值(m)。

对新开的基建性挖槽，或较长河段中相邻有数个浅段挖槽，其水面降落值的计算，应通过水面线的推算计算每个断面上的降落值。

第四节　潮汐河口挖槽设计

一、潮汐河口挖槽选线

1. 从航行条件出发

在潮汐河口开敞水域中，航行船舶对横流、横风、横浪的作用非常敏感，为使船舶在规定的挖槽内航行，杜绝发生海事，挖槽应与流、风、浪方向一致。但事实上风、浪、流不可能在同一方向，它们将随着季节和潮汐发生周期性变化，因此，在开敞水域中航槽轴线应尽可能与常遇风、浪和流的合力方向平行。对于乘潮进出港的船舶,其挖槽应主要考虑高潮时或急涨急落时的流向。对于重载大型船舶,水流的影响要比风浪作用大,挖槽方向应尽量与上层水流的流向一致,同时挖槽与流向间维持一定的交角,方便水流带走排出的泥浆,提高疏浚效率。

2. 从航槽的稳定性要求出发

在潮汐河口设计挖槽时,应进行潮流、波浪和泥沙运动的分析论证,挖槽方向应尽量与涨落潮的底流方向一致,这样才有利于泥沙运行,减少疏浚工程量。对于涨潮为冲刷动力的河段,力求与涨潮底流一致。对于落潮为冲刷动力的河段,力求与落潮底流一致。一般在深泓部位流速较大,泥沙落淤较少,挖槽应布置在溪线位置。若溪线在平面上有变动,可分析溪线平面位置的变化情况,将航槽布置在它的变动范围内,并应预计到朝有利方向转变的趋势。在口外海滨段,当涨潮流占主导地位并由此形成深槽时,应选取涨潮流主槽为挖槽。潮流与挖槽轴线的交角宜小于15°,但不应大于30°。

总之,必须全面分析当地的自然条件,尽量利用天然水深,避免大量开挖,减小强风、强浪和水流主流向与航槽轴线的交角。在河口有掩护的水域中横浪横流影响较小,此时主要是常风向对航槽起主要作用,若航槽轴线与最大风力方向很难取得一致时,则应适当增加航道宽度。

二、潮汐河口挖槽尺度确定

受潮汐影响的河口航道,应尽量利用天然深槽。当穿越浅滩时,应着重分析河流、海洋动力及泥沙对开挖航槽的影响,必要时应通过模型试验论证挖槽尺度。

1. 挖槽深度的确定

挖槽深度是在设计水位确定后,根据设计船舶吃水要求和富余水深,得出挖槽底部的高程。在河口地区进港海轮航道水深可分为通航水深 D_0 和设计水深 D,具体如图5-19所示。

$$D_0 = T + Z_0 + Z_1 + Z_2 + Z_3 \quad (5\text{-}7)$$
$$D = D_0 + Z_4 \quad (5\text{-}8)$$

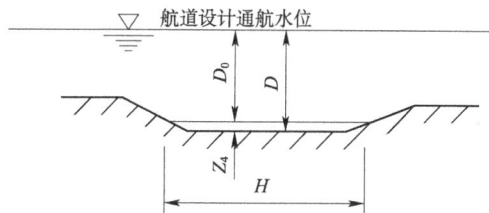

图5-19 河口进港航道断面图

式中:T——设计船舶满载吃水;

Z_0——船舶航行时船体下沉增加的富余水深;

Z_1——航行时龙骨下最小富余深度,见表5-2;

Z_2——波浪富余深度,见表5-3;

Z_3——船舶装载纵倾富余水深,杂货船和集装箱可不计,油船和散货船取为0.15m;

Z_4——备淤富余深度,应根据两次挖泥间隔的淤积量确定,一般不小于0.4m。

航行时龙骨下最下富余深度 Z_1(m) 表5-2

吨级 / 土质	<5000	5000~10000	10000~50000	50000~100000	100000~300000
淤泥土、软塑、可塑性土、松散沙土	0.2	0.2	0.3	0.4	0.5
硬塑粘性土、中密砂土	0.3	0.3	0.4	0.5	0.6

续上表

吨级 土质	<5000	5000~10000	10000~50000	50000~100000	100000~300000
坚硬粘性土、密实砂土、强风化岩	0.4	0.4	0.5	0.6	0.7
风化岩、岩石	0.5	0.6	0.6	0.8	0.8

船、浪夹角与 $Z_2/H_{4\%}$ 的变化系数值　　　　　　表 5-3

$\phi(°)$	0	10	20	30	40	50	60	70	80	90
$Z_2/H_{4\%}$ $(T\leq 8s)$	0.24	0.32	0.38	0.42	0.44	0.46	0.48	0.49	0.50	0.52
$Z_2/H_{4\%}$ $(T=10s)$	0.55	0.65	0.75	0.83	0.90	0.97	1.02	1.08	1.10	1.15

注：$H_{4\%}$ 表示为累积频率为 4% 的波高；当 DWT < 10000t 时，表中数值应增加 25%；当波浪平均周期 $T\geq 10s$ 时，Z_2 值应进行专门论证；当波浪平均周期 $8s < T < 10s$ 时，可内插确定 $Z_2/H_{4\%}$ 值。

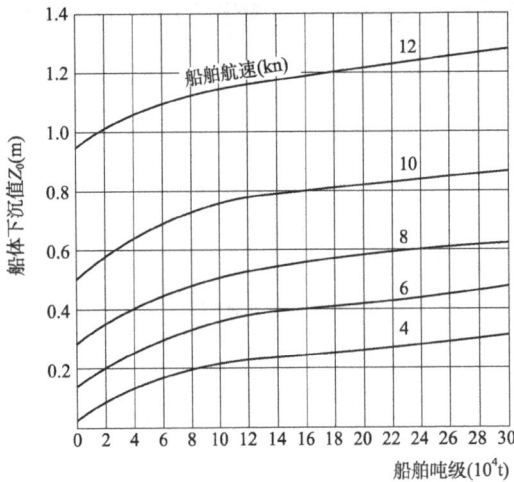

图 5-20　船舶航行时船体下沉值曲线

确定河口航道深度时，除运输特别繁忙的河口航道按设计水位确定外，通常可选择较高潮位作为大轮进出航道的设计水位，这一设计水位称为乘潮水位。乘潮水位的确定，应根据需要乘潮的船舶航行密度、通过河口浅滩所需的持续时间，选取每一个潮峰上与此延时相当的水位，进行累积频率计算，一般取乘潮累积频率 90%~95%，这样，可减少河口疏浚的工程量。船舶航行时船体下沉值曲线见图 5-20。

2.挖槽的宽度

河口水流较内河复杂得多，所以河口单线航道按经验取挖槽宽度为设计船宽的 3~4 倍；双线航道取设计船宽的 6~7 倍。

按照《海港总体技术规范》，单、双线航道宽度可由下述公式确定（图 5-21）：

单线航道　　　　　　　　　　　$w = A + 2c$ 　　　　　　　　(5-9)

双线航道　　　　　　　　　　$w = 2A + b + 2c$ 　　　　　　(5-10)

式中：A——航迹带宽度，$A = \eta(L\sin\gamma + B)$；

　　　η——船舶漂移倍数，见表 5-4；

　　　γ——风、流压偏角，见表 5-4；

　　　b——船舶间富余宽度，取设计船宽 B；

　　　c——船舶与航道底边间的富余宽度，见表 5-5。

当航道较长、自然条件较差和船舶

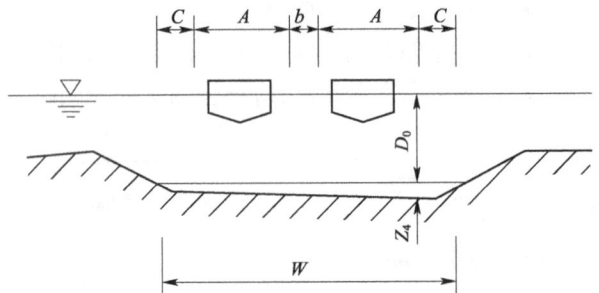

图 5-21　航道有效宽度

定位困难时,可适当加宽。

满载船舶漂移倍数 η 和风、流压偏角 γ 值　　　　表5-4

风力	横风≤7 级				
横流 U(m/s)	≤0.1	0.1 < U ≤ 0.5	0.25 < U ≤ 0.5	0.5 < U ≤ 0.75	0.75 < U ≤ 1.0
η	1.81	1.75	1.69	1.59	1.45
γ(°)	3	5	7	10	14

船舶与航道底边间的富余宽度　　　　表5-5

项　目	杂货船或集装箱船		散　装　船		油船或其他危险品船	
航速(kn)	≤6	>6	≤6	>6	≤6	>6
c(m)	0.5B	0.75B	0.75B	B	B	1.5B

3.挖槽的弯曲半径

挖槽一般应设计成直线,当挖槽过长时,也可设计成折线,方便船舶运行,在挖槽转折处需加大航道弯曲半径和适当加宽航道。

当转向角 φ 满足 10° < φ ≤ 30° 时,弯曲半径宜取 R = (3~5)L,并采用切角法加宽;φ > 30°时,R = (5~10)L,可用折线切割法加宽,式中 L 为设计船长。

第五节　疏浚土的处理及挖槽土石方的计算

一、疏浚土的处理与利用

航道疏浚工程中疏浚土的处理与利用,随着人类对环境和资源综合利用要求的提高,处理方法也受到了更多关注。疏浚土的处理与利用是航道工程设计的重要环节。

疏浚土的处理有两种方法:一种是卸泥于岸上,即所谓陆上吹填工程,一般和陆上吹填相结合,需要有被吹填的泥塘和吹泥机具。另一种是水下卸泥,即在河流、海湾等合适的水域直接进行水下抛泥。

1.疏浚土处理区调查

在疏浚工程设计阶段应对疏浚土处理区的现场进行调查。在调查中应尽可能将疏浚土的处理与疏浚土的处理与疏浚土的综合利用结合起来。

当水上抛泥时,应调查收集下列资料:

(1)抛泥区的位置,当地的水深地形图资料,允许抛泥的面积和高度;

(2)抛泥区的流速、流向和风浪资料;

(3)疏浚区到抛泥区的距离,运泥航线的水深,航行障碍物及其他干扰;

(4)抛泥作业的环境影响因素,如对水质、水产资源、航道回淤的影响等等。

当泥土在陆上处理时,应调查收集下列资料:

(1)泥土处理区的位置、面积和允许吹填的标高;

(2)泥土处理区及其附近的地形;

（3）需要拆迁的建筑物或构筑物；

（4）泥土处理区的地质资料（包括土工试验资料）；

（5）疏浚区到泥土处理区的距离，排泥管线铺设条件及可能出现的干扰和障碍；

（6）吹填余水排放的位置路线及对周围环境的影响；

（7）吹填时，由于地下水抬高，对周围环境和建筑物造成影响。

2.陆上吹填

陆上处理疏浚土时，必须对下列条件进行分析：

（1）处理现场的地基特性：土的强度、承载力及稳定性，地表面是否需要清理；

（2）疏浚土的特性：固结、排水及随后的强度；

（3）获得构筑围埝或堤岸材料的可能性；

（4）现场的地形及排水；

（5）疏浚设备正常作业的条件；

（6）陆上存泥区的容量，可按下式确定：

$$V_p = K_s \cdot V_w + (h_1 + h_2)A_p \tag{5-11}$$

式中：V_p——存泥区容量（m^3）；

V_w——疏浚土方量（m^3）；

h_1——沉淀富余水深（m），一般取0.5m；

h_2——风浪超高（m），一般取0.5m；

A_p——存泥区面积（m^2）；

K_s——土的松散系数，由试验确定，无试验资料时，可参照表5-6、表5-7确定。

细粒土松散系数　　　　　　　表5-6

土类	高塑粘土 膨胀土 高塑有机土 粉质粘土	高塑粘土 中高塑有机粉质粘土	中塑粘土 粉质粘土	砂质粉土 粉土 可塑粉土	有机粉土 泥岩
天然状态	硬塑~硬	硬塑	可塑	软塑	流动
K_s	1.25	1.20	1.15	1.10	1.05

粗粒土松散系数　　　　　　　表5-7

密实程度	很紧密	紧密	中实	松散	极松散
标准贯入击数 N	>50	30~50	10~30	4~10	<4
K_s	1.25	1.20	1.15	1.10	1.05

3.水下抛泥区选择

水下抛泥区选择应充分考虑河床稳定要求、船舶航行要求及施工要求，并尽可能利用抛泥区去加高边滩或抛筑土堤，以引导水流归入挖槽，或用于堵塞有害的倒套、串沟等。

由于水下抛泥在水流的作用下仍具有一定的活动性，对抛泥区水域的自然条件，对周围环境会带来一定的影响，因此，在选择抛泥区时应尽量减少对周围环境的不利影响，尽量发挥其有利的一面，兼顾各方利益，统筹考虑。

一般情况下，选择抛泥区时应坚持以下原则：

（1）从利于航行考虑

①抛泥区不能选择在妨碍航行的地点,如航道的边缘,或挖槽附近以及通向码头或船坞的水域;

②抛泥区通常选在凸岸边滩的下部,不影响通航。

（2）从河床演变规律考虑

①抛泥区应尽量选在下深槽的尖潭内,以填塞深潭,减弱横流,宜选在挖槽的下游深槽,避免泥沙的下移,引起挖槽内的回淤;

②提高边滩的高程,有利于在较高水位时引导水流冲刷航道;

③塞支强干:即填塞非通航的汊道,增加通航汊道的水深;

④抛泥区应与岸滩相联,不能抛成彼此互不相联的沙滩,以免岸滩与抛泥区之间形成凹塘,这样的凹塘不仅分散水流,降低疏浚效果.还往往发展成为第二航道,甚至使挖槽不能通航。

此外,抛泥区的选择还要考虑泥沙运动对下游河道的影响。如在挖槽下游,有可能使下游河道出浅。例如淮河鲁口孜浅滩于1994年7月至9月挖泥两万余方,抛在浅滩的下深槽中,该深槽又是下游冯家渡口浅滩的上深槽,1995年洪峰过后,所抛泥全部下移,深槽恢复原状,而下游冯家渡口浅滩同时出浅碍航,说明所抛泥沙被水流带此处淤积。由此可见,抛泥区的选择与河床演变关系密切,应全面考虑。

（3）从利于施工方面考虑

抛泥区应不妨碍挖泥船和泥驳的运转,如泥驳抛泥时,抛泥区水深不能太浅,否则不能满足泥驳吃水的要求。同时应尽可能不影响其他船舶的航行。

（4）从经济合理性方面考虑

疏浚的泥土应尽可能变废为宝,发挥其经济效益。如尽量利用挖出的泥土抛填整治建筑物以稳定河床和挖槽。例如在湘江上利用含有20%以上卵石的泥沙修筑丁坝,使其成为整治措施的一个内容,一举两得,大大提高了经济效益,但与此同时必须注意应以维护挖槽稳定为前提。

（5）从对环境的影响方面考虑

疏浚泥土就得考虑对生态环境的影响,主要包括避免大量的自然资源遭到直接破坏或污染,特别是鱼、虾及贝类等海产品。

上述选择抛泥区的原则,设计时常常不能同时满足,尤其是挖槽至抛泥区的距离与对挖槽的回淤影响,很容易互相矛盾。因此,必须加以周密的调查研究,甚至采用现场测试等手段,按照具体情况,从有利于总体出发加以选择。

（6）抛泥区要有足够的水深,要有所需要的抛泥容量

抛泥区需要的最小水深可按下式计算:

$$h = h_T + h_k + h_B + h_n \tag{5-12}$$

式中: h ——抛泥区最小水深(m);

h_T ——挖泥船或泥驳的最大吃水(m);

h_k ——富余水深(m),可按表5-8取用;

h_B ——泥门开启时超出船底的深度(m);

h_n —— 设计抛泥厚度(m)。

航道地质与富余水深关系 表 5-8

土　质	h_k(m)	注
软泥	0.3	在风浪大的地区应适当增加
中密沙	0.4	
坚硬或胶结土	0.5	

采用拖船拖带泥驳时,若拖船的最大吃水大于泥驳开启时的 $h_T + h_B$,则式中 $h_T + h_B$ 代之以拖船的最大吃水。

当抛泥区实际水深小于 h +2m 时,应考虑在施工中对抛泥区水深进行必要的监测。

(7)潮汐河口航道疏浚的抛泥区宜选在开挖航槽的下游,避免涨潮流挟带弃土进入航槽造成回淤

采用边抛法疏浚时应进行充分的技术经济论证,必要时可通过现场试验确定。条件许可时,宜将弃土排入坝田围堰内或导堤外围堤造地。潮汐河口整治河段的挖槽回淤和抛泥区抛泥对挖槽回淤的影响,应进行数值模拟研究,必要时尚应通过物理模型试验或挖槽试验进行论证和预测。

4.疏浚土的利用

疏浚土的用途主要分为 3 大类:工程用途、农业及产品用途、美化环境用途。若详细划分,可分以下几类:

1)建筑和其他工程用途,包括港口、机场建设、城市和住宅建设等。如法国波尔多、勒阿弗尔、鲁昂等港口将疏浚土进行吹填造地,用于港口建设和发展工、农业用地。

2)建筑材料,如加入水泥使其固化,制成建筑砌块。

3)置换回填。

4)海岸保护和侵蚀控制。

5)人工补滩。如波音特摩里在 20 世纪 50 年代,大浪的严重冲蚀使它减少了约 19km² 面积,并完全冲走了屏蔽该地的一个岛屿,环境遭到严重破坏。后来用疏浚土恢复了原来岛屿,并筑坝将岛与岸连接,促使泥沙淤积恢复原有沼滩地并利于植物生长。

6)覆盖,即在离岸回填区使用洁净疏浚物覆盖污染疏浚物。

7)野生动物栖息地的扩建。据有关资料统计,美国共建造和改造了 2000 多个人工岛,许多都是用来作为野生动物栖息地。

8)用于渔业。

9)露天矿的回填和固体垃圾的管理。

10)用于农业、森林业和园艺。

随着工作的不断深入,疏浚土的利用范围必将日益扩大,产生的经济效益和社会效益也将不断提高。

二、挖槽土石方计算

土石方工程施工都会不可避免地出现一定的正、负偏差,因此在控制施工质量时有一个

允许误差,只要施工偏差在允许范围内,就认为质量合格。挖泥船施工是在水下进行的,其施工偏差不易控制,挖槽的设计要求航道内不允许出现浅点,即要求不出现负的偏差。为此挖泥船只有加大挖泥深度,超过设计深度进行施工,保证施工质量达到设计要求。实际开挖的槽底(纵剖面),见图 5-22。

从图 5-22 可以看出,挖泥船实际开挖的平均深度较设计深度要大,必须将这一超挖部分计入挖槽土石方之内,否则就不能达到要求的设计深度。因此计算挖深应是设计挖深加计算超深,计算超深值视挖泥船的类型和性能而定。

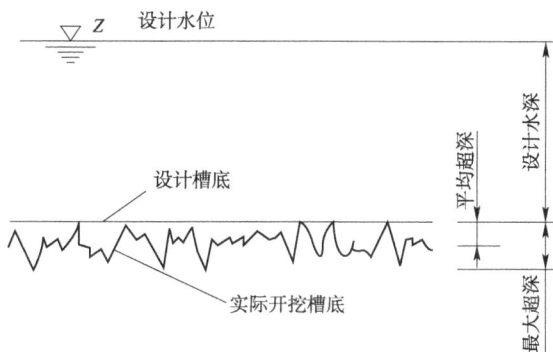

图 5-22　挖槽实际开挖槽底示意图

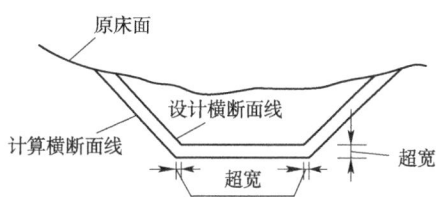

同样,为保持挖槽边线能达到要求的深度,而挖泥船对边线导标和操作上又必然会出现偏差,也能增加挖泥宽度,超过挖槽边线进行施工。实际的开挖边线如图 5-23 所示,在计算挖槽土石方时,必须在设计宽度上两侧各增加一个超宽值。

根据上述分析,挖槽土石方的计算图如图 5-24 所示。挖槽的设计横断面取决于设计挖深与设计挖宽,根据航道的标准尺度确定,需要预留备淤深度的挖槽,其设计挖深应为航道标准水深与备淤深度之和。

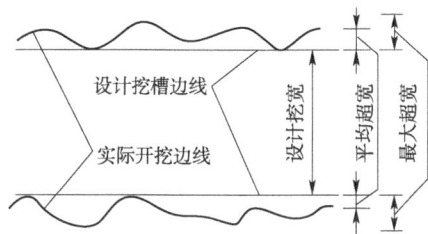

图 5-23　挖槽实际开挖边线示意图　　图 5-24　疏浚工程量计算断面示意图

挖槽的土石方可采用断面面积法和平均水深法两种方法来计算。

1. 断面积法

在设计挖槽上选取若干横断面 $A_1,A_2,\cdots,A_n$,断面间距视地形变化情况而定。在每一横断面上算出包括超深、超宽的挖槽面积。此面积可用求积仪直接量取,也可将断面分为若干条(图 5-25),按梯形或三角形算出各面积后再相加得横断面的总面积,即挖槽土石方计算式为:

$$V = \frac{1}{2}\sum_{i=1}^{n-1}(A_i + A_{i+1}) \cdot L_i \tag{5-13}$$

式中：V——挖槽土石方；

A_i——第 i 横断面挖槽面积；

A_{i+1}——第 $i+1$ 横断面挖槽面积；

L_i——第 i 段挖槽长度。

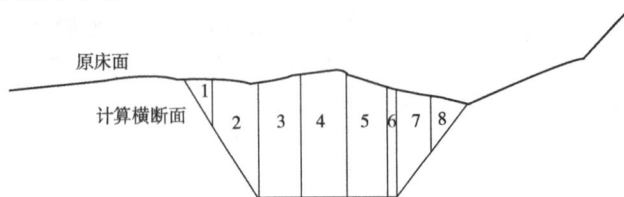

图 5-25　横断面分条示意图

2.平均水深法

用平均水深法计算挖槽土石方 V 的计算式为：

$$V = (B + 2\Delta B) \cdot \overline{L} \cdot \overline{H} + \frac{h_1^2 \cdot m}{2} \cdot L_1 + \frac{h_2^2 \cdot m}{2} \cdot L_2 \tag{5-14}$$

式中：B——挖槽宽度（m）；

$\overline{L}$——挖槽平均长度（m）；

$\overline{H}$——平均挖泥厚度（m）；

h_1、h_2——分别为左、右边线上的平均挖泥厚度（m）；

m——边坡系数；

L_1、L_2——分别为左、右边线的长度（m）；

ΔB——挖槽边线超宽（m）。

当挖槽内水深测点分布不均匀时，宜将挖槽分成数段，测点疏密大致相同的划分为一段，按上法分别计算每段的挖槽土石方，再将各段土石方相加，求得总土石方。

以上两种计算方法，均因分段方法的不同，出现不同的计算结果。因此，一般都要采用两种不同的分段方法分别计算，若两次计算结果的差值不超过总数的 5%，则将两次计算结果取平均值作为挖槽总的土石方量。

第六节　航道疏浚对环境影响与控制

一、疏浚工程对环境的影响

航道疏浚是实施航道工程建设的重要手段之一。由于航道疏浚特别是基建性疏浚工程量大、施工周期长、扰动大，对疏浚周围水质及环境的影响很大。在疏浚过程中，都不可避免地对环境产生负面的影响，如机械的搅动或挖取会引起底沙悬扬，造成局部水域的浑浊等。此外，河口航道的浚深，会影响盐水楔上溯的距离，从而改变上游的含盐度沿程分布，对周围环境和生态环境产生一些不利影响。

疏浚是利用挖泥船设备，将处于水下的泥沙输移到别处（水中或陆上）。由于疏浚改变了局部的原来环境,所以不论是水利方面的防洪疏浚、航运方面的通航疏浚,还是环保方面的环境疏浚,都会对其环境产生正面的,或负面的影响。

疏浚工程对环境的影响主要有:

1.正面影响

水利方面的防洪疏浚,为了便于洪水到来时能正常开闸排洪,每年必须把闸下淤泥清除。疏浚后,可以稳定河口,并保证这些河流洪水的顺利排泄,保障了人民的生命、财产安全,同时也避免了内涝灾害。

航运方面,随着经济和贸易的发展,水运的需求在不断扩大,特别是沿海运输及海洋运输的日益繁忙,运输船舶逐渐向大型化发展,而航道水深不足常成为地区社会、经济发展的制约瓶颈。所以,对航道进行疏浚后,通航水深加深,必将产生较好的社会效益,从某种角度来说,也会对环境产生有益的影响。

环保方面,随着环保意识的增强,水下污染物对环境造成的危害也逐渐引起了人们的重视。环保疏浚作为水环境综合整治中的一项重要措施,其地位和作用已显露端倪。环保疏浚对生态系统修复具有十分重要的作用,疏浚底泥还可去除(转移)重金属污染,并在一段时期内减少营养盐溶液释放。

2.负面影响

疏浚对施工区域水力条件改变、水域底部形态变化、水质带来的变化,对施工区域空气质量的变化(即气味等的变化)等都存在影响。施工期机具噪声水平提高的干扰,弃土与抛泥沿程带来的泄漏影响,在挖泥和排泥操作扰动水底沉积物并使之重新悬浮时,造成二次污染对船体磨蚀和人群健康的影响,水体沾染异色,使人产生反感,失去旅游观光的价值等。

疏浚时,机械的搅动,会引起底沙悬扬,而且在转移疏浚物时,洒落在水中的泥沙也会造成局部水域的浑浊。在挖泥和排泥操作时,水底沉淀物被扰动并重新悬浮,悬浮颗粒可能会释放出有毒的物质,如氨和磷化物,并遗留在水中,使水质"肥化",对当地的水生物造成潜在为危险。例如,太湖流域在进行环境疏浚时,尽管采取了一定的措施来防止悬扬的泥沙扩散,但未能有效防止水质的"肥化",引起浮游生物、藻类大量增生,它们大量消耗水中的溶解氧,造成水质缺氧,加剧了其他类型的污染。

如被疏浚的沉积物大多数是细粒泥沙、粘土和胶体成分,在水中由于化学作用(离解)的结果,表面一般都带有负电荷的阴离子,同时由于细粒的表面积很大,因而可以吸附大量带有正电荷的阳离子。泥沙对水质的影响,主要是作为污染物的载体,影响污染物在水体中的物理—化学迁移过程。由工业废水、工厂和油船等排出的含油沉积物,人口稠密区大量排泄有机物等都吸附在泥沙中,重金属和稳定的难以降解的有机污染物富集在河底泥沙中,成为具有长期潜在的二次污染源。

疏浚使自然状况发生变化,自然状况变化的方式很多,如疏浚现场和抛泥区中土壤的粒径变化,挖泥和抛泥造成的大面积岩石的外露和被覆盖,栖息场的变化会灭绝或促进某种有机体和水生生物的生长,并导致生态的永久性变化。

疏浚施工过程对水体中的污染物迁移影响主要表现在以下两个方面:

1.水中污染物在水体中变化

(1)机械迁移。由于挖泥搬运过程中将原河底或水中污染物质携带到抛泥区的搬迁。

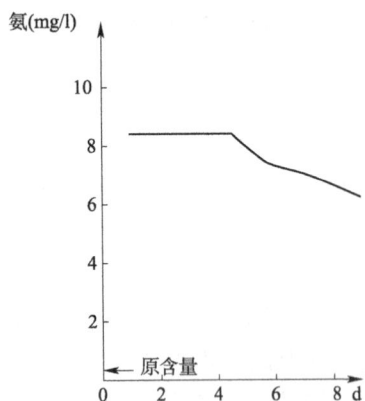

图5-26 疏浚后氨含量

（2）物理—化学过程转化。由于疏浚时对水体和河底的扰动，污染物在水体中发生一系列新的物理化学作用。无机污染物是以简单离子、络离子或可溶性分子的形式在转化过程中伴随迁移的。其迁移主要通过溶解—沉淀作用、氧化—还原作用、水解作用、络合作用、吸附—解吸作用来实现。有机污染物质是通过化学降解、光化学降解、生物降解等过程实现迁移的。物理—化学迁移是污染物质在水环境中迁移的主要形式。这种迁移的结果决定了污染物质在水体中存在形态、富集和潜在危害程度(图5-26)。

（3）生物性转化。由于水体扰动污染物质通过生物体的新陈代谢、生长、死亡等生理过程所进行的迁移。生物迁移的表现形式有生物的吸收与富集、生物降解、生物放大等。生物迁移是极其复杂的迁移形式，其迁移强度与生物体的种属、生理、生化、遗传、变异有关。

由于疏浚过程对水环境条件的改变，引起污染物迁移外部因素的变化，对污染物原有的迁移强度和转化速度产生影响，水体流速、流态，水体氧化—还原条件，吸附—解吸环境，沉淀等也都随之有所改变，从而影响到污染物的迁移，加速了悬浮物的浓度与沉淀量程发生变化。

2.泥和弃土过程中污染物的变化

伴随疏浚，会有大量的疏浚弃土。疏浚土的处理结果对环境的影响是显然而见的：处理得当就能变废为宝，获得巨大的经济效益和社会效益；处理不好或处理不当就会成为负担，对环境造成较大的破坏。

由于疏浚工程的抛泥区与挖泥施工区域不同，在运输及抛泥过程中，污染物有以下变化。

（1）水体中吸附的污染物由水相转化为固相形成新的污染形态。

（2）在抛泥区的氧化环境发生变化，形成污染物新的扩散条件和范围，可造成二次污染。

尽管疏浚对环境的物理、化学、生物都将带来一定的变化，但它是促进经济和社会发展的必不可少的手段。所以，对疏浚活动应加以控制和监测。

二、疏浚污染的控制

在设计疏浚方案时，应当对疏浚产生的环境问题给予足够的重视。进一步改善挖泥设备的性能，提高挖泥技术水平，研究适合于工程所在地的疏浚方法，以减少局部水域的浑浊度和污染性物质的溶解输移。同时，采取相应措施，合理选择施工船舶及施工期；在确定疏浚方案时，认真分析疏浚土的性质，尽可能发掘疏浚土的利用价值等，以尽可能地减少因疏浚引起的不良影响。

为了防止疏浚施工中带来的环境影响，必须对水质和土质的直接变化采取工程控制措施，特别是对抛泥区的水质和土质控制。一般说来，在疏浚泥土处理方式中，从环境保护的角度来看，都会是一种新的污染源。吹填造陆所引起的水体污染很小，在有条件的地方尽可能吹泥造陆，变废为宝，又可最大限度地减少对周围环境的影响，还可利用弃土烧砖，发展地方工业。水中抛泥也应尽量与弃土的利用相结合,如吹填整治建筑物或人工岛等。但疏浚泥浆并不都是污染泥浆,美国陆军工程兵团经过分桥测定,在每年疏浚的 2.29 亿 m^3 的泥土中,大约只有 10% 是被污染的。因此,首先要确定疏浚泥土是否污染。美国在《海上抛泥规则》中列出了用来确定疏浚土是否污染的三种试验项目:

(1)疏浚物是否由泥沙和砾石,或由任何粒径大于粉沙的泥沙所组成;

(2)在疏浚次数正常情况下,疏浚区的水质是否适合鱼类、贝类和野生物的繁殖;

(3)待挖底质能否通过标准的淘洗试验:将疏浚现场的河床湿泥沙与抛泥区的水以 1:4 的比例进行混合,并剧烈摇动 30min 后让其沉淀 1h,然后对上层澄清液进行过滤,或用离心法处理,除去颗粒状物质,并测定其中是否含有可溶性污染物和测定其生物需氧量。

确定疏浚泥土被污染后需采取措施进行污染物治理,主要表现在以下几种措施:

1. 施工过程中的控制

采用环保疏浚工艺,采用管道输送泥浆并加设接力泵的疏挖工艺流程如图 5-27。

①在挖泥时采取措施,不使泥浆及有害气体扩散,并保证在高浓度情况下吸耙泥土,既尽可能地全部除去这些沉积物,又不污染周围水体(为此,可在耙头安装活动封闭板,阻止外面水体向内流动,同时附有气体吸收装置)。

②采用沙帘的方法,在挖泥区围堰溢流口外一定范围内,用封闭式网帘数层,使浑水不得外流,帘子起滞流泥沙下沉及过滤等作用,这种方法在流速小于 0.5m/s 的水域中采用是较为有效的。

③建立不渗漏的抛泥区,以容纳废物,使排放的废水能在围堰中保存一定时间,以便排出清水。

④研究采用旁通、边抛等施工方法的地点和时间,尽量减少污染物对人类的危害。

図 5-27 环保疏浚工艺流程图

2. 疏浚土合理利用、减少弃泥二次污染

(1)采用化学或生物方法,将疏浚泥土变成不污染的陆域土地填充料。

(2)将河底泥烧制陶瓷和粘土砖,既可解决挖出泥不经处理而堆放造成的二次污染,又可缓解建材业与农家争地的矛盾。

(3)利用疏浚淤泥作为城市绿化材料。利用有些植物如核桃树、杏树、央竹桃、棕构、拎木、青扬、金莲花等不仅不怕污染,反而更"喜欢"那些对人体有损害的重金属污染物,在有些具有污染物的土壤中往往生长得更好,若把清淤挖出的污泥用于绿化,可以事先对淤泥物含量进行科学检测,再有计划地栽能吸收污染物的树种,就能起到"变废为宝"的作用。

3. 采用环保挖泥船

对严重污染了的河道与湖区航道,应采用环保挖泥船。

(1)耙吸船溢流采用水下溢流,减小水下污染。耙头采用环保耙头,耙头设有涡流防护罩,既降低挖泥引起的混浊度,又可提高挖泥浓度。

(2)抓斗船采用全封闭防漏抓斗,铲斗船采用遮盖铲斗,使泥斗在提升过程中没有泄漏。

(3)链斗挖泥船采用封闭斗架,将斗内溢出的泥沙经溢流槽回流至水底,减小水体混

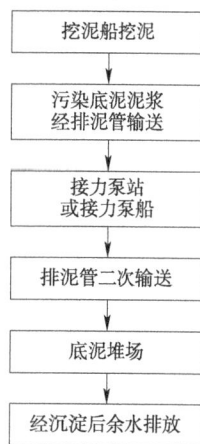

浊度。

(4)绞吸挖泥船因参与环保整治较多,进行了多方面的尝试,特别是在绞刀型式上创造了许多新的思路,已开发出专用于环保疏浚工程的环保挖泥船,如圆盘式环保绞刀挖泥船、铲吸式环保绞刀挖泥船、螺旋式环保绞刀挖泥船等,这些专用环保挖泥船在提高挖泥精度,减小二次污染,提高挖泥浓度方面都得到明显改善。

思考及练习题

1. 简述航道疏浚工程的定义及分类。

2. 简述疏浚工程的任务及特点。

3. 常用的挖泥船有哪些,其各自的特点如何?

4. 简述挖槽断面设计的内容。

5. 挖槽稳定性有何要求?

6. 简述挖槽土石方的计算方法。

7. 疏浚土如何处理?

8. 简述口外开挖航道的回淤机理及减淤措施。

9. 疏浚工程对环境影响的控制措施有哪些?

第六章 平原河流航道整治

平原河流流经地势平坦、土质松软的平原地区,具有广阔的河漫滩,在洪水时淹没,而中枯水时露出水面。在水流与河床的相互作用下,河流往往在广阔的河漫滩上左右摆动,形成一系列泥沙堆积体,如边滩、浅滩、沙嘴、江心洲等,平面形态主要表现为顺直微弯河段、蜿蜒河段、分汊河段和游荡性河段等四种类型。相对于山区河流而言,平原河流航道尺度较大,水位变幅小,流速小,流态平稳,航行条件较为优越。但河床演变剧烈,航道不稳定,有的河段在冲淤变化期出浅碍航。

平原河流航道整治宜采取筑坝或疏浚与筑坝相结合的措施,稳定航槽,形成有利于冲深航槽的水流。稳定少变的浅滩也可采取基建性疏浚措施。

第一节 顺直河段浅滩整治

顺直河段的主要标志是它的曲折系数较小。根据长江、北江等30余处顺直型河段资料,其曲折系数都小于1.15。顺直河段的横断面河相关系 $\zeta = \dfrac{\sqrt{B}}{H}$ 在1.39~7.8之间,变化范围较大。经验表明顺直型河段边滩的大小与河道尺度有关,而边滩的长宽比约几乎为一定值5,与河道尺度无关。在天然河流中,一般并不存在长程的顺直河段,本节所称的顺直河段是指一些河身比较顺直且长度有限的河段,顺直段本身具有独特的演变特性,在整治时需加以考虑。

一、顺直河段滩险碍航特性

平原河流顺直河段浅滩常因水深不足而碍航。一是洪枯水流向不一致,河床淤积抬高,使其航深不足;二是水流散乱或横流很强,船舶航行困难。两者相比,水深不足对航运的影响是主要的。同时,顺直河段演变的主要特征是犬牙交错的边滩向下移动,与此相应,深槽和浅滩也向下游移动,使得河道处于不稳定状态,浅滩位置不固定,航道多变,给航行带来困难。所以,必须采取固定边滩的工程措施,制止边滩向下游移动,从而使整个顺直河段处于稳定状态。目前,从航道整治工程需要出发,常根据浅滩的外形特征、浅滩水流的运动规律及碍航程度,采取相应的工程治理措施。

二、正常浅滩的整治

对于顺直微弯河段,正常浅滩一般长度适中,水流平顺,浅滩冲淤变化不大,位置也较为

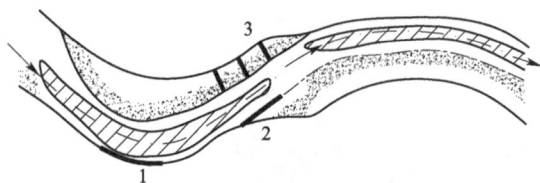

图 6-1 束窄河床整治措施
1-护岸；2-导流坝；3-丁坝

固定。但从发展上来看，随着浅滩上游弯道凹岸的逐渐冲退和弯顶的下移，过渡段的位置可能上提，河段曲率逐渐增加，妨碍航行。整治时，一般在凹岸布置护岸，防止凹岸冲刷后退。如果过渡段偏长，可以在主流开始偏离凹岸的部位建导流坝和丁坝等，将凹岸延长，以延伸凹岸对水流的影响范围。如果过渡段河面较宽，可以考虑在边滩下部修建丁坝，束窄河床以利冲刷，主要整治措施见图6-1。

对于顺直河段浅滩的整治，一般是采用丁坝固定边滩，加高上下游边滩高程，延长水流对浅滩的冲刷时间。如果边滩较高，也可采用护面固滩。另外还可以在上游凹岸建导流坝以引导水流，或在凸岸建丁坝束窄河床，进一步加强水流对浅滩的冲刷，如图6-2所示，使之逐渐形成与曲率不大的微弯河段相似的平面形态。

采用疏浚的方法主要是增加浅滩的水深，但需要注意挖槽的方向与枯水方向一致。挖出的泥土可用来加高边滩高程，以增加挖槽的稳定性，短顺直河段上的疏浚抛泥区选在下边滩上部较好，如图6-3所示。

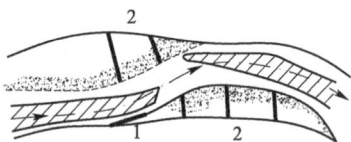

图 6-2 护面固滩整治措施
1-导流坝；2-丁坝

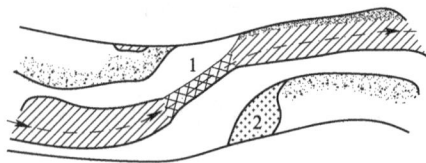

图 6-3 疏浚抛泥整治措施
1-挖槽；2-抛泥区

三、交错浅滩的整治

交错浅滩是航道整治中的主要对象。与正常浅滩相比，交错浅滩的弊病主要是上下深槽平面上交错造成的，或者说是由于倒套的存在造成的。不但浅滩水深较小，而且航道弯曲狭窄，鞍槽位置经常摆动不定，浅滩鞍凹处深泓线曲折，常常促使沿上深槽下行的船舶偏离航道，漂向倒套，造成航行事故。因而整治交错浅滩的关键是消除倒套对水流的不利影响，整治措施为消除漫向倒套的横向水流，并固定、抬高下边滩。

1. 堵塞倒套

堵塞倒套可以消除吸引水流的条件，同时消除漫向倒套的横向水流，从而使水流集中于浅滩，显著地改善浅滩水深和航行条件。一般采取在倒套内设置上挑丁坝，将泥沙引入倒套。其丁坝位于上沙嘴尾端之下，坝头高程不低于上沙嘴顶部高程，若倒套较长，可布置数条丁坝，如图6-4所示。筑坝后，在其上游产生壅水，消除漫

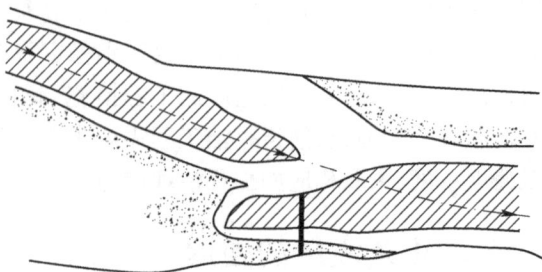

图 6-4 丁坝堵塞倒套

滩水流,并在一定程度上阻止上沙嘴尾端向下游移动。如果倒套宽而深,采用丁坝堵塞倒套工程量过大,或倒套内有码头等设施不宜堵塞,亦可加高上沙嘴,削弱以致消除横向漫滩水流的影响。提高上沙嘴高程的措施,一般在沙嘴建"导流坝",导流坝可以与岸连接以封闭倒套,也可以根据通航、引水口等需要,与岸间留一通道,如图6-5、图6-6所示。

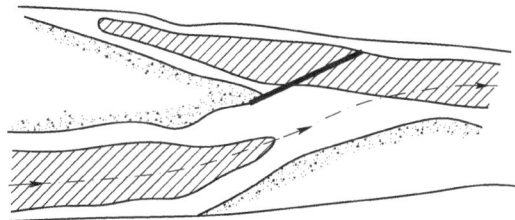

图6-5　导流坝封闭倒套

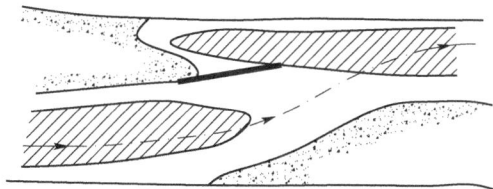

图6-6　导流坝留通道

2.抬高和固定下边滩

在下边滩高程很低、过渡段河槽宽浅的情况下,消除了倒套所引起的漫滩水流以后,一方面水流被倒套中的丁坝挑向下边滩,使过渡段河槽由于下边滩的冲刷而拓宽,流速减小,浅滩水深仍得不到保证。另一方面过渡段河槽过于宽浅,单独固定了上边滩一侧,河道还不能满足航深需要,这时,在消除了漫向倒套的横向水流的同时,还应抬高和固定下边滩,如图6-7所示。

3.堵塞上深槽尖潭

在某些特殊情况下,虽然上下深槽交错,但上边滩距倒套较远,产生的横向漫滩水流对航行影响小,且上深槽处又有溪流汇入带来泥沙淤积,下边滩很低,水流不可能由尖潭过渡,此时可利用倒套通航,堵塞上深槽尖潭,如图6-8所示。

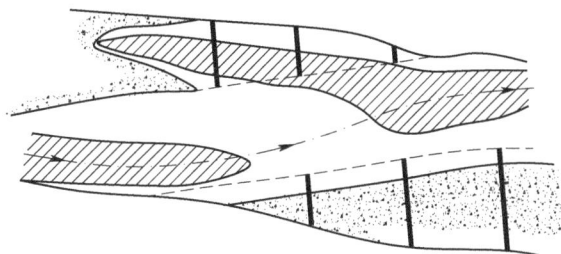

图6-7　堵塞倒套并抬高下边滩

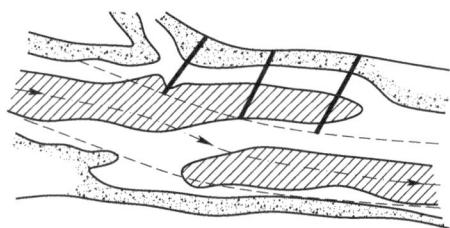

图6-8　堵塞尖潭利用倒套通航

4.维护性疏浚工程措施

对于交错浅滩,有时需每年定期清除淤积在过渡段浅滩的泥沙,进行维护性疏浚挖槽,以维持航道水深。根据过渡段浅滩泥沙淤积位置,一般分为靠近上边滩(图6-9)、下边滩(图6-10)和中部(图6-11)三个位置进行布置,其效果也略有不同。

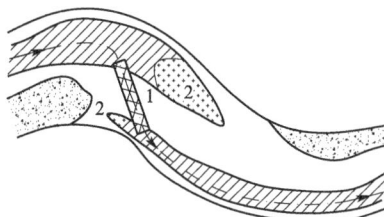

5.疏浚与筑坝相结合的工程措施

当浅滩每年维护性挖泥量很大或者挖泥量逐年增

图6-9　靠近上边滩挖槽
1-挖槽;2-抛泥区

加,采用维护性挖泥难于保证要求的水深;或者因航道过于弯曲,有严重碍航的横流,航行困难,这时,应当开挖基建性挖槽,并配合筑坝以维持挖槽的稳定。

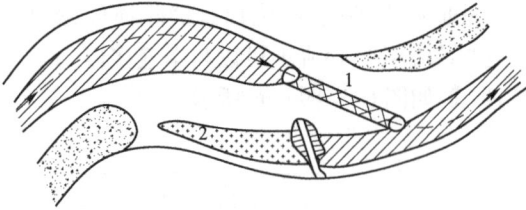

图 6-10 靠近下边滩挖槽
1-挖槽;2-抛泥区

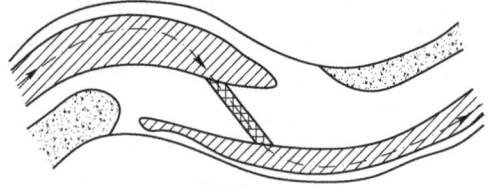

图 6-11 布置在上下边滩中部的挖槽

交错浅滩的基建性挖槽可分为扩大现有航道尺度、切割上边滩和切割下边滩三种。

1)扩大现有航道尺度并堵塞沱口

通常是由上深槽的端部平顺过渡到下深槽,并用丁坝堵塞沱口。在有条件的地方,可利用挖出的泥沙筑成抛泥丁坝,并将多余的泥沙抛入沱口,如图 6-12 所示。

2)切割上边滩的同时堵塞老航道

当上边滩位于河弯凹岸一侧或当上边滩较稳定、根部受到冲刷,原航道日趋淤积时,可以考虑切割上边滩,挖槽应尽量靠近上边滩根部,其方向尽量与主导河岸一致,为防止水流分散,同时应封闭老航道,如图 6-13 所示。

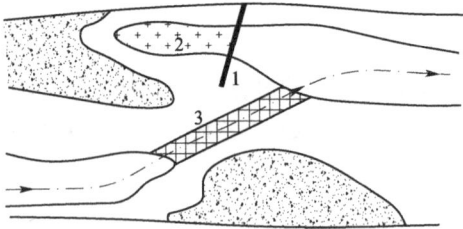

图 6-12 扩大现有航道尺度并堵塞沱口
1-丁坝,2-抛泥区,3-挖槽

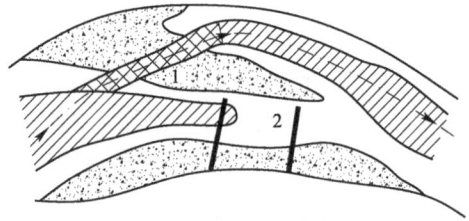

图 6-13 切割上边滩根部的挖槽
1-挖槽;2-丁坝

实际上,在有些情况下切割上边滩并不能促使浅滩从根本上得到改善,因为上边滩的遗留部分会很快下移,使浅滩再次恶化。所以,切割下边滩得到广泛应用,通常能够切割下边滩的浅滩,就不考虑切割上边滩。

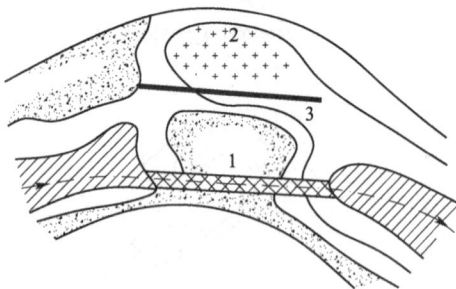

图 6-14 切割下边滩根部的挖槽
1-挖槽;2-抛泥区;3-顺坝

3)切割下边滩的同时堵塞倒套或尖潭

切割下边滩,应根据河势和边滩形态的不同,挖槽的切割位置也应有所不同。下边滩位于凸岸一侧,上下深槽的深水部分靠近凸岸,边滩根部较低,且上下深槽靠近边滩的根部,边滩的头部较高或已有淤高的现象,此时应沿边滩的根部布置挖槽,切割下边滩与洪水方向一致。为了稳定挖槽,归顺水流,可从上边滩开始建造顺坝和堵塞尖潭,见图 6-14。

上深槽有长而浅的尖潭,下边滩呈犬牙状,且下边滩中部高程较低或已有冲刷的痕迹,此时挖槽应布置在下边滩的中部,挖槽方向与中洪水接近,在上深槽尖潭附近建导流顺坝,封闭尖潭并将水流导入挖槽,同时堵塞下深槽倒套,消除横向漫滩流,见图6-15。如果河段顺直,下边滩呈犬牙状,上下深槽深水部分不交错,且下边滩较高或土质不易冲动,但下边滩嘴部有冲刷现象,此时也可在沙嘴处设挖槽,切割沙嘴,同时建导流坝,堵塞上深槽尖潭,导流入挖槽,见图6-16。

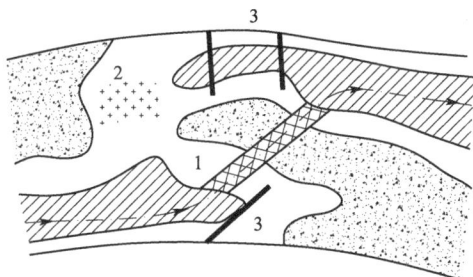

图6-15 切割下边滩中部的挖槽
1-挖槽;2-抛泥区;3-坝

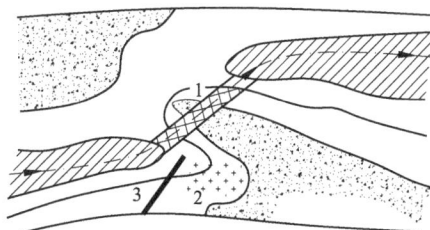

图6-16 切割下边滩沙嘴的挖槽
1-挖槽;2-抛泥区;3-坝

四、复式浅滩的整治

整治复式浅滩,应将上下浅滩作为一个整体考虑,防止只改善下浅滩水深,引起上游水位过分降低,以至上浅滩水深更浅。另一方面,若只加强上浅滩的水流输沙能力,则冲刷下来的泥沙就可能落淤在下浅滩,使下浅滩水深变小。

1. 固定和抬高所有边滩

为了稳定中间深槽,并促使其发展,一般整治复式浅滩采取布置几组丁坝群的措施,固定和抬高上、中、下边滩,并特别注意提高中间边滩高程。同时,为了防止由上浅滩冲刷下来的泥沙落淤在下浅滩,则下浅滩的整治线宽度也可略小于上浅滩河槽的整治线宽度,见图6-17。

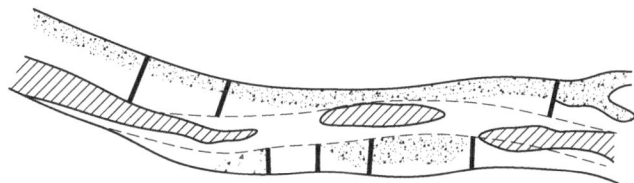

图6-17 固定和抬高边滩高程

2. 切割公共边滩

当中间边滩位于凹形的主导河岸,且上深槽尖潭和下深槽倒套正在发展。在中间边滩上已有被水流切割的趋势时,可因势利导,切割中间边滩,沿主导河岸在边滩根部布置基建性挖槽。挖槽的进出口与上下深槽的溪线相吻合,同时用一组丁坝封闭中间深槽,堵塞老航道,如图6-18所示。切割中间边滩后,可同时消除两个浅滩,并使航道取直,从根本上改变航行状况,是值得提倡的一种工程整治措施。

3. 挖槽措施

复式浅滩的挖槽,可根据有无倒套而相应采取正常浅滩与交错浅滩的疏浚措施设计挖槽,特别注意上、下浅滩之间的相互影响。挖出的泥沙,在有条件的地方宜加高公共边滩或

157

堵塞倒套。

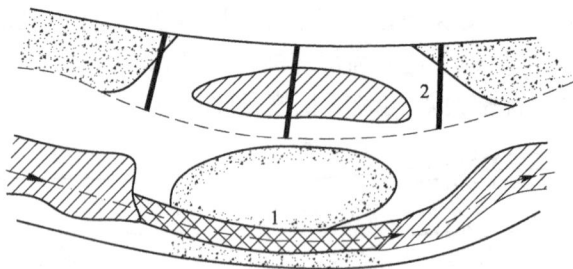

图 6-18　切割中间边滩
1-挖槽；2-坝

第二节　分汊河段航道整治

一、分汊河段碍航滩险的形成原因及碍航特点

分汊河段是河流中常见的一种河型，在冲积平原河流中更为常见，如长江自城陵矶至江阴，全长 1120km，内有分汊河段 41 个，占区间河长的 78%，其中较著名的武汉天星洲汊道，湖口张家洲汊道，南京八卦洲汊道，镇江和畅洲汊道等。松花江、黑龙江内江心洲较多，也形成很多分汊河段，此外，如湖南的湘江，广东的北江，江西的赣江等也广泛分布着分汊河段。因此，分汊河段航道整治是平原地区航道整治工程中的一项主要内容。

1.分汊河段的形态特征

分汊河段的平面形态各式各样，其形成和演变各有其特殊性，但也有共同特点，即河道平面形态呈宽窄相间的莲藕状。窄段（即通常说的节点或控制点）内河道单一，水深良好。在宽段内由于江心洲将河道分成两汊或多汊，如长江自城陵矶以下，右岸多丘陵分布，左岸为广大的冲积平原。其中沿江也分布有少数山丘，此外由于两岸土质组成不均匀，因此每隔一段距离便形成一个难以冲刷的节点，使长江出现宽窄相间的平面形态。

按平面形态的不同，分汊河段通常可分为三种类型：

（1）顺直分汊型。各股汊道的河身都比较顺直，弯曲系数介于 1.0～2.0 之间。汊道基本对称，江心洲有时不止一个，但多上下顺序排列。

（2）微弯分汊型。在各支分汊河道中至少有一支弯曲系数较大，其值介于 1.2～1.5 之间，成为微弯形态。微弯分汊型多为两汊并列，但也有河心存在两个并列的江心洲而形成三股复式汊道。

（3）弯曲分汊型或鹅头分汊型。在各股汊道中至少有一股弯曲系数很大，超过 1.5，成为很弯曲甚至为鹅头状的形态。这种类型的江心洲多数具有两个或以上的江心洲，分成三支或三支以上的复式汊道，弯道的出口和直道的出口交角很大。

分汊河段于水流分流点至江心洲头为分流区，洲尾至水流汇流点为汇流区，中间为分汊段。

2. 分汊河段碍航滩险的形成原因

水流出节点以后,由于河道两岸(或一岸)为可冲性土质组成,在水流作用下,河道逐渐展宽,流速和水流挟沙力相应逐渐减小,导致上游携带来的泥沙,不能继续带往下游,而在此落淤,使局部河床抬高,形成雏形心滩,雏形心滩不断增长、淤高,逐步发展成江心滩,洪水期细颗粒泥沙落淤,在江心滩上形成粘土层,使植物得以生长,江心滩上生长植物后,即迅速发展为江心洲,形成分汊河道。在顺直河道上由于边滩发育很大,河道弯曲,洪水期主流取直,切割边滩,形成江心洲而发展成为分汊河道。在河流突然缩窄的上游段及支流入汇处,由于泥沙的沉积,往往形成分汊河段。此外,弯曲形的河道在裁弯取直的初期,也相当于分汊河段。

一般来说,在河流的分汊段,河道的总水面宽度比单一河道宽,总过水面积也较单一河道要大。由于水流分散,航道内往往水深不足,在中、小河流内,更为明显。中小河道汊道的入口部分,由于江心洲的颈部的顶托作用和两个汊道阻力不一致,以及分流时的水流发生弯曲,往往形成水面横比降及环流,这些水流现象影响汊道演变。在分流点上游,主流表面指向江心洲头部,在洪水和中水期,江心洲头部和两侧受水流冲刷,冲刷下来的泥沙,在环流作用下一部分带向岸边,其余部分被带到汊道的中、下游或江心洲的尾部,因此在汊道的中部和尾部也常有浅滩。

在江心洲尾部,两汊水流交汇,相互碰撞、挤压、摩擦,产生一系列旋涡,泥沙易于淤积。

3. 汊道的一般演变规律

分汊河段的演变极为复杂,影响因素众多。在水流、泥沙和河床边界条件的共同作用下,汊道将在平面和纵向形态上发生变化。其中主、支汊周期性地消长是汊道演变的最主要特点。即各汊道多处于兴衰交替的变化过程中。在主、支汊的易位过程中,原主汊表现为单向淤积,河床抬高,断面尺度缩小;原支汊表现为单向冲刷,河床下切,断面尺度扩大。导致主、支汊易位的原因是多方面的,但最主要因素是两汊道的分流比与分沙比。随着水位的变化,分流比及分沙比也发生变化,同时汊道口门的地形以及汊道上游河床形态的改变也将引起分流比及分沙比发生变化,从而使汊道发生相应变化。

汊道在平面形态上的演变包括汊道的平面位移以及洲头洲尾的冲淤变化等,主要取决于河岸的抗冲能力,也与河岸的展宽与否有关。对于整个汊道河段,如果一岸的抗冲能力较强,另一岸较弱,则随着河岸的坍塌后退,其中一汊会出现单向位移,江心洲相应展宽。洲头的冲淤变化主要取决于分流区河岸的展宽与否。如果河岸展宽,则流速将进一步降低,为泥沙落淤创造了条件,于是洲头将向上游涨涨,且洲头将呈现较为平缓的外形。如果河岸相对稳定,同时上游主流变化较少,则洲头常年受到水流的冲刷,长时间内表现为侵蚀后退,洲头也将较为陡峻。对于相对稳定的汊道来说,其纵向冲淤变化一般表现为汛期淤积、枯季冲刷,也就是洪淤枯冲,但总的冲淤幅度不大。

汊道的发展和衰亡交替进行,常给国民经济各部门带来危害,如通航汊道走向衰退,将引起港口和航道产生淤塞,增加维护工程量甚至不能通航,沿岸的工农业取水口将不能正常运用或者不能使用。汊道横向发展,引起河岸崩塌,沿岸的港口、码头、仓库、工厂、企业将受到危害。通航汊道走向衰亡,原来非通航汊道走向发展成为通航汊道,在新通航汊道内需建港口、码头、仓库等,也增加了费用。因此对汊道必须治理。

二、汊道整治的原则

分汊河道各汊之间有此消彼长、交替兴衰的特点，演变的周期短则几年，长则数十年甚至更长，主要取决于来水、来沙条件及河床上的土质特性等。同时主、支汊相互影响，不同于单一河道可采用简单的束水攻沙增深航道的措施，必须考虑到各汊之间的自动调整。因此，整治分汊河段航道应注意以下基本原则。

1. 区分对待，因地制宜

（1）当通航汊道流量足够时，应稳定各汊的分流比，保持通航汊道的流量分配，保证通航水深的需要。

（2）当通航汊道来沙较多，或流量不足时，可通过整治工程措施，调整汊道之间的分流比和分沙比。例如在分流口门建分流或导沙的丁顺坝及洲头鱼嘴工程等，使通航汊道的分流比大于分沙比，有利于通航汊道向好的方向发展。

（3）当通航汊道处于淤积、衰退状态，而另一汊道却处于稳步发展状态时，可考虑开辟该汊道为新的通航汊道。

（4）汊道浅滩出浅碍航的位置，一般分为汊道进口浅滩，汊道出口浅滩及汊道内浅滩，应根据浅滩原因，分别对待，采取相应的整治和疏浚措施。

（5）当要求保持两汊通航时，本着既统筹兼顾，又分清主次的原则，合理布置整治建筑物。

2. 因势利导，慎重选汊

整治汊道时，应从实际出发，因势利导，对不同的汊道采取不同的整治方法，首先应进行通航汊道的选择。选择是否恰当，对整治工程的成功与否具有决定性的影响。根据国内外的实践经验和研究成果，选择通航汊道时，应根据下列因素作综合分析比较。

（1）汊道的稳定性与发展趋势

为了保证航道的稳定和畅通，必须把航道选择在稳定或处于发展的汊道上。应着重考虑以下几点：①对最近几年的实测地形、水文以及现场调查资料作全面分析比较，其中发生冲刷或较稳定的汊道为发展的汊道，发生淤积的汊道为衰退的汊道。②汊道的来沙量小于输沙能力的汊道为发展的汊道。③汊道口门处，底沙进入较少的汊道为发展的汊道。④汊道进口分流比大于分沙比，为发展的汊道。⑤新生的汊道往往为发展的汊道。⑥选择中、洪水主流通过的汊道，通常效果最好。

（2）分流比及分沙比

在平原河流分汊河段的形成及发育，与来水来沙在各汊的分配有很大的关系，与河床质粒径大小有关，所以研究汊道的稳定性，首先应测定各汊的分流量与分沙量，根据分流比、分沙比的大小，及相互比较来判断汊道的兴衰、稳定性，一般认为分流比大于分沙比，而汊道并非很弯曲，流程较短比降大，其输沙能力往往较大，是比较优良的汊道。

（3）通航条件

选择的通航汊道应力求水流畅通，特别是进口段的水流更应如此。在汊道的进口附近，若有山嘴、硬凸角、礁石群、边滩或江心洲首的沙嘴伸入汊道，就会导致汊道进口处水流不畅。在不同水位时，它们起着导流或挑流作用，促使汊道进口段分沙多而分流少。这样的汊道不仅易于淤积,而且航运也不方便。

(4)水资源综合利用

选择通航汊道时,要兼顾其他部门的利益,充分考虑所在地区的工业发展、城镇规划、交通布局等各方面因素,以利于当地经济发展。此外,需要特别重视选汊与防洪之间的关系,尽可能避免加重对防洪能力较弱一汊的负担。

(5)施工条件和工程投资

靠近采石场,施工区水深条件,汊道内地质条件,礁石露头等都将影响施工的难易程度和工程投资。

3.筑坝束水,预测得失

汊道整治比单一河槽整治复杂,应慎重对待,筑丁坝束窄河槽,并不一定能提高流速冲深浅滩,因该汊束窄后,阻力增加,来水走另一汊,阻力相对小些的汊道流走,整治汊道中的流量反而减小,流速降低,进一步促使淤浅,故不同于单一河槽束水攻沙机理,筑坝整治通航汊道也将引起分沙比的变化,所以分汊河道整治应进行分流、分沙的预测及整治效果的计算,估计筑坝后的利弊。

三、汊道整治方法

分汊河段的航道问题,主要可归纳为两个方面:一是主支汊的交替发展,使航道变化不定;二是由于通航汊道的年内变化造成局部水深不足。针对这些问题,将汊道的整治方法归纳如下。

1.稳定汊道

当通航汊道发展到现阶段,完全满足航运要求,河势良好,若让其继续发展,则对航运带来不利影响,此时应采用稳定汊道的措施,以利继续维持现有的良好条件。

(1)保护节点附近的河床

分汊河段呈宽窄相间的莲藕状,窄段对汊道往往起着控制性的节点作用,若节点发生变化,则汊道将相应发生变化。因此当节点有可能发生变化时,应保护节点河床。保护节点通常用平顺护岸,如图6-19所示。在节点上游附近河床若有崩塌趋势,威胁节点的稳定时,上游河床也应加以保护。

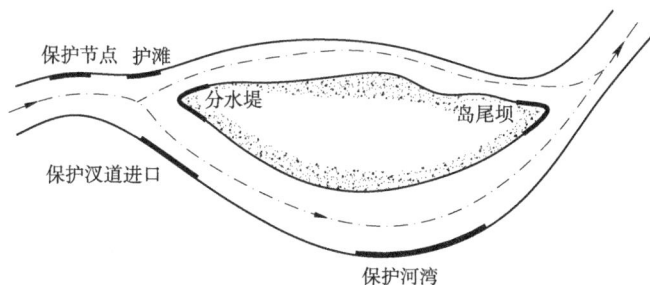

图6-19 稳定汊道示意图

(2)稳定汊道进口段边界

汊道进口段边界若发生变化,则汊道的分流分沙条件将发生变化,从而使汊道的兴衰发生变化,要稳定良好的河势,必须对汊道进口段边界进行保护。

汊道进口段边界的改变主要是河岸崩塌和边滩消长,实践表明边滩的增长速度与河岸的崩塌速度相近,因此对进口段崩塌河岸加以保护,既稳定了河岸又减少了边滩的变化。保护进口段河岸可用平顺护岸,需要保护边滩时,可以采用固滩措施。

（3）控制江心洲的洲颈与洲尾

汊道进口段边界若发生变化,直接影响各汊道的分流比与分沙比,为了保持各汊道在各级水位时都有一个比较稳定的分流分沙比,通常在江心洲的头部修建分水堤。分水堤的外形,上游部分窄矮,向前端伸入水中,而向下游逐渐加宽,与江心洲首部连在一起,其形如鱼嘴,故又称"鱼嘴",如图6-19所示。分水堤的平面布置和各部尺寸直接影响各汊道的分流分沙比,设计时应多方考虑,目前还缺乏确切的理论计算,最好通过模型试验确定。

在江心洲尾部,两股水流相汇,相互挤压、碰撞,能量有较大损失,同时两汊水面高度有差异,引起横向水流及复杂的环流结构,不仅妨碍航行,也使泥沙易于淤积,江心洲尾部向下延伸或向一侧移动,使航道变迁,为了稳定汊道,可在江心洲尾部建筑下分水堤（或称岛尾坝）。

（4）保护河弯

当通航汊道为弯曲汊道,且弯曲凹岸为大片冲积平原,由于弯道凹岸,受冲刷后退,凸岸向外延伸,该汊道变得越来越弯曲,汊道长度增加,比降减小,来水量逐渐减小,汊道走向衰退,因此若通航汊道处于大片冲积平原的弯曲汊道上,应对易于崩塌的河湾凹岸加以保护。保护河弯通常采用平顺护岸。

2. 改善汊道

（1）汊道进口处浅滩

汊道进口段的浅滩是平原河流中常见的一种滩型。在分汊河道的进口处,由于环流作用,泥沙堆积,或者由于汊道的阻力,洪水期大量泥沙沉积,退水时没有全部冲走,枯水期出浅碍航,如图6-20所示。

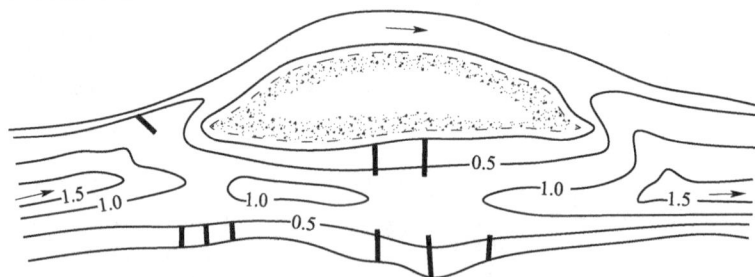

图6-20　汊道进口和中部出浅

因不同浅滩的成滩原因、进口形态和河段的特性均有不同,问题复杂,难于给出通用的整治方案和工程布置,应对具体情况作具体分析,采取符合实际的整治措施。图6-20中右汊为通航汊道,通常可以在右汊进口上游附近筑挑流坝,同时也适当缩窄河床,增加水流冲刷力刷深河槽,若还不能完全满足航深,再辅以疏浚措施,通常能达到要求。

（2）汊道中部浅滩

当汊道较长,由于汊道中部的阻水作用,或汊道出口不畅,容易引起泥沙在汊道中部沉积,枯水期形成浅滩碍航(图6-20)。汊道中部浅滩,通常采用单一河道中的浅滩治理方法,利用丁坝、顺坝缩窄河床,增加流速刷深河槽,还可以辅以疏浚措施。但应注意整治工程对两汊分流比的影响。一般来说,如采用疏浚措施整治汊道中部的浅滩,其分流比会有所加大,而不会减少。若采用整治建筑物进行整治时,应视整治建筑物的数量、束窄程度和距分流口的距离等情况,估量其对分流比的影响,一般需通过水力计算估算整治后的流量是否减少,若减少较多时,应考虑在非通航汊道修建工程,调节流量。此外,若非通航汊道的枯水流量可以减小,也可在非通航汊道的进口修建挑流坝,增加通航汊道的枯水流量以增加航深。

(3)汊道出口处浅滩

汊道出口段浅滩是汊道浅滩主要滩型之一。在进行整治时,应按浅滩的实际情况和演变规律,采取相应的整治措施。通常在江心洲尾部筑顺坝(或称岛尾坝)来整治江心洲尾部浅滩。在筑洲尾顺坝后,一方面将减小水流交角,使水流平顺相汇,减少洲尾淤积,另一方面也将迫使浅滩下移,在顺坝末尾出现"关门洲"。此时若继续延长顺坝,"关门洲"也将向下移动,很难消除"关门洲",除非顺坝一直延伸到深潭。这样做既不经济也不合理,为消除"关门洲",可在顺坝的对岸(或河道的两岸)筑丁坝,既可束水归槽,增加水深,又可让泥沙淤积在丁坝的坝田内。此外,应减少汊道的来沙量,如保护洲头和中部易冲刷的河岸,治理汊道中部浅滩不要过分冲刷,以减少泥沙来源,从而减少洲尾淤积。

湘江泥鳅滩为一洲尾浅滩(图6-21),该河段被金马洲分成左右两汊,右汊为通航汊道,在洲尾交汇处形成浅滩,洲尾较低,中、洪水期间左汊分流量不小(占总流量47%),对右汊水流产生顶托,特别是在洲尾以上200m一段受顶托影响最显著,使右汊流速减小,大量泥沙落淤,随着水位下降进入低水期,左汊流量减小(占总流量的36.5%),两汊的汇流点下移,该处的壅水现象消失,流速加大,泥沙开始冲刷,但由于水位下降的速度大于水流刷深河槽的速度,枯水期首先在该处出浅。此处下深槽对左汊出口形成倒套,促使水流横溢,泥沙大量在出口处沉积,形成关门洲。

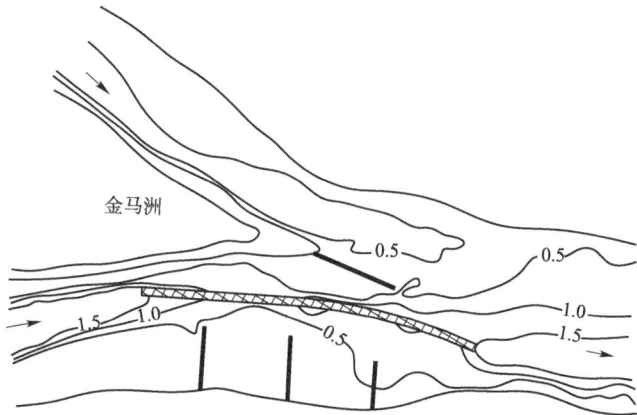

图6-21　泥鳅滩平面图

该滩整治时在洲尾筑导流顺坝,将两汊汇流点下移,消灭因左汊水流顶托所引起的泥沙淤积,在右汊开挖航槽增加水深,为了稳定挖槽在右岸筑丁坝三座,缩窄河槽,使水流归槽刷深航槽,冲刷后的泥沙让其淤积在丁坝的坝田,以减少浅滩下口淤积。经整治后,满足航行要求,效果良好。

3. 堵塞支汊

河流分汊,流量分散,枯水期通航汊内往往水深不足,影响航运,在中小河流内更为明显,此时可采取塞支强干的整治措施,集中全部流量以增加航深。当支汊可以堵塞,或支汊转向发展状态,若不控制将影响主汊通航,此时可以考虑堵塞支汊。此外为了江心滩或江心洲转化为边滩,作为工业用地也有堵塞支汊的。通常堵塞的支汊都是流量较小,沙量较多,处于衰退状态的。若支汊处于发展状态,而且对国民经济比较有利,此时应堵塞哪一条汊道,应多方考虑后才能作出决定。

堵塞支汊往往容易引起河床的急剧演变,特别是对流量大的河流,影响更大,通过详细分析和模型试验后才能作出决定。此外,中、洪水位时建筑物对河床的影响,和对枯水航道流速的变化等方面在决定方案前必须周密考虑。

堵塞汊道的方法,可采用丁坝、顺坝或锁坝。是具体条件不同而定,往往与已经积累的经验或使用习惯有关。如湘江多用丁坝,汉江多用顺坝,松花江、东江、北江多用锁坝。现列举如下:

1) 利用丁坝或顺坝堵塞支汊

当被堵塞的汊道有明显的衰亡趋势,而另一汊正处于发展阶段时,为了节省工程费用,宜在被堵汊道的上游修建挑流丁坝或顺坝,将主流逼向发展的汊道,以加速其发展,而被堵塞的汊道,因处于挑流丁坝或顺坝的下游,由于回流落淤而逐渐淤死。

用丁坝或顺坝堵塞汊道,不但能封闭汊道的进口起到锁坝的作用,而且还具有束窄河床和导引水流的作用,但被堵塞汊道的淤积效果不如锁坝好。

图 6-22 为芭蕉滩平面图,该滩江心洲靠近凹岸,左汊为支汊,在设计水位时分流量占总流量 14%。右汊为主汊,但在进口段和汊道中都有浅滩,严重碍航。进口段河面宽阔,流速减小。由于下游河段的壅水作用,高水期底沙指向右汊,中枯水期底沙指向左汊,因此枯水期大量泥沙堆积在分汊的进口,形成浅滩。

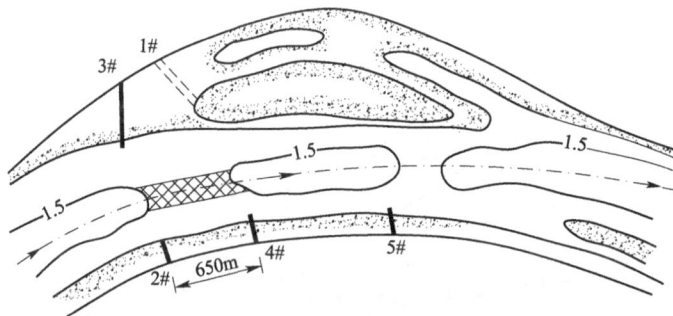

图 6-22　芭蕉滩地形图

整治该滩时,最初 1#锁坝封闭左汊,希望将全部水流集中到右汊,以增加右汊的航深,但筑锁坝后,将大量泥沙导引入航槽,每年都需疏浚,很难维持航深,后来将 1#锁坝拆除另修 3#挑流坝,将水流挑向右汊增加主汊流量,减少支汊流量,支汊逐渐淤积,几年后支汊全部淤塞,达到堵塞支汊集中全部枯水流量于主汊的目的。并于右岸修建两个上挑丁坝(2#坝和 4#坝)束窄河床,同时将泥沙引入坝田淤积,减少泥沙下泻,不致使下段恶化。在右岸进口浅区再辅以疏浚挖槽,挖出的沙卵石用于筑坝,既解决了废土的堆放,又降低了丁坝的造价。

再于右岸中部筑上挑丁坝(6#丁坝),以束窄河床冲刷浅滩。该滩整治后水深完全满足航行要求,情况一直良好。

2)利用锁坝堵塞支汊

在中小河流上,当两汊流量向差不多,必须堵死其中一汊才能满足另一汊的通航要求时,多采用锁坝堵汊。但在大江大河中,利用锁坝进行塞支强干,必须十分慎重。这主要是因为锁坝堵汊将引起两汊道流量和沙量的重新分配,造成河道的剧烈冲刷变化,稍有不慎,就会带来严重后果。

图6-23为松花江冷营滩,该分汊河段长约4km,河底为沙质组成。航道在左汊,航道弯曲狭窄,沙滩多变,整治前枯水期航深不足,经常发生船舶搁浅。每年枯水期都需进行疏浚,由于沙滩变化频繁,挖槽不易保持,往往一年内要疏浚2~3次才能维持通航。该滩成因主要由于河流分汊,主汊流量不足,不仅水浅碍航,同时水流挟沙力小,泥沙淤积。整治该滩时,在右汊建锁坝一座,次年春解冻后水深达到要求,且航道拓宽、变直,效果较好。

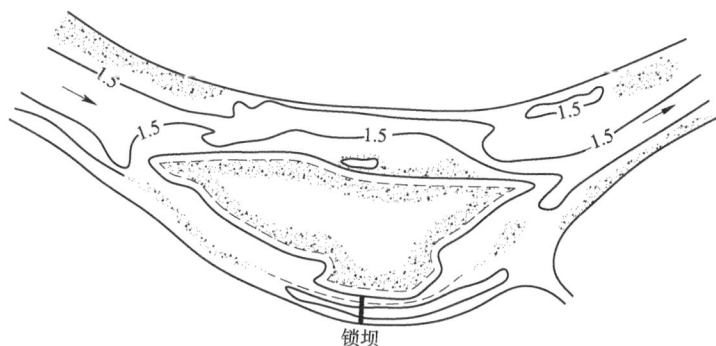

图6-23 冷营滩地形图

通常锁坝可以布置在被堵汊道的首部、中部和尾部(图6-24),具体位置应根据航运、防洪以及其他部门的要求,并结合地形、地质、水流、泥沙、工程结构以及施工条件等各方面因素综合考虑确定。各坝位的优缺点如下:

(1)锁坝建在汊道首部。其优点是:江心洲首部一般较高,土质条件常常比中部和尾部好些,因而锁坝坝根与河岸和江心洲的连接较稳固;由于汊道首部紧靠航道,施工所需物质及工程器材可以直接运到工地,因而施工条件比较方便;江心洲首部较高,锁坝达到同一高程,坝身可以低一些,可降低造价。缺点是:上游来的泥沙全部导入通航汊道,有时会引起通航汊道淤积,达不到增加水深的效果;在锁坝下游被堵塞的汊道,由于缺乏泥沙来源,淤积缓慢,且当洪水刚漫坝时,坝下的淤积易遭冲刷;此外,在江心洲头部冲刷后退的情况下,水流仍可以绕过锁坝,冲坏锁坝根部。

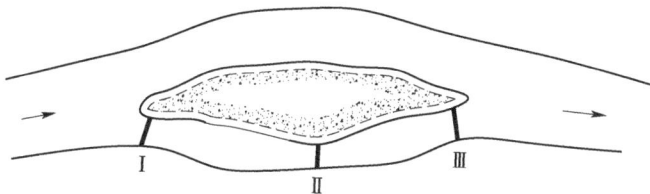

图6-24 锁坝位置图

（2）锁坝建在汊道中部。其优点是：锁坝上游的汊道淤塞较快；合适坝址的选择范围较大，可使锁坝坝身同时垂直于中、洪水流向，改善锁坝的水流条件，并可把锁坝坝址选择在汊道较窄处，以降低锁坝的工程造价；河岸与江心洲中部的土壤，一般比较密实，便于锁坝有较好地衔接。其缺点是：水运条件差，不利于通过水路将施工物资和器材运到工地；锁坝溢流时，坝下游汊道仍将发生冲刷。

（3）锁坝建在汊道尾部，其优点是：锁坝上游的汊道能较快地为泥沙淤塞；施工物资和器材便于由水路运到工地；锁坝下游因洪水漫顶引起的冲刷，对加深主槽有利。其缺点是：江心洲尾部较低，坝根衔接条件差，容易发生溃决；洲尾河面较宽，地势较低，锁坝需筑得较长较高，工程造价高；在比降较大的河流上，由于锁坝的壅水作用，常易淹没河岸。

当汊道较长，比降较长，水位总落差较大时，为了保证锁坝的安全，可以修建几座锁坝，分摊水位落差，降低锁坝的高度。同时使锁坝与锁坝之间形成静水区，有利于泥沙淤积。锁坝的数目 n 可由下式决定：

$$n = \frac{\Delta z}{\Delta h}$$

式中：Δz ——设计水位时江心洲首至洲尾的水位总落差；

Δh ——单个锁坝所担负的落差，通常为 $0.5 \sim 0.8\text{m}$。

锁坝与河岸连接处，易受水流冲刷而遭破坏，因此锁坝的坝头应伸入河岸，锁坝的顶部高程应建成两端高，河中部分低，以利于锁坝的稳定。

4. 弃劣图优，另辟新槽

个别分汊河段，有时由于左右两汊都有些弯曲，在环流作用下，江心洲不断扩大，河床侵蚀严重，航道日益弯曲，曲率半径逐步减小，不满足航行要求。或两个汊道都有些浅段，或航槽过窄，要把原有的左汊或右汊整治成通航汊道都很困难，或整治后的航道不理想，在此情况下，可以选择优良线路开挖新航槽。新航槽开挖后，为了稳定新槽和保证新槽有足够的流量，应将旧槽用建筑物封闭。为了保证中水期新槽不被淤积、平顺中水期新旧槽水流交汇的流态，应在江心洲尾修筑导流堤。

由于原左右汊道都比较弯曲，新开挖的航槽比较顺直，因而新航槽比旧航槽短，其比降相应增加，流速加大，有时甚至在滩尾出现急流碍航，此时应采取一些措施来缓和急流，以保证船舶航行方便。

由于开挖新航槽后会引起河势发生变化，开挖前应作充分调查研究，以免开挖后，河势骤然改变，达不到预期的效果，反而恶化航行条件。

四、汊道的水力计算

采用堵塞支汊以改善主汊的通航条件时，往往需预估施工后汊道的水流条件，以分析该方案的效果，因此需对汊道作水力计算。汊道的水力计算主要内容有：汊道水面线计算，多汊道中各支汊流量分配的计算，中水，洪水期锁坝溢流的水力计算，枯水期锁坝渗透流量的计算等，现分述如下：

1. 汊道的水面线计算

计算汊道的水面线，通常应具备下列资料：计算水位时的总流量 Q_0，计算河段的河道地形图与合流点的水位。

由于在汊道的分流点与合流点两汊的落差应分别相等,因此左右两汊的落差应相等,即 $\Delta z_L = \Delta z_R = \Delta z$,两汊流量之和应等于总流量, $Q_L + Q_R = Q_0$,见图6-25。水面线计算步骤如下:

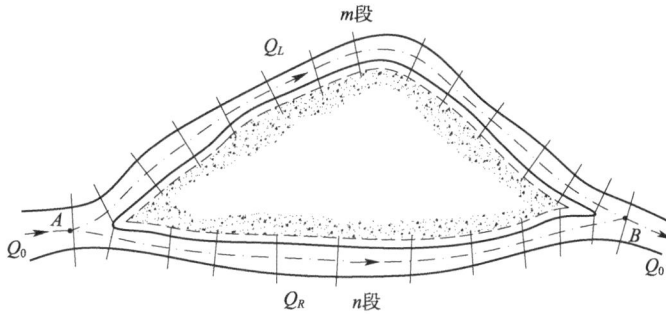

图6-25　汊道计算示意图

(1)根据计算水位的总流量,参照某观测水位的分流比,假定几组流量分配(表6-1)。

假设流量分配表 表6-1

计算情况	1	2	3	4
Q_L	Q_{L1}	Q_{L2}	Q_{L3}	Q_{L4}
Q_R	$Q_{R1} = Q_0 - Q_{L1}$	$Q_{R2} = Q_0 - Q_{L2}$	$Q_{R3} = Q_0 - Q_{L3}$	$Q_{R4} = Q_0 - Q_{L4}$

(2)按照以上假定的各组分流量,以汊道下游合流断面水位为起点水位,按照计算天然河道(单一河道)水面线的方法,自下而上分别计算左右两汊的水面线至上游分流点断面,分别绘制分流点处水位 Z 与 Q_L 和 Q_R 的关系曲线,如图6-26所示(绘图坐标 Q_L 从左到右; Q_R 从右到左,两者之和为 Q_0)。

(3)上述两曲线交点的水位,即为实际分流点水位,相应的 Q_L , Q_R 即为实际的分流量。

(4)由求得的两汊道实际分流量,按河道地形图以及合流点断面的水位高程即可计算出两汊道的实际水面线。

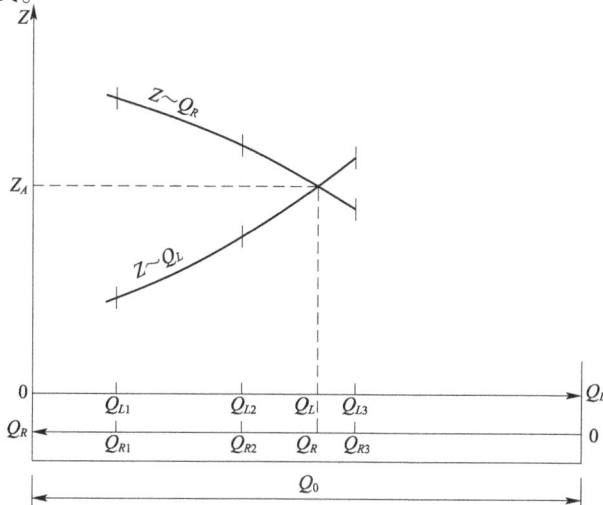

图6-26　汊道分流比计算曲线

若汉道断面沿程变化不大，也可用下述方法计算流量分配：

设汉道分流点的水位为 Z_a ，已知合流点的水位高程为 Z_b ，则河段的总落差为

$$\Delta Z = Z_a - Z_b \tag{6-1}$$

$$Q_0 = Q_L + Q_R \tag{6-2}$$

假定左右两汉均处于均匀流状态，并将左汉分成 m 小段（图6-25），右汉分成 n 小段，即得：

$$Q_L = \frac{\sqrt{\Delta Z}}{\sqrt{\left(\dfrac{l_1}{K_1^2} + \dfrac{l_2}{K_2^2} + \cdots + \dfrac{l_m}{K_m^2} \right)_L}}$$

$$Q_R = \frac{\sqrt{\Delta Z}}{\sqrt{\left(\dfrac{l_1}{K_1^2} + \dfrac{l_2}{K_2^2} + \cdots + \dfrac{l_n}{K_n^2} \right)_R}}$$

式中 l_1 ， l_2 ，…为小段的长度； K_1 ， K_2 ，…为小段相应的流量模数； $K = AC\sqrt{R}$ ， A, C, R 为相应小段的过水面积、谢才系数、水力半径。

若以 $\sum F_L$ 和 $\sum F_R$ 分别表示左汉和右汉的总阻抗模数，则上式可写为

$$Q_L = \frac{\sqrt{\Delta Z}}{\sqrt{\sum F_L}} \tag{6-3}$$

$$Q_R = \frac{\sqrt{\Delta Z}}{\sqrt{\sum F_R}} \tag{6-4}$$

式中：

$$\sum F_L = \left(\frac{l_1}{K_1^2} + \frac{l_2}{K_2^2} + \cdots + \frac{l_m}{K_m^2} \right) \tag{6-5}$$

$$\sum F_R = \left(\frac{l_1}{K_1^2} + \frac{l_2}{K_2^2} + \cdots + \frac{l_n}{K_n^2} \right) \tag{6-6}$$

作汉道水力计算时，通常已知总流量 Q_0 ，合流断面水位 Z_b 和地形图，其计算步骤为：

①假设分流断面水位 $Z_a = Z_a'$ ；

②由 Z_a' 和 Z_a 以及地形图，求出 $\sum F_L$ ，通过式（6-3）求出 Q_L ；

③由 Z_b' 和 Z_b 及地形图求出 F_R ，通过式（6-4）求出 Q_R ；

④若 $Q_L + Q_R = Q_0$ ，则假设的 Z_a' 为所求。若 $Q_L + Q_R \neq Q_0$ 则另设 Z_a' 重复上述计算步骤，直到相等为止；

⑤由求得的 Z_a' 和已知的 Q_L 、 Q_R ，并由此可推算两汉的水面曲线。

2.多汉道中各支汉流量分配的计算

分汉河道中计算各支汉流量分配的基本依据是每个江心洲两边的水面落差 Δz 相等；在汉道的分流区及汇流区内应保持流量平衡。此外，在计算中采用了附加条件，即在分流区和汇流区内不存在横比降。

按照以上原理由图6-27可以写出流量平衡方程式和水面落差平衡方程式如下：

$$Q_0 - Q_1 - Q_2 = 0 \qquad Q_1 - Q_3 - Q_4 = 0$$

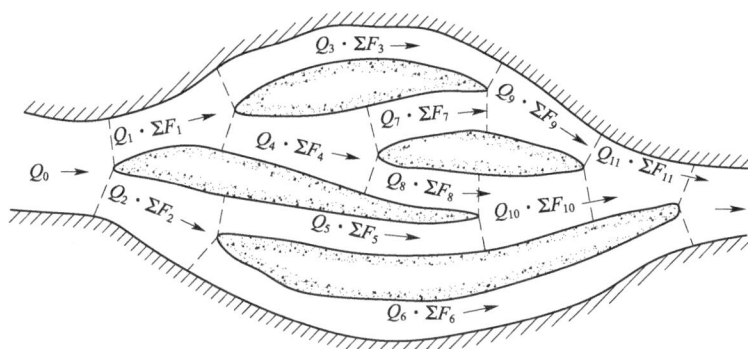

图 6-27 多汊道示意图

$$Q_2 - Q_5 - Q_6 = 0 \qquad Q_4 - Q_7 - Q_8 = 0$$
$$Q_9 - Q_3 - Q_7 = 0 \qquad Q_{10} - Q_5 - Q_8 = 0$$
$$Q_{11} - Q_9 - Q_{10} = 0$$
$$\sum F_3 Q_3^2 - \sum F_4 Q_4^2 - \sum F_7 Q_7^2 = 0 \qquad (6\text{-}7)$$
$$\sum F_7 Q_7^2 + \sum F_9 Q_9^2 - \sum F_8 Q_8^2 - \sum F_{10} Q_{10}^2 = 0$$
$$\sum F_1 Q_1^2 + \sum F_4 Q_4^2 + \sum F_8 Q_8^2 - \sum F_2 Q_2^2 - \sum F_5 Q_5^2 = f_n(\Delta Z) = 0$$
$$\sum F_6 Q_6^2 - \sum F_5 Q_5^2 - \sum F_{10} Q_{10}^2 - \sum F_{11} Q_{11}^2 = f_n(Z) = 0$$

式中：Q_1，Q_2，Q_3，$\cdots$，Q_{11} 如图 6-27 所示为各汊道的流量；$\sum F_1$，$\sum F_2$，$\sum F_3$，$\cdots$，$\sum F_{11}$ 为各汊道的总阻抗模数，其计算方法参照公式(6-5)。以上方程中 Q_1，Q_2，Q_3，$\cdots$，Q_{11} 共有 11 个流量未知数，总流量 Q_0、相应在分流点汇流点的水位以及分汊河段的地形图是已知数，共有 11 个方程式，因此 11 个未知流量能够求出，但计算比较麻烦，下面介绍汊道分流量的图解法，其计算步骤如下：

（1）计算方程组(6-7)时，先选择两个参变流量，然后再作计算。例如以 Q_2 和 Q_4 为参变流量。

（2）当 $Q_2 = Q_4'$，$Q_2 = Q_4''$，$Q_2 = Q_4'''$，$\cdots$，等，通过方程组(6-7)和地形图，分别计算 $Q_2 = f_{n-1}(\Delta Z)$ 的值，并绘成曲线如图 6-28 所示。

（3）$Q_2 = f_{n-1}(\Delta Z)$ 各曲线与 $f_{n-1}(\Delta Z) = 0$ 的曲线的交点，即得到相应的 Q_2 流量为 Q_2'、Q_2''、Q_2'''。

（4）由（3）所得数据绘制 $Q_2 \sim Q_4$ 关系曲线（图 6-29）。

（5）从 $Q_2 \sim Q_4$ 关系曲线上取几组 Q_2 与 Q_4 相对应的数值带入方程组(6-7)计算 $Q_2 = f_n(\Delta Z)$ 的数值，并绘制成曲线（图 6-29 右边部分）。

（6）当 $f_n(\Delta Z) = 0$ 与曲线 $Q_2 = f_n(\Delta Z)$ 的交点相应流量 $Q_{2s} = Q_{4s}$ 即为所求的 Q_2 与 Q_4。

（7）求得 Q_2 与 Q_4 以后再代入方程组(6-7)，即可求出各汊道的分流量以及各汊道的水面线。

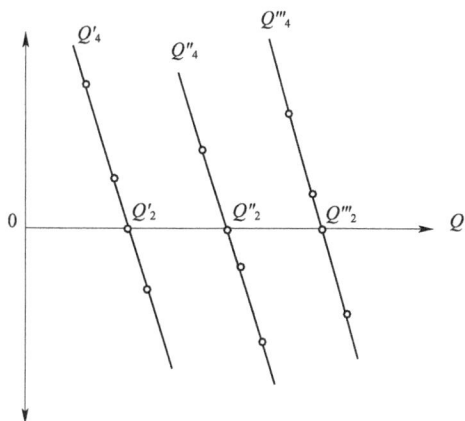

图 6-28　$Q_2 = f_{n-1}(\Delta Z)$

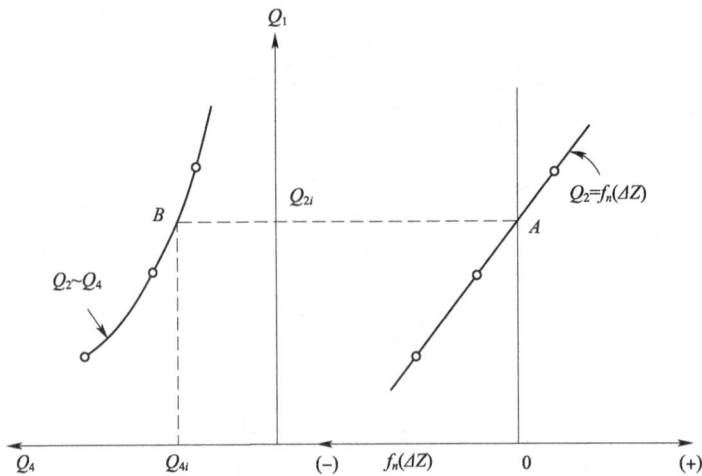

图 6-29 汊道总和计算曲线

3. 堵汊锁坝高程的确定

非通航汊道上是否需建锁坝，以及锁坝高程的确定，可根据通航汊道在设计水位下的通航流量来计算。

计算的基本依据是要求在设计水位时，上游来沙能全部通过本河段，但也不要过分冲刷，以免下段引起淤积。首先假设通航汊道的设计流量为 Q_1，计算水面曲线，求得通航汊道的过水断面，再计算断面平均流速，从而校核航槽范围的平均流速是否大于不淤流速。若不大于不淤流速，则需另行假设 Q_1 重新计算，直至断面平均流速大于不淤流速（不要大得太多，以免引起下游淤积），最后确定 Q_1。

求得 Q_1 后，即可确定非通航汊道中是否需建锁坝以及锁坝的高程。若河道总流量为 Q_0，通航汊道的自然流量为 Q_H，通航设计流量为 Q_1，这三者之间的关系可能有以下三种情况：

（1）$Q_1 < Q_H < Q_0$，通航汊道的自然流量能满足不淤要求。航道出浅可能是高水位时上游来沙淤积所致，只要采取减淤措施，使泥沙进入通航汊道或在本汊道内进行整治就能达到目的，不需修建锁坝。

（2）$Q_H < Q_1 < Q_0$，需要修建锁坝，将一部分流量分到通航汊道，以增加主汊航深，而非通航汊道仍有一部分流量从锁坝上溢流而过，其值为 $Q_0 - Q_1$，据此，可通过水力计算求出锁坝的高程。

（3）$Q_H < Q_0 < Q_1$，需要修建锁坝，但锁坝应高出设计水位，同时在通航汊道内还需进行整治工程，才能满足航深要求。

以上设计最后尚需用整治水位作校核，使其在整治水位时分到通航汊道的流量能满足冲刷的要求。

4. 中水、洪水期锁坝溢流的水力计算

整治汊道中的碍航河段时，碍航主要原因如果是由于流量不足，则采用塞支强干的方法：用锁坝堵塞非通航汊道，把一部分流量调入通航汊道，从而增加其流量与通航水深。建锁坝后，两汊的流量分配、水位、比降与流速等发生了显著变化。这些变化直接关系到工程的效果，应在工程实施前予以估算。

　　汊道筑锁坝后的水力计算的任务主要是确定建锁坝前后,两汊的流量分配和其他水力要素的变化情况。因此需要下述资料:规划有挖槽和丁坝、顺坝及锁坝等整治建筑物的浅滩和汊道河床地形图;整治建筑物和挖槽的设计资料,如锁坝坝顶高程、顶宽、上、下游边坡,采用的材料及其物理特性,丁坝、顺坝和挖槽的纵、横断面图等。

　　当洪水和中水时期,水位高于锁坝坝顶,非通航汊将渲泄部分流量。为了计算两汊道的流量分配、沿河各断面的水位变化以及汊道分流断面水位的抬高数值、回水范围,以便分析堵汊对航运、防洪、灌溉等部门带来的效益或影响,需要进行水力计算。计算的基本原则是汊道在分流断面处两汊道的水位对应相等。

　　水流翻越锁坝,其水流特性属宽顶堰流,锁坝顶部流过的流量 Q_2 按以下公式计算:

　　自由出流 $$Q_2 = \varepsilon m B \sqrt{2g} H_0^{3/2} \tag{6-8}$$

　　淹没出流 $$Q_2 = \sigma m B \sqrt{2g} H_0^{3/2} \tag{6-9}$$

式中: Q_2、B——锁坝顶部通过的流量及过水宽度;

　　　ε、m——宽顶堰侧收缩系数及流量系数;

　　　σ——淹没系数, $\sigma = f(\dfrac{h_n}{H})$,参阅水力学教材;

　　　h_n——以坝顶起算的锁坝下游水深。

　　溢流状态下按下式判别:

　　$h_n > 1.3 h_k$ 时为淹没出流;

　　$h_n < 1.3 h_k$ 时为淹没出流;

　　h_k——临界水深, $h_k = (\dfrac{\alpha q^2}{g})^{1/3}$

式中: q——单宽流量($\text{m}^3/(\text{s} \cdot \text{m})$);

　　　g——重力加速度(m/s^2);

　　　α——动能校正系数, $\alpha = 1.0 \sim 1.1$。

　　计算汊道流量分配时,汊道总流量 Q_0、汊道河流处的水位 Z_a 以及河道地形图是已知的(图6-30),计算步骤如下:

　　(1)设废汊通过的流量为 Q_2,从合流断面水位 Z_a 向上推算出 $a \sim b$ 段的水面曲线,求出坝下水位,算出 h_n。

　　(2)判断锁坝为自由出流或淹没出流,采用相应公式(6-8)或(6-9)算出锁坝溢流水头 H_0;从而算出 H 以确定锁坝顶部水位高程 Z_b。

　　(3)从 Z_b 向上推算 $b \sim c$ 段的水面曲线,算得进口断面 c 处的水位为 Z_c''。

　　(4)主汊道通过的流量 $Q_1 = Q_0 - Q_2$,从合流断面水位 Z_a 沿主汊向上推算水面曲线,算得进口断面 c 处得水位为 Z_c'。

　　(5)若 Z_c' 与 Z_c'' 相等或相接近,则假设 Q_2 为所求,若相差较远则另设一个 Q_2,重复上述计算直到 Z_c' 与 Z_c'' 相等或相接近为止。

　　(6)上述所得的 Q_2 为废汊实际流量,由此算得 Q_1 及水面曲线皆为所求。

　　求出水面曲线后即可知道进口处水位升高值和汊道沿程变化,从而可确定建锁坝后能否满足航运、防洪、灌溉等部门的要求。

a)平面图

b)纵断面图

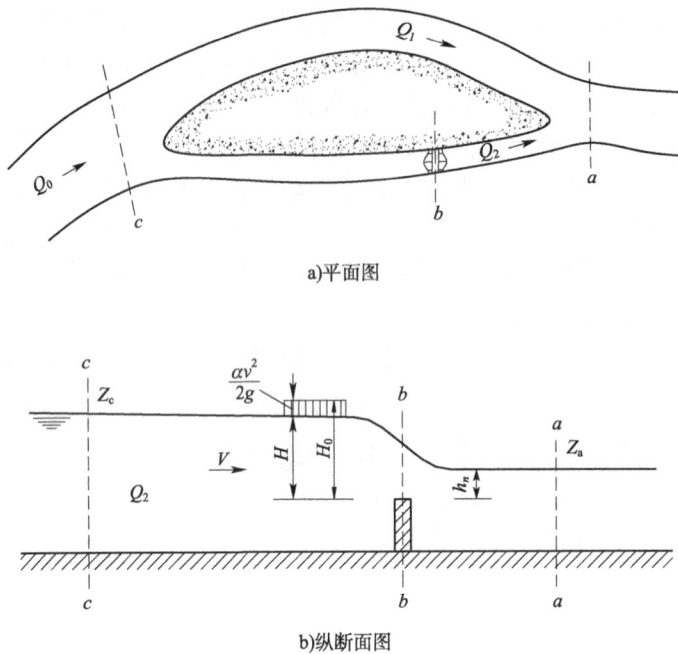

图 6-30　锁坝溢流计算图

5. 枯水期锁坝渗流量的计算

当锁坝坝顶高出水面时,锁坝起挡水作用。当其为抛石结构,且渗流量较大时,锁坝不会断流,计算时应该考虑。

抛石锁坝渗流量的大小,与坝体孔隙率、抛石粒径以及锁坝上下游水位差有关,可按下式计算:

$$Q_\Phi = LK_\Phi \left[\frac{2\sqrt{\Delta Z}}{m_1 + m_2}(b_d^{1/2} - b_n^{1/2}) + \frac{\Delta Z^{3/2}}{\sqrt{3}(b_n - m_1\Delta Z)} \right] \qquad (6\text{-}10)$$

式中: Q_Φ 为锁坝渗流量（$\mathrm{m^3/s}$）, ΔZ 为锁坝上、下游水位差（m）, b_d 为坝体横断面底宽（m）, b_n 为与坝下游水面齐平处的坝体横断面宽度（m）, L 为坝长（m）,按有渗流的长度计算, m_1 、 m_2 分别为锁坝上、下游边坡系数, K_Φ 为渗透系数（m/s）,可按下式求出

$$K_\Phi = \frac{C_0 P \sqrt{d}}{100}$$

其中: d ——块石的等容粒径（cm）, $d = \left(\dfrac{6W}{\pi}\right)^{1/3}$, W 为块石体积（$\mathrm{cm^3}$）;

P ——坝体空隙率,按实测资料确定,通常近似采用 $0.35 \sim 0.50$;

C_0 ——紊流渗流流速系数,其值与块石粒径大小有关,当块石粒径 $d = 5 \sim 50\mathrm{cm}$ 时。

$$C_0 = 20 - \frac{a}{d}$$

其中: a ——系数,圆形石块取 14,破碎石块取 5。

计算采用试算法:先假定锁坝上、下游水位差 ΔZ ,由式（6-10）求出渗流量 Q_Φ ,则进入通航汊到的流量 $Q_1 = Q_0 - Q_\Phi$,然后根据下游汇流断面水位,分别用 Q_1 和 Q_Φ 推算通航汊与

非通航汊的水面线,若求得的分流断面水位相等,则计算成立,否则,应重新假定,重复计算,直到相等为止。

五、支流河口及入湖河口的浅滩整治

1.支流河口浅滩

1)成因

(1)干支流洪水期不一致,洪水期相互顶托,泥沙淤积成滩

由于干流和支流属于不同的地区,洪水期有先后之别,干支流水位相互顶托,流速减小,水流挟沙能力下降,促使大量泥沙沉积,这是支流河口浅滩的主要原因。

干支流洪水的先后顺序对河口浅滩的影响是相当大的,由于有些年份干流洪水期发生在支流前,有些年份则可能在其后,导致水流托顶的部位有异,决定着浅滩出现的位置。当干流洪水先于支流,支流受干流水位的顶托,支流比降减缓,流速降低,甚至形成洪水倒灌,大量泥沙淤积于支流河口内,当干流水位下降,支流内沉积的泥沙可以冲走一部分,当支流发生洪水,则沉积在支流内的泥沙将被冲走,若不能全部冲走,枯水期支流内出浅障航。反之,若支流洪水先于干流,支流挟带大量泥沙冲入尚未发生洪水的干流,同时由于支流对干流的顶托作用,使干流比降减小,挟沙力减弱,由于泥沙突然增加,一部分淤沙可以冲走,待干流发生洪水时可望将这些泥沙冲走,若不能全部冲走,则枯水期干流出现浅滩。由此可见,枯水期河口碍航浅滩的位置与最后一次(或最后一段时期)洪水发生的情况有关,如果最后一次洪水发生在支流,则枯水浅滩发生在干流。反之,如果最后一次洪水发生在干流,则浅滩出现在支流河口内。如1974年11月,长江已进入枯水季节,丹江口水库泄洪排沙而形成洪水,将大量泥沙带入长江,此时长江的水流输沙能力降低,不能将汉江汇入的泥沙输往下游,结果使汉口江岸一带码头港区全部淤死,严重影航运。

通常河口浅滩具有洪水期淤积,中、枯水期冲刷的规律,洪水期河床淤积的特点是:沿水流方向,一般是河形扩散河段的淤积大于收缩段;沿横断面方向,通常是深槽的淤积大于边滩。枯水期内河床冲刷的特点是:冲上游,淤下游,先冲洪水期淤积较高的河段,并淤积在洪水期淤积较少的河段,这样不会改变和坦化河底坡降,同时使淤积物逐渐向下推移。

(2)干、支流交汇角的影响

河口浅滩的形成,与干支流交汇角度的关系十分密切。当干支流交汇角度很小,甚至以切线相交(图6-31),干支流的水流方向基本一致,但由于交汇后河床断面突然加大,流速减小,也会引起泥沙淤积。此外,由于交汇角度很小,两股水流平行交汇,在交汇处形成的双向环流很弱,不能将淤积的泥沙带到两岸,因而在航槽中也易淤积出浅碍航。

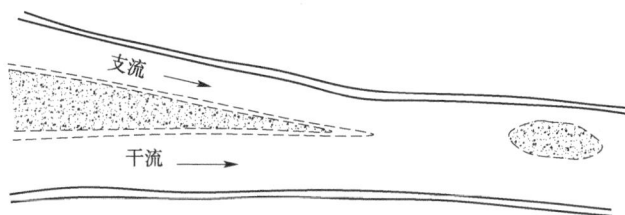

图6-31　干、支流的交汇角很小

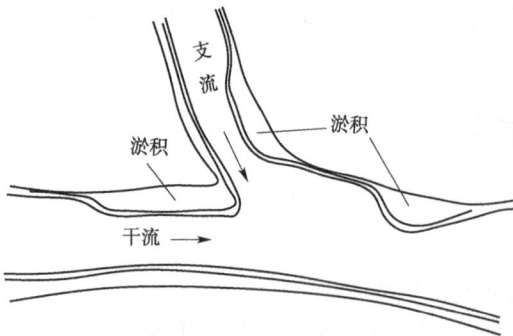

图6-32 干、支流的交汇角

当干支流交汇角度太大(图6-32)两股水流交汇,相互碰撞,消耗了水流能量,泥沙易淤积,特别是当其中一条河来沙量较大,颗粒较粗,则淤积更严重。

除了对浅滩的形成有一定影响外,交汇角的大小对浅滩位置有很大的影响。

(3)支流汇于干流位置的影响

两条支流在同一地区汇入干流,三股水流交汇,相互顶冲撞碰,能量损失较大,泥沙最易沉积。长沙附近浏阳河和捞刀河,在同一岸汇入湘江(图6-33),但由于捞刀河是向着上游汇入湘江,三股水流相汇,流态紊乱,大量泥沙沉积,枯水期长沙的船舶从湘江要绕过龙洲才能进入两支流河口,非常不便,严重时造成两支流内的船舶进不了湘江。

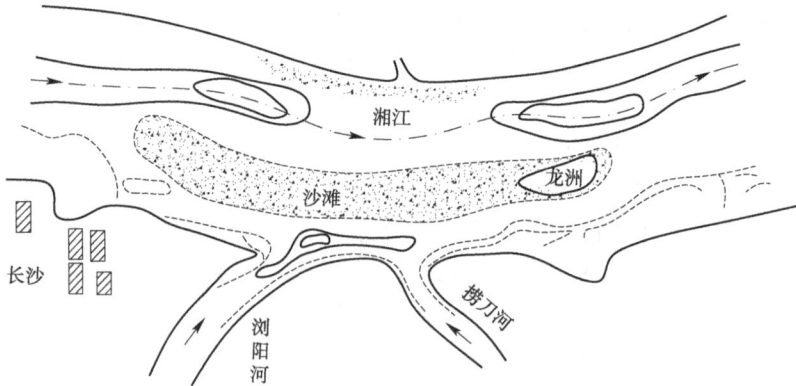

图6-33 浏阳河、捞刀河汇入湘江

(4)干、流的流量、比降、流速、来沙量等不一致,交汇后形成淤积

若支流的比降陡、流速大、来沙量也大,而干流的流速较缓,支流带来大量泥沙进入干流沉积,若干流在水位退落期不能将淤积物全部冲走,则枯水期干流多出现浅滩,反之,若干流流量远大于支流流量,干流的比降、来沙量、流速也比支流为大,当干流发洪水,大量泥沙进入支流沉积。在水位下降期往往不能将淤沙全部冲走,因而枯水期支流内出现浅滩,在交汇点下游干流内也常出浅。

(5)交汇河口成滩与交汇河口的地形、干支流的流量等因素有关

当支流从干流的凸岸汇入时,由于干流弯道环流作用,将大量泥沙搬运到凸岸,使支流河口受堵塞,若支流河口是在干流河口的凹岸汇入,凹岸为深水区,通航条件就好得多。

2)整治原则和整治方法

支流河口浅滩的形成,除了干支流洪水期不一致外,主要由于干支流的交汇角度不当,支流入汇位置不良,或由于支流入汇段过宽,输沙能力弱等引起泥沙淤积成滩。整治的基本原则是"增加输沙能力,减少泥沙淤积"。整治方法常采用筑坝导流、调整交汇角;改变支流入汇口位置;加大支流输沙能力等。

（1）筑坝导流，调整干支流交汇角

干支流相汇，两股水流碰撞，消耗水流能量，同时流态急剧变化，水流挟沙力减弱，泥沙沉积。当交汇角度太大时，泥沙淤积尤为严重，在此情况下，宜修建导流坝，使交汇位置下移，减小交汇角度，消除碍航浅滩。根据实践经验，交汇角以 25°~30° 左右为好。当受地形限制时，交汇角可稍大些。如英德县附近瀵江汇入北江交汇口的整治，在交汇口东岸嘴筑导流顺坝，调整交汇角，使由原来的 90° 减为 36°，并辅于丁坝，整治效果良好。

（2）改变支流入汇位置

当支流从干流的凸岸汇入（图 6-34），由于弯道环流作用，将底沙输移到支流河口处，使支流河口不断淤积，整治时宜将支流的入汇口改道于下游弯道汇入，以利于干流弯道环流把泥沙带走，保持干支流航道顺畅。

支流位于弯道的凹岸汇入。有时由于干流的弯道过分弯曲，且还在向更弯处发展，弯道加长，阻力增加，在整治时在干流弯道颈部开挖新槽，将弯道进口封闭，让弯道下半部作为支流河道，将交汇点移向干流新河出口，也可取得良好的效果，如南部县西河汇入嘉陵江即采用此法整治，航运效果很好。

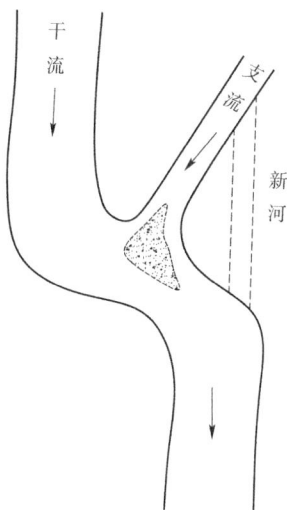

图 6-34　支流从干流凸岸汇入

若支流从干流相反方向汇入（图 6-35），在交汇处水流紊乱，泥沙大量沉积，整治时宜将支流改道至下游汇入，同时将老河道改用锁坝封闭，在新河汇入干流处修建导流嘴，以稳定新河与干流的交汇角度。

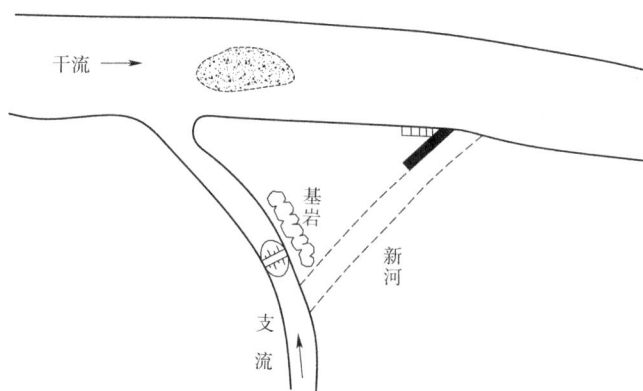

图 6-35　支流反向汇入干流

（3）加大支流的输沙能力，消除支流河口淤积

小的支流对干流影响较小，但往往支流入汇段河面比上游宽阔，因而流速减小，挟沙力降低，一遇两江洪水期的泥沙淤积，在水位下降期难于将支流内的泥沙冲走，枯水期往往出浅碍航，此时可以束窄支流的河宽，增加流速，将支流淤沙冲入干流，由干流将泥沙冲走。如沱江汇入长江的小北门滩，通过在左岸筑顺坝和格坝，束窄出口河面，加大流速以增加水位

下降期的水流输沙能力，经整治后达到了设计要求。

（4）新开航槽，调整交汇角

支流与干流相汇，由于支流的水情复杂，洪水期干流流量大于支流，枯水期支流流量大于干流。交汇角度不良，干、支流洪水期不一致，尤其在交汇口附近，边滩较低，河面宽阔，洪水期漫成一片，枯水期江心洲甚多，以至航槽既弯且窄又浅。此时可考虑新开航槽，以消除浅滩碍航。如大渡河汇入岷江，即属此情况，采用此法后，取得了预期效果。

2. 入湖河口浅滩

1）入湖河口的水流特征

（1）流向顺逆不定，水位流量关系复杂。

入湖河口因受湖水位变化的影响，同一流量下，往往有不同的水位。如鄱阳湖有赣、抚、信、昌、修等江汇入，出口只有湖口一条水道通长江，长江高水期湖口水位有倒流现象，由于江水和湖水位的顶托，入湖河口有滞流现象，同一流量下会有不同的水位，或者在同一水位下，会有不同的流量，其水位流量关系成绳套状。

（2）水面比降平缓、流速较小、泥沙淤积、河床抬高。

入湖河口，流经湖区平原，比降平缓、流速减小，水面比降随湖水位的高低而变化。当湖水位逐步升高时，水位托顶增加，比降减小；当高水期水位顶托最大时，河口比降最小；随着水位下降，比降又逐步增加；到枯水期，湖水位最低，河口比降最大。入湖河口由于比降平缓，流速较小，特别是在洪水期受湖水位顶托时，河口成滞流区，大量泥沙沉积，随着洪水位下降，比降增加，流速加大，高水期淤沙可冲走大部，但不一定能全部冲走，随着湖泊的淤塞，湖底高程升高，入湖河口的高程也逐年升高。

2）入湖河口浅滩的整治

入湖河口整治时疏浚筑坝相结合，有时也采用改善流向或筑导流堤等措施。在选择疏浚的抛泥区时需注意：若适合顺流的抛泥区，则逆向水流时，将成为淤积泥沙的来源。通常可将疏浚出来的泥土用来筑坝，既解决了抛泥区，又降低筑坝的造价。

（1）疏浚与束窄河床相结合。入湖河口通常比降平缓，流速较小，有的在河口段河面过分宽阔，在相同流量下，其流速更小，高水期淤积在河床中的泥沙，在退水期很难全部冲走，枯水期往往形成浅滩碍航。此种情况可对浅滩进行疏浚挖槽，并筑坝适当束窄河床，增加退水期的流速，可望维持新挖航槽，解决枯水碍航。

（2）改善流向，增加河道输沙能力。如甘溪港浅滩，当资水水位高，资水经沅水支流由南向北流动；当资水水位低，沅水支流由北向南经甘溪巷向东流动，在甘溪巷附近的水流方向常产生顺逆不定；资水与沅水的交角约90°左右，甘溪巷附近河面相对较宽。在此情况下可适当减小资水与沅水支流的交汇角，适当筑坝束窄河床，以增加退水期水流冲刷力，改善枯水期通航条件。

（3）筑导堤将航道延伸到深水区。有些入湖河流，挟带的泥沙虽然不多，但多年挟带泥沙下泄，在河口附近湖区形成泥沙淤积，阻碍航行，可以筑双导堤将航道延伸到深水区，以改善枯水期航行条件。

第三节　弯道整治

一、弯道碍航特点

1.单一弯道

弯道水流在离心力作用下,水流呈螺旋状向前运动,引起凹岸不断地遭受冲刷,坍塌后退,凸岸不断淤积前进,使弯道不断地向弯曲方向发展,对航运带来不利的影响,主要有:

(1)弯曲半径太小或航宽不足

弯曲河道由于环流的作用,不断向弯曲方向发展,弯道的曲率愈大,环流愈强,河弯向弯曲方向发展的速度愈快。在后期,中、枯水位时往往弯曲半径达不到航行要求,有时航宽也不足,在中小河流中更为显著。

(2)弯道上游枯季可能出浅碍航

由于环流的作用,河弯处的横断面成不对称的三角形,河床窄而深;但在弯道上游的横断面一般成对称抛物线形,河床宽而浅。在中、洪水期,由于河弯的阻力,河弯上游水位抬高,比降减小,流速降低,水流挟沙力减小,大量泥沙在河弯上游落淤。当水位下降时,若不能将淤积物全部冲走,则枯水期易出浅碍航。若河流的比降较平缓,流速较小,河床中心角较大(河弯转角较大),在此情况下,中、洪水期的淤积更为严重,水位下降时期,往往不能将淤积物全部冲走,枯水期更易出浅碍航。

(3)弯道凹岸线形不顺、退水淤浅碍航

弯道凹岸是深槽贴岸之处,一般水深条件良好。但若凹岸线形不平顺,有的部位局部突出,导致中洪、中、枯季主流流路不一,汛期航道畅通,汛后反而在突出部位逐渐淤出碍航沙埂,形成凹岸深槽中断的特异现象。

(4)河弯过分发育使航程增加

在蜿蜒性河道上,随着河弯不断发展,长度愈来愈长,必然相应增加航道里程。除河弯内产生新的浅滩影响航行外,还会消耗大量的航行燃料,增加航行成本,延长航行时间,降低运输效益,对发展水运不利。长江自藕池口至城陵矶直线距离约 82km,而河道长度为240km,通过沙滩子,中洲子和上车弯三处裁弯,航程缩短了 78km,并裁掉了四处浅滩,对提高运输能力,节约燃料,起了一定作用。

冲积平原上的河弯,若让其自由发展,不仅对航运不利,而且对工农业及防洪都带来不良影响。凹岸受冲坍塌,大片土地倒塌河中,无法耕种,沿岸的港口码头工矿企业、取水设施等都报废或受到严重影响,并直接影响堤防的安全,因此,必须整治。

2.连续弯道

两个及两个以上的单一弯道组合成为连续弯道,弯道之间的连接段称为过渡段。如果过渡段足够长,则可视为多个单一弯道。这里指的连续弯道是过渡段长度不够或弯道之间没有过渡段的情况。这种情况在长江荆江段和洞庭湖中比较常见,例如毛角口连续弯道中毛角口下弯到阎王滩上弯间就是典型的连续弯道。

连续弯道除了具有一般弯道的水流特征以外还有其特殊性，往往同时具有以下多种性质：

（1）水流通过上游弯道后，产生的剩余环流经过过渡段进入到下游弯道时，下游弯道的水流结构会受到影响。

（2）过渡段的长度会影响后弯的环流、过渡段附近表面回流范围和回流强度。随着过渡段长度增加，前弯对这些特征的影响将减弱，并在过渡段长度达到一定数值后影响保持稳定。

（3）对于没有过渡段的连续弯道，前弯形成的环流在后弯中仍然存在，且具有一定的强度；后弯在30°以后才开始产生相反的环流。当过渡段为弯段长度的3～5倍时，前弯作用产生的环流在进入后弯前才会基本消失。

（4）过渡段长度达到一定长度时，连续弯道主流线的运动特点为上弯的主流线从凹岸向中心线方向偏移，下弯则从中心线附近向凹岸方向偏移。

（5）在过渡段长度偏小或者没有过渡段的连续弯道，主流可能从上游弯的凸岸直接过渡到下游弯的凸岸。如资水东支油麻潭段就是由于过渡段短，主流从上一个凸岸直接过渡到下一个凸岸。

连续弯道主要碍航特点较单一弯道更为复杂，主要有如下几点：

（1）两弯道间过渡段长度不足。连续弯道各弯之间通常没有足够的过渡段，而过渡段长度直接影响了船舶通过的难度。船舶（队）顺流而下驶出上弯后，过渡段越长，越有利于船舶有充分的距离调整航行的姿态，为进入下一弯道的航行做好准备。

（2）航宽不足。连续弯道的水流条件更加复杂，除了满足单一弯道的航宽要求，连续弯道的航宽还需要在单一弯道的基础上进一步加宽。其加宽值与主流流速、上游弯和下游弯的弯曲半径、弯道中心角等因素有关。

（3）弯顶前凸岸一侧出现急流区。若过渡段长度不够，主流线从上弯凸岸直接过渡到下弯凸岸，并在弯顶前凸岸一侧出现急流区，船舶下行抱凸岸航行时存在撞岸的隐患。

（4）洪、中、枯水季节均可能碍航。对于受两岸大堤控制的窄深型连续弯道，航宽和弯曲半径都比较小，洪、中、枯水的航宽均不大，不能满足《内河通航标准》的要求，加上过渡段长度不足，使得平面形态对通航影响较大，洪、中、枯水季节均可能碍航。

二、单一弯道整治

整治弯道的方法主要有：保护凹岸，防止弯道恶化；筑坝导流，调整岸线；裁弯取直，新开航槽。现分述如下：

1. 保护凹岸，防止弯道恶化

为了防止河弯恶化，稳定航道，需对河弯凹岸进行保护。保护凹岸通常采用平顺护岸和短丁坝护岸。

1）平顺护岸

河弯航道条件已满足航行要求，为了防止凹岸后退，恶化航道条件，可采用平顺护岸。

确定护岸的范围，首先需知道凹岸的崩塌部位，而凹岸崩塌部位在一年内随水流动力轴线的变化而转移（图6-36）。枯水期动力轴线在弯道上游进口处靠凸岸，进入弯道后，向凹岸移动,至弯顶稍上部位,靠近右岸,然后紧靠凹岸流动一段后向下一个弯道过渡;洪水动力轴线在弯顶稍下处抵达凹岸,然后紧靠凹岸流动后,离开凹岸向下一个弯道过渡;因而水流动力轴线有"枯水走弯,洪水走直",顶冲点有"枯水上提,洪水下挫"的现象。在顶冲变异区的下段为常年贴流区,在以下为出口区。顶冲变异区和常年贴流区崩塌最多,应重点保护,进口和出口也应保护。护岸的范围,应从河岸不崩塌处开始,经过坍塌区到下一个不坍塌处为止,并根据可能变化范围适当向上、下游略为延长。

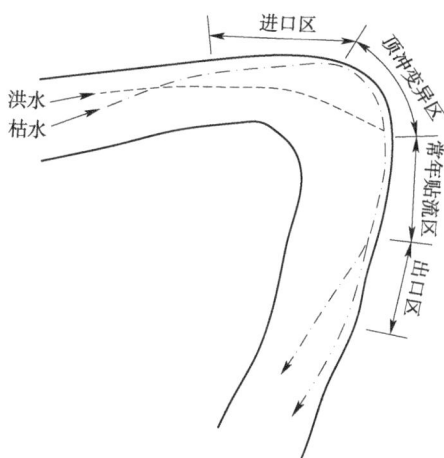

图 6-36　弯道河段分区示意图

2)短丁坝护岸

当弯道凹岸岸线不平顺,水流比较紊乱,局部地方河岸坍塌严重,此时可采用短丁坝护岸,控制局部坍塌。若凹岸土质松软,容易冲刷,则在采用短丁坝护岸的同时,对局部严重坍塌地区还应采用平顺护岸保护。

平顺保护,不改变弯道的水流状态,水流比较平顺。短丁坝护岸对水流状态有不同程度的改变,水流稍乱,若对岸有堤防或不允许冲刷的地段,应注意水流对这些地带的影响。

2. 筑坝导流,调整岸线

弯道过分宽阔,不仅水流分散,枯水期航深不足,且随着水位的变化航槽左右摇摆,对航运不利。特别是当弯道断面宽阔,出口断面狭窄,洪水期弯道的壅水作用更大,使弯道内流速减小,水流挟沙力降低,大量泥沙淤积,当水位下降时不能将淤积物全部带走,便增加了枯水碍航程度。此时可在弯道一侧或两侧抛筑丁坝,束窄河床使水流归槽,控制弯道航道走向。增加航深,稳定航槽。

图 6-37 为广西某河弯滩整治前地形,该滩长 500m,枯水最大流速 1.50m/s,最小弯曲半径 300m,滩段河宽 250m,弯道下段河宽 120m,河岸土质较松,抵抗力不强,河流左岸因冲刷不断后退。中洪水时期,由于弯道的阻水作用,滩段水面比降减缓,流速降低,大量泥沙在此淤积。由于滩段河流宽阔,为弯道出口宽度的二倍,退水时滩段流速较小,难以将淤积物全部冲走,因而枯水出浅,最小航深仅 0.6m,严重阻碍航行。整治时在凹岸筑了七条丁坝(图 6-38),缩窄河床,加大冲刷力,同时用挖泥船疏浚航槽,经整治后航道平顺,水深增至 1.0m 以上,满足航行要求。

在弯道凹岸筑丁坝,当中枯水流速较小时,可以全部作正挑丁坝,上游第一座正挑丁坝附近流态较乱。且该丁坝容易被冲毁,在此情况下,可以将第一座正挑丁坝改成下挑丁坝,或在其上游修建一下挑丁坝(图 6-38 中的虚线),既可改善丁坝前的流态,又不易遭到水毁。

利用筑坝导流,调整岸线,以治理河弯滩。当水流速度比较大,弯道半径较小时,若在凹岸筑丁坝调整岸线,整治后往往流态很乱,航槽流速很大,难以达到航行要求,此时在凹岸筑顺坝容易取得成功。

3. 裁弯取直,新开航槽

当弯道演变成很长的河环,不仅航道弯曲,半径太小,出现浅滩,同时延长了航道里程,排洪不畅,加大洪水威胁,在此情况下,为了彻底改善河弯的航运和排洪条件,可考虑在狭颈处开挖新河,裁弯取直。裁弯后,可以缩减航道里程,裁除位于河环上的浅滩,增加排洪能力,减小洪水威胁。裁弯工程耗资巨大,裁弯后上、下游河段会产生新的演变,对多沿岸影响很大,必须全面规划,统筹兼顾,认真做好设计工作。其主要内容有:方案比较,引河定线,引河段面设计,引河整治设计,河道演变及其估算等,现介绍如下:

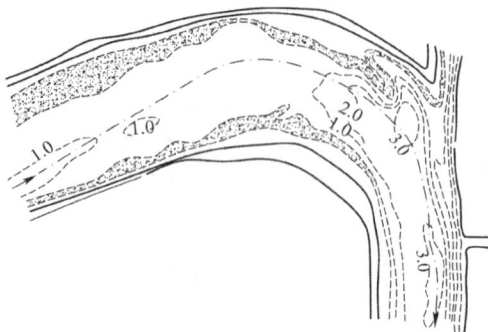

图 6-37 广西某河弯滩整治前地形

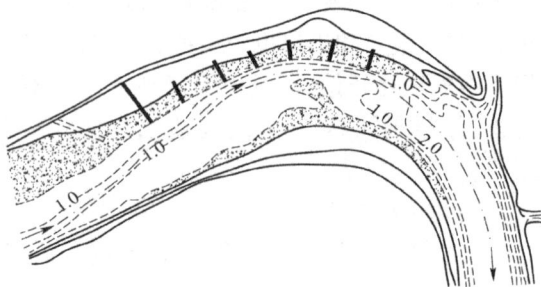

图 6-38 广西某河滩整治后地形

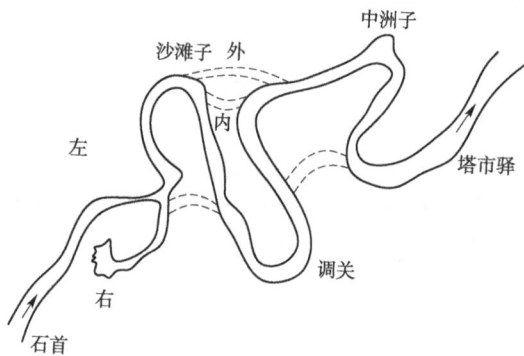

图 6-39 裁弯方案

1）方案比较

由于裁弯工程资巨大,影响深远,必须与河道治理总体规划想结合,根据航运、防洪、农业等国民经济各部门的要求,综合考虑,进行方案比较,其主要内容有单个裁弯还是多个裁弯;裁左岸还是右岸;内裁还是外裁等。荆江裁弯当时有北线和南线两个方案（图 6-39）,北线（左岸）为一片平原,紧邻大堤;而南线（右岸）有山脚和耐冲河岸,因此选用南线方案。同一裁弯工程,不同的方案,其投资和效益也各不相同,进行分析比较时,应考虑以下诸方面:

（1）裁弯后缩短航道的里程;

（2）对碍航滩险裁除的数量和对不良航道的改善程度;

（3）裁弯对港口码头、取水工程的影响,新建护岸的数量;

（4）对防洪、灌溉、围垦、养殖带来的效益;

（5）新河沿线地质情况,对新河的开挖,新河的发展和控制的影响;

（6）新河形成后对沿江工农业发展的有利和不利情况,包括新河线路所经地带的土地利用情况;

（7）裁弯后新河外形和水流的比较,如河道曲折系数、弯曲半径、弯道中心角与平顺弯的差距;新河的流速、比降对上、下游的影响等;

（8）工程造价的高低。

2）引河定线

引河定线设计包括确定引河平面形式、位置和长度。引河应设计成曲率适当,并与上、下游河道平顺衔接的曲线。一般由单圆弧、复合圆弧(几个不同安静的圆弧)及切线半径。

引河的弯曲半径 R,可根据河宽或船队长度来决定,通常要求 $R \geq (3-5)B$,B 为平滩水位时的河宽。

根据荆江实测资料,引河发展成新河后,其弯曲半径应满足:

$$R > (2-5)B \tag{6-11}$$
$$R > (4-6)L \tag{6-12}$$

式中:B——平滩水位时河宽;

　　　L——船队长度。

引河放水后还将向凹岸方向发展,其曲率半径还会增大,因此引河初期曲率半径可适当小些,据荆江的经验,按 $R > (1.5-3)B$ 的标准设计即可。

引河进出口位置的选择极为重要,其原则是进口应满足正面引水,侧面排沙,而出口应与下游河道平顺衔接。具体位置与裁弯形式和上、下游河势有关。裁弯分内裁和外裁两种(图6-40)。内裁通过弯道狭颈最窄处,线路最短,工程量最小,且与上、下游河道衔接平顺,因而采用较多。外裁的引河进出口与上、下游弯道难于平顺衔接,且线路长,工程量大,故很少采用。

采用内裁的形式时,其进口应布置在上游弯道顶点稍下方,其交角 θ 越小越好,根据南运河与荆江的经验,θ

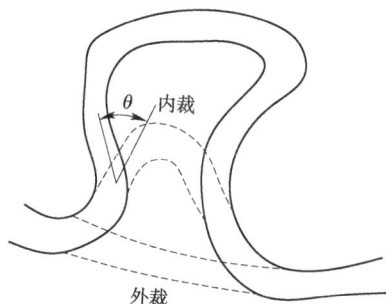

图6-40　内裁与外裁示意图

应小于25°,最多不超过30°,这样可以较好地引进含沙量较小的表层清水,以加速引河的冲刷(南运河裁弯中有部分裁弯 $\theta = 30° \sim 110°$ 的引河均被淤死)。引河出口应布置在下游弯道顶点的上方,使出口水流平顺,同时可以利用下游弯道深槽的水流,将引河冲出的泥沙带往下游。出口处交角也不易过大,否则对航运不利,且引起下游弯道河势剧烈变化。若采用外裁形式,引河进口布置在上游弯道顶稍上方,以使水流平顺衔接。

以往经验是引河宜通过沙土或粉土地区,应力求避免壤土或粘土地区,以便引河能冲刷发展成新河。根据中洲子和上车弯的实践表明,表层系壤土或粘土,底层为沙土的二元结构地区,也可以使引河通过,因为表层虽不易冲刷,但底沙土冲刷后,表层崩塌引河也可冲开,当引河发展到一定程度,流速减小,表层壤土或粘土崩塌到坡脚,也有利于新河稳定。

中洲子和上车弯的实践还表明,引河通过地带,土质容易冲刷,引河初期发展太快,使护岸工程紧张;若引河通过地区粘土厚,引河放水后期发展较慢,但护岸工程能从容进行,逐步实施,比较主动。从工程投资比较,护岸工程投资数倍于引河开挖工程投资,因此,引河线路以选定在粘土层较厚的地区为宜,如必须通过沙土或粉土地区,必须尽早作好护岸准备。

裁弯段河的长度与引河长度比值称为裁弯比,以往裁弯比多为3~7。裁弯比太小,引河线路长,工程量大,效益不高;裁弯比太大,引河线路短,缩减航程多,但引河比降很陡,流速大,引河发展太快,不仅使引河本身不易控制,还会引起上、下游河势发生剧烈变化。因此裁弯比应根据具体条件,综合分析决定。

引河定线除了考虑以上因素外,还应根据国民经济各部门的要求,作不同的方案比较,选取最优方案。

3）引河断面设计

引河断面设计包括引河发展成新河后的最终断面和引河的开挖断面，前者根据本河道附近的平顺弯道确定。引河开挖断面设计的主要原则是保证引河能冲开并发展成新河，顺利通航，并尽量减少引河的开挖断面，以降低工程费用。其主要内容有：引河河底的开挖高程；引河河底宽度及断面形状。

确定引河底部开挖高程的原则是保证枯水期能通航。若引河地区表层粘土较薄，沙土或沙壤土的顶部高于枯水期通航所要求的高程，此时仅需将引河中表层粘土挖去，其下的沙土或沙壤土则留给水流冲刷掉。此时应校核引河的挟沙能力能否大于引河进口的含沙量。如引河表层粘土深厚，下面的沙土或沙壤土层的顶部低于枯水期通航河底高程。则应将引河河底开挖到枯水通航河底高程，并应校核引河流速是否能保证粘土不断冲刷，以使引河发展成新河。

引河河底宽度，除满足枯水期通航外，并应满足施工上的规定。要求引河枯水期通航，又要引河的开挖断面尽量小，因此必须保证引河有不断拓宽的可能。根据经验，引河放水后，一般先刷深河底，然后发生崩岸，只要引河河底不被第一次河岸崩塌的粘土抗冲性土块完全覆盖，引河发展还是较快的，应预估引河扩宽的可能速度，使能满足当年枯季通航的要求，此外还应满足挖泥船施工要求的最小宽度。

引河横断面通常设计成梯形，边坡系数由土壤性质、开挖深度和地下水等情况而定。除进出口设计成喇叭口应较缓外，一般约为 1:2 ～ 1:3，岸凹一侧在放水后将冲刷后退，可以允许挖陡一些。

下荆江中子洲裁弯，引河开挖到沙层顶部或可冲土层，边坡系数采用 1:2 ～ 1:1.5，引河平均底宽 30m，引河开挖断面为老河槽的 1/30，经过一汛期冲刷，新河扩宽到 560m，满足了当年的通航要求。

4）引河整治设计

当引河发展到最终断面时，为了巩固裁弯成果，防止引河继续发展成新的河环，引河的凹岸应作护岸工程，通常多采用抛石平护，可在引河发展的最终断面凹岸预先堆放块石，待引河冲刷后退到此，河岸崩塌，块石坍塌于岸坡，即稳定了河岸。此外，为了保证引河能与上、下游河势平顺衔接，形成有利的河道平面形态，在引河放水后，应紧密注意上、下游河势的变化，抓住有利时机，进行必要的控制。

三、裁弯取直后河床的演变及其估算

1. 裁弯后的河道演变规律

河道裁弯后，新河（引河）将逐渐发展，老河逐步淤积，上、下游河段亦将发生变化。现结合长江中洲子和上车弯两处人工裁弯，简述如下：

1）新河（引河）的发展

新河的发展可以分成三个阶段：

第一阶段（普遍冲刷阶段）：新河放水后产生普遍冲刷，随后冲刷扩大，分流比由小到大，比降由大逐渐调平。到本阶段末，中洲子分流比已达到 52%（图 6-41）。新河由初期的两侧展宽逐步转为凹岸单侧发展，断面上从初期普遍冲深逐步形成凹岸深槽，如图 6-42 所示。

第二阶段(弯道形成阶段):随着新河继续冲刷、扩大,分流比继续增大,比降减小,新河继续向凹岸单侧发展,形成不对称三角形横断面,并开始出现凹岸冲刷、凸岸淤积的现象(图6-42)。此外由于流速减小,演变速度较前阶段降低。

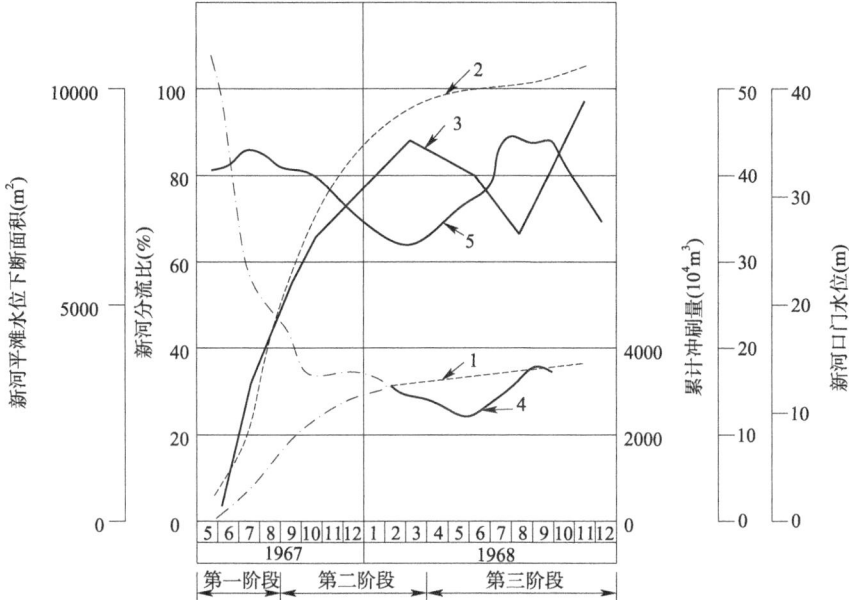

图6-41 中洲子新河冲刷发展图

1-累计冲刷量;2-新河平滩水位下断面图;3-新河分流比;4-J_1/J_2(J_1-新河比降;J_2-新河下游干流比降);5-新河口门水位

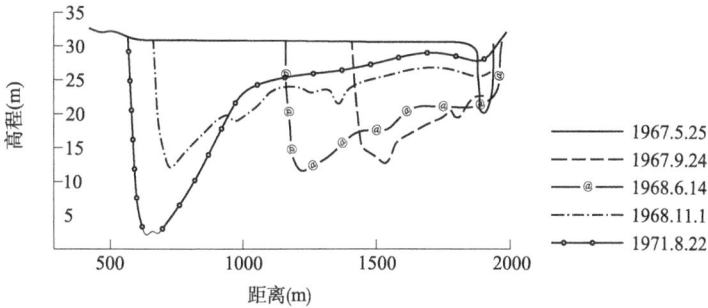

图6-42 中洲子新河典型断面变化图

第三阶段(正常演变阶段):老河仅在高水过流,新河比降调整已结束。新河演变与一般弯道相似,即汛期冲刷,枯期淤积,凹岸崩塌与凸岸淤积基本平衡,过水断面不再扩大,河床平行位移。

2)老河淤积过程

引河放水初期,老河由于流量和比降减小,流速减缓,沿程发生淤积,但仍保持原有河道的冲淤规律,即弯道段洪冲枯淤、顺直段为洪淤枯冲。当老河分流量减至小于总流量的50%时,水流挟沙力进一步降低,老河的冲淤规律转化为单向淤积的过程,淤积量较初期显著增加。随着时间的延长,老河上口淤积已高过中水位,仅在高水过流,此时上口门淤积速度变缓,而下口门由于受倒灌、回流以及异重流的作用,继续淤高,此时上、下口门均断流后,则形成牛轭湖。

3）新老河床冲淤的相互关系及其分流分沙规律。

裁弯后引河冲刷发展成新河，而老河则淤积走向衰亡，两者通过分流分沙作用相互制约。

影响新、老河分流的主要因素有新、老河的过水面积、河道粗糙及水面比降等，影响分沙比的因素还有分流口门的位置、形式及分流口门底部与干流河底的高差等因素。在裁弯初期，新河口门底高于老河口门底，且位于干流弯道凹岸，有利于阻止底层较粗泥沙进入新河。故新河的分流不大于分沙比。当新河口门逐渐冲深，老河口门逐渐淤浅，直至高出新河的口门时，老河口门位置已变成处于新河洼道凹岸，这些都有利于含较多较粗的底沙进入新河。因此新河的分沙比大于分流比，而老河的分沙比则小于分流比。由于荆江悬移质泥沙中，粒径大于 0.1mm 的造床含量不多，悬移质含量不多，悬移质泥沙的垂线分布较均匀，因此对全部悬移质泥沙来说，新河分沙比与分流比基本相适应。

4）上、下游河段的变化

裁弯后，由于新河冲刷和老河淤积，对上下游河段都将产生影响。由中洲子和上车弯的资料分析，其影响如下：

（1）上游河段比降加大，水位下落

由于裁弯后，河道缩短，进口水位降低，上游河段水面比降显著增加，如石首—调关河段枯水期比降 1966 年为 0.366/10000，（1966～1967 年中洲子裁弯、1969 年上车弯裁弯），1971 年枯水比降增至 425/10000。中水期比降裁弯后也比裁弯前增加，相同流量的水位明显下降，如中洲子上游石首县，在裁弯后，同一流量 48700m³/s 条件下，水位比裁弯前下降0.72m，这有利于河道扩大排洪能力，减轻洪水灾害。

（2）裁弯后由于上游输沙力加大，河床发生冲刷

裁弯后由于上游河段比降变陡，流速增加，输沙量加大，如位于石首县上游 27km 的新厂测站，在中洲子、上车弯、沙滩子裁弯前年输沙量是 45×10⁷t，裁弯期间（1967～1972）增加到 48×10⁷t，裁弯后期（1973～1978）经过水流与河床的相互调整，年输沙量略有下降（43×10⁷t）。由于流速加大，河床产生溯源冲刷，其冲刷程度自下游向上游递减。新厂测站自中洲子和上车弯裁弯后，1976 年比 1969 年河底高程下降了 0.93m。又如卫运河大量裁弯后，曾使整个河床下降了 2m。

（3）裁弯后上游河床演变加快

裁弯后上游河床纵向演变加快的同时，在平面上也发生变化，随着新河的发展，上游河段的深泓线图与新河平顺衔接，引起上游河势摆动，如卫运河裁弯后，新河上游往往出现凹岸淤积凸岸崩塌的现象。

又如中洲子与上车弯两个人工裁弯之间的监利水道（图 2-16），河面宽阔，中间有乌龟洲将水道分成南北两槽，北槽因处于弯道凹岸，环流作用强，航槽稳定，是良好的主航道。南槽是北槽发展到一定程度的曲率时，在特定的来水来沙条件下，发生切滩、撇弯的产物。由于乌龟洲是松散的沙土，又处于南槽的凹岸，极易冲刷崩塌，使主槽逐渐位移北槽，南槽极不稳定，它具有周期性演变规律，前一个周期约 15 年（1934～1949）。

裁弯后，由于水流因素改变，特别是河床比降变陡，引起上、下游河势的变动，1971 年 3 月监利水道又发生新的裁弯，南槽被冲开发展为主航道，而北槽逐渐淤塞，轮船进出监利要

绕道,而且水深较浅,给监利航运带来困难。裁弯后主流顶冲大马洲的上段,原来的非险工地段,裁弯后变为险工。

裁弯后由于流速增大,在弯道环流作用下,加速了乌龟洲的切割速率,仅5年左右的时间主泓又开始回到北槽,比上一个周期提早了10年。主泓由南向北的过渡时期,乌龟洲被切割,新洲尚未形成,出现南北两槽争流,水流分散,易出现碍航,1978～1979年枯水期监利水道严重出浅,阻碍长江轮船通行,就是发生在主流切割乌龟洲,滩形散乱,水流分散时。当主流进入北槽,新的乌龟洲形成,河势将逐步转为相对稳定,总之,裁弯后使上游河床演变加快。

(4)裁弯对上游浅滩的影响

裁弯后上游部分浅滩通航条件有所改善,少数浅滩曾出现碍航,后来又逐渐调整好转。如长江藕池口附近的天星洲水道,裁弯前是长江中游有名的浅水航道,素有中游"瓶子口"之称,该短河道顺直,江面宽阔,过渡段很不稳定,枯水期经常出现出浅碍航,裁弯后水面比降增大,河床下切,流路集中。航行有了明显改善。又如大马洲浅滩,上车弯裁弯后,促进监利弯道南泓发展,下游河势变化剧烈,泥沙下降,以至该滩曾一度恶化,严重碍航。经过逐渐调整1975年后浅滩有所好转。

(5)裁弯对下游河势和来沙量的影响

若新河出口与下游衔接较平顺,如中洲子和上车弯,则裁弯后除紧邻新河出口局部河段主流顶冲部位稍有变动外,整个下游河势并无显著变化。若新河出口与下游河势衔接不顺,甚至正对凸岸,则凸岸将受到强烈冲刷,引起下游河势发生较大变动。如碾子弯自然裁弯后引起下游河势发生巨大变化。尺八口自然裁弯后在下游出现新的河弯。

裁弯后下游来沙条件是否改变,决定于新河冲刷量与老河淤积量的对比关系,表6-2系荆江裁弯前后几个测站年输沙量的比较,监利螺山两站都位于裁弯下游,从表6-2中可见荆江裁弯前后输沙量比较。他们在裁弯期间的年输沙量比裁弯前的增加,裁弯后8～9年得输沙量比裁弯期间的仍有增加。来沙量变化显著时,有可能引起下游河段冲淤规律的变化。

输沙量比较表　单位:10⁴t

$$\text{输沙量比较表} \quad \text{单位:}10^4 \text{t} \qquad \text{表6-2}$$

时段 测站	裁　弯　前	裁　弯　期　间	裁　弯　后
	1956～1966	1967～1972	1973～1978
新厂	44980	48300	46167
监利	32900	36840	38233
螺山	41460	43600	45117

2. 裁弯后河道的演变估算

裁弯后河道的演变的估算方法是根据输沙平衡原理制定,下面介绍的方法只限于纵向一维变形估算,在估算中有些环节还需要参照实际资料,作接近实际情况的粗略假定,因此计算结果只能近似地反映裁弯后的河道演变情况。其作法石匠整个计算河段(包括裁弯段及其上下游在内)分为若干个计算段,同时将计算时距(自引河放水后算起)分为若干时段,逐时逐段,首先自下而上作水面线算,然后自上而下作河床变形计算,如此循环往复直至引河全部冲开,老河全部淤死为止,现简述如下:

1）引河分流的水力计算

作引河分流计算时，通常已知全河总流量 Q_0、糙率 n 和引河的断面形状以及合流断面的水位 Z_b，推求引河和老河的分流量及有关水位（图6-43）。

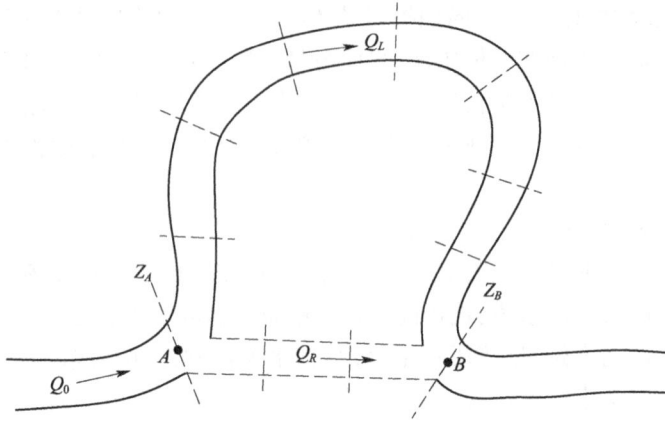

图6-43　引河分流计算图

引河分流的水力计算方法与汊道水面线计算方法相同，利用式（6-1）至式（6-5）进行计算，将其中的 Q_L、$\sum F_L$ 和 Q_R、$\sum F_R$ 分别用 Q_H、$\sum F_H$ 和 Q_γ、$\sum F_\gamma$ 代入计算。

其中：Q_H、$\sum F_H$——老河的流量、总阻抗模数；

Q_γ、$\sum F_\gamma$——新河的流量、总阻抗模数。

2）上游河段的冲刷计算

裁弯以后，分流口水位下降，分流口以上河段的水面比降增加，流速加大，分流口的上游河段将发生溯源冲刷，这种溯源冲刷的过程，可按输沙平衡原理计算，其计算方法在河流动力学或本书第三章中已有介绍，可参照进行。

必须注意的是，在冲积平原的大型河流上，由裁弯所引起的水面降落与水深相比通常不是很大，而同一流量下断面的沿程变化可以达到相当数值。如果所选用河段出流量不能充分反映这一段的水流挟沙力。则由分流断面水位降低所引起冲刷，可能被掩盖在出流断面代表的不同河段，在自然情况下，本来就随流量变化而发生冲淤变化，这种冲淤变化，与溯源冲刷混杂在一起，使问题更加复杂化。上述问题在作输沙平衡计算时，必须给予充分考虑，才可取得良好成果。

3）引河冲刷计算

作引河冲刷计算，首先应确定引河的分沙量和引河的宽深关系，然后才能作引河的冲刷计算。现简述如下：

（1）引河分沙量的确定

进入引河的含沙量是随着时间不断变化，它与引河进口底坎高程的变化，分流口门附近的河底形态，环流结构，以及河床冲淤情况等因素有关。引河放水初期，由于引河底坎较老河底高，同时引河位于原河道的凹岸，表层水流趋向引河。因此，进入引河的含沙量小于分流断面的平均含沙量。当引河逐步刷深时，老河相应淤高，引河流量逐渐增加，底流方向也随之改变，进入引河的含沙量逐渐加大，到一定程度后进入引河的含沙量和进入老河的含沙量相等，即等于分流断面平均含沙量。此后引河含沙量继续增加，大于平均含沙量。当老河淤死,全部水流进入引河时,此时引河的含沙量又恢复到平均含沙量,目前尚无一种有充分根据的确定引河分沙的方法。

从引河进口处过水断面来看,可能是靠近引河口门,如图 6-44 中虚线部分水体进入引河,但其范围目前尚无方法确定。作为初步近似,可假定引河底坎以上阴影部分进入引河。这样,就可以根据引河口门附近弯道断面的实测泥沙资料,假定不同引河底坎高程,求得阴影部分平均含沙量与全断面的平均含沙量,制成曲线如图 6-44 所示。

图 6-44 中,S' 为所取断面阴影部分平均含沙量,S_0 为所取断面平均含沙量,$\xi = \dfrac{S'}{S_0}$ 为相对含沙量,$\eta = \dfrac{H_{max} - h}{H_{max}}$ 为引河底坎的相对高程。

当引河底坎高于老河底坎,若其水深为 h,求出相对高程 $\eta = \dfrac{H_{max} - h}{H_{max}}$,在图 6-44 曲线上查得相应的 $\xi = \xi_b$,则进入引河的含沙量 S_r 为:

$$S_r = \xi_b S_0 \tag{6-13}$$

式中:S_0——分流断面平均含沙量,由上游段冲淤计算求得。

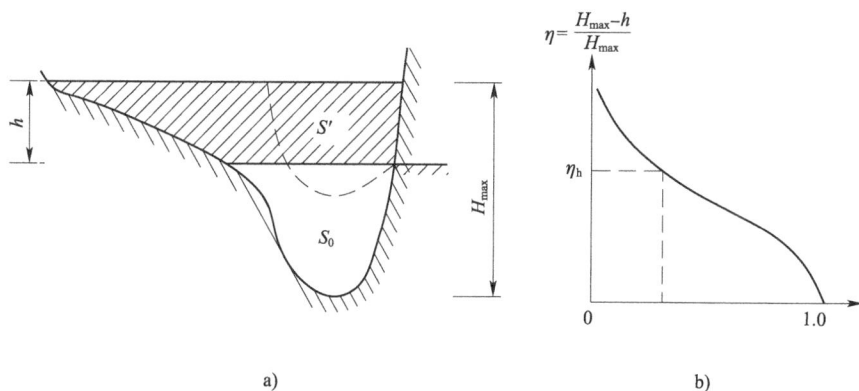

图 6-44　引河分沙模型图

必须指出,图 6-44 的曲线对于所取断面的不同水位是不一致的。因此,当变形计算需要使用不同的计算流量时,对于每一种计算流量都应绘制相应的曲线。

(2)引河的宽深计算

引河的开挖断面远较上、下游过水断面为小。因此,引河在发展过程中,刷深和展宽将同时进行,其宽深关系与水流条件和地质条件有关。通常引河发展初期的宽深关系比稳定后的宽深关系要偏于窄深一些。在此问题没有得到进一步解决之前,计算时以采用类似条件下已有裁弯的引河发展过程中的宽深关系为宜。

根据中洲子裁弯的资料表明,在引河河底未冲刷到原河道平均河底高程以前,其宽深关系为

$$\frac{B^{0.852}}{h} = 0.685 \tag{6-14}$$

式中:B 为平滩河宽(m);h 为相应平滩水位下的平均水深(m)。

（3）引河的冲刷计算

作引河冲刷计算时，可将引河横断面简化为矩形（图6-45），随着引河的发展，逐步展宽刷深。在此时段内，引河冲刷的体积为：

$$\Delta W = (B_1 H_1 - B_0 H_0)L_y \tag{6-15}$$

式中：B_0、H_0、B_1、H_1 分别表示时段初及时段末相应于平滩水位下的引河宽度及水深，L_y 为引河的长度。

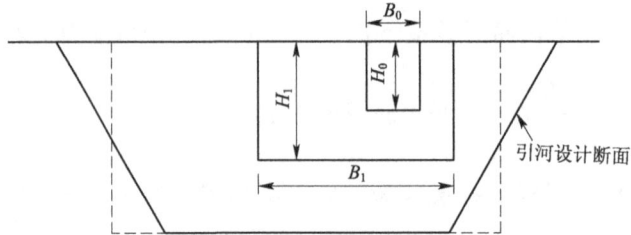

图6-45 引河横断面计算图

按照水流挟沙能力，在 Δt 时段内引河冲刷的体积应为：

$$\Delta W = \frac{1}{K_1 \gamma}(S_{\gamma 2} - S_{\gamma 1})Q_\gamma \Delta t \tag{6-16}$$

式中：$S_{\gamma 1}$ ——引河进口含沙量，按前述引河分沙模型图算出；

  $S_{\gamma 2}$ ——引河出口含沙量，按水流挟沙力公式计算；

  K_1 ——河床河岸组成物质中造床质含量的百分数；

  γ ——泥沙干容量；

  Q_γ ——引河通过的流量；

  Δt ——冲刷时段。

计算先算出水流的挟沙力，再用公式（6-16）求出 Δt 时段内引河冲刷的体积 ΔW ，再通过式（6-15）与式（6-14）联解，求出 B_1、H_1；即为引河冲刷时段后的宽度和深度，再以 B_1、H_1 作为下一时段计算的初始断面；重复上述计算，直至最终断面为止，即可求出引河在各时段的断面尺寸。

4）老河淤积计算，下游河段冲淤计算

老河的淤积分布是不均匀的，进出口段淤积较严重，中段淤积较少，形成牛轭湖。出口段淤积较短，其成因还与泥沙的横向输移有关，为了简化计算，只将老河分为上、下两段，分别计算。引河出口下游河段，根据引河发展的情况，有可能发生淤积，也有可能发生冲刷。若计算河段较长，则分段计算；若计算河段较短，则不分段。

老河淤积计算和下游河段淤积计算，根据纵向输沙平衡原理，目前多按一元问题变形计算。

四、连续弯道整治

按照碍航原因，根据具体的整治要求和滩险类型，选择相应的整治措施。对于连续弯道的整治措施主要有：

（1）采取疏浚的方式，疏挖新的航槽避开原航槽，增大弯曲半径使航道稳定在通航要求的尺度范围内,同时使弯道环流得到调整改善恶劣流态。例如长江上游马皮包滩与和尚岩滩两滩间深槽成 S 形,造成水流流向与航道中心线夹角较大、流态恶劣,为增大麻柳沱航道曲率半径,使两个弯道衔接更顺畅便于航行,设计在和尚岩滩的边滩上新挖航槽,将原深槽采取潜坝封堵(图 6-46)。并在马皮包滩礁石碍航区域采取暗礁清炸措施使航槽平整,从而改善原航槽的弯道与恶劣流态。

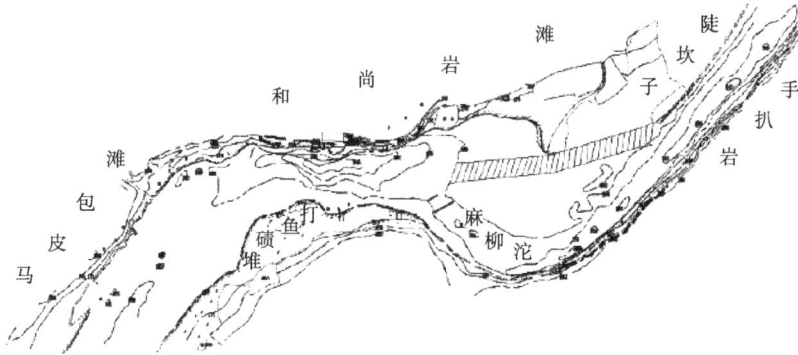

图 6-46　长江和尚岩滩整治方案图

(2)对于连续三弯的情况,采取切除中弯凸岸边滩或凸咀的措施,在一定程度上达到延长过渡段,增大弯曲半径的目的。如 20 世纪 80 年代中期,有关单位曾经对资水东支油麻潭进行整治,采取切除中间弯道部分凸岸突嘴,使大堤后退。消除严重碍航的不良流态,增大航道弯曲半径,加大通航视距,使其达到五级航道标准(图 6-47)。

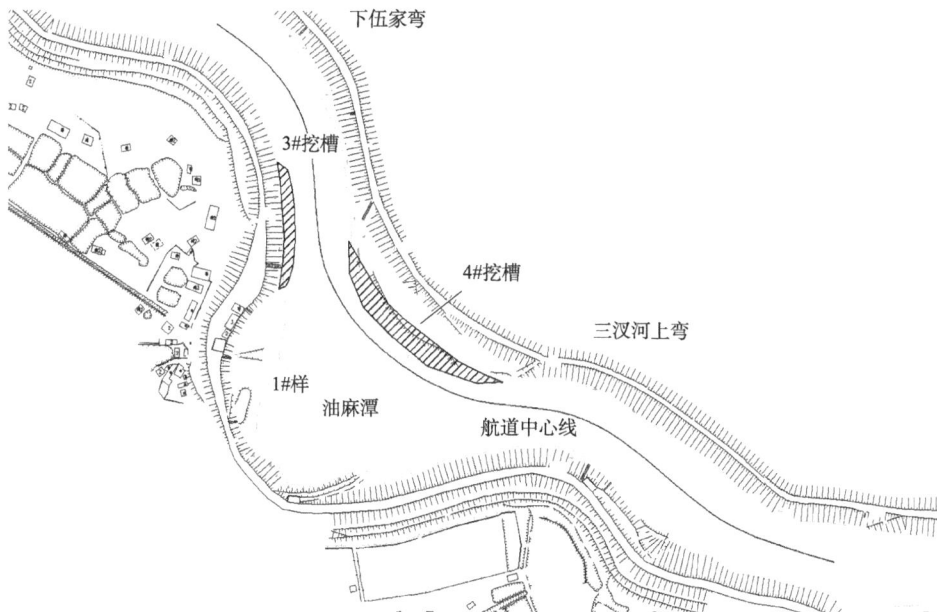

图 6-47　资水东支油麻潭整治

(3)切除第一弯边滩或凸咀,从而增大第一个弯道进口处航宽及弯曲半径。对位于分汊河段处的连续弯道可采用这种方法,同时结合修筑丁坝、潜坝、抛泥填潭等方法控制分流比。例如湘江濠河口连续弯道的整治方案(图 6-48),濠河口进口连续弯道,采取切除进口右岸凸咀,使弯曲半径加大到550m,切咀的土方用填塞左岸深潭的整治措施。谭家州和星月洲连续弯道,适当切除星月洲凸岸的凸咀,达到增加弯曲半径,延长谭家州和星月洲之间枯水期的过渡段长度的目的。

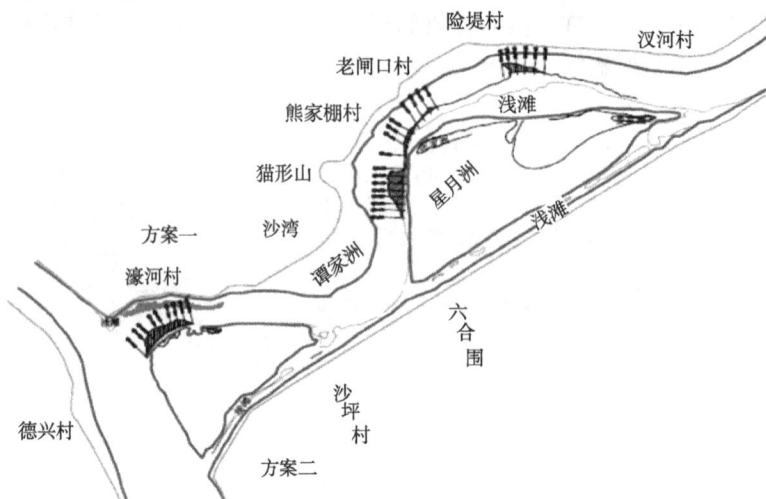

图6-48 湘江濠河口连续弯道整治方案

思考及练习题

1.顺直河段的碍航滩险一般有哪些特征?

2.简述交错浅滩的碍航原因及主要整治方法。

3.堵塞倒套的目的是什么?采取哪些措施堵塞倒套?

4.简述分汊河段碍航一般演变规律及整治原则。

5.稳定汊道的主要措施有哪些?

6.如何选择通航汊道?

7.当汊道较长,由于汊道中部的阻水作用,或汊道出口不畅,容易引起泥沙在汊道中部沉积,枯水期形成浅滩碍航,整治这类浅滩的方法有哪些,考虑整治方案时需要注意哪些问题?

8.如何计算汊道的水面线?

9.简述支流河口的浅滩成因和整治方法。

10.弯道碍航的特点有哪些?单一弯道和连续弯道的碍航特点有何差异?整治方法有哪些?

第七章 山区河流航道整治

流经山区和丘陵地区具有水位暴涨暴落、河道坡陡流急等特点的河流,均属山区河流。在山区河流中,存在着急、浅、险各类滩险,对航运产生较大危害,需要通过整治来满足航运要求。进行山区河流航道整治时,应根据山区河流浅、急、险的不同碍航特征及碍航成因,有针对性地制订整治措施。一般应调整不利于航行的河槽形态,改善水流条件;岩石河床宜采用炸礁为主、沙卵石河床宜采取疏浚与筑坝相结合的航道整治措施。

第一节 山区河流浅滩整治

一、山区河流浅滩特点与分类

山区河流浅滩与平原河流浅滩的碍航情况基本相同,均多是枯水期达不到航行要求的水深而碍航;不同之处是山区河流以卵石浅滩为主,或为石质浅滩。如船舶发生擦浅事故,更易损坏船底,甚至造成漏水沉船。

山区河流浅滩一般可按浅滩的平面形态、河床质与成滩水位进行分类。

按平面形态可分为过渡段浅滩、弯道浅滩、汊道浅滩、散乱浅滩、支流河口浅滩、峡口浅滩等。有些中、小型山区河流,河槽中礁石密布,而在礁石之间,泥沙淤成一处处浅滩,往往不易明确判别其浅滩形态,如江西赣江的十八滩,大多属于此种类型。

按河床质可分为卵石浅滩、沙质浅滩、石质浅滩等。但也不能决然分开,卵石浅滩中会含有粗、细沙,沙质浅滩中可能含有小卵石,石质浅滩上也可能有沙卵石运动,整治时应观测分析清楚。

按成滩水位可分为枯水浅滩与中水浅滩,绝大部分浅滩均出现在枯水期,仅有少量浅滩由于特殊的河床形态与水沙条件,可能在中水期出浅,如川江著名的峡口淤沙浅滩臭盐碛,就是在中水期出浅碍航。

二、卵石浅滩整治

与平原河流沙质浅滩相同,山区河流沙卵石浅滩同样为河床演变的产物,但与平原河流相比,沙卵石浅滩河段相对稳定,冲淤变化幅度相对较小。山区河流沙卵石浅滩整治,主要采取类似平原河流的疏浚与整治建筑物相结合的措施,以增大航道尺度。

1.过渡段卵石浅滩整治

整治过渡段浅滩,一般应采取束窄河床,固定和加高边滩,集中水流冲刷航槽的航道整治措施。正常过渡段浅滩上、下深槽与鞍凹平顺相连，浅滩位置基本稳定，碍航程度一般较轻。正常过渡段浅滩的水流较为平顺，故主要布置适当的整治建筑物加强对浅脊的冲刷。当滩段较短时，一般只需布置少量整治建筑物，缩窄河床，束水攻沙，即可达到整治目的，如河床结构紧密，不易冲深时，可配合挖泥船疏浚。

川江燕子碛为一弯道下游正常过渡段浅滩（图7-1a），上游弯道处的洪水河宽约600m，至过渡段浅区放宽到1000m，环流消失，流速减缓，造成沙卵石淤积，卵石中值粒径60mm。浅区长度较短，仅约200m。整治前设计水位时，航槽中的最小水深在2.2~2.4m之间，达不到2.7m的设计水深要求，原进行过疏浚维护，但回淤较快，需进行筑坝整治。整治方案在浅区稍上游右岸建下挑抛石勾头丁坝1座（图7-1b），丁坝段的有效长度约130m，下挑勾头30m长，丁坝拦截流量为总流量的34.4%。经过一个水文年，浅区冲刷基本保持新的平衡，大于3m水深的航宽80m，达到了根治的目的。

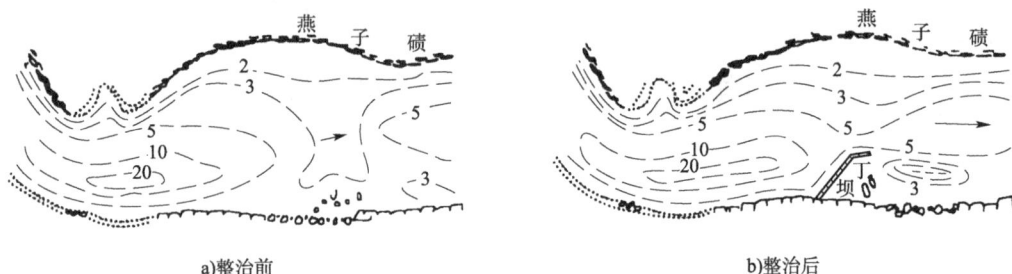

| a)整治前 | b)整治后 |

图7-1　川江燕子碛整治前、后水深变化图

对于过宽与浅区较长的浅滩，两岸边滩较低，水流更为分散，其整治方法往往需在浅区两岸同时布置整治建筑物，才能达到冲深浅区的目的。如嘉陵江北门滩，为一较宽阔的浅滩（图7-2），河床弯曲但滩段较顺直，两岸卵石边滩低平，枯水期需通过疏浚保持通航。整治方案在左岸建丁坝3座，右岸相对建丁坝2座，束窄最浅段的河面宽度。整治方案布置与上下游河势较协调，整治后航槽稳定，满足了航行要求。

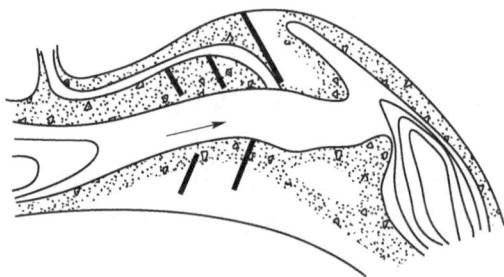

图7-2　嘉陵江北门滩整治方案示意图

2. 弯曲河段卵石浅滩整治

整治弯道浅滩，可在凹岸适当部位建顺坝或下挑丁坝，平顺近岸水流，必要时疏浚凸岸浅区，增大弯曲半径，也可建顺坝封闭弯槽，开挖直槽。

右江思林滩，江中有一大的沙卵石碛洲，将河床大部分堵塞，枯水流量主要沿右岸通过，航槽十分弯窄。整治前，弯曲半径仅约90m，航宽10m，水深最浅时仅0.6m，每年枯水疏浚尚无法维护正常通航，浅区逐年延长，上行船队需要分拖，下行船队常有搁浅事故发生。此滩要整治原航槽通航甚为困难，经过详细分析研究，确定在江中的沙洲上开挖一条顺直的新航槽（图7-3），在原右侧航槽上口建锁坝1座，坝顶高于设计水位0.2m，将枯水流量集中到新开航槽，为避免洲尾下游因河面突然放宽，泥沙产生淤积，建洲尾坝1座；洲尾坝以下主流偏向左岸，为保持岸坡与航槽的稳定，在左岸建丁坝5座，另在其下游建对口丁坝两座，用以减缓由于裁弯取直而造成流速、比降的增大。坝顶高于设计水位0.2m,仅在枯水期起作用,而不影响中、洪水的泄流。整治后,滩段流速、比降得到调整,丁坝坝田很快淤积,航道条件良好,多年不淤积。

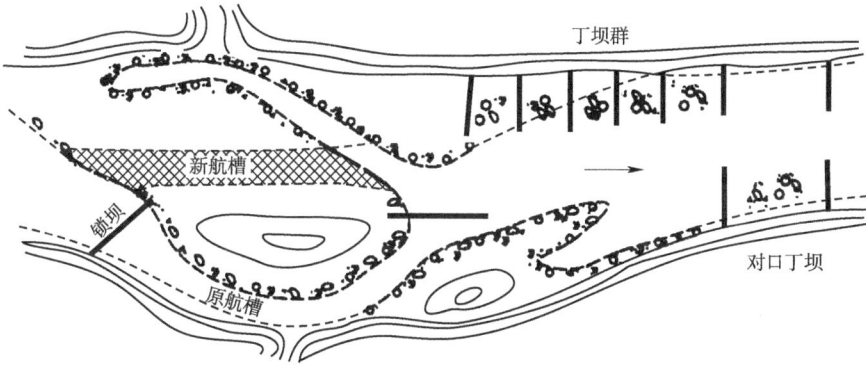

图7-3　右江思林滩整治工方案图

3.分汊河道卵石浅滩整治

整治汊道浅滩,应在慎重选汊的前提下采取工程措施、稳定或调整汊道的分流比,改善通航汊的通航条件;整治散乱浅滩,应采取固滩、筑坝和护岸等措施控制河势,堵汊并洲,集中水流,稳定中枯水航道;整治支流河口浅滩,应采取适当的措施减小汇流角,改善汇流条件,增大浅区冲刷能力。

长江上游神背嘴滩险平面形态呈约70°的回头急弯(图7-4)。滩段中枯水河槽宽约600m,河心长约1200m的窄长天然碛坝将水道分为左右两槽。左槽为弯曲汊道,进口弯窄,河底纵坡起伏大;中下段较为窄深,枯期水面宽度约150m,航深约10m。右槽较为顺直,枯水期水面宽度约260m;航行基面上2m水位时通航。右岸为宽约1000~1500m平坦开阔的古河床阶地,中低水河岸有弥沱石壁,大、小罐口漏浩,九条龙、猪儿石、青蛙石等岩盘,以及大中坝卵石碛坝,岸线极不平整。河床质以卵石夹细沙为主,河床质中值粒径约为150mm,粒径小于50mm的河床质所占比重约为25%~30%。

1990年航道部门曾对该滩左槽进行整治,在江心称杆碛筑顺坝阻挡横流,疏浚左槽进口以增大弯曲半径,但由于左槽进口为推移质输沙带所处位置,航槽又淤浅碍航。2005年左槽仍为枯水航槽,航道维护尺度为220m×40m×1.8m(航道水深×航宽×最小弯曲半径)。

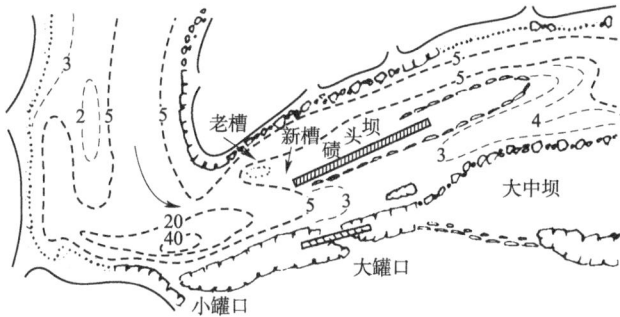

图7-4　神背嘴滩1990年整治方案

2005~2007年泸渝段航道整治时,选择该滩右槽作为通航整治汊道,采取疏浚右槽增加枯期航深、筑坝调整汊道分流量及束水攻沙维护挖槽稳定性的整治措施(图7-5)。挖槽宽

80m，开挖至航行基面下 3.5m。左槽进口布置三道潜坝增加右汊道分流；整治流量 $Q =$ 4500m³/s 时，右槽分流比增加 1.8%。由于右槽青蛙石附近枯水河面相对较宽，在中上段左侧布置 3 道短丁坝、右侧布置一道勾头丁坝以束水攻沙。该滩整治后右汊航槽最小水深 3.2m，取得了良好的整治效果。

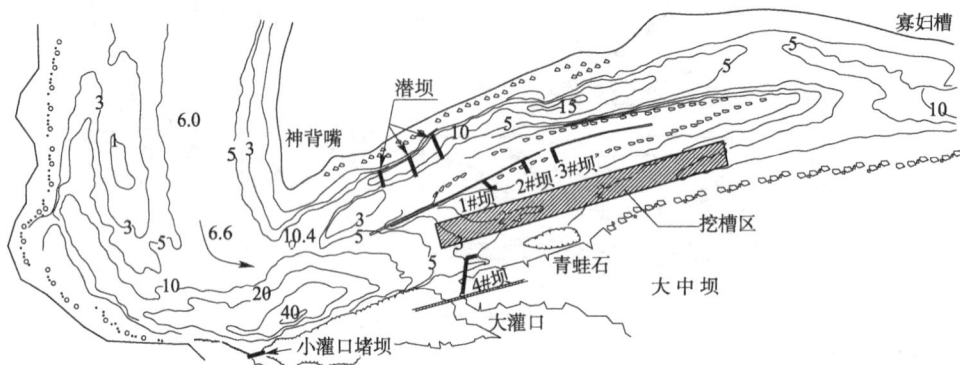

图 7-5　神背嘴滩 2005 年整治方案

4. 峡口卵石浅滩整治

整治峡口浅滩，宜以峡口壅水消落期泥沙开始被冲刷的水位作为整治水位，布置整治建筑物集中水流加速航槽冲刷，有条件开辟新航槽作为过渡航道时，也可开挖新槽。

三、石质浅滩整治

1. 类型和特点

（1）礁石浅滩

由于航槽内有明礁（水上部分的礁石）或暗礁（水下的礁石），致使航槽航深不够或航宽不够，妨碍航行。礁石浅滩多为崩岩浅滩和溪口浅滩。

（2）基岩浅滩

由于河中有石盘或横跨的石梁，致使航深不够，妨碍航行。基岩浅滩往往还伴生急流和跌水碍航。石质浅滩通常浅险并存或浅急并存，但以浅为主；解决了浅的问题，急、险问题往往也得到了解决。

2. 整治方法

（1）爆破清槽。大多数礁石浅滩采用此法整治；即炸去礁石，清除石碴，浚深加宽航道。

川江礁石子为石质浅滩，江中有较大面积的岩盘与暗礁潜伏，枯水期水深、航宽不足（图7-6），航行困难。整治方案主要是炸除航槽中碍航的岩盘与暗礁。该河段较顺直，炸礁后达到了设计要求的航道尺度，水流平顺，不需再布置其他整治建筑物，船舶可安全航行。

（2）开挖航槽。对河面较宽，水流分散，主流不明显，致使航深不够的基岩浅滩，可考虑在石梁或石盘上开挖航槽，增加航深。这种挖槽设计和水力计算与急滩石盘挖槽基本相同。

赤水河黑蛮滩右岸相继有两大石盘突起，中低水期水流被挤向左岸，由岩盘的低凹处奔流而下，航槽两侧又有礁石潜伏，水深不足，使航槽弯窄，严重碍航。过去曾进行炸礁整治，但施工期会造成断航，水下炸礁不易彻底。后来确定在右岸石盘上新开航槽（图7-7），新航槽设计为直线,航宽 25m,水深 1.3m,航槽底坡 1‰,槽长 380m,上、下口均做成喇叭形。整治后航槽尺度达到设计要求,航槽流速 1.8m/s,无泥沙淤积,整治效果良好。

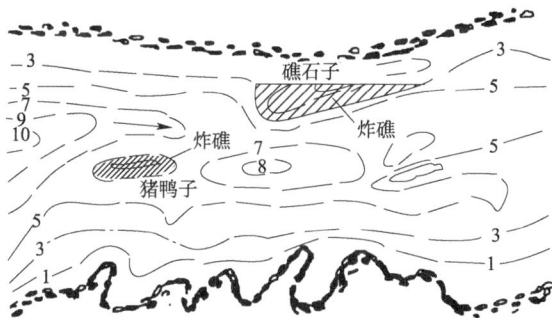

图 7-6　川江礁石子炸礁方案图

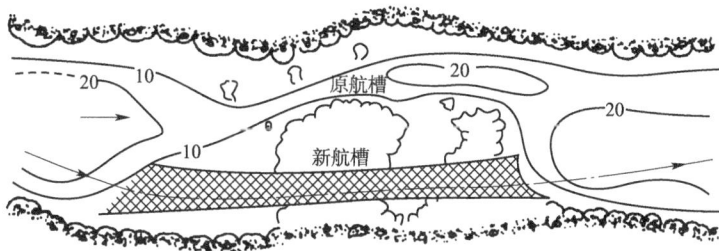

图 7-7　赤水河黑蛮滩整治方案图

(3)筑坝壅水增深。对于浅区面积较大,但水深与设计航深的差值不大的石浅滩;或者因为上游有滩险紧邻,若炸、挖本滩会恶化上游滩险,均宜采用此法整治。经验表明对口丁坝的壅水效果较好。但建坝后比降和流速可能增大,因此水力计算除验证水深是否满足设计航深要求外,还应验证比降和流速是否适航。

上述各法有时是结合应用的,例如开挖航槽的同时辅以筑坝壅水,可以更多地增加航深;在筑坝壅水增深时,辅以清炸,炸深浅滩中的特浅区。

第二节　山区河流急滩整治

一、急滩河段船舶的过滩能力

船舶的过滩能力是指船舶在一定的载重下克服急流滩险自航过滩的能力。船舶在稳定的匀速航行中,其主机的推力应大于等于船舶航行阻力。船舶过滩时,随流速、比降增大,航行阻力增加,航速减低,当航速减低降低到一定程度时,如对岸航速为 0.1～0.2m/s,就不能自航过滩。在这种极限条件下的过滩能力,为船舶的最大过滩能力。

过滩能力的计算,可分为航行阻力和主机推力两部分。船舶阻力如上所述,当船舶驶入滩口急流区,水阻力占总阻力的大部分,当上驶到滩口水面比降比较大区域,水面比降阻力急剧增加,所占比重有时可能大于水阻力。主机推力主要取决于主机功率和推进器效率,并与螺旋桨特性、转速有关。急流滩险，流态紊乱，一般计算结果与实际往往有明显差别，在重要工程中，需采用实船试验确定其过滩能力。

影响船舶航行阻力的因素很多，船舶航行阻力的计算是比较复杂的问题，目前还没有精确的理论计算方法，一般多按半经验计算公式或按船模测试的结果换算求得。船舶的推力和航行阻力可通过实船试验测出，在没有条件进行实船实验的情况下，可采用以下修正的兹万科夫法进行估算。

1. 船舶推力的估算

$$T_0 = \frac{e \times 75H_p}{V_s} \tag{7-1}$$

式中：e——有效推力系数；

H_p——主机总功率（马力）；

V_s——上水船的船水相对速度，$V_s = V_f + V_w$，其中 V_f 为滩段水流表面流速，V_w 为船舶上滩对岸航速，一般取 $0.2 \sim 0.5 \mathrm{m/s}$。

2. 比降阻力

一般采用下式计算：

$$R_j = \beta W J \tag{7-2}$$

式中：W——船舶总排水重量；

J——船舶长度范围内平均水面坡降；

β——船舶上滩时的水面比降的修正系数，取 $1.05 \sim 1.2$。

3. 水流阻力估算

机动船水流阻力 R_{V1}、驳船水流阻力 R_{V2}：

$$R_{V1} = f_1 \Omega V_1^{1.83} + \zeta_1 \delta A_m V_1^{1.7+4F_r} \tag{7-3}$$

$$R_{V2} = f_2 \Omega V_1^{1.83} + \zeta_2 \delta A_m V_1^{1.7+0.03V} \tag{7-4}$$

式中：f_1、f_2——机动船、驳船摩阻系数，钢壳取 0.17，木壳取 0.23；

Ω——船舶浸水面积；

ζ_1——机动船剩余阻力系数，

$\zeta_1 = \dfrac{17.7\delta^{2.5}}{\left(\dfrac{L}{6B}\right)^3 + 2}$，其中 δ 为方形系数，L 为船长；B 为船宽；

ζ_2——驳船剩余阻力系数，可参照 ζ_1 进行计算，川江上一般取 $\zeta_2 = 6.0$；

V_1——考虑浅水等影响，修正后的水流对船舶的相对速度，

$$V_1 = \eta V_s, \quad \eta = 1.15 \sim 1.30$$

A_m——船舶浸水部分舯剖面面积；

F_r——船舶弗劳德数，$F_r = V_1 / \sqrt{gL}$。

兹万科夫水流阻力计算公式中的单位制均采用 kgf、m、s 制。

假定估算的有效推力等于航行阻力，可以反过来试算出滩段不同表面水流速度与水面比降的组合，许多组允许流速和允许比降可绘制船舶（队）的过滩能力曲线。

一般情况下，计算的航行阻力与实测推力不尽相符，许光祥依据澜沧江实船试验资料，

获得的实测船舶推力与兹万科夫计算得到的航行阻力对比关系(图7-8)。当误差较大时,则需对航行阻力计算进行修正。

二、急滩分类

1.按碍航成因分类

按成因可分基岩急滩、溪口急滩、崩岩滑坡急滩和卵石急滩。

基岩急滩:某局部河段,河床为较坚硬的基岩所构成,或为岸边突出石嘴,或为江中潜伏石埂,不易被水流冲蚀拓宽,阻束水流而形成基岩急滩(图7-9a)。

溪口急滩:河道的一岸或两岸溪沟,遇山洪暴发时,产生水石流,冲出大量石块,在溪口淤成较大的堆积扇,使河床断面缩小而成为溪口急滩(图7-9b)。

崩岩滑坡急滩:由于较陡的岸坡发生崩塌或滑移,造成大量岩体与石块倾入江中。有的在江中形成石埂,有的在岸边形成一处或多处突嘴,使河床断面急剧缩小,而成为崩岩或滑坡急滩(图7-9c)。

卵石急滩:有些较宽的河道,中、洪水期有大量的卵石淤积,当卵石粒径较大,排列紧密,退水期不能全部冲刷,枯水期在航槽中形成浅埂,缩小泄水断面,使水流湍急而成为卵石急滩(图7-9d)。

有的急滩可能由于两种或多种原因所造成,如基岩与卵石或崩岩等因素综合构成的急滩。

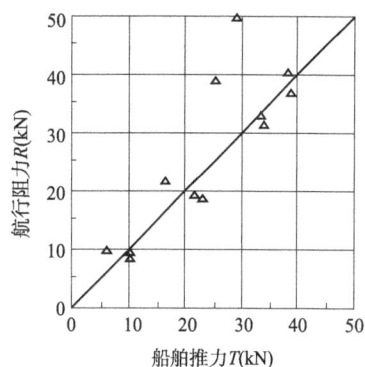

a)基岩急滩　　b)溪口急滩　　c)崩岩急滩　　d)卵石急滩

图7-9　急滩成因分类图

2.按急滩型态特征分类

按急滩型态特征可划分为突嘴型、窄槽型和横埂型急滩。

突嘴型急滩:其断面的横向与垂向收缩可能同时存在。平面形态岸边呈明显的突嘴状(图7-10a),根据突嘴高低大小的不同,可能在各不同水位期成滩;突嘴型急滩又可分为单口、对口、错口与多口等滩型。

窄槽型急滩:由于基岩或其他地质原因,形成窄长形河道(图7-10b),其断面以横向收缩为主,滩段的平面形态较为平顺,但河宽收缩较大,而水深收缩较小,甚至较滩段上、下游增大,如峡谷型急滩,主要在洪水期成滩,往往水位愈高滩势愈汹。

横埂型急滩:断面收缩以垂向为主,在河宽上可能无明显的收缩现象(图7-10c)。如崩岩或江中有潜伏横亘石梁形成的急滩,主要在枯水期成滩,往往水位愈枯滩势愈汹。

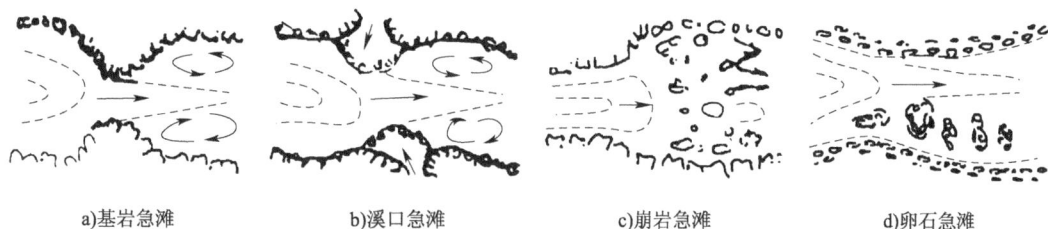

图7-8　澜沧江实船推力与计算阻力对比

197

在有些分汊河道中,由于基岩突嘴或潜埂,缩小河床泄水断面,可能在通航汊道内形成急滩。可能为以上三种情况中的任何一种。

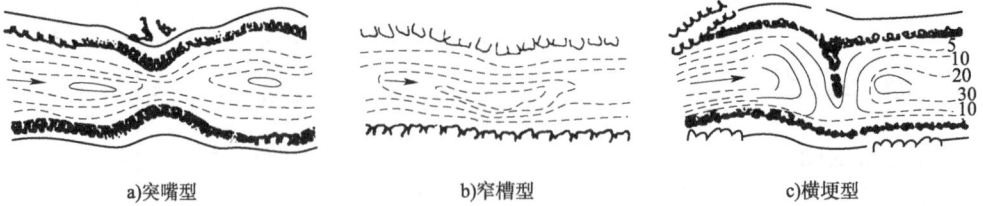

a)突嘴型　　　　b)窄槽型　　　　c)横埂型

图7-10　急滩滩型示意图

按滩险成滩水位可将急滩分成以下几种类型:只在枯水期成滩碍航的枯水滩急滩,在中水期成滩碍航的中水急滩,在洪水期成滩碍航洪水急滩。有些滩险在上述两种水位或全年各个水位期都成滩,所以还有中枯水位滩,中洪水位滩以及常年滩几种。

急滩的流速、比降,根据不同的滩型,有其不同的组合。横埂型急滩一般比降较大,流速相对较小;窄槽型急滩一般流速较大,比降相对较小;突嘴型急滩的流速、比降基本介于上述两者之间。一些典型急滩的流速、比降值如表7-1。

川江部分典型急滩滩段的流速、比降表　　　　　　　　表7-1

滩类	横埂型	突　嘴　型		窄　槽　型	
滩名	青滩	泄滩	庙基子	喜滩	水田角
流速(m/s)	4.2	4.0	3.3	4.5	5.0
比降(‰)	13.2	5.8	4.5	2.0	1.4

三、基岩急滩整治

1. 扩大泄水断面

扩大泄水断面是急滩整治的基本方法之一,通过扩大滩口泄水断面,河床相对平顺,比降、流速得到调整,缓流段的比降、流速略有增大,急流段的比降、流速减缓,使调整后的水流条件,能满足船舶自航上滩的要求。在乱流段,整治后主流范围相应拓宽,回流范围缩小,泡漩减弱,流态亦得到很大改善,对上、下行船舶的安全航行均为有利。

整治设计时,需通过对滩势与航行情况等进行详细分析,慎重确定切除滩口一岸或两岸的突嘴,此种方法主要适用于突嘴型急滩。

急滩整治需扩大的泄水断面一般可通过水力计算法或图解分析法来确定。图解分析法为经验方法,急滩滩口每级水位的断面平均流速都有与其相应的比降与最大表面流速,并与滩势成正比变化关系,即滩口断面平均流速愈大,滩口纵比降与表面流速也愈大,滩势愈凶。因此,可用滩口最小断面的断面平均流速为急滩综合水力指标,绘出成滩期各级水位时断面平均流速变化曲线,并在曲线上根据成滩上、下限水位的联线,反算出该滩消除绞滩需扩大的整治断面积。下面以川江宝子滩为例,介绍图解分析法的计算方法与步骤。

宝子滩系由于左岸溪沟山洪冲出大量石块堆积溪口,缩小河床泄水断面,形成突嘴型中、洪水急滩,见图7-11a)。成滩的下限水位为9m,上限水位为23m,最汹水位为17m。根据分析研究,确定整治左岸突嘴,以减缓流速、比降,满足船舶自航上滩的要求。整治需扩大

的泄水面积,采用图解分析法的计算步骤如下:

①以滩口最小断面为计算断面,确定成滩期内计算水位级(一般取水位间隔 $1 \sim 2m$)及其相应流量;

②计算各级水位时整治前的泄水面积及断面平均流速,并绘出平均流速与水位的关系曲线,见图 7-11b);

③根据成滩的上、下限水位,在平均流速与水位关系曲线上找出相应的 a、b 两点,并连成直线,可认为该连线为各级水位的消除滩势的断面平均流速的临界线;

④沿 a、b 直线量取各级水位的消滩断面平均流速值,并反算其泄水面积;

⑤计算各级水位需扩大的泄水面积,并绘于滩口横断面需整治的岸侧,见图 7-11c)。

由计算结果看出,整治需增加的最大泄水面积为 $419m^2$。在满足各级流量需增加泄水面积的基础上,并考虑便利航行、设标与岸坡稳定等因素,进行此滩整治断面设计,得出最大整治断面积为 $462m^2$。按此整治断面积,将左岸溪沟冲出的大块石突嘴炸除,达到了消除绞滩的整治目的(表 7-2)。

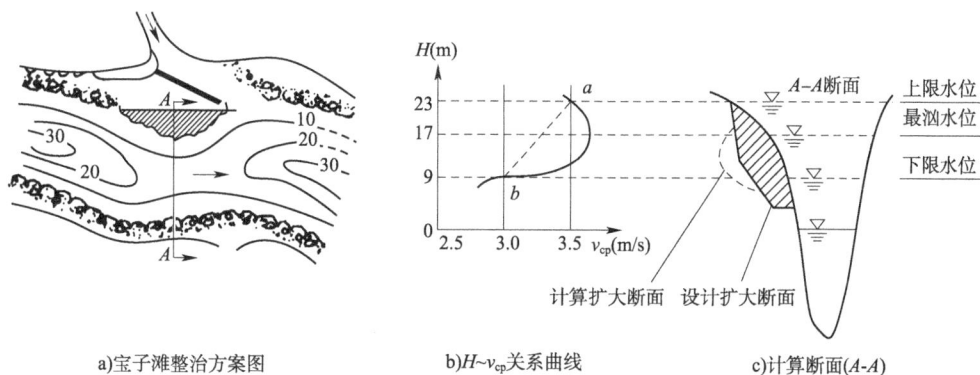

a)宝子滩整治方案图   b)$H \sim v_{cp}$关系曲线   c)计算断面(A-A)

图 7-11 宝子滩整治开挖断面图解分析法示意图

宝子滩(A—A 断面)整治断面积计算表   表 7-2

水位 (m)	流量 (m³/s)	整 治 前		整 治 后		需增加的泄水面积 (m²)
		泄水面积(m²)	v_{cp}(m/s)	泄水面积(m²)	v_{cp}(m/s)	
9	9500	3232	2.94	3232	2.94	0
11	11300	3582	3.15	3742	3.02	160
13	13200	3956	3.34	4258	3.10	302
15	15100	4356	3.47	4734	3.19	378
17	17000	4780	3.56	5199	3.27	419
19	18600	5256	3.54	5552	3.35	296
21	20200	5716	3.53	5889	3.43	173
23	21900	6232	3.51	6232	3.51	0

需要指出的是,水位愈高愈汹与水位愈枯愈汹的急滩,不宜采用图解分析法,可按水力计算法确定其整治需扩大的断面积。

2.改造滩口形态

构成错口滩型也是整治突嘴型急滩的有效方法。在突嘴处的水流应具有如下特点：在突嘴上游的一定范围内有壅水产生的缓流区，在其下游的一定范围内为回流缓流区，正对突嘴的外沿则为挑流形成的急流水埂。当两岸突嘴错开一定距离时，两岸的急流与缓流位置亦相应错开，给船舶充分利用两岸的缓流区上滩创造了有利条件。上行船舶尽量利用上突嘴下游回流区边缘的缓流上驶，当船舶到达突嘴外的急流水埂不能再前进时，即加足功率横渡到对岸下突嘴上游的壅水缓流区而自航上滩。此种航行方法，习称"搭跳"。整治设计时应根据滩口段的表面流速分布，分析计算船舶由一岸缓流区到达对岸缓流区时的位置，并考虑船尾能超过下突嘴上游并保持一定的安全距离，以确定两岸突嘴整治后要求的错口长度。有条件的对口型急滩（包括单口与多口）与略具错口但船舶仍不能自航上滩的急滩，均可考虑采用此种整治方法，以取得经济合理的整治效果。

急滩整治错口长度见示意图7-12，设计错口计算长度 D 可按下式估算：

$$D = L + L_b + L_a \tag{7-5}$$

$$L_a = B \frac{V_f - KU\cos\theta}{KU\sin\theta} \tag{7-6}$$

$$K = \sqrt{\frac{T_0 - WJ}{T_0}} \tag{7-7}$$

式中：L——船舶或船队的长度(m)；

L_b——船尾至下突嘴的安全距离(m)，计算中应注意 L_a 取值的正负；

L_a——船舶横渡航宽 B 相应的纵向距离(m)；

B——滩口有效航行航宽，m；

V_f——滩口航宽 B 范围内的表面平均流速，m/s；

K——航速折减系数；

U——船舶的静水航速(m/s)；

θ——航向与流向的交角，取15°；

T_0——船舶在静水航行的有效推力，t；

W——船舶(或船队)的总排水量，t；

J——滩口水面比降。

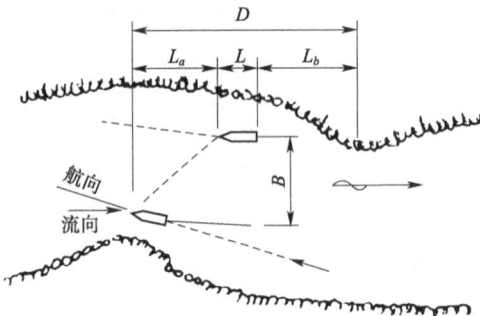

图7-12　错口长度计算示意图

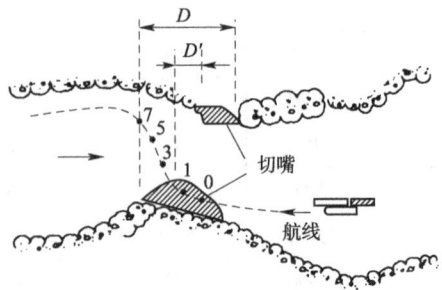

图7-13　黄石嘴滩错口长度计算示意图
D'-整治前错口长度；D-整治后错口长度

下面以黄石嘴滩整治为例说明错口长度具体的计算方法。

黄石嘴急滩略具错口滩型,整治前错口长度(D')约为80m,需通过整治加大错口长度。计算按标准船队1942kW推船顶推2艘1000t驳,总载量1500t,总排水量2680t。推船的静水有效推力为17t,船队的静水航速为6m/s。滩段流速为4～5m/s,滩段纵向水面比降为1.47‰,根据测图,在滩口分段取局部河宽b及相应的流速值,按式(7-7)计算得航速折减系数$K=0.877$,按式(7-6)计算L_a值如表7-3所示。

船队长度135m,船尾至下突嘴的安全距离取50m,按式(7-5)计算得应有的错口长度$D=135+50-56=129$m。整治设计确定的错口长度取150m。计算所得的船舶自航上滩航线(图7-13),与整治后的实际情况基本相符。

表7-3

黄石嘴急滩值L_a计算表

河段	0	1	2	3	4	5	6	7	合计
B(m)	20	20	20	20	20	20	30		150
V_f(m/s)	4.5	4.7	4.9	5.0	4.7	4.5	4.0		
$\dfrac{V_f - KU\cos\theta}{KU\sin\theta}$	−0.43	−0.28	−0.14	−0.66	−0.28	−0.42	−0.79		
L_a	−8.6	−5.6	−2.8	−1.3	−5.6	−8.4	−23.7		−56

3.滩下筑坝壅水

有些枯水急滩,采用炸礁整治较困难,或扩大过水断面后,造成滩上水位下降而影响上游滩险时,可考虑在滩下筑坝壅水,减缓滩口的比降、流速,改善流态,使船舶能自航上滩(图7-14)。

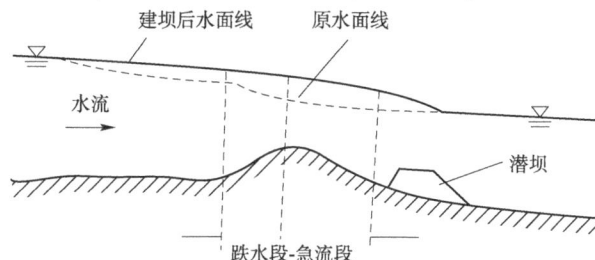

图7-14　潜坝回水曲线示意图

对于不同的滩险河形,亦可采用单一的丁坝或潜坝布置形式。如滩下河床为宽浅型,可在河道的一岸或两岸布置丁坝壅水;如滩下有深槽,则可在滩下单独采用潜坝壅水。采用筑坝壅水时,需进行壅水的水力计算,以达到整治设计要求。

4."上疏下抬"整治方法

将扩大滩口泄水断面法和滩下筑坝壅水法结合应用,例如在扩大滩口泄水断面或在石盘挖槽的同时,为了不使滩头水位降得太多,恶化上游滩险,或者为了更进一步减缓滩上的比降和流速,往往在下游邻近河段适当位置修建潜坝或丁坝,抬高滩上水位,这就是所谓"上疏下抬"综合整治法。

图7-15为右江金陵大滩整治示意图。该滩过去号称"右江滩王",整治前右槽为航道,但因礁石密布,石盘外伸,致使航道窄、浅、弯、急,最大流速达4m/s,最大比降达9.9‰,航船需减载施绞上滩,下行船需设锚倒退过滩,每个船队过滩时间往往6h以上,严重影响航运。

后来放弃右槽,用疏炸方法,挖通左槽横亘的石梁和清除左槽内的碍航礁石。竣工后滩头水位下降0.8m,但滩上比降仍然较大。后来在滩尾深槽抛建两座壅水潜丁坝,使滩尾水位壅高0.25m,平均比降由3‰降到1.3‰,最大比降由9.9‰降到3‰,最大表面流速不超过2m/s,上下船队均能顺利过滩。

图7-15　右江金陵大滩整治示意图

5.拓宽缓流航道

根据河道水面流速分布的特点,主流的流速较大,靠两岸岸边的流速较缓。上行船舶需要利用缓流上滩,但往往由于岸坡凹凸不平或有礁石潜伏,造成流态紊乱。船舶不敢靠近岸边充分利用缓流航行,因而需要施绞上滩。通过整治清除岸边突出的碍航礁石,平顺岸线,拓宽缓流航道,往往可达到船舶自航上滩的要求。

此种整治方法,主要应用于峡谷河段的洪水急滩,因峡谷河段岸壁较陡峻,要较多地扩大泄水断面,工程量十分巨大,施工亦有较大困难。如拓宽缓流航道后,船舶仍无法沿一岸自航上滩时,则可考虑拓宽两岸的缓流航道,使船舶可利用两岸的缓流"搭跳"上滩。

整治设计时应注意滩段主流的偏向,缓流航道不宜选在主流偏向的一岸,因主流偏向的一岸,整治后流速可能增大,达不到扩宽缓流航道的整治目的。

6.扩大非通航支汊的分流比或开辟双槽通航

汊道急滩整治往往易引起汊道分流比的变化而影响整治效果。必要时需配合采用扩大非通航支汊的分流比或开辟双槽通航等方法予以整治。

有的石质汊道急滩,可通过整治开辟双槽通航。水流较急的汊道,可通过整治适当减缓水流,改善流态,作为下行船舶航道;水流较缓的汊道,可通过整治达到要求的航道尺度,作为上行船舶航道。

有条件采用双槽通航的汊道急滩,可减少控制河段,能取得更好的整治效果。但应慎重控制两汊的分流比,避免分流比的变化,达不到设计要求而造成返工浪费。如黔江师姑滩的整治(图7-16),经模型试验反复验证,合理确定各分汊的分流比,取得了良好的整治效果。

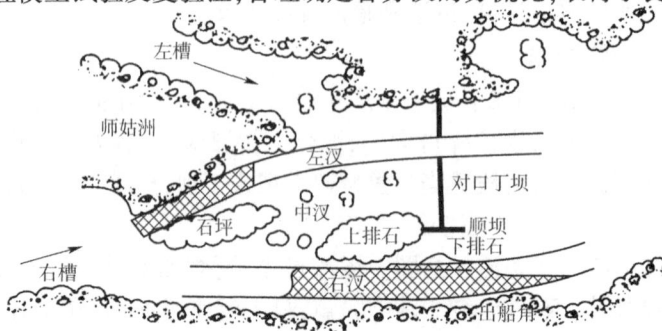

图7-16　黔江师姑滩的整治示意图

在汊道急滩整治中,也可通过整治措施增大非通航支汊分流比,达到减小通航汊道分流量、改善通航水流条件的目的。

四、其他类型急滩整治

有些复杂急滩或相距较近的急滩群,要求完全达到消除绞滩较困难时,可考虑通过整治,减缓滩势或使多处绞滩集中于一处,以改善绞滩条件与缩短绞滩时间。对于溪口或崩岩、滑坡形成的急滩,除了对滩体进行整治外,还需对溪沟与崩岩、滑坡地区进行必要的防治。卵石急滩整治应先分析研究河床演变规律与成滩原因,因势利导进行整治。

1. 卵石急滩

对于卵石粒径较大,结构较紧密,河面较宽阔的卵石急滩,可采用疏浚挖深航槽,拓宽泄水断面,减缓流速、比降。为防止疏浚后航槽中仍有卵石淤积,可布置整治建筑物,加强对挖槽的冲刷。有些枯水河床较窄的卵石急滩,宜采用整治建筑物进行中水整治,使在退水过程中,汛期淤积卵石得到冲刷,而不缩小枯水期的泄水面积。

川江筲箕背为卵石形成的急浅滩,见图7-17,江床条件复杂,江中分布小型卵石碛洲,使河床成为多汊,航槽弯曲狭窄,卵石粒径较大,航槽内中值粒径200mm。最小水深仅1.2m,水流湍急,流速大于4m/s,比降达3.8‰,上行船舶航行困难。经模型试验研究,整治方案采取拓宽顺直的主汊,航宽50m,水深3m,作为枯水航槽。挖槽后,急流段流速降低至3m/s,比降减缓至1.0‰左右,能满足上行船

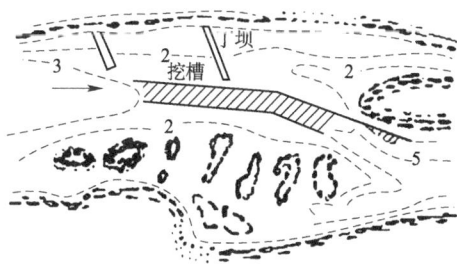

图7-17　川江筲箕背急滩整治方案图

舶航行要求。但挖槽上段主流偏于左岸,航槽水流较缓,有卵石淤积,故确定在上段左岸布置丁坝2座,整治水位为设计水位上1.5m,施工后保持了航槽稳定,取得良好的整治效果。

对于浅段较短的卵石急滩,其下深槽较深时,可在深槽筑潜坝或填槽达到壅水目的。有些过于碍航的卵石急滩,进行原航槽整治无法取得理想效果,有条件时可考虑开辟新槽通航。对于中、小型山区河流中较顺直的卵石急滩,可采用建错口丁坝的整治方法,使船舶能充分利用两岸丁坝形成的缓流区"搭跳"自航上滩。

2. 溪口急滩

溪口急滩多为突嘴型急滩,其整治可参照突嘴型急滩的整治方法。为防止溪沟来水来石使滩险恶化,应对溪沟进行治理。治理的基本方法主要有溪内筑坝拦石与溪口筑坝改道两种。

在溪沟内建拦石坝,拦截溪内的山洪来石,使其不能冲出溪外而影响航行。当溪口有适宜筑坝改道的地形、地质条件,同时滩下有较大的沱区可容纳大量的溪沟来石时,可采用溪口筑坝使溪口改道的治理措施,如原溪沟不能利用,可另开人工渠道,以便将溪沟来水来石导至滩下沱内。

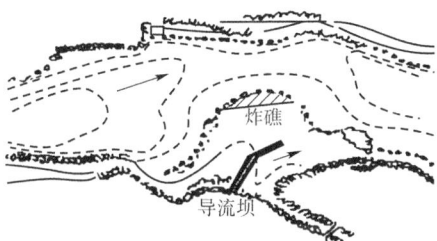

图7-18　乌江小角邦滩溪口改道整治方案图

乌江小角邦滩为右岸溪沟冲积扇伸入江中(图7-18),束窄泄水断面而形成的溪口急滩。枯水期流急浪大,回流与剪刀水强烈,船舶上行困难,需设绞

助航。经过历年的炸礁整治，航行条件得到改善，取消了绞滩；但由于溪沟山洪常冲出石块，滩势又有所恶化，为了巩固滩险整治效果，1986年进一步对溪口冲积扇进行清炸，同时在溪口建浆砌块石导流坝1座，改变了溪沟与河道的交角，将山洪冲出的石块导至滩下深沱，使小角邦滩的整治效果得以保持。

五、急滩整治开挖线与开挖断面设计

1. 整治开挖线设计

急滩整治开挖线为急滩整治开挖断面底坡与边坡的交界线，见图7-19，需根据各滩的具体滩情设计布置。

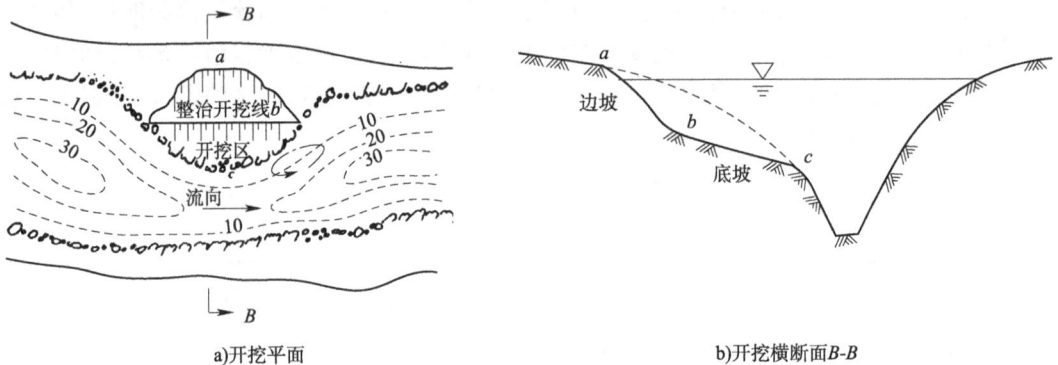

a)开挖平面   b)开挖横断面 B-B

图 7-19 急滩整治开挖示意图

以拓宽或开辟缓流航道为主的整治，开挖线应布置在有缓流的一岸；以减缓滩上流速、比降为主的整治，开挖线宜布置在主流偏向的一岸，应保持整治开挖区内不产生泥沙淤积。

按错型式整治急滩时，上突嘴宜多切除其下游部分，下突嘴则多切除其上游部分，以达到设计要求的错口长度。开挖线尽量采用直线，如整治线较长较弯曲时，可采用折线，以便于工程施工。

开挖线的高程、平面布置与整治断面形态相关联，应进行多方案的比较，因地制宜地选择既能减缓滩势，便于船舶安全航行，而工程量又较小的最优方案。

2. 整治开挖断面设计

开挖断面的设计主要为横断面边坡、底坡与开挖线高程、纵坡的确定。

①横断面边坡、底坡

为满足稳定的需要，边坡可按表7-4选定。为扩大泄水面积的需要。边坡可缓于表7-4规定的数值，必要时可采用变坡。

开挖横断面稳定边坡表   表7-4

岩石类别	边坡	岩石类别	边坡
基岩	1:0.2~1:1.0	碎石	1:1.5~1:2.5
块石	1:1.0~1:1.5	卵石	1:2.5~1:3.0

枯水急滩整治横断面的底坡可为平坡，但必须有足够的航行水深，满足船舶安全航行的需要。中、洪水急滩，如整治区主要为泄流，底坡采用平坡或斜坡均可，根据需要的泄流量而

定;如整治区需过船时,应考虑船舶吃水、设标要求,滑梁水影响等因素,其底坡不缓于
1:6~1:7。

②整治开挖线高程

中、洪水急滩的开挖线高程,可结合整治断面在成滩下限水位与最泐水位间选取,如船
舶航行需通过整治区时,整治线高程应满足航行水深的要求。

枯水急滩的整治开挖区,一般为枯水航槽,故其开挖线高程不应高于设计挖槽底线的
高程。

③整治开挖线纵坡的确定

中、洪水急滩整治开挖线的纵坡,可与整治开挖线高程时的水面纵坡或整治区最低通航
水位时的水面纵坡相一致;枯水急滩则与设计水位时的水面纵坡相一致。

第三节　山区河流险滩整治

险滩按碍航特性可分为礁石险滩、急弯险滩、泡漩险滩和滑梁水险滩等类型。险滩整治
应采取炸礁、筑坝和疏浚等工程措施,拓宽和加深航道,增大弯曲半径,改善不良流态。

一、礁石险滩整治

礁石险滩是由于江中明暗礁石密布,使航道弯曲狭窄,船舶航行极易发生触礁事故。

对于整治江中礁石密布的险滩,应合理选择航槽,采取炸礁措施;整治航槽边缘存在碍
航礁石的险滩,应根据河道形态与水流情况,采取炸礁或修建顺坝平顺岸线等措施。整治航
道狭窄、边缘凹凸不平和水流紊乱的礁石滩,应通过计算或实船试验,确定航槽布置,并采取
炸除挑流碍航礁石的措施。航道内水下礁石的清炸深度,应根据改善险情的要求,适当加大
富余水深。

岷江朱石滩为弯道礁石险滩,左岸为凸出的沙卵石边滩,凹岸有长约190m,宽120m的
礁石区(图7-20),船舶航行有触礁危险。如全部采用炸礁整治,水下炸礁工程量很大,且炸
礁后,左岸边滩更会向江中延伸,航道更为弯曲。开始整治沿右岸布置系列丁坝,将礁石纳
入坝田内,但丁坝头部产生急流大浪,仍然碍航。后将上半段改为顺坝,采用顺坝与丁坝相
结合,改善了弯道环流,水流平顺,险、浅等碍航问题均得到解决。

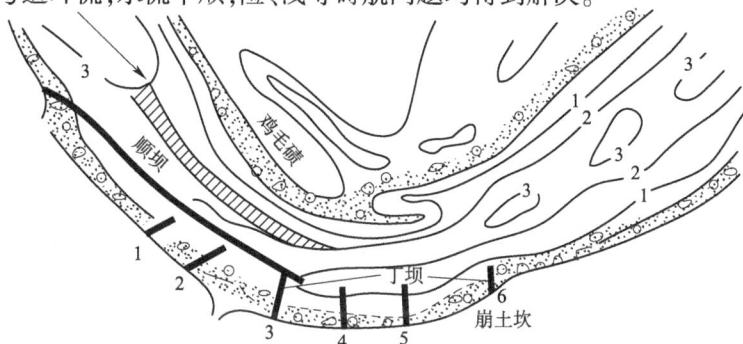

图7-20　岷江朱石滩整治工程示意图

二、急弯险滩整治

急弯险滩是由于弯曲半径小、不满足航道尺度要求而碍航，同时伴随有扫弯水碍航流态出现，对船舶的安全航行危害较大。扫弯水主要对下行船舶的危害较大，船舶偏凸岸航行，易在凸岸边滩擦浅，偏于凹岸航行则易发生扫弯触礁事故。由于凸岸边滩挑流，一方面使主流收缩为一束，直冲凹岸，形成扫弯水。另一方面又在边滩突嘴下游形成较大回流区，使上、下行船舶分别有发生"打张"与"打抢"的危险。

整治急弯险滩，应加大航道宽度或弯曲半径，消除改善扫弯水和回流等不良流态，满足设计船队安全行驶的要求。

1. 单一河道中的急弯险滩整治

①挖除部分凸岸边滩，加大航道弯曲半径，必要时在凹岸槽抛泥填潭或修建潜坝，增大凸岸边滩的冲刷流速，潜坝坝顶需足够的航行水深，避免产生跌水。

②当凹岸有突出岩嘴挑流时，在岩嘴上游适当位置建丁坝或丁顺坝，将主流挑出岩嘴，平顺水流。

川江三漩子滩为以弯道浅险滩（图7-21），由于左岸突嘴上游形成局部凹沱，主流冲向沱内，形成强烈横流，并有回流、泡漩，下行船舶有擦浅或扫弯触礁的危险。整治时在左岸凹沱内建一道丁坝，将主流挑出，调顺流向，泡漩水亦相应减弱。

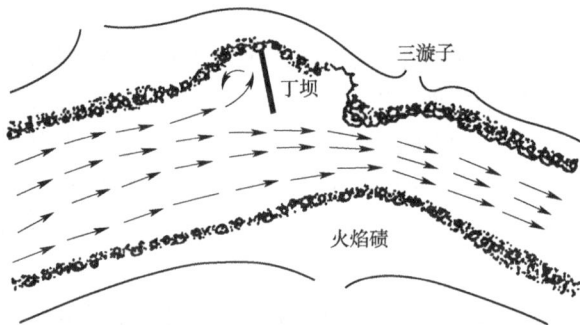

图7-21　川江三漩子滩整治效果图

③两岸有突出石梁对峙而形成的急弯险滩，以整治凸岸石梁为主，必要时考虑在凹岸筑坝平顺水流。

川江长蛇梁为两岸均有突出石梁构成的扫弯险滩（图7-22），右岸的长蛇梁，斜伸江中约250m，高20m，与凹岸突出江边130m、高6m的猫子石相对峙。主流受长蛇梁挑流作用，冲向凹岸。猫子石，中枯水期下行船舶有扫弯触礁的危险。整治方案将右岸长蛇梁切除100m，炸至设计水位下3.4m，整治后，扫弯水势大大减缓，但下行船舶仍有可能在左岸猫子石扫尾，如继续施炸长蛇梁，工程量较大，经分析比较，确定将左岸猫子石炸除30m，水深亦为设计水位下3.4m，施工后下行船舶可安全航行。

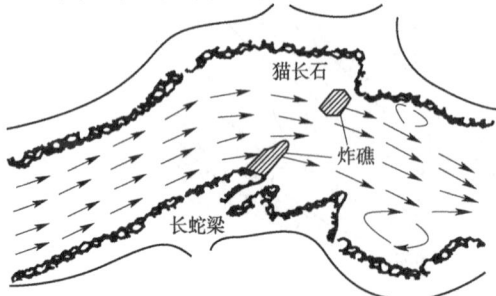

图7-22　川江长蛇梁滩整治方案图

2.分汊河道中的急弯险滩

根据不同的险滩位置与水流形态,分汊河道中的急弯险滩可采取下列整治措施:①在汊道进口处建洲头顺坝或炸挖洲头突出的浅嘴,减弱冲向凹岸的横流;②在汊道出口处建洲尾顺坝,拦截横流,必要时在凹岸建顺坝或丁坝;③废弃老槽、另辟新槽,或采取上下行船舶分槽航行。对于水流较急的急弯险滩整治,可根据具体条件在滩下深槽建丁坝或潜坝,抬高水位,减缓水流。

川江渣角滩江中卵石洲将河道分为两汊(图7-23),左汊水浅,枯水不能通航;右汊为枯水航槽,但航槽十分弯窄,右侧产生强烈扫弯水,左侧碛脑下游有较大回流,有效航宽不足60m,下行船舶极易发生扫弯触碓事故。整治方案是建洲头坝1座,拦截横流,调顺流向,同时挖除了部分洲头突出的碛翅。施工后,主流向左增宽至120m,不再顶冲右岸渣角石嘴,扫弯水对航行的危害基本消除,上下行船舶均可安全航行,且航槽稳定,整治效果良好。

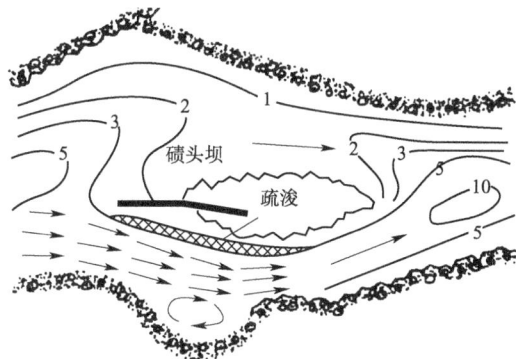

图7-23　川江渣角滩整治方案图

三、泡漩水险滩整治

泡漩水、泡水产生由中心向四周扩散的推力,其方向大部分与主流方向不一致,易迫使船舶偏离正常航线而发生海损事故。强大的漩水亦会对航行产生危害,可能将小型船舶漩沉。根据不同的河床形态,各水位期均可能出现泡漩水。洪水期峡谷河段出现泡漩水最多,几乎满江泡漩翻滚,水势汹涌,往往造成歪船、扎驳、断缆,以致出现触碓、沉船等严重事故。故在峡谷河段遇较大洪峰时,船舶常需扎水停航。

泡漩水是水流和复杂河床相互作用而产生的,泡漩险滩整治应针对其具体成因,分别采取炸礁修整河床形态,调整流速分布,或修建整治建筑物,调整流向,改善流态等措施。

①河道两岸伸向江中的石嘴阻水挑流,是构成泡漩水的重要原因。因此,采用炸礁方法,炸除岸边突出石嘴,平整岸线,同时也可平顺水流,达到减弱或消除泡漩水的目的。

川江螃蟹岬泡漩险滩,河道弯曲,两岸突嘴交错挑流,洪水期产生较大回流,泡漩汹涌,严重碍航。整治采用炸除两岸挑流突嘴的方案(图7-24),平整了岸线,使两岸回流范围大为缩小,泡漩水强度明显减弱,满足了船舶安全航行的要求。

②由于凹岸突嘴的阻水挑流而形成的泡漩水,可在突嘴上游适当距离的深槽中建潜坝,达到消除泡漩水的目的。这是由于弯道的主流与深槽均贴近凹岸,如凹岸出现突嘴时,其阻水挑流作用亦很强烈,相应产生强烈的泡

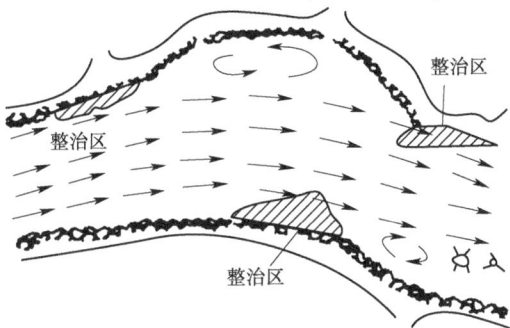

图7-24　川江螃蟹岬滩整治效果图

漩水,严重碍航。在突嘴上游深槽建潜坝后,深槽的水深减小,改变了断面形态,使凹岸一侧的流量减小,凸岸一侧的流量增加,主流移至突嘴以外,突嘴的阻水挑流作用减小,泡漩水亦相应减弱而不再碍航。

川江钓鱼嘴为一泡漩险滩,由于左岸木鱼碛的挑流,使主流直冲右岸的钓鱼嘴,产生强烈的回流泡漩,对船舶安全航行危害极大。此滩整治进行了模型试验多方案比较:方案一是将右岸的钓鱼嘴部分炸除,试验结果泡漩水并无多大改善,冲向右岸的横流反而变汹;方案二在钓鱼嘴上游建下挑丁坝1座,将主流挑出钓鱼嘴外,泡漩水有较大改善,但比降、流速增大,造成上行船舶航行困难;方案三是在钓鱼嘴上游深槽建丁潜坝1座(图7-25a)与左岸木鱼碛挖槽相结合。潜坝右端与短丁坝相连接,坝顶为阶梯型(图7-25b),丁潜坝采用此种断面形式,更有利于将主流由右岸向左岸偏移,右岸钓鱼嘴的阻水挑流作用大大减弱,水流平顺,回流泡漩基本消失。同时主流左移后,更能保持木鱼碛挖槽的稳定,上、下行船舶均可安全畅通。

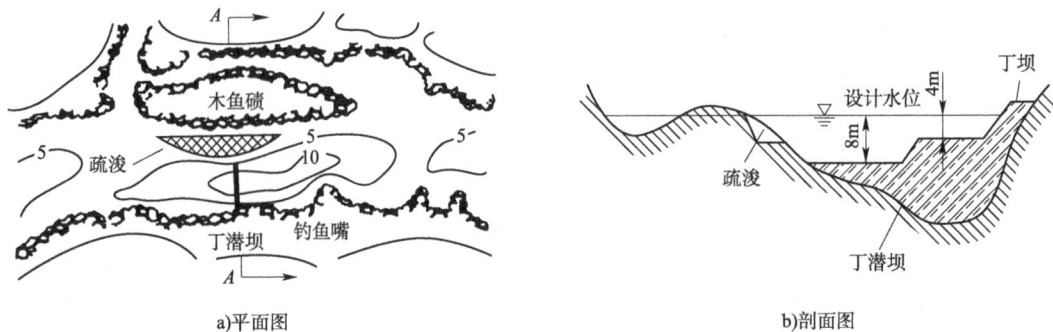

a)平面图　　　　　　　　　　　　　　b)剖面图

图7-25　川江钓鱼嘴整治布置图

四、滑梁水险滩整治

滑梁水主要是当石梁上漫水而不足航行水深时,船舶航行不慎,有被滑梁水推至梁上发生触礁的危险。特别是在狭窄河段,两岸同时产生滑梁水时,对上、下水船舶航行,均有强大危害。滑梁水还有可能造成设标困难,或使航标流失而造成船舶发生海损事故。

整治滑梁险滩的方法:一是"躲避",二是"消灭"。所谓躲避,是指另辟航道,或者提高产生滑梁水的水位,使航船能避开滑梁水航行。所谓消灭,是指炸除或炸低产生滑梁水的石盘、石梁,将石盘淹没在最低通航水位以下。

川江蚕背梁为河道中左侧的长条形石梁,其右岸为天鱼背石梁台地,河宽仅约100m,两岸同时出现滑梁水,为川江中水期著名的滑梁险滩(图7-26)。经整治方案的比较,确定在蚕背梁的右边缘建长顺坝1座,坝高为设计水位以上6.5m,同时将蚕背梁左侧瓦子浩的底高程由设计水位以上3.1m炸低至1.5m。这样,当右岸天鱼背石梁上产生滑梁水时,船舶可靠近左岸顺坝航行,而当顺坝上产生滑梁水时,瓦子浩已有足够航行水深,因而可使船舶避开滑梁水安全航行。

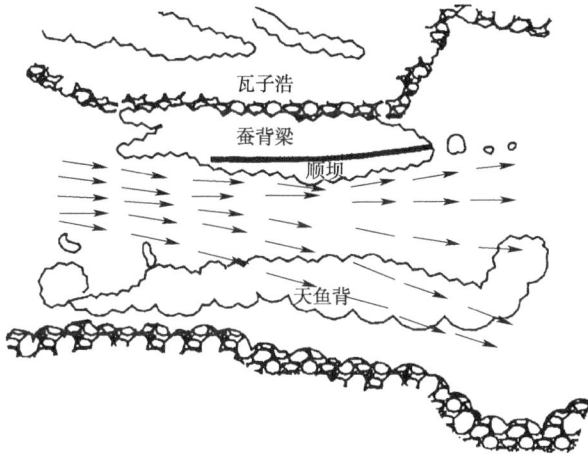

图 7-26 川江蚕背梁滩整治方案图

五、山区河流险复合型滩险整治

山区河流的滩险往往兼有急、浅、险中两种或三种滩性,河床形态亦较复杂,甚至由连续的滩群所组成。

金沙江下游大雪滩群位于河口段(图 7-27),河段整体河势较为顺直,但中段左岸有最宽达 270m、长约 550m 的中坝卵石碛坝边滩,加之沿岸突嘴、石梁、石盘众多,致使枯水河槽弯曲,河宽沿程变化频繁,河底纵坡局部陡急,较短河段内分布碛首滩、大雪滩、捞财坝滩和小雪滩等 4 个滩点。碛首滩为坡陡、流急、水浅的过渡段枯水卵石浅急滩,$Q = 1250 \sim 2547 \text{m}^3/\text{s}$ 时的枯水期航线比降 3.0‰~4.8‰,流速达 3.7~4.2m/s。大雪滩为弯急、水乱的弯险滩,因中坝与大石包相错突出河心而形成急弯航路,该段枯水最小弯曲半径约 260m;上下深槽左右相错形成进口横流,航线附近横流速度最大可达 2m/s,同时还伴随有回流、泡水等不良流态。捞财坝滩为槽窄、坡陡、流急的枯水卵石急险滩,因捞财坝浅碛引起过水断面不足且水面突然收缩而致,枯水 3m 水深宽约 70m,无缓流区水域,$Q < 2547 \text{m}^3/\text{s}$ 的枯水期航线水面比降达 3.0‰~5.7‰,相应流速为 4.2m~4.9m/s,在大石包附近冲坑泡漩强烈。小雪滩主要为流急的中洪水急滩,实测洪水最大流速沿程均超过 4m/s,主要因灯杆石、大中坝、青草坝、朝天棒等石梁、高边滩、石盘、礁石等挤占河床而致。

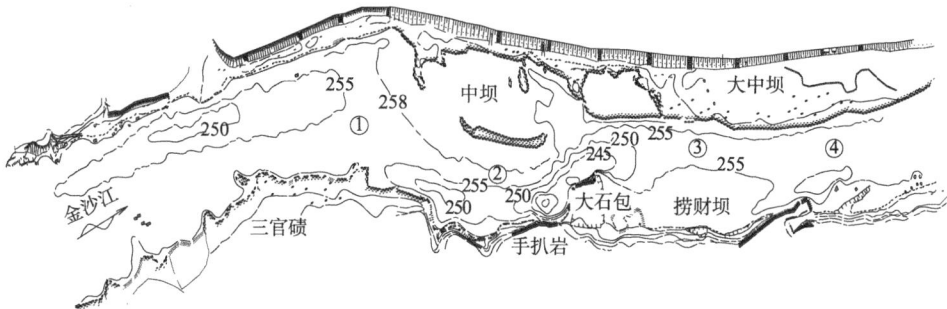

图 7-27 金沙江大雪滩河段示意图
①碛首滩;②大雪滩;③捞财滩;④小雪滩

模型试验研究表明,该滩群各滩整治方案的相互影响较大。大雪滩开挖中坝碛翅增加弯曲半径后,为保持航槽的稳定和水流流路基本与航槽曲率相近,需在凹岸布置整治建筑物。该整治建筑物的影响因素较复杂,不仅受本身河段流速比降等水流条件的限制,还受上游碛首滩整治后主流等变化的影响,同时捞财坝、小雪滩整治后该处水流条件发生改变从而需对整治建筑物进行调整。如仅采取捞财坝滩的浅碛疏浚措施以满足该滩点通航水流条件要求时,将引起大雪滩在 $1250\mathrm{m^3/s}$ 时水位跌落达 $0.4\sim0.5\mathrm{m}$。研究表明大雪滩碍航程度最为严重,其整治措施对上下游滩点的影响最为显著,是该滩群河段整治的关键性滩点。

复合型滩的整治,应根据各碍航部位的特性及相互关系,采取不同的工程措施,并应符合下列规定:

(1)整治上浅下险的复合型滩,在治理上段浅情时,应充分考虑水流集中下泄对下段险情的负面影响,适当加大对险区治理的力度。

(2)整治上浅下急的复合型滩,在采用扩大过水断面的方法减缓下段急流时,应验算对上段浅区水面降低的影响,适当调整整治水位和疏浚深度。

(3)整治沿程急流与险区交替出现的复合型滩,应根据急流和险区的分布状况、碍航程度及相互影响,经多方案比较,选定经济合理的工程方案。

(4)难以确定整治工程方案的复杂滩险,应采用物理模型试验或数值模拟研究的方法确定工程方案。应详细分析滩险成因、碍航情况、水文条件、河床变化以及各滩险间的相互影响关系等因素,因地制宜地进行综合治理。

思考及练习题

1.山区河流浅滩与平原河流浅滩的碍航成因、航道整治方法有何主要区别?

2.简述石质浅滩、急滩、险滩的碍航特征与成因,其整治措施有何区别?

3.形成急流滩的原因是什么?如何针对碍航成因采取相应的整治措施?

4.山区河流溪口容易形成哪些碍航滩险?溪口滩整治时应注意哪些问题?

5.解释山区河流急滩的成滩水位、最汹水位、消滩水位的含义。

6.为何在不同水位期均有可能存在碍航的急流滩?

7.山区河流有哪些类型的碍航险滩?

8.山区河流险复合型滩险整治时一般应注意哪些问题?

第八章　潮汐河段浅滩整治

潮汐河段是河流与海洋交汇的连接地段,不仅受河流径流的作用,而且还受潮汐入侵的影响。潮汐河段两岸往往是人口稠密、工农业生产特别发达的地区,其整治涉及到航运、防潮、农业排灌、围垦及城市给排水等一系列问题,因此,潮汐河口段治理需要统筹兼顾,全面规划,综合利用好河口资源。

潮汐河口段水文情势受到河流与海洋的共同影响,与河流上游段有较大的不同。就水流而言,除受影响径流外,还受潮流和盐水入侵等的影响;径流有洪中枯季节变化,潮汐有大中小潮的轮回及一个周期内潮汐涨落变化;海洋中的盐水侵入河口与河流的淡水在河口区交汇,因潮流与径流的强弱不同而产生不同的盐淡水混合型态,进一步加大了水流结构的复杂程度。

潮汐河口段按地貌形态通常分为三角洲和三角港两种类型,前者为突出海岸线的三角沙洲,后者为凹入的海湾。根据河口区动力因素沿程的变化,又将潮汐河口分为河流近口段、河口段和口外海滨三部分,河口段形态特征及类型见图8-1。在潮区界与潮流界之间的河流近口段水位呈规律性涨落变化,水流流向始终指向下游;口外海滨是口门到海滨浅滩的外界区域,主要受海洋动力因素控制;中间的河口段是上起潮流界,下讫河流动力因素消失之地,即河口口门。口门的位置可取河口地区多年平均水位连线与外海海平面的交汇点来确定。河口段是径流与潮流两种力量相互消长的地区,也是盐水与淡水交汇的地区,各种动力因素相互作用,是影响潮汐河口区航道的主要因素。

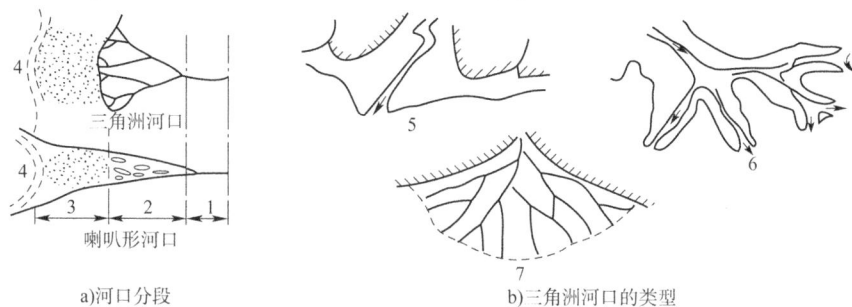

图8-1　河口分段及类型
1-河流近口段;2-河口段;3-口外海滨;4-前缘急坡;5-鸟嘴行;6-鸟足形;7-扇形

第一节　潮汐河口水流和泥沙特性

一、河口潮波运动

河口水位呈周期性变化,通常为自由振动的潮波自外海向内河口内传播。潮波的波动性质有两类:一类是前进波型,波峰、波谷时分别出现涨落潮最大流速,憩流出现在中潮位,潮位与潮流速相位一致;另一类是驻波型,高、低潮位时出现憩流,中潮位时涨落潮流速分别达到最大,潮位与流速的相位差四分之一周期,如图8-2所示。

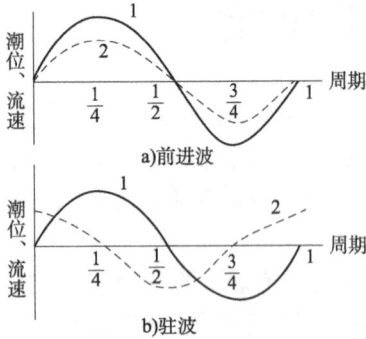

图8-2　潮位和流速过程线
1-潮位;2-流速

刚进入河口的原始潮波大部分保持深海状态,可近似用前进波表示。驻波多出现在挡潮闸下的河道中,不少受岩体地貌控制的河口也会发生驻波。在河口段中的潮波,一般既不是前进波,也不是驻波,而是这两者间的过渡状态。潮波的潮位、潮差、涨落潮历时以及潮位与潮流速之间的相位差都因河口地形、口外潮差和径流的不同而出现相应的变化,称之为潮波变形。

河口的平面形态对潮波变形影响极大。平面外形比较顺直的河口,潮波上溯中主要受地形摩阻影响,潮波反射较少;而平面外形呈明显喇叭状的河口,潮波变形则以反射为主。如我国长江口和钱塘江口是相互毗邻的两大河口,见图8-3。钱塘江口呈喇叭形,口门宽100km,至上游95km的澉浦,河宽缩窄到20km,收缩率为0.85km/km,而长江口自九段沙至徐六径97km,河宽15km收缩到4km,收缩率为0.11km/km,仅为钱塘江的13%。这两个河口的河段内水深基本接近,一般为8～10m,但潮差却差异很大。介于两河口之间共同口外边界站的绿华山平均潮差2.68m,自绿华山传到170km的钱塘江澉浦站,潮差5.45m,而传到164km的长江七丫口时,潮差减至2.30m,不足澉浦站的1/2。

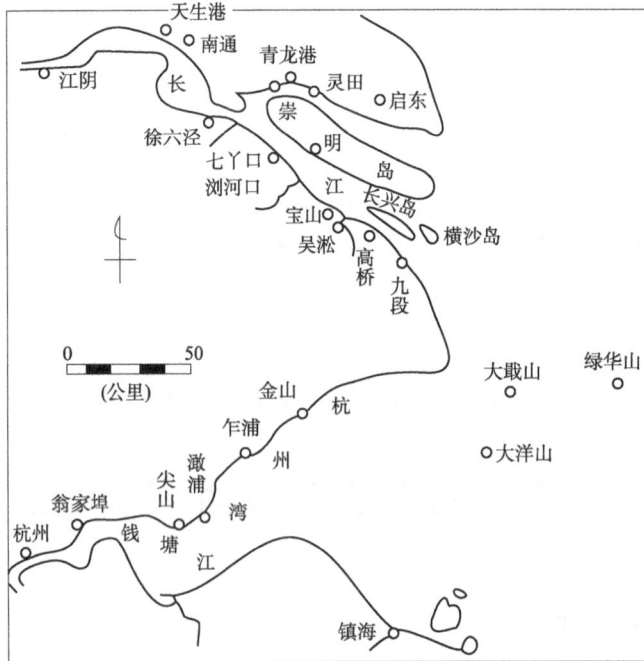

图8-3　长江口与钱塘江口局部河势

其次,影响潮波变形的因素有水深。水深大,则潮波传播速度快,水深小,则传播速度慢。在潮波上溯过程中,水深渐减,就会形成前坡变陡后坡变坦,涨潮历时缩短而落潮历时延长的情况;在一定条件下,潮波的这种上溯就会发育成涌潮。涌潮的流速很大,水面坡降也很大,对航行安全极其不利,对堤岸和河道的稳定造成巨大的影响。

再次,影响潮波变形的因素是上游的径流。在一定的潮水域条件下,上游径流量大,则涨潮流量必然减小,历时缩短,而落潮流量增加,历时延长。反之,如果径流量小,感潮段内原被径流占据的容积改为潮水充填,因而进入的潮水量增加,涨潮流历时增长,落潮则相反。此外,径流对潮位也有影响,径流量大时,沿程高、低潮位都显著抬高,愈往上游抬高愈多。

潮汐河口的潮流量大小和方向也随时变化,主要与以下三个因素有关:

第一是潮差大小,潮差大则潮流量就大。

第二是径流量大小。在同样潮汐情况下,洪水季节进入河口的潮流量远小于枯水季节。在涨落潮往复水流中,径流一方面削弱涨潮量,同时又增加落潮量。因此,在河口某一断面上,随着径流量的增减,涨落潮流速的比值和涨落潮历时均相应变化。

第三是河口河槽容积的大小,冲积平原上的河口、河槽容积较大,潮流量也大。同时河道径流的洪枯水流量变幅愈大,枯水季节引进的潮流量也愈大。

二、盐水入侵

在海岸附近,含盐度一般20‰~30‰,变化不大。海水进入河口后与径流汇合,含盐度逐渐减小。当含盐度小于2‰~3‰时,已不影响农作物的生长,所以常将含盐度大于2‰的咸水所及的地方称为咸水界。在咸淡水混合处可以有三种基本混合型式:即弱混合型、缓混合型和强混合型,如图8-4所示。

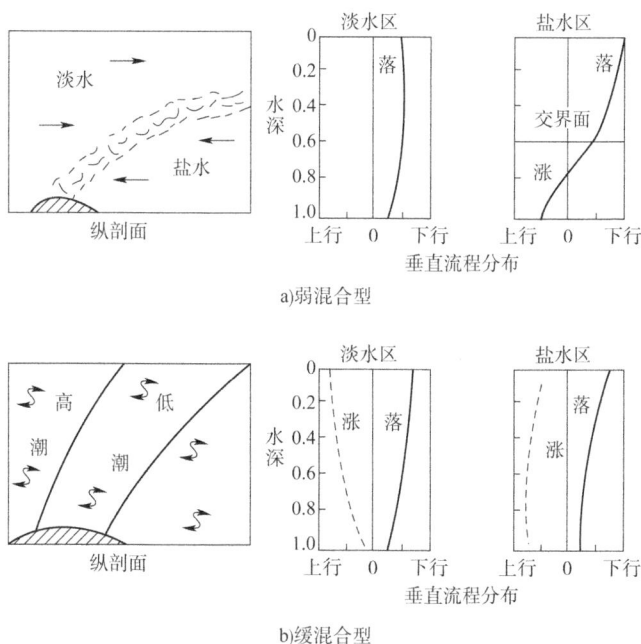

a)弱混合型

b)缓混合型

图　8-4

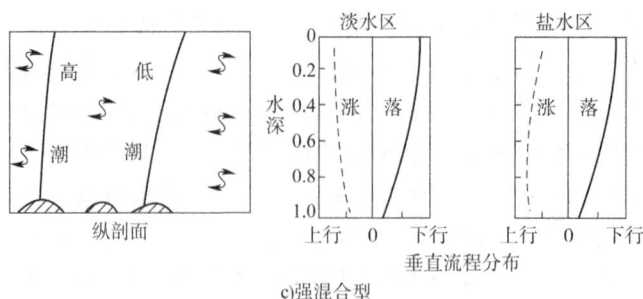

c)强混合型

图8-4　盐淡水混合三种类型及其流速分布

弱混合型的特征是盐淡水有明显的分界面，淡水在咸水的上面下泄入海。此时在交界面上产生的剪切力与咸水的密度坡降之间保持平衡，使咸水呈楔状侵入河口，形成所谓盐水楔。这种混合形式多见于潮汐较弱、径流较强的河口，或在径流作用相对较强、潮流相对较弱的洪汛期出现。

缓混合型其盐淡水间不存在明显的交界面，但底层与面层的含盐度仍有明显的差异，因此水平与垂直方向上都有密度梯度存在，含盐度的等值线类似盐水楔的形状伸入上游，淡水主要由上层下泄，而底部则有盐水上溯。这种混合形式一般发生在径流和潮流作用都比较强的河口。

强混合型为盐淡水沿垂直方向混合很均匀，含盐度仅存在沿水流方向的变化，含盐度等值线坡度很大，有时接近垂直，此时不存在盐水楔。这种混合形式出现在潮差大、潮流紊动性强的强潮河口。

西蒙斯（H. B. Simons）曾建议用掺混系数 η 作为判别咸淡水混合类型的指标：

$$\eta = \frac{Q_0 T}{P_t} \tag{8-1}$$

式中：P_t——涨潮进潮量；

　　　Q_0——平均径流量；

　　　T——潮汐周期。

根据经验，$\eta \geq 0.7$ 为弱混合型，$\eta = 0.2 \sim 0.5$ 为缓混合型，$\eta \leq 0.1$ 为强混合型。

在盐水入侵影响的河口下段，垂线流速分布发生变形，上层径流从表层排泄，底部在盐水影响下产生净向上游流动的所谓上溯流。在没有盐水影响的河口上段，一个全潮过程中从表层到底部水流都是净向下泄的所谓下泄流。因此，在河口上下段之间必然存在着底部净流程为零的临界点，称之滞流点。滞流点的位置，实际上就是此时上溯流的上界，它将随径流和潮流作用的强弱而变化，洪水、大潮下移，枯水、小潮上溯。为确定滞流点的位置，可根据沿程各个测点全潮底流速测量成果，绘制各测点的全潮底流速过程线，此曲线与坐标轴所包围的面积为流程，如图8-5所示。将落潮流所包围的面积 E 除以涨落潮流所包围的总面积 $E + F$，其比值代表测点下泄水流所占百分比，若大于50%，为下泄流占优势，若小于50% 为上溯流占优势，比值等于50%处的测点即为滞流点的位置。

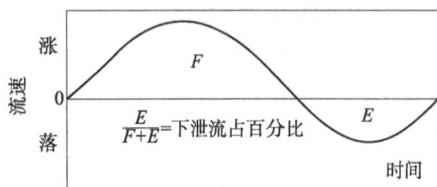

图8-5　滞流点计算图式

滞流点附近是底层泥沙易于聚积的地区,一般含沙量很大,淤积严重。图 8-6 为萨凡那(Savannah)河口底层流势和淤积量,可见滞流点附近正是回淤量最大的地带。

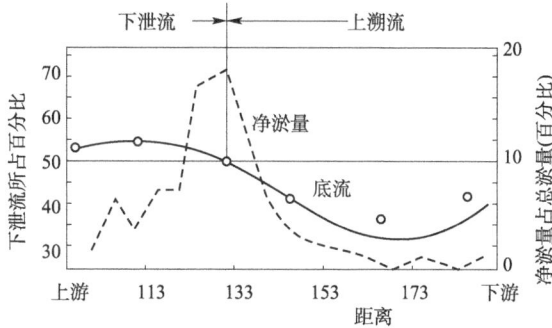

图 8-6　萨凡那河口滞流点位置与淤积关系

此外,河口淤积还与河口的混合状态和来沙条件有一定联系。西蒙斯认为弱混合型河口的盐水楔顶点位置比较固定,沿河下行的泥沙较粗的易于在楔顶上游停下来,较细颗粒也会逐渐渗透穿过交界面进入下层,然后被底部上溯流带到楔顶下游淤积。因而它的淤积比较集中,分选比较明显。缓混合型河口楔顶不明显,随涨落潮流变化,盐水界围绕着滞流点有一个摆动范围。淤积范围比较大,沉积物质也有上粗下细的特征,但分选不如弱混合型明显。强混合型河口的盐水界变化范围更大,淤积严重的位置不一定直接与滞流点有关,似乎更多的受地形因素(如断面不规则、岛屿和分汊等)影响。关于后者,也有人认为即使在面层与底层盐度仅差 1‰~2‰的强潮河口,底部上溯流对淤积的影响也不能忽视。

三、河口泥沙运动特点

河口泥沙来源主要是内陆径流挟运来的流域来沙和随潮流而来的海域来沙。流域来沙量及其组成决定于流域内的气候、地质地貌及人类活动等多种因素。一般说来,海域来沙较为复杂,有些是从海岸或海底沙洲、浅滩上被风浪、潮流冲刷悬浮起来,随潮流带入河口;有些是汛期被径流输送至口外的泥沙,枯季在海洋动力作用下又带回河口;也有些是来自邻近的河口,如长江口的泥沙可以进入钱塘江口,黄河口的泥沙也可以在沿岸海流作用下,带到260km 以外的海河口。

河口区的悬移质泥沙在周期性往复水流作用下,经常处于往复运动、时沉时扬的过程中。当潮流相对较强时,悬移质含沙量随涨潮流流速的逐渐加快而增大,在涨潮流速达到最大值的稍后时刻,出现涨潮最大含沙量。此后,随着涨潮流速的逐渐减缓,含沙量也随之逐渐减小,憩流稍后含沙量最小。憩流之后转为落潮流,随着落潮流速的逐渐加快,含沙量亦随之增大,在最大落潮流速稍后时刻出现落潮期最大含沙量,然后含沙量又随落潮流速减小而降低,在下一次涨潮之前出现落潮最小含沙量。如果径流相对较强、潮流相对较弱时,则悬移质含沙量在一个潮周期中只出现一个明显的沙峰,最大含沙量出现在落潮流期间,最小含沙量出现在涨潮流期间,整个含沙量的变化比较平缓。由于惯性作用,出现含沙量变化落后于流速变化的现象称谓"滞后"现象。泥沙颗粒越细,沉降速度小,起动流速大,含沙量的变化经常跟不上流速的变化,"滞后"现象越突出。细颗粒泥沙遇到一定含盐度的水流,会产生絮凝,从而加大沉降速度。絮凝后沉入河底的淤积体,往往呈蜂窝状,其密度在1.05×10^3 kg/m³左右,流动性大,形成一种浮泥状的运动。此外,细颗粒泥沙受海洋生物作用而凝聚成团的现象,也会使泥沙沉速加大。

河口上游来的推移质泥沙运行至潮流界以下时,由于受涨落潮的作用,将出现不断进退的往复运动。一般情况下,推移质泥沙都在咸水界范围内停下来,但在大洪水时,也可以一直推移到口门外,堆积在拦门沙上。

第二节　河口演变

一、河口汊道演变

内河来的泥沙进入河口地区以后,因水流速度减缓,且受到盐淡水交会以及潮波变形等影响,发生泥沙淤积,形成水下三角洲,出现浅滩。通常称这类河口为三角洲河口。

河口汊道是在三角洲发育过程中形成的。随着水下三角洲的淤积,水深减小,波浪影响也相应减弱,更有利于水下三角洲向外延伸。与此同时,为维持河流坡降,上游水位将随之抬高,当水位高出口外浅滩一定限度时,水流就会选择一个薄弱地带,冲破缺口,走一条阻力较小的通道,出现分汊。

河口分汊以后新老汊道能否同时并存,一方面决定于分汊口的分水分沙条件,另一方面决定于口外海滨的动力条件和地貌条件。

分汊开始时并存着较深的老汊道和较浅的新汊道。由于垂线上的含沙量分布存着上下不均匀和上细下粗的特点,因而深槽的含沙量大一些、粗一些;另一方面,新汊道流程比老汊道短、比降大,当水流进入新汊道,还会引起分汊口的水位降落,造成老汊道进水量减少。结果老汊道趋向淤积衰亡,新汊道却朝着冲刷和生长的方向发展。

汊道能否稳定,很大程度决定于含沙量的大小。如果河流含沙量较高,新老汊道的含沙量相差较大(绝对值),就会使老汊道淤积速率增大。洪水期来沙多,淤积量大,中枯水期来不及冲刷,就导致老汊道迅速衰亡。这样的河口,一般老汊道很快废弃,新汊道很快冲刷扩大。

如我国黄河是著名的多沙河流,上游来沙每年约12亿吨,其中约8亿吨进入河口地区,平均含沙量达23.5kg/m³,河口淤积严重。据1964年至1973年统计,平均每年造陆50.7km²,海岸线延伸1.4km以上,沙嘴延伸速度可达3km左右。图8-7中可看出1964后至1968年岸线延伸的变化情况,三角洲延伸就导致主槽改道,在近代三角洲行水的87年中,改道达50次,其中较大的改道11次,平均每8年一次,可见其改道十分频繁。

含沙量小的河口,新老汊道含沙量相差不多(绝对值),洪水期老汊道淤积速率和淤积量小,枯水期来沙少,可以使河床冲刷而恢复原状。一般情况下,老汊道出现"洪淤枯冲",新汊道出现"洪冲枯淤",新老汊道都较稳定。

例如如我国含沙量少的珠江河口,含沙量仅为0.13～0.33kg/m³,分8个口门入海,平面河势见图8-8。洪水期主汊适应不了洪水宣泄,必然利用支汊排洪,枯季来沙少,水流主要由主汊排泄。于是主汊呈现"洪淤枯冲"，支汊呈现"洪冲枯淤"，主支汊冲淤交替，各自都能维持稳定。

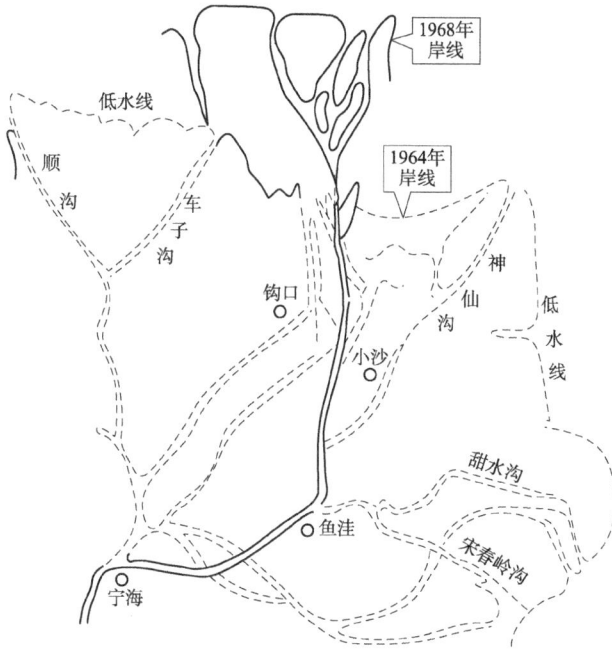

图 8-7　黄河口平面形势

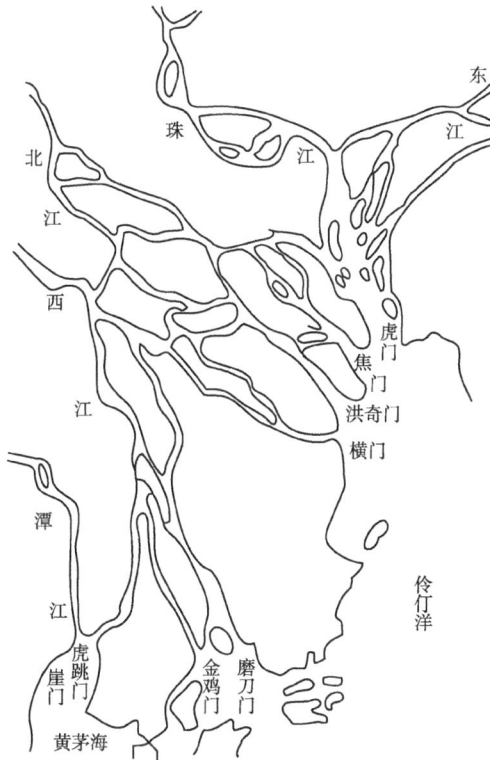

图 8-8　珠江河口平面图

含沙量对汊道稳定的影响是通过分汊口的水沙分配来体现的。有的河流含沙量并不高，但由于局部沙洲移动和沙嘴延伸导致分汊口封堵，也会使分汊口的流量和沙量分配改变，引起下游汊道兴衰。例如长江口受底沙影响很大，1927年南支主流进入南港，1931年至1958年，南港上口逐渐为中央沙封堵，迫使主流进入北港。从图8-9中可以看出汊道口的沙洲推移对汊道稳定的影响。

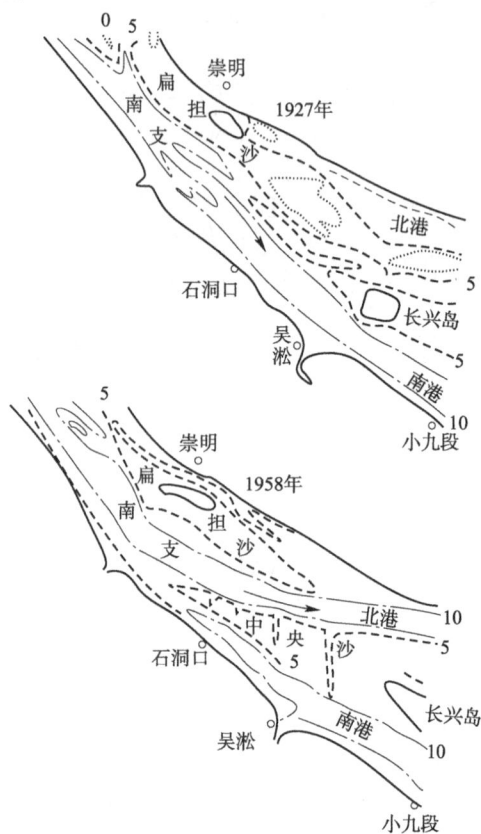

图8-9　长江口南北港主流摆动的河势

外海因素的影响表现在：三角洲汊道的走向与发展很大程度上决定于口外潮流的大小和方向。主汊径流量大，伴随着进出潮量也大，泥沙在口外淤积会受到涨落潮流的控制，因而主汊的走向多与涨落潮流的方向一致，而支汊则是哪里坡降陡，就在那里形成。例如珠江口口外潮波主要方向是由东南向西北，主汊方向亦向东南方向发展。支汊沿着落差大，流程短或易于冲破决口地带形成，如图8-8所示。

河口三角洲汊道所处的地形较低或口外水深较大，水域广阔，有利于泥沙堆积的地方，河口三角洲延伸速度就缓慢，支汊维持的时间就长。如黄河的近代三角洲是西南高，东北低。根据近期87年的统计，主汊行水历时是北区19.5年，东北区58年，东区9.5年，东北区占总时间的67%。

口外风浪和沿岸流等动力比较强的地带，在来沙不多的情况下，可以塑造一个稳定的海岸线，有利于汊道稳定和阻止三角洲发育。此外，柯氏力的作用，可以使涨落潮流路分离，涨潮控制的汊道，落潮不容易进入，也会日趋衰亡。

二、河口浅滩

河口地区是泥沙容易淤积的场所,如果沿河口河床作纵剖面,可以发现大多数河口河床都具有明显庞大的堆积体纵贯于河床之上。就其堆积部位,大致有两种情况:一是在口门附近,称为拦门沙;另一是在河口内部,称为沙坎。

1.拦门沙及沙坎的特征

流域来沙运送至河口以后,由于水面比降降低,水流扩散及盐水入侵等影响,泥沙发生淤积,当泥沙堆积在口门附近时称拦门沙,堆积在河口内部时称为沙坎。若流域来沙不多,但沿岸流挟带泥沙量大,也会形成河口拦门沙,如我国射阳河口拦门沙就是由沿岸流所形成的。

盐水入侵以后,形成底部上潮流,也会使泥沙聚积落淤。在径流大、潮差小,洪水来沙丰富的河口,盐水楔位置比较稳定,容易发育成拦门沙。珠江三角洲的西江和北江口味拦门沙就是这样形成的。但对于潮流强的河口,盐水界移动范围比较大,淤积位置不固定,枯季推向上游,洪季又下移,一般难以淤积成永久性的堆积体。

一般拦门沙在洪、枯季节和大、小潮的动力作用下也会产生冲淤变化。长江口拦门沙有"洪淤枯冲"的规律,年内变幅达 $0.2 \sim 0.9\text{m}$,洪季淤积主要在小潮时潮流弱,盐水界移动范围小,使上游来的泥沙易在滩顶附近集中。枯季冲刷主要在大潮时潮流强,加上来沙少,故出现冲刷。

钱塘江口毗邻长江口,来沙十分丰富,在风浪及水流作用下,随涨潮流带入到钱塘江河口内落淤,逐渐形成庞大的沙坎,河床十分宽浅。在强劲的潮流作用下,枯水季节河床回淤,沙坎升高,淤积部位上移,主槽沿涨潮流方向摆动。洪水季节落潮流强,河床冲刷,沙坎顶点降低,部位下移,主槽沿落潮流方向摆动,因此河床冲淤幅度大,摆动频繁。

2.拦门沙及沙坎形成的条件

河口地区存在山水(径流)和潮水两种不同方向的水流。山水将泥沙推向外海,使河口冲刷,潮流将泥沙推进河口,使河口泥沙淤积,所以河口地区形成拦门沙还是沙坎,主要决定于这两种水流能量的对比。

钱宁等人将山水与潮水的相对势力大小用山水和潮水的造床流量比值(简称山潮水比值) Q_1/Q_2 来表示,其中山水造床流量按下式计算

$$Q_1 = \left(\frac{\sum\limits_{i=1}^{N} Q_i^m}{N} \right)^{\frac{1}{m}}$$
(8-2)

式中:N——流量 Q_c 不同量级的级数;

　　　m——输沙率与流量关系中的指数

$$G = \alpha Q^m$$
(8-3)

其中 G 为输沙率,α 为常系数。

潮水造床流量取涨潮平均流量。

根据国内外 22 个河口资料分析,凡是山潮水比值小于 0.02 的,都在口门以内形成沙坎,山潮水比值大于 0.1 的,一般在口门附近形成拦门沙。如钱塘江口山潮水比值为 0.01,

长江口山潮水比值为 0.256,前者形成沙坎后者形成拦门沙。山潮水比值介于 0.02 至 0.10 的河口则处于过渡状态,此处的河口河床纵剖面一般较为平整,没有明显隆起的永久性淤积体,泥沙淤积体随洪、枯季山潮水两种力量消长作上下移动。

在山潮水比值中,山水流量决定于流域条件。而潮流量并非独立变量,它与河口平面形态和潮差等因素有关。凡是向外迅速扩宽的喇叭形河口,涨潮流量相对增强,山潮水比值较小。在一定的河槽容积下,进入河口内的潮波保持前进波的情况下,潮差愈大,进入的潮量就愈多,山潮水比值也愈小。此外,沙源的不同也间接地影响着泥沙的淤积部位。流域来沙为主的河口其淤积部位,一般都发生在口外河床断面突然放宽处,形成拦门沙。海域来沙为主的河口,则在断面突然缩小,潮波变形剧烈的河段落淤形成沙坎。因此一般喇叭形的河口多形成沙坎,均匀展宽的河口多形成拦门沙。

第三节　河口浅滩整治

现代意义的河口航道整治工作开始于 19 世纪中期。以美国密西西比河口(Mississippi) 为例,从 1875 年算起已有 140 余年,拦门沙航道水深由 2.7m 增加到目前的 12.5m。使新奥尔良(Neworleans)和巴吞鲁日(Baton Rouqe) 两个河口港的吞吐量增加了二三十倍,促进了整个密西西比河流域的经济发展。

河口航道治理,一般采用整治与疏浚两种措施。在稳定口外航道的整治措施方面,多采用建导堤,将导堤一直延伸到所需的深水区。有些河口则是建一系列顺坝和丁坝等整治建筑物,用来稳定航道、改善水流条件、增加航道的冲刷能力。随着挖泥船制造工业的迅速发展,疏浚在河口航道治理工作中的重要作用越来越明显。近年来国内外河口整治的实践也证明,采用整治与疏浚相结合的治理途径是比较经济的。

一、整治原则及措施

1. 整治原则

(1)大江大河河口航道的治理时应该注意对方案进行动态调整。

(2)河口航道整治应特别关注拦门沙航道的治理。

(3)河口治理方案取舍需坚持因地制宜、因势利导,整治与疏浚相结合。

(4)重视航道建设与河口综合治理目标相协调。

2. 整治措施

制定河口整治规划时,首先要充分调查研究,认真分析。弄清浅滩淤积的原因,掌握山水、潮水以及盐水入侵等影响;并预估整治后可能的变化以及相应采取的对策。然后确定整治原则,在此基础上选择合适的整治途径。

(1)调整山潮水比值

如果要改变浅滩部位,使滩顶降低,可以通过改变山潮水比值来实现。因为山潮水比值介于 0.1 ~ 0.02 的过渡状态时,河床的纵剖面较平整,无明显的隆起。因而,对拦门沙整治宜采用减小山潮水比值,使淤积位置内移,滩顶降低。相应措施可以另辟排洪道,引走洪水,也可以清除河口内河床阻水障碍物,减小潮波变形,增加进潮量。若对口门以内深远的沙坎进行整治,宜采用增大山潮水比值,使淤积部位下移。相应措施是从浅滩下游口门附近束窄河宽或建挡潮闸,减少进潮量,也可设法从邻近河流引入水源,或建造水库调节枯水流量等,增加山水流量。

(2)直接改变浅滩上水流条件

由于多数河流的山水流量受流域条件限制,总径流量不容易改变,而且涉及到国民经济很多部门,河口航道整治一般不容易从这方面着手。进潮量的多少主要决定于浅滩以上的河床蓄潮容积和口外潮差。口外潮差不容易改变。河床容积本身又是水流与河床边界长期相互作用的产物,扩大进潮量,则要失去平衡不易维持。对于大多数冲积平原河口的拦门沙整治,可考虑直接改变浅滩上的水流分布,采用全线束窄,集中水流,增加主槽内单宽流量,相应减少边滩流量分配,达到增加航深的目的。这里的全线束窄是指在拦门沙上长距离范围内用丁、顺坝或导堤束窄河宽,约束水流的措施。对于口门内的沙坎整治,也可以考虑采用全线束窄,一方面减少进潮量,一方面增大单宽流量,可以在一定程度上增加水深。

束窄河宽的措施,可以增加单宽涨潮流量,也可以增加单宽落潮流量。一般情况下,为避免泥沙向上游输移,引起上游淤积,常采用优先增加单宽落潮流量来冲刷河槽,促使泥沙向下游输移。

在不影响排洪、航行和建筑物安全的条件下,宜尽可能将河宽束窄些,这对增加水深有利。而进潮量的多少除与整治河段以上河槽容积有关外,应尽量减少潮波变形,避免潮容量减小,以维护较多的进潮量。

(3)防止泥沙进入

对于口外来沙为主的河口,随潮流带入河口落淤的沙量与进潮量和含沙量的乘积有关。进潮量愈多,可增加过水面积,增加水深,但含沙量过大,则加大了落潮含沙量,致使落潮时往往不能将涨潮进入的沙量带出,河床趋向宽浅,对增加航深反而不利。因此,对涨潮含沙量不大的河口,仍可考虑利用进潮量,但对于含沙量过大的河口,应考虑减少进潮量。

为了防止沿岸流挟沙带泥沙进入河口,可以考虑在稍离河口的海岸带建造防沙堤,以减少沿岸流挟沙进入河口;也可以与河口导堤结合进行,将泥沙导向深水区。

流域来沙为主的河口,通常在口门附近淤积成拦门沙,河槽分汊。为了防止和减少泥沙淤积在航槽中,应选择一条来沙量少,便于开发和维护的汊道作整治的航道。为了促使汊道稳定,可以考虑在河口以上河段进行一些固滩促淤,调整分汊口的分水分沙等工程,甚至在条件允许时另辟排洪水道。

(4)防止盐水入侵的影响

进行河口拦门沙整治,水深一般可获得增加,然而水深增大后,盐水入侵更向上游,产生新的淤积。因此,整治前要考虑到是否使上游河段出现新的碍航浅滩,以便及时采取相应的对策。

如美国密西西比河有三个出口支汊,整治前都有拦门沙,自然水深只有3m,盐水楔上溯不远。后来河口采用双导堤整治并辅以疏浚,其中南水道航深达到9m,西南水道航深12m,进潮量也大幅度增加,盐水上溯到距西南水道口门以上217km的新奥尔良市附近,影响到城市给水,泥沙淤积部位上移到盐水楔顶附近。如果上游水位比较稳定,盐水楔顶所在位置也较固定,这时在楔顶附近会产生集中淤积,在十几天内普遍淤积可达2m以上,局部最大淤积达8~9m,只有昼夜不停地疏浚,才能维持航运。

（5）调整潮量

河宽束窄,主流被控制在整治线以内,主槽稳定,水流集中,山潮水比值增大,有利于航槽冲刷。整治线两旁滩地流速减缓,涨潮带来的泥沙落潮不易带出,很快出现淤积。这种槽冲滩淤的结果,一般来说,潮蓄容积是要减少的,从而影响单宽落潮流量,不利于航槽冲刷。因此,在经过不长时间所出项的新的平衡状态下,整治段及其下游河段的单宽流量能否增加,必须仔细地估计,否则可能造成顾此失彼,甚至达不到预期的结果。

例如,英国隆恩（Lune）河为一条小河,径流量很小,从潮区界至河口河长仅15.2km。上游河宽125m,下游最大越2km。平面形势见图8-10。口外潮差达7m。整治前低水河槽很不稳定,为了航运需要,于1847~1851年在河口上游一段（图8-10中3~13断面）采用顺坝束窄河身并辅以疏浚。工程实施后初期,落水集中,整治段及下游河段均出现过短期冲刷,涨潮历时由3小时20分钟增至3小时45分钟。但随后不久,滩地淤积,进潮量减少。1956年实测资料说明,整治段两侧滩地淤积达$2650 \times 10^4 m^3$,潮容量由$5371 \times 10^4 m^3$减少至$2524 \times 10^4 m^3$,约减少了一半,相当于滩地的总淤积量。由于它的山水流量原来就很小,从而使得整治段实际单宽流量并未增加,整治前后的水深也基本无异。与此同时,整治段下游,由于进潮量减少,单宽流量普遍减少,河床出现淤积,结果导致整治失败。

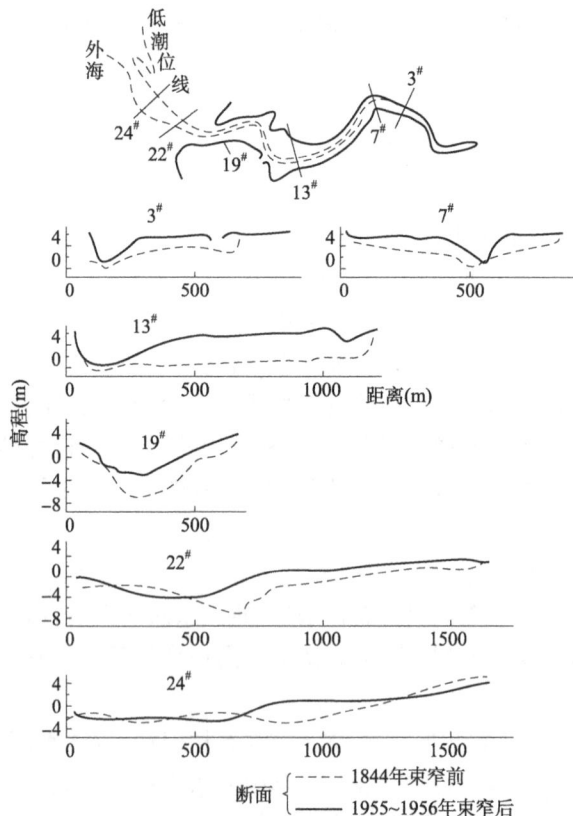

图8-10 隆恩河束窄后的断面变化

二、整治规划

1. 航槽选择

在两个以上分汊的河口,选择哪一条汊作为整治的航道是规划的第一步工作。在满足一定航深要求下,选择航槽的主要依据是:整治工程量少,造价便宜,维护疏浚量少,以及技术上可行等方面。一般情况下,应选择水深较大、河床比较稳定、口外拦门沙较小且距口门近、口外水深也较大的汊道作为通航汊道。在同样水深条件下,小汊道容易整治;应选择小汊道。来沙量少,维护量小,应选含沙量小及来沙量小的汊道。排洪汊道、排沙量多,宜回避之。如果拦门沙很大,整治费时,疏浚量很大,也可考虑避开拦门沙,另辟汊道(或运河)的方案。

选槽问题涉及到潮流、沿岸流、风浪等口外动力因素,还与分汊口的水沙分配、汊道演变及发展趋势有关。此外,还要考虑柯氏力的影响,整治工程实施以后的效果等问题,不容易正确预测。因此,为慎重起见,应进行详细的野外调查和模型试验。

2. 整治线走向

拦门沙上航道的走向和定线是否合理,对船舶安全和方便的航行以及对航道维护工程费用的多少有重要影响。例如,德国的威悉(Weser)河口外的西支航道,由于定线合理,经整治后,航道中形成了理想的水力状态,从浅滩来的侧面流造成航道中的较大落潮流,泥沙向口外运动,半个多世纪以来,航道特别稳定。美国查尔斯顿(charleston)港进入大西洋的航道,原来年维护挖泥量 $380 \times 10^4 \text{m}^3$,1956 年根据模型试验成果修改航道路线后,维持了 10.7m 深的航道,不再需要疏浚维护。

整治线的走向应适应河性,保证通航,有利于排洪、排涝,有利于利用已有建筑物和山体等控制工程,有利于进一步整治。

从航行安全考虑,整治线应与流向、强风向一致,或者两者的合力方向一致。这是因为对重载船舶的航行,流速和流向是主要因素,对空载船舶,风速和风向是影响的主要因素。特别是口外的航道,应该注意这一点。在流速过大的地方,也是不利于航行的。

为了维护航槽深度,对于宽广的口外海滨导堤走向的确定,一般应该注意两点:一是应尽可能与天然的涨、落潮主流流路一致;二是线形不宜过直,采用顺直微弯河势,利用环流维护航深。关于后者,从造价而言,直线要比曲线经济些,但不少河口的整治过程是最初采用直线,后来经历了反复修改而成为曲线的曲折过程,才获得满意的水深。曲线的终点常是顺着河势圆滑地延伸到足够的深水处。

对于河口内的整治线确定,可考虑如下途径:

(1)根据历史地形图,选择基本流路作为整治轴线。所谓基本流路是历次水流动力轴线出现机会多的流路,近似地可用相应的深泓线表示。一般情况下,河槽摆动频繁、航道位置不固定的,可以用基本流路作为定线依据。它可以反映各河段的特性,也容易确定。在河流段,它代表山水塑造的流路;在潮流段,则反映潮流塑造的流路;在河口过渡段,山水潮水力量消长不定,基本流路常常摆动幅度很大,这时整治线应根据整治后的山潮水变化趋势,定出一条与上下段匀顺连接的曲线。

(2)依据目前河势确定整治线。如果河床比较稳定,可以考虑直接根据现有河势走向作为整治线。这样可以利用现有护岸及其他整治建筑物，不影响现有排灌设施，有利于进一步整治。

3. 河弯与河宽

（1）为了减少潮波变形，避免河槽中出现心滩、沙洲等，应裁去急弯，束窄骤然扩大的河宽。由于河口的潮流自上而下逐渐增大，规划要力求创造河宽均匀扩展，弯曲半径逐渐增大的微弯河形。

（2）为了确保排洪，维护航深，断面设计最好采用低水和高水两种河宽的梯形河槽形态。在满足航行的条件下，低水河宽尽可能窄一些，并圆滑地延伸到口外一定深度，这样有利于集中落潮流维持航深。高水河槽宜宽些，可减缓涨潮流速，有利于减少口外来沙，也可确保排洪安全。

（3）为了充分发挥水流对航槽塑造作用，应封堵支汊，调整"W"形的河槽形态，力求使涨落潮流路一致，集中水流，创造单一河槽。

4. 束窄宽度的估算

在规划时常常遇到河宽束窄多少，才能达到需要的航深问题。在无潮河流中，常是根据整治前后来水来沙不变为前提，计算河床束窄后的水深。但在潮汐河口中，随着缩窄河宽，边滩出现淤积，河槽容积减小，直接带来进潮量和口外输入沙量减少。因此，计算河口束窄后的水深变化，必须考虑这个因素。

若假定河宽缩窄后的平均落潮量和平均落潮含沙量通过计算为已知，且与束窄前的平均落潮流量和平均落潮含沙量成一定比例，在不考虑盐水入侵的影响下，则整治前后的输水和输沙总量应具有：

$$Q_1 T_1 = \alpha Q_2 T_2 \tag{8-4}$$

$$Q_1 T_1 S_1 = \alpha \beta Q_2 T_2 S_2 \tag{8-5}$$

式中：下标"1"和"2"分别表示整治前、后；

α——整治前后的落潮量比值；

β——整治前后落潮含沙量比值；

Q、T 和 S——平均落潮流量、历时和含沙量。

在稳定平衡条件下，应有：

$$Q = BHU \tag{8-6}$$

$$QS = BHUS_* \tag{8-7}$$

式中：B、H 和 U 分别为中潮位时的平均河宽、水深和流速。利用无潮河流概念，假定 S_* 为水流挟沙力（ $S_* = K\dfrac{U^3}{gH\omega}$ ），将式(8-6)、(8-7)代入到式(8-4)、(8-5)，联解得整治后与整治前水深比

$$\frac{H_2}{H_1} = \frac{\beta^{1/4}}{\alpha^{3/4}} \left(\frac{B_1}{B_2}\right)^{3/4} \left(\frac{T_1}{T_2}\right)^{3/4} \tag{8-8}$$

整治后与整治前的断面积比

$$\frac{A_2}{A_1} = \frac{\beta^{1/4}}{\alpha^{3/4}} \left(\frac{B_2}{B_1}\right)^{1/4} \left(\frac{T_1}{T_2}\right)^{3/4} \tag{8-9}$$

由式(8-8)和(8-9)可知,束窄后 $B_2 < B_1$,则水深增加($H_2 > H_1$),断面积减小($A_2 < A_1$);如果在一定束窄条件下,落潮量减小($\alpha_1 > 1$),含沙量增加($\beta < 1$),则水深变小,断面积减小。同时还就考虑到束窄后落潮历时变化的影响。

计算时,需先假定河宽,并估计滩地淤积高程,进行水力和含沙量计算,然后代入上式计算断面尺寸。如果计算值与原假定相符,则为合理。否则修改原设计,再作重复计算。

关于潮汐河口其他的整治尺寸估算,目前常引用无潮河流的概念,根据实际资料建立经验关系来确定。

三、整治工程布置

1. 导堤

导堤是用以改变水流流向或调整流量分配的整治建筑物,也称导流堤。在河口地区,水域宽广,水流分散,涨落潮流路常不一致,加上沿岸流输沙和盐淡水交汇影响,泥沙容易落淤形成拦门沙。所以在河口浅滩整治中,导堤一般抛筑于河口的两侧,用以导引水流,冲刷河口拦门沙,是保证河口航道水深的一种有效的工程措施。

导堤实质是顺堤。一般说来,河口导堤布置应沿航道整治线的走向,宜与涨落潮主流向基本一致。如果海岸比较平直,导堤在航道两旁布设,即双导堤。如果河口外为凹入的海湾,整治线一侧紧靠堤岸,也可在另一侧布设一条导堤,即单导堤。也可以一侧设置导堤,另一侧设置丁坝,以便在实施过程中调整堤距。导堤的线型在口门内宜按微弯形布置,在口外海滨区宜取直线布置,并应有一定的放宽率。我国整治河口抛筑导堤的有辽河口和黄浦江口,前者一侧利用西滩对水流形成约束作用,仅在一侧抛筑单导堤,使水流集中于航槽内,见图8-11。

黄浦江口采用双导堤,如图8-12所示。在整治前拦门沙水深只有5.3m。1906年经采用双导堤整治以后,口门水深增至12m,使万吨海轮可以随时进出。黄浦江拦门沙航道整治是成功的。但是值得进一步研究的是:黄浦江属于湖源河口,流域来沙接近于零,泥沙主要来自口外。如果流域来沙不可忽视,并含有一定数量的底沙,当底沙过境时必须采取维护性疏浚,才能维持航深。长江口南港涨潮流进入黄浦江时有一定的弯曲度,故黄浦江口采用了弧形导堤,其曲率半径约为2400m,导堤的走向与涨落潮流方向基本保持一致,这是它整治成功的因素之一。如果导堤的走向与涨落潮流方向有一定的夹角,堤头处就可能由于局部回流而造成泥沙淤积。密西西比河口西南水道的堤头即有此问题。黄浦江口左导堤建成以后,口门段形成微弯河势,在弯道环流的作用下,泥沙在凸岸淤积,右岸边滩不断向外扩展,早在1937年已将右导堤淹没在边滩之中,现已完全不见。故右导堤实际没有起到作用。因而一岸采用了微弯形导堤以后,另一岸是否还需要采用导堤,尤其是在有底沙下移的河口,这是一个值得进一步研究的问题。

导堤的长度应伸到口外深水线,因为沿岸挟沙在破波水深处最为剧烈,所以有必要使它延伸到波浪不破碎的水深处,这个水深通常在 $8 \sim 10$m。但因当前船舶最大吃水已达成12m以上,同时随着导堤抛筑以后,导堤附近会发生淤积,沿岸流挟沙也会有变化,因此在可能情况下,导堤的末端宜延伸更远些。

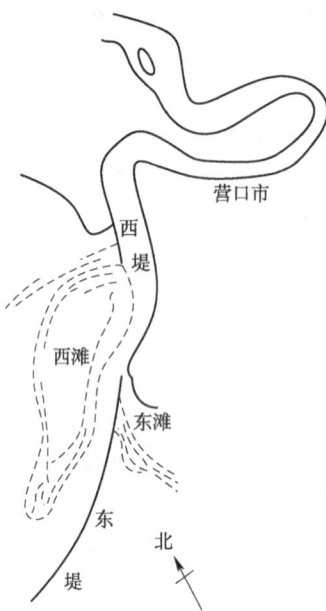

图 8-11　辽河口导堤工程布置　　图 8-12　黄浦江口门附近河段工程布置

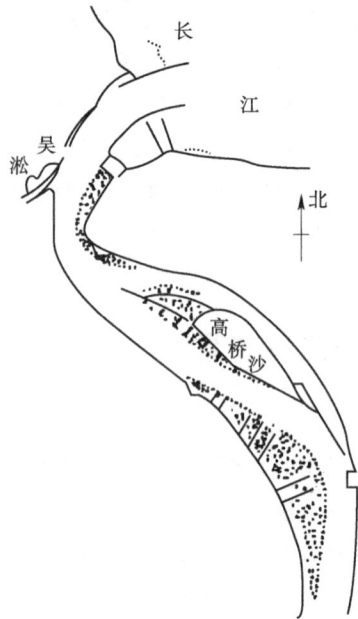

导堤间宽度，一般根据航深要求加以确定。过窄可能影响排洪，对导堤安全也不利，还可能改变上游分汊口的水流分配；过宽则影响水流约束能力，不易满足航深要求。

导堤的堤顶高程一般在中潮位附近，略低于中潮位，在涨潮憩流时堤内外普遍落淤，而在落急时水位降至中潮位以下，堤顶出露，水流集中于两堤之间，挟沙能力加强，不仅可冲走堤内涨憩时落淤的泥沙，有时还兼有防止波浪和阻止沿岸流挟沙进入河口内落淤的作用。导堤堤顶高程有时也根据最大落潮流归槽时候的水位来确定。导堤堤顶高，则束水攻沙效果好，但造价高。若堤顶高程进一步增加，则涨落潮流速相应随之增加，且涨潮流速的增长率比落潮流速的增长率大，堤顶超过这一高程，不仅不利于航行，还有可能进一步将泥沙带入口内落淤，另外对防洪泄洪也会带来不利影响。

如果口外滩地较高，在涨潮流和波浪作用下，高潮位时有可能出现大量泥沙越过堤顶而进入航道，这时也可将堤顶再提高些。所以，一般要根据河口来沙情况、口外浅滩高程、水流、风浪以及造价等来确定堤顶高程。在有冰凌的河口，还要考虑冰凌的影响。

导堤结构，由于它伸出口外，除受水流作用外，还受风浪影响，所以一般采用抛石，有些导堤同防波堤一样，采用混凝土块体、沉箱或四角锥体等结构。

总之，确定导堤方向、长度和高程等并不是一件简单的事，因为工程浩大，抛筑时间很长，必须慎重对待，一般都要通过模型试验才能最后确定。同时在实施过程中，还要不断地观测和研究，以便及时调整修改原设计方案。在有些情况下，如拦门沙非常大，距河口又远，工程过大，通航任务又紧急；或抛筑导堤后，使沿岸的水边线造成大的淤积、侵蚀的变动，危及附近重要设施；或由于流域来沙很多，当抛筑导堤后口门附近又出现新的淤积，迫使导堤不断地向前延伸等，也可考虑回避建筑导堤，采用疏浚或其他措施进行整治。

2. 丁坝、顺坝布置

在河口以内的河道，确定了河线走向以后，一般需通过一定估算，可通过公式（8-8）和公式(8-9)求得中潮位河宽。然后根据堤岸(高水河床)位置布设工程。河口内的整治工程一般仍可采用丁坝、顺坝、锁坝、护岸等,与内河基本相同。但丁坝、顺坝布置有以下特点:

丁坝常布置在距岸线不远的河段上,目的在于束窄河床,约束水流。丁坝坝根一般置于堤岸,标高在中潮位附近,坝身向下倾斜,坝头伸到低水边线处,并与低潮位相平。丁坝布置一般垂直于河轴线(即与水流动力轴线正交),以适应涨落潮流方向。

顺坝布置在河口河床宽广的区域可能经济些,它对水流扰动力比丁坝小。考虑到这些因素,有时沿整治线布置顺坝。顺坝的坝顶一般在中潮位附近,其上游端常用丁坝与堤岸连结,下游开畅,使顺坝与堤岸之间形成蓄水蓄沙库。涨潮时,容蓄潮量,泥沙也在这里落淤;退潮时为清水,加大了下游河槽的冲刷作用。对于口外来沙为主的河口,可以加速槽冲滩淤的塑造过程,早日收到整治效果。

如图5-12所示,在黄浦江河口内由高桥沙将河道分为南北两支,两支在高桥港处汇合,北支为老航道,出口处有浅滩称内沙,内沙水深最浅,最低水位下水深约3.4m,向上游还有汇山浅滩,水深5.8m。浅滩水深小,限制了大船进出上海港的要求。经研究,采用了束窄河床的方法治理黄浦江,规划出的整治线上端宽365m,河口处宽820m。除口门处建有导堤外,凡河宽大于整治线宽度者均采用丁坝和顺坝缩窄:为了堵塞北支老航道,在高桥沙上下游分别建顺坝,上游坝长1700m,下游坝长1620m;为改善南支新航道,在高桥港口处建三座丁坝及兵连坝,在高桥沙一侧及其对岸建有丁坝群;此外,还开挖了较整治线窄的河弯凸岸和南支新航道。现年维护挖泥量约$600 \times 10^4 m^3$,使航道常年浅滩水深达到8.5m。

黄浦江是口外来沙,通过缩窄河宽一方面可以减少涨潮带入航道的泥沙,同时也可以增大落潮的冲刷作用,吴淞口外双导堤和高桥沙处两岸的丁坝群就起到了这样的作用。

采用顺坝还应考虑到来沙和整治河段的长度问题。如果泥沙主要来自上游,组成较粗,泥沙输移主要以推移形式,若布置顺坝约束水流,流速可获得一定增大,但泥沙输移仍以推移方式进行。这样就使得泥沙限制在顺坝以内移动,而这种移动是以沙坡或边滩形式出现的,它的下移将更加迅速,深槽与边滩交替出现的周期更加缩短,溪线移动更为频繁,河床出现忽深忽浅的状态,最后可能导致整治失败。闽江河口的南台至马江河段,如图8-13所示,全长16km,位于河口的河流段。于20世纪20年代,采用低水顺坝整治,最后并未能使航道水获得改善,相反深槽更不稳定。

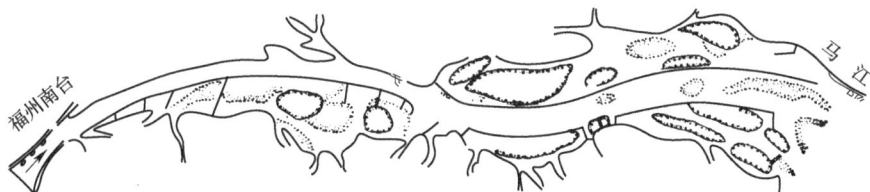

图8-13 闽江口福州南台至马江段原工程布置示意

分析其原因,虽然该河为清水河流,年平均径流量为$556.6 \times 10^8 m^3$,平均含沙量仅$0.127kg/m^3$。但因泥沙来自上游,组成较粗(整治段河床中平均中值粒径为0.36mm,悬沙为0.14mm),泥沙输移主要以推移为主,而整治段又较长。通过顺坝束窄河宽后,泥沙运动状态并未改变,还是沿着顺坝以内的河槽中推移。而顺坝段以外的滩地却又得不到泥沙补给,时至今日边滩并未淤涨,而深槽也未刷深,摆动比过去更频繁。如果当时采用丁坝,并合理布置河弯,控制边滩下移,稳定深槽,可能会收到一些效果。

上述的闽江河口整治失败的教训,并不意味着以推移质输移的河道整治都不能采用顺坝,如果整治段不长,通过束窄,可能使水流流速和输沙能力沿程增加,不仅可以将上游来的泥沙带走,而且还可能刷深河床,最后也能取得一定效果。如瓯江河口温州港区整治就是一个成功的实例。

由此可见,河口拦门沙整治是采用丁坝还是顺坝,也不易确定,除要考虑河线走向外,还要注意泥沙运动和河口具体的水动力条件。一般说来,都要通过模型试验才能最终确定下来。

四、国内外典型河口整治实例

1. 长江口深水航道治理

长江口是长江的咽喉,也是我国第一大港——上海港的门户。长江是我国第一大河,世界第三大河,流经十个省市,长江流域工农业生产发达,流域的开发建设在我国国民经济中,占有极其重要的地位。

长江口拦门沙航道自然水深常维持在6m多,加上平均2.6m潮差,乘潮通航水深可达9m左右,能进出万吨级海船。20世纪70年代中期,用疏浚方法将长江口拦门沙航道浚深到-7.0m,2.5万吨级船舶常需减载才能乘潮进出,近20年来航道尺度没有进一步改善。随着国家的改革开放,长江口沿岸建设有许多5~10万吨级码头,急需加深长江口的航道。同时,上海深水港区的建设是改善投资环境和进一步发展国际贸易必不可少的重要工程,关键是需要打通长江口拦门沙深水航道。

1) 自然条件

长江在上海市以东入东海,受潮波上溯,风浪及盐淡水的混合作用,形成了宽浅的分汊型河口。长江径流量大,潮汐强度中等,下游河床平均纵比降小,潮区界在安徽省大通附近(距海口约640km),潮流界变动于江苏省的江阴与镇江之间(距海口约200~300km)。长江自徐六泾以下河道分汊,崇明岛将河道分为南支北支,中央沙又将南支分为南港北港,横沙岛以外的九段沙再将南港分为北槽和南槽(图8-14),即所谓三级分汊、四口入海。

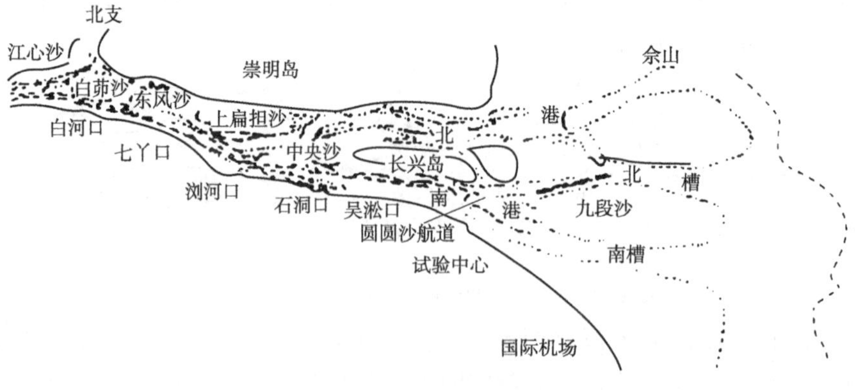

图8-14　长江口河势图(1972年)

(1) 水文泥沙

根据长江大通水文站统计,多年平均流量29500m³/s,最大日平均流量为92600m³/s

(1954 年 8 月),最小日平均流量 4620m³/s(1979 年 3 月),多年平均洪峰流量约 56000m³/s,每年 12 月至次年 3 月为枯水期,4 月和 11 月为中水期,5～10 月为洪水期,洪水期的径流量占年径流量的 72% 左右。

长江口潮汐为非正规半日周期,口外东海潮波传播方向为 305°,潮波方向基本上与河槽方向一致,由于河床摩擦及岛屿和堤岸的部分反射作用,河口区潮波是以前进波为主的混合波,潮波在向口内传播过程中,逐步发生变形,涨潮历时缩短而落潮历时加长,潮差沿程递减,直至完全消失。拦门沙滩顶以内基本上是往复流,口外潮流速是潮波质点运动速度、径流速度、沿岸流流速与密度流流速的矢量和,为旋转流。

长江口泥沙主要来自流域,据大通站统计,多年平均输沙总量约 4.86×10⁴t,洪季含沙量约 1.0kg/m³,枯季含沙量约为 0.1kg/m³,来沙的 50% 堆积在长江口水下三角洲区域,其余部分主要向东南方向扩散,成为杭州湾和浙江沿海细颗粒泥沙的重要来源之一。

长江口的波浪以风浪为主,位于口门 -10.0m 等深线引航船附近,平均波高为 0.9m,口内高桥站平均波高为 0.35m,波高不大,但大风天生成的波浪在宽阔滩面上的掀沙作用很强,造成滩面冲刷。被掀起的泥沙经潮流的输运,常会在槽中造成淤积,一般在洪季小潮期,大风过后往往在拦门沙地区形成浮泥层,浮泥层的固结是航道发生骤淤的重要原因之一。

长江口悬沙平均中值粒径为 0.009mm,河床质平均中值粒径,北支为 0.093mm,南支为 0.084mm,北港为 0.061mm,北槽为 0.059mm,南槽为 0.029mm。由于洪季流域来沙量大,拦门沙地区河床存在着明显的洪淤枯冲规律。

(2)河床变化

长江口各汊道均属宽浅型河道,沿程放宽率较大,从而使河道内沙洲罗列,滩槽经常变迁。

北支是一条处于萎缩衰亡的汊道,1958 年以后,在北支进口围垦使泾流进入不畅,1959 年后,大潮期间出现北支水沙向南支倒灌。

南支南岸边界抗冲性强,护岸及堤防坚固,弯道深槽的平均位置长期相对稳定,100 多年来白茆沙南水道,水深良好,越过白茆沙滩顶的落潮漫滩水流对南岸深漕维护起主导作用。在七丫口断面上下.白茆沙南、北水道汇合,主槽稳定在南岸,北岸为扁担沙及新桥水道。20 世纪 70 年代后,扁担沙中段沙体增宽,主要是由于北支泥沙倒灌下移和上扁担沙南缘冲刷泥沙补给所致,从两使南支中段主槽缩窄,河床下切。以七丫口断面为例,1965 年中泓最大水深位 17.9m,至 1976 年增加至 32.0m,大量的冲刷泥沙顺主槽向下输移。

南支下段浏河口至石洞口是南支稳定较差的河段。浏河口至吴淞口两岸岸线顺直,浏河口处宽 14km,吴淞口宽 16km,由于河道宽浅,南北港分流比常在本段内上下变动。1958 年至 1963 年和 1978 年至 1981 年南北两次大规模的切滩,对南港和北港上端主槽造成了极大的影响,切滩冲刷的大量泥沙在南、北港主槽淤积,河床形态也发生了相当大的变化。

南支下段和南、北港上段的变迁集中表现为分流口的变化,1958 年以前,北港与南支主槽之间 -10m 等深线贯通年代不多,1958 年至 1976 年,-10m 通道前后存在约 10 年左右。堡镇至横沙为北港中段是一微弯形深水河槽,横沙岛以东的北港下段,基本上为单一水道入海,但通过滩面及横沙东滩串沟与北槽之间存在着涨落水量交换,拦门沙位于串沟以东,滩顶高程变化于 -5.5～-6.5m 之间。

横沙东滩串沟是北港与北槽涨、落潮水量交换的小通道。1973年由于北港拦门沙水深减小，－5m等深线缩窄，使北港下段落潮阻力加大，导致串沟发生大冲，经过一个汛期，约有$10^8 m^3$泥沙向下输移，使北槽下段河槽普遍淤浅，－7m等深线中断。1975年后，北港拦门沙水深增大，串沟水流减弱而淤积，北槽下段水深又逐年增大，根据1991年测图，滩顶高程为－7.4m，北槽平面形态变化不大，深泓线稳定性相对较好。

长江口出横沙岛向外，河道突然放宽，基本上呈无岸约束状态，水流分散导致流速减小，输沙能力降低而产生淤积，开阔水域风浪增强，滩地侵蚀的泥沙通过潮汐水流搬运，大风浪后会在槽内发生淤积，河口地区盐淡水混合，使细颗粒泥沙发生絮凝沉降速度加快，也是拦门沙形成的重要因素之一。各种导致淤积的因素所形成的淤积性质和形态不同，有时也会出现相互交叉或共同作用。

长江口水下三角洲的上端为拦门沙滩顶，下端至水深约50m左右处，北界与苏北浅滩相接，南界至杭州湾，总面积约1000m²以上。当长江主流经南港入海时，在南汇东滩外形成南堆积区，主流经北港入海时，在崇明东滩外形成北堆积区，近百年来，水下三角洲中部－20m等深线外移速度以南槽口外最快，北槽口外外移缓慢，北港口外变化甚微。

2）整治措施

包括南北支整治及拦门沙整治两部分。

（1）南北支整治

徐六泾至长兴岛和崇明岛一带，两岸有陆岸约束，整治的关键是稳定岸滩形成一条连续的入海深水航道，包括：

①防止北支泥沙倒灌；

②控制徐六泾节点工程；

③稳定白茆沙体的护头工程；

④稳定扁担沙体的围垦工程；

⑤控制南北港分流口位置的顺坝工程；

⑥束窄南北港河宽的围垦工程。

（2）拦门沙深水航道整治

1973年将拦门沙疏浚达到－7.0m选择航槽时，比较了南港南槽方案、南港北槽方案、北槽（上段走北港，下段沿横沙东滩串沟进入北槽）和北港四条路线。由于1973年横沙东滩串沟扩大，北槽下段淤浅，从而认为南槽较北槽稳定，选择继续疏浚南槽。但南槽口外拦门沙向外延伸快，拦门沙长，若进一步提高到9.5m以上深水航道则挖泥量大，挖槽长达70km。挖槽太长，回淤量大。

在南支没有彻底整治前，受到浏河沙、中央沙和扁提沙的变动影响，北港进口不稳定，这是限制选择北港作为深水航槽的主要原因之一。经过比较，目前深水航槽选在南港北槽，采取整治与疏浚相结合的措施，工程布置如图8-15所示。

根据图8-15可见，为了节省工程造价，在北槽两侧滩面较高处分别布置了南北两条导堤，并在导堤内再建19座丁坝以束窄槽宽。丁坝坝头连线作为航道整治线，这样布置在工程实施过程中便于作某些调整，同时丁坝坝田中还有一定纳潮量，在落潮过程这一部分水量归槽，增加了沿程的水量，可适当加大整治线的放宽率，一般放宽率在3%～6%之间。其中北导堤还能起到堵塞横沙东滩串沟的作用,以杜绝类似1973年串沟发生大冲,而使北槽下段发生普遍淤积的现象。

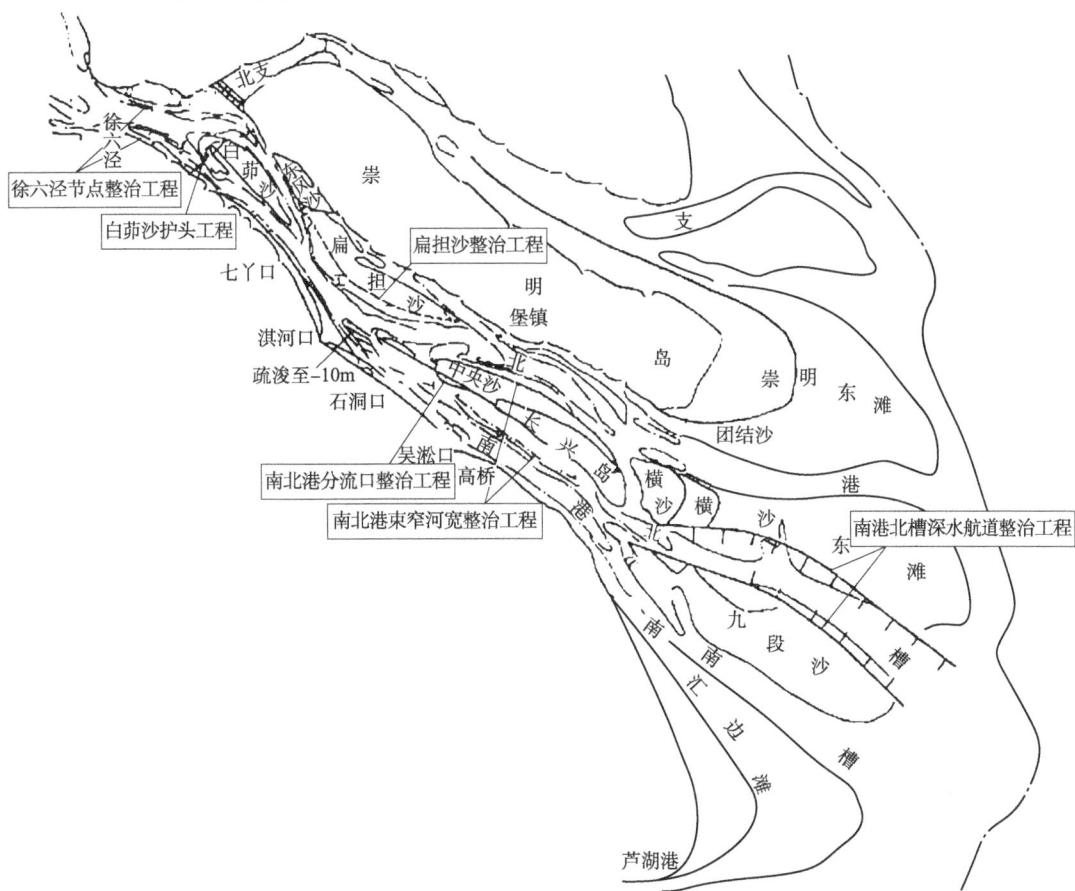

图 8-15 长江口整治工程布置图

南北两条导堤分别长约48.08km和49.2km,是北槽深水航道整治的主体工程,坝顶高程的确定,主要取决于其整治效果,同时对工程造价也具有重大意义,通过模型试验比较,取多年平均中潮位+2.0m(吴淞基面)比较合适。北导堤堤头设在-8.0m等深线处,南导堤堤头在-5m处,南北槽分流口工程起到调整及稳定南北槽分流比的作用,并使其在平面上稳定,调整后的分流比更有利于北槽深水航道的开发和维护,南槽成为南港的主要排沙道。分流口位置选在江亚南沙滩顶,并建南、北两条分流堤,封堵江亚北槽,促使江亚南沙并靠九段沙。

由于长江口航道整治工程量浩大,采取分期兴建,第一期工程从分流口开始,选做22km长的南导堤,北导堤建14km及堤内的三条丁坝,并从第三条丁坝根开始,逐渐降低堤顶高程,沿堤线穿越横沙东滩串沟先作适当长度的护底工程,以避免北导堤头部水流过分集中。以上整治工程于1998年正式实施,2011年第三期工程已顺利完成,长江口深水航道水深达到12.5m。

2. 美国密西西比河河口航道整治

密西西比河位于美国中南部,注入墨西哥湾,是美国最大的河流。密西西比河河口为鸟足状三角洲,在分汊口以下有3条水道入海(图8-16):①东水道称为阿洛脱水道,河宽最大,长约24km;②西南水道最长,达35km,河宽次之;③南水道最窄。由于东水道不是通航水道,因此,河口航道的治理主要在南水道和西南水道进行。

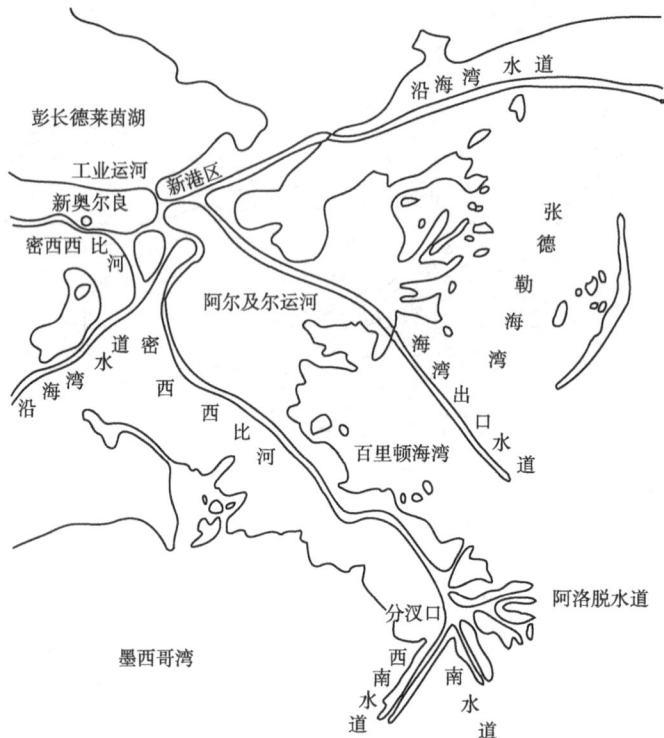

图 8-16 密西西比河河口示意图

密西西比河下游克斯堡的年平均流量为16800m³/s,年输沙总量近5.0亿t,河口区海域来沙很少。为全日潮,潮差0.18～0.61m;洪水期潮汐作用很小,枯水期潮区界可上溯至距汊道口458.6km处。由于流域来沙量大,拦门沙地区淤积严重,河口三角洲每年向外延伸约30m。治理前拦门沙滩顶水深仅2.74m。为了满足航运要求,必须进行整治。

(1)南水道整治

1836年开始疏浚西南水道,当时要求航道水深5.5m,但单纯依靠疏浚,维护困难。1875年开始对南水道进行了详细的勘察研究,提出双导堤结合疏浚的整治方案。两导堤间距300m,在导堤之间加筑潜没式丁坝。丁坝长60m,间距120～400m不等。1879年,南水道达到了宽135m、深8.0m和中泓深9.2m的设计标准,促进了新奥尔良市工商业的迅速发展,使之成为世界主要港口之一。

(2)西南水道整治

随着新奥尔良市经济的发展,南水道已不能满足航运要求,开始开发西南水道,准备使西南水道水深达到10.5m,航宽300m。为达到这一通航标准,工程方案经历了多个阶段的调整。

①1904年开始在西南水道修建两条平行导堤,堤距约1100m,其他不能通航的水道则修潜堤.以保持南水道和西南水道低水位时的流量。1908年导堤工程完成,航道水深增加到

6.0m,经过 4 年后,拦门沙向前伸展了 730m。

②1911～1912 年,将东、西导堤分别延长了 890m 相 1040m,航道水深略有增加;继而在西南水道下游 11km 河段上东西导堤间修筑丁坝,将河道宽度缩至 900m,但仍不能取得 10.5m 的通航水深。

③1917～1921 年,在西南水道下游 8km 河段上沿丁坝坝头加筑格坝,河道宽度缩至 740m。以后东西导堤又分别延长 300m,堤头向内弯折,使之与格坝相连。但拦门沙处的水深仍不足 10.5m。

④1921 年,拦门沙挖槽轴线向东折 35°后,航槽水深达到 10.5m(图 8-17)。

⑤1923～1924 年,航道下游 13km 河段进一步用丁坝缩窄至 530m。

⑥1937～1939 年,丁坝再度延长,航道下游 3.2km 的河道宽度减至 430m。此后,除大水年外,航道均能取得 10.5m 水深。

⑦1955 年后,通过现场观测与模型试验,选取最优方案,在分汊口下游 27km 以下增加

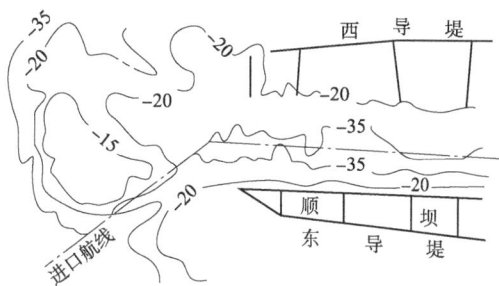

图 8-17 1921 年拦门沙航道示意图(水深单位:ft)

河线弯曲度,使航槽避开了偏西入海的泥沙输移路径(图 8-18)。工程实施后效果良好,维护 12.2m 水深的费用并不高于原 10.5m 水深航道的维护费。

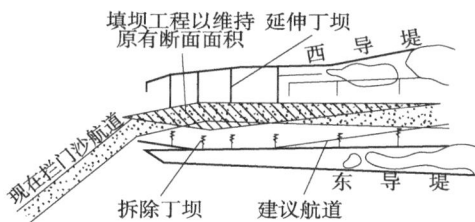

图 8-18 西南水道改善最优方案示意图

西南水道口门缩窄之后,产生壅水,因而减少了西南水道的分流量。为了保证有足够的分流量.在分汊口上游采用了丁坝挑流的措施。

1985 年,美国国会决定将河口海湾至巴吞鲁日 375km 的航道水深从 12.2m 增加到 16.8m,第一阶段挖深至 13.7m。目前 10 万 t 的海轮已可直达新奥尔良。

密西西比河河口西南水道整治工程平面布置如图 8-19 所示。

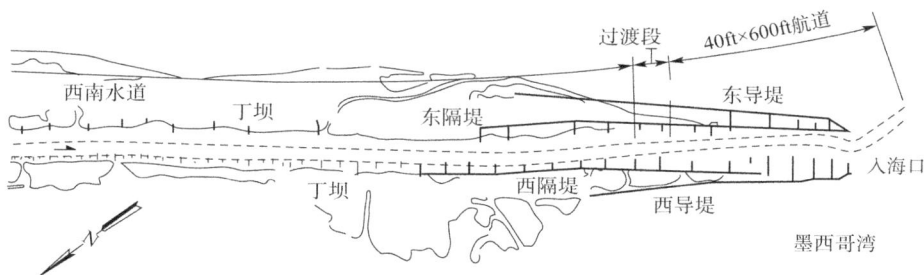

图 8-19 密西西比河河口西南水道整治工程平面布置图(1976 年)

思考及练习题

1. 简述不同分段的潮汐河口航道特点。

2. 简述潮汐河口区的泥沙运动特点。

3. 简述拦门沙与沙坎的区别。

4. 简述潮汐河口航道治理的方法。

5. 简述潮汐河口航道的走向和定线特点。

6. 简述潮汐河口挖槽定线及航道整治的原则。

7. 潮汐河口航道主要治理措施有哪些？

8. 影响潮汐河口航道演变的因素有哪些？

第九章　特殊河段的航道整治专题

除了前述各种情况的航道外,还有一些情况相对比较特殊,如湖泊水网地区的航道,水面平缓,流向复杂,泥沙来源多变;另外,受人类活动的影响,一些河段与自然情况很不一样,如桥区、港区和水利枢纽的附近等,本章将简要讨论桥区、湖区、水利枢纽附近及限制性的航道治理问题。

专题一　桥区河段的航道整治

一、桥区河段的通航问题

在现代交通网络的发展过程中,跨河铁路、公路桥梁和城市交通桥梁大量兴建,解决了陆路交通的跨河连接问题,但是受两岸接线及城市已有建筑物、道路布局的制约,部分跨河桥梁不能按照《内河通航标准》的要求选址在河床稳定、水深充裕、水流条件良好的平顺河段上,给水运交通安全留下了很多隐患。桥梁和航道的关系如果处理不好,不仅影响通航和桥梁的安全,而且限制河段通航能力和航道等级的提高,给航道建设和维护造成很多困难,严重制约内河航运事业的可持续发展。

桥区河段的通航问题在全世界普遍存在。1993 年,美国亚拉巴马州莫比尔附近横跨贝尤卡诺特的 CSX 铁路大桥,被一个拖驳船队严重撞击,桥梁结构产生巨大位移,恰好几分钟后一列旅客列车从桥上驶过,大桥即刻坍塌,列车出轨,47 人丧生。2002 年,美国俄克拉荷马州阿肯色河上,一艘拖轮顶着两艘运油的空驳船撞上一座有 20 年历史的公路桥的一个桥墩,造成公路桥坍塌,至少有 17 辆汽车从 20m 高空坠入河中,死亡 17 人。这次事故严重阻碍了横穿俄克拉荷马的 40 号州际高速公路的交通,修理并重新开放这座大桥需要 6 个月时间。

据 2004 年第二次全国内河航道普查资料,当时全国共有跨航道的桥梁 4.1 万座,其中不满足通航标准或要求的桥梁近 2.9 万座,占总量的 69.8%。武汉长江大桥(公铁两用)、南京长江大桥建桥至今已发生多起船舶碰撞桥墩事故。随着船舶大型化和江海直达运输的发展,撞桥事故的损失将更为严重。黄石长江公里大桥自修建以来,3 年时间内共发生碰撞桥墩事故 18 起。沅水桃源大桥修建过程中不到一年时间发生 7 起海事。

多数桥梁在河道中建设桥墩、桥台和引堤,对水流具有约束作用,使桥位河段水流流态发生变化,从而引起河床调整,桥位附近的滩险发生变化;同时,由于河道边界的改变,航道的尺度和航道内的水流流态也将发生变化。上述变化可能对通航和大桥安全产生严重的不利影响,因此,必须对桥位河段的航道问题引起足够的重视。

河流的类型、滩险的特点、桥梁的位置及结构形式等不同，桥位滩险情况差别很大。桥梁碍航的情况包括通航孔的净空不足和对应通航孔的水域条件不能满足通航要求。因此，对于已建的桥梁来说，桥梁碍航问题难以从桥梁本身来解决，使桥梁适应通航要求，如采取移开或拆除碍航桥墩，增大净空宽度等措施。此类桥梁碍航问题只能依靠航道整治的方法解决，即对桥区河段进行特殊的航道整治，调整水流方向和流态，减小水流与桥轴法线方向的夹角，使航道适应桥梁的存在，让船舶安全顺利通过。当然，这仅仅是一种弥补措施，如能在建桥之前就把桥梁建设与航道建设紧密结合起来，进行统一规划，协调好两者的相互关系，就不会产生桥梁碍航问题，这是解决桥梁与通航矛盾的最佳途径。

《内河通航标准》规定，两座相邻桥梁间的轴线间距应大于代表船队长度与其下行 3 ~ 5min 航程之和，在间距不能满足要求时，可靠近布置，但两桥相邻边缘距离应控制在 50m 以内。当城市发展，有些桥群由于多种原因，两桥间距不能满足上述要求，给船舶通过桥群带来了安全隐患，还可能限制河段通航能力和航道等级的提高，给航道建设和维护造成了很多困难。

桥位河段的航道整治涉及两种类型的情况，其一是河段原来的航道就不满足通航要求，存在要整治的滩险。由于桥梁的存在，给滩险整治带来了更大困难。其二是河段原来的航道并不碍航，不存在滩险；或存在滩险但已进行了整治，已基本不碍航；桥梁建成后，恶化了航行条件，必须进行航道整治，改善航道通航条件，适应船舶安全通过桥梁的要求。可见，桥位河段的航道整治不同于常规的航道整治，只能在受到桥梁限制的特定边界条件下进行，技术难度很大，涉及的问题与单纯的航道问题不同，这一点在工程实践中应特别引起注意。

二、桥梁碍航原因

在桥梁规划建设时，如果桥位河段的通航条件没有得到充分的论证，桥梁很可能会出现碍航现象。一般来说，不同河段和位置的桥梁具有不同的碍航原因，但主要可归纳为以下几种。

1. 桥位选址不当

（1）桥梁选址在基岩出露、河面狭窄或流态不良的险滩河段；桥墩又建在主河道内甚至主流区域内，造成航行条件更加恶化。如柳州柳江铁路桥。

（2）桥址选择在分汊河道处的桥梁。沅水桃源大桥桥址位于微弯分汊河段，洲头主汊一侧刚好是浅滩，滩上水浅流急，江心洲洲脊存在由左向右的漫滩水流，大桥距分流点近，分汊后的水流偏角较大；桥墩布置于航槽中间，使桥下的水流条件恶化，大大地缩窄了桥位附近航槽宽度，导致船舶上行十分困难，下行危险。

（3）桥址选择在弯曲河道上的桥梁。澧水石龟山大桥选址在弯道过渡段，其主通航孔洪、中、枯水流方向与大桥轴线法线交角过大，通视距离短，主通航孔流速大，大桥桥位断面主流带主要分布在主通航孔附近，桥区为狭窄河段，平槽水位时河宽只有 150m，最大流速达到 3.45m/s，桥梁碍航严重。

（4）桥位选择在浅滩上。耒宜公路大桥桥位选择在浅滩上，桥轴线法线方向与水流主流交角达 20°，在桥下航道原本富余不多的情况下，将 12#桥墩布置在枯水航槽中，致使航槽宽度缩小到只有 15m，达不到通航的基本要求，使原来基本满足航行要求的航行条件严重恶化。

从上述桥址选择不当造成桥梁碍航的原因分析可知,桥轴法线方向与水流主流流线方向夹角过大,及在航道尺度不良或不足的位置桥墩布置不合理,是造成桥梁碍航的两种主要原因。

2.碍航桥梁通航净空不足

有些桥梁通航孔净空高度和宽度不能满足航道规划的要求,成为人为碍航物。如位于田阳县那坡镇的右江公路桥,其净空高度低于远期规划Ⅲ级航道所要求的桥梁净空高度的标准;南京长江大桥的净空高度不能满足长江航道等级提高的要求,成为影响长江航道等级提高的控制性约束。

3.桥梁没有设助航标志或设置不规范

在航道上建设了桥梁,一般都会给船舶航行带来一定的不便,如果不按规范的要求布置助航标志,就有可能成为碍航建筑物,威胁船舶安全航行。这类碍航桥梁较多,如右江河段的那坡公路桥、田东公路桥、平果南昆铁路桥、那阳公路桥等等。

三、桥位河段航道规划整治原则、技术措施和助航措施

整治航道最常见的手段为疏浚挖泥及修建整治建筑物,两种方法具有各自的效果和局限性。桥区滩险的整治经验表明,针对不同的滩险特征,将两种手段结合起来,采取协同作用的方案是成功整治桥区碍航滩险的关键。桥位河段的综合整治和合理采取助航措施,对保障水上和桥梁的交通安全均具有十分重要的意义。

针对桥梁碍航问题,一般从实际的碍航情况出发,收集有关桥位、桥区河段航道水文情况,分析碍航原因,对桥区河段进行原型观测,收集不同水位时的流向、流速资料及船舶航行迹线,进行水力计算或水力特性分析,提出解决碍航问题的初步设计方案,再经过物模或数模验证,优化设计,在施工后进行效果观测,总结经验。

1.整治建筑物和疏浚相结合

在对沅水桃源大桥桥区航道整治中,提出了洲头相对上移整治思路和开发了非对称、非等高、非实体鱼嘴新型整治建筑物。具体工程措施是用堆石坝在洲头建一个人工非对称、非等高、非实体鱼嘴使洲头相对上移,将桥位由原位于洲头处变为位于分汊河段中部,从而达到改善桥区水流结构、调整水流流向目的,见图9-1。

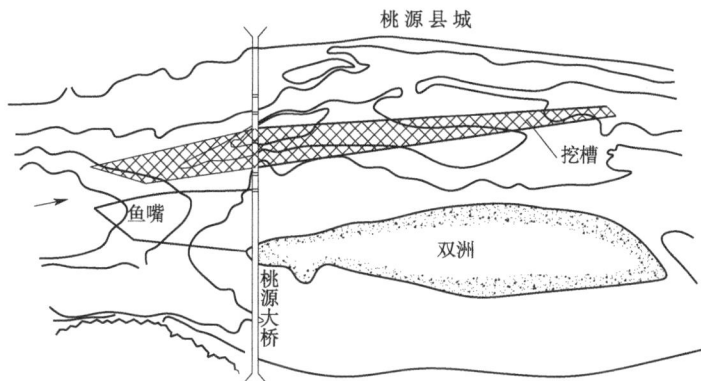

图9-1 沅水桃源大桥碍航整治工程

哈尔滨松花江公路大桥工程在规划阶段就将该河段航道整治工程列为大桥建设的附属工程,与大桥建设工程同步进行,提出了从江心洲开挖新航槽的整治思路;具体的整治措施为:把原河道的左右两汊用重型抛石锁坝堵塞、用挖泥船从江心岛中间开通一条新河道,即中汊河道作为通航河道保证船舶安全过桥。整治工程布置为:①为使主流由左汊改走岛中间新开河道,并保证有足够的通航流量,在原通航的左汊建锁1坝,堵死左汊;②右汊用锁2坝和丁1、丁2、丁3坝封死右汊,并在锁2坝北端岛北侧做干砌石护岸;③为归顺水流稳固岛头,加速左汊淤积和减少锁1坝压力、控制汊道分流比,在岛头建分流坝一座;④何家沟以下主导河岸用砌石护岸保护;⑤两岛中间新开河道宽度经计算和试验确定,整治水位时稳定河宽为320m。所以,在分流坝下游按整治线位置和设计护岸长度堆石,待冲刷到护岸位置后自由塌落成堤石护岸。疏浚工程为:为了改变河势使主流和航道垂直过桥,必须用挖泥船在江心岛中间和右汊下部,开通一条新河道,新开挖槽设计宽度125m,保证航深2.4m,总挖泥量为126万 m³,具体的整治方案见图9-2。

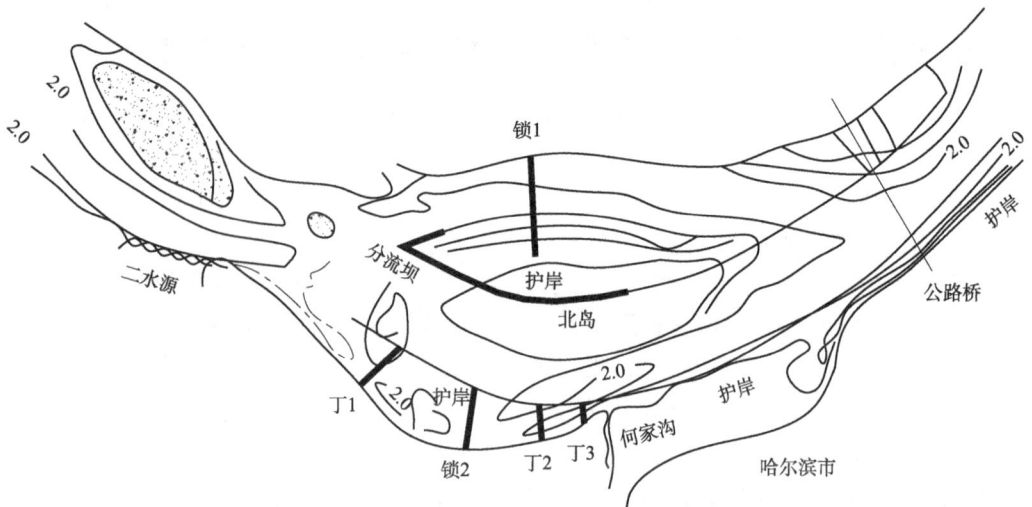

图9-2 哈尔滨松花江公路大桥桥区航道整治工程图

对耒宜公路大桥碍航,提出的整治思路为:局部改变河床形态,调整水流流向,解决桥轴线法线与流向交角过大的问题。具体的工程措施是在江心洲头部布置鱼骨坝,抬高洲头,隔断横流,并切除了江心洲的左半部分,同时辅以疏浚挖槽,拓宽航槽。

2. 通过设立导航助航标志和应用合理有效的引航技术

桥区河段应配布桥涵标、桥柱灯等桥上助航设施。一些桥区航道存在航标多、航道宽度窄、水流紊乱等特点,特别是在恶劣气候状况下,船舶操纵性能下降,穿越桥区碰撞航标和桥墩的几率增大,给船舶和桥梁带来安全隐患。重庆白沙沱长江铁路桥、黄石长江大桥采用航标遥测遥报、同步闪系统,能对桥区航标的状态信息和位置信息进行实时监测,在航标状态和位置发生异常时自动实时报警,并具备航标同步闪功能,方便船舶驾引人员识别,提高了航道维护单位对航标异常情况的快速处理能力,加大了桥区航道通航安全保障。

在黄石大桥桥区航道的治理中,通过设立导航助航标志和应用合理有效的引航技术,能以较小投入取到较好通航效果。根据黄石大桥水域的航道水文资料,从理论分析入手,通过分析航道、水文相关变量关系,推导确定了航线、航向、吊向点、转向点等引航技术参数,拟定了便于驾驶员操作的安全过桥引航方法,以此提高船舶安全过桥可靠度,取得了明显的效果。

根据国家有关标准和规定及江阴大桥有关技术资料,利用最新测量的桥区流向、流速和水下地形图等资料,在调查研究的基础上,结合多年的实践经验,在进行方案比选的基础上,拟出了最佳航标布置方案:采用大型灯船,加重加大锚石,首尾抛锚固定,以防走锚,控制和减少标位误差;考虑建桥期间航道维护异常困难。为确保施工和通航安全,有关单位加强联系,及时掌握施工方案及进度,合理布设施工期标志。为保证大桥和船舶航行安全,海船航道只允许海船单向过桥,禁止上、下行海船在桥区直线段内会船。上述措施的实施,保证了通航安全。

3. 加强桥区建设的综合规划与交通管理

长江桥区交通管理系统要求在各桥侧设立"一线"和"三区":即报告线和准备过桥区、就位区、直航区用以引导船舶安全通过桥区。

在同一桥区碍航问题上,应该采取多方面的措施去综合处理。值得注意的是,通过航道整治措施对桥区碍航问题的处理,只是作为一种手段,在一定程度上对通航条件进行补救。解决桥梁与航道矛盾最经济和科学的办法是桥梁建设与航道整治共同规划,将各种措施综合运用,同步建设。

在规划阶段,桥梁建设部门应该根据《航道法》的要求,在工程可行性研究阶段,就建设项目对航道通航条件的影响作出评价,并报送负责审核的交通运输部门或者航道管理机构审核。规划设计时,应特别注意以下几个方面。

(1)解决桥梁与航道矛盾最为经济和科学的办法是建桥与航道整治共同规划,航道工程与桥梁工程同步实施,同步建设。在通航河流上建设桥梁,应比较全面地收集与河道通航条件相关的工程资料,避免仅靠一张河道断面图进行桥梁布置的不合理现象。

(2)由于各种条件的限制,不得不在一些不宜建桥的位置建桥,一旦出现碍航问题,桥梁建设及主管部门必须予以足够重视,协调两方面的利益关系。对由于设计或其他原因造成的桥梁碍航问题,应及时通报航道管理部门,共同对碍航问题进行处理,尽量减少损失。

(3)在进行桥位规划、设计时,应邀请航道管理部门的有关专业人员参加,让航道管理部门充分表达意见和要求。如果桥梁设计者不熟悉河道水流的运动特点,不了解通航要求,桥梁建成后可能严重碍航。这种情况下,整治工程作为一种手段,在一定程度上能改善桥位的通航条件。但这种补救措施相对而言社会成本较高。

(4)对于在滩险河段建设桥梁,由于受桥梁的限制,桥梁建成后,碍航的桥区滩险较一般的滩险整治更加困难,必须充分收集资料,详细进行河床演变分析和水力计算,必要时进行河工模型试验,寻求优化的处理方案。

(5)在进行桥梁的规划设计时,应该尽可能满足通航方面的要求,将通航的安全作为重要的评价指标,兼顾桥梁安全和通航安全。对不能实现或无条件实现的部分要求,也应与航道管理部门协商,寻求其他替代措施,避免造成人员和经济财产损失。

(6)若在老桥附近建设新桥,形成桥群,在满足《内河通航标准》关于桥群间距要求的基础上,新建桥航线要与老桥航线统一规划,并适当扩大主航道处桥梁跨距。经调整后仍不能满足船舶安全航行需要的桥型,中、上游河段,有条件的桥位,尽量采用一跨过江或者通航孔一跨过主航道的桥型;桥梁不能一跨过江则采取改变桥址或隧道过江的方法来解决。

如重庆长江大桥复线桥距重庆长江大桥老桥仅数米,为使复线桥与原桥桥型一致,又改善航行条件,经过通航论证和专家会议讨论,由复线桥与老桥桥墩墩位上下游并列的墩位方案,改为主跨采用钢结构的挂梁跨过老桥两孔航道,跨度330m,主航道比老桥中间少一个墩的墩位方案,避免船舶航行通过连续两桥桥墩形成长窄航道,可能产生巷道效应,船舶操纵困难的情况,改善了航行条件。近年重庆市区密集建设的多座长江大桥,如菜园坝、朝天门、大佛寺、鱼嘴、额公岩、水东门等桥,均为一跨过江(或一跨过主航道),最大程度地消除相邻桥梁对通航的影响。

专题二　湖区航道整治

一、通航湖泊自然条件及湖区航道特点

我国南方平原地区分布着众多的湖泊,这些湖泊水量丰沛,终年不冻,水网纵横,四通八达,发展航运的条件十分优越,其中最著名的有洞庭湖和鄱阳湖。新中国以来,国家对这些湖泊进行了大规模综合治理,通航里程大大增加,通航条件得到了很大改善。洞庭湖、鄱阳湖湖区的航道是我国湖区航道建设的突出代表。另外,我国其他一些大型湖泊如太湖、巢湖等的航道也各有特色。

洞庭湖位于长江中游,湖南省的北部,它接纳了湘、资、沅、澧四水,及汩罗江、新墙河等支流;长江有松兹、太平、藕池三口向洞庭湖分洪,洞庭湖与长江干流荆江段串联,是一个巨大的调节器,为吞吐长江的洪道型过水湖泊;长江及四水进入洞庭湖的径流,经城陵矶一口注入长江。洞庭湖每年3~4月水位上涨,7~8月水位最高,11月至次年3月为枯水期;三峡枢纽营运前,洞庭湖约四分之三的泥沙来自长江,每年约有1亿 m³ 泥沙在湖中淤积。由于严重的淤积和人为的围垦,洞庭湖的部分区域已形成河湖相间,洪水是湖,枯水是河的格局。洞庭湖湖区航道由湘、资、沅、澧四水洪道,开湖航线、澧湘航线及松虎航线为骨架,长江松兹、太平、藕池三口分洪道,以及一些天然湖泊、人工堤垸水道构成。湘江洪道二千吨级航道即将建成,沅水下游及开湖航线也已建成千吨级航道。洞庭湖湖区共有通航里程3148km,其中常年通航里程1643km,已形成了四通八达的航道网。

鄱阳湖位于长江中下游的右岸,江西省的北部,为我国最大的淡水湖,外形似葫芦,南部宽约60km,西北部窄深,湖底高程自东南向西北倾斜。它汇纳了赣、抚、信、饶、修五条河流,环湖还有博阳河、东河、西河、徐家埠河直接入汇,流域雨量充沛,来水量大,受长江顶托期长,中高水期长达八个月。每年3~4月内河涨水,入湖流量增加,水流漫滩,湖体扩大;5~7月长江汛期,江水顶托倒灌,内河来水量也较多,湖内持续高水位,洲滩淹没,水流平缓,湖面宽阔,湖水连成一片,直至10月长江退水,湖水才逐渐下降;11月到第二年2月为枯水期,湖水归槽,洲滩毕露,形成多条带状湖沟,呈河流状,水流自南向北由湖口注入长江。鄱阳湖湖区常年通航的航道包括赣江航线,信饶航线,赣江东河航线等,其中赣江、信江的湖区航道已

纳入国家水运主通道中,目前可通航千吨级船舶。

除上述洞庭湖、鄱阳湖外,太湖、巢湖、洪泽湖、南四湖等湖泊的航道通过多年的建设,通航条件得到了很大改善,在各地的综合运输网络中起着重要的作用。

河流汇入湖泊后,受湖水顶托,流速减缓,输沙能力降低,水流条件与一般的河流有所不同,航道条件有其独到特点。湖区还具有独特的自然地理、地貌特征和水位特征,河湖相间,水道纵横交错,过水断面时大时小,水流时束时放,流向时左时右,流速时急时缓,形成了许多特殊的河型、河势和滩险。湖区的各种不同的水道组成了航道网系,这种航道网系水流情况复杂,泥沙运动频繁,航道处于经常的变化中,雾天对船舶航行安全也有较大影响。由于堤垸多、弯道多、汊道多、河口多,外部环境复杂,人口密集,土地资源紧张,经济受自然条件限制,陆路运输不发达,防洪标准较低、问题突出,航道治理难度很大。

总的来看,通航湖泊的特点有以下几个方面:

1. 水文及水流特点

通常情况下,春汛期(洞庭湖、鄱阳湖为4~6月)受支流影响,含沙量较大,大量泥沙在洲滩淤积;洪水顶托期(长江中游为7~9月),湖水水位维持高水状态,洪水期长达半年之久,洪水期比降极小,湖水含沙量很小;待洪水顶托期结束,湖水位随退水而相应消落,湖滩岸线显露,水流归槽,比降加大,湖床冲刷,湖水含沙量急剧加大。湖区航道浅滩洪水期流速较低,淤沙较细,航道开阔,过水断面较大,水面比降较小;枯水期水位下降,滩洲显露,比降开始回升。由于流域各支流(包括长江)来水来沙的组合变化较大,湖区水位变幅很大,如鄱阳湖湖口站最大水位变幅达15.81m,流量变幅大且年内分布不均匀。鄱阳湖4~6月份来水量超过全年来水量的50%。洞庭湖的流域来水量及长江来水量4~9月占全年的来水量70%~80%,这其中,汛期集中了长江全年来水量的96%左右。洞庭、鄱阳两湖水文及水流特点主要体现在:①水位流量关系复杂;②水流顺逆不定;③比降、流速随湖面涨落变化。

2. 演变特点

水流入湖后,断面扩大,流速减缓,泥沙运动减慢,随之产生落淤。洪水期间,一方面因流域土壤侵蚀,河流来沙量加大,另一方面湖水比降减小,流速变缓,水流挟沙能力降低,泥沙大量落淤。汛期过后,来沙量减少,而且随着湖面水位的下降,比降和流速也都相应增加,大部分高水期淤积下来的泥沙将被冲入湖区深处,淤塞湖泊,抬高湖床。入湖河口的泥沙淤积一般发展缓慢,河床高程逐年淤高,引起湖体容积减小。1956~1977年的资料表明,洞庭湖平均年淤积量达1.46×10^8t。根据1952年与1988年的两份湖盆地形资料的对比分析与计算,东洞庭湖37年来平均淤高0.77m,南洞庭湖0.64m。

经过多年的建设,湖的四周均已建起较为坚固的大堤,洪水周界已比较稳定,仅中枯水期河床有一定的变形。湖区滩面边坡平缓,边界很不明显,岸质结构紧密,粘土成分较多,比较稳定。湖区水深分布较上游均匀,底坡平缓。湖床冲淤幅度除受流域来水来沙影响外,还与洪水持续时间,受江河影响程度及河槽稳定条件有关。

湖区以淤积为主,但分布情况比较复杂。从洞庭湖的情况看,在防洪堤以内,从堤垸修建之时起,洪水就被挡在垸外,泥沙无从进入垸内,基本没有淤积,而整个洞庭湖平原随地壳运动在降低,出现所谓的"垸老田低"的情况。堤垸以外的洲滩及水域,一直是泥沙淤积的主要场所。湖区洪道的水流一般是顺逆不定的双向水流,由于流速较小,加之泥沙来回搬运,河床淤积严重,过洪断面愈来愈小。由于垸内高程基本平衡,湖床迅猛淤积,使湖床与垸田的高差愈来愈大,相应大堤也愈来愈高,严重影响航道的通视条件。

3. 航道特点

常见的湖区航道可分为三种情况,第一种是跨越湖泊或沿湖泊边缘开辟的航道,称为湖泊航道,这种情况下,湖底较平坦,水深较大,航线较为顺直;第二种航道的水体洪水是湖,枯水是河,称为河湖两相航道,这种情况年内水文条件变化较大,洪水期淤积较为严重;第三种是位于以往是湖,现已部分筑堤围垸地区的航道,称为滨湖航道,对于单向水流情况,航道与普通河流区航道类似;对于双向水流情况,水流流向,水流动力轴线,环流结构等水流条件与普通河流区航道有较大差别。

由于湖床处在长期淤积过程中,航道条件的改善受到很大制约,一些原本条件比较好的天然航道,需经疏浚才能维持一定的航宽与航深,增加了航道的维护费用。滩险的淤积使航行条件恶化,流态险恶,航线变化不定,海事增加。洞庭湖区航道虽经 20 世纪 80 年代以来特别是近几年来大规模整治,加上长江和湘资沅澧四水的来沙减少,航道条件有了很大的改善。由于长江的来水来沙情况改变,洞庭湖出现较大变化,来沙量减少约 2/3。三峡工程蓄水运行后,由三口进入洞庭湖的沙量锐减,使四水下游洪道及湖区含沙量逐渐下降,泥沙淤积量减少,有利于航道稳定。

9 月份三峡枢纽开始关闸蓄水,长江干流水位下降,造成上游三口提早断流,下游出口比降加大,出水速度增加,洞庭湖水位快速下降、湖体急剧减小。由于退水时间仅能维持一个月左右,较自然情况明显缩短,河床冲刷过程非常短暂,湖区航道难于依靠退水动力刷深航道。三峡工程运行使长江中游枯期流量增大,城陵矶站水位抬升,受其顶托影响,处于洞庭湖下段靠近城陵矶的局部航道水深稍有增加,但影响范围很小。

近年来,湖区无序采砂活动加剧,河床的自然变化规律遭到破坏,水文和水动力过程更趋复杂。采砂影响主要致使河床下切,虽然航道水深增加,但枯期同流量下水位下降。总体来看,非滞流期的枯水期,水面比降普遍减小,水动力条件减弱,淤沙不易被冲走,不利于航道稳定。三峡工程汛末蓄水使得长江中下游水位下降,洞庭湖的出流加快,退水过程缩短,冲刷期减短,航道枯水期提前,对航道稳定不利。应该重视长江水沙过程变化给洞庭湖、鄱阳湖区航道带来的不利影响,有针对性地对其加以抑制。

二、湖区航道整治原则及航道选线

洞庭、鄱阳两湖湖区航道发展变化的重要特点是水文情况不仅受上游的来水影响,而且受与其联通的长江之来水来沙过程的影响;长江洪水的进入或顶托导致水位流量关系非常复杂。湖区的航道已经经历了长期整治,针对不同碍航浅滩采取筑坝与疏浚相结合整治工程措施,整治取得了较好的效果。进一步提升航道等级时,应尽量利用原航槽和航线,发挥已有的整治工程作用。近年来受河道冲刷及人为采砂等因素影响,多处河床下切幅度较大,一些原浅滩段的航深已满足航道等级提升后的尺度要求,而部分整治建筑物严重损毁。应该看到,河床大幅度下切和整治建筑物的损毁主要归因于人为因素影响,不利于航槽的长期稳定,因此,湖区航道整治应尽量利用原整治工程及人为挖沙形成的深槽,同时,结合不同碍航滩段的实际情况,采取对应的整治措施,保证实现工程建设的目标。

1. 湖区航道整治原则

1）认识湖性，作好湖区航道的整体规划

湖泊的地理位置不同，湖型不同，来水来沙条件不同，边界条件不同，航道网系不同，整治航道时，必须首先了解湖段的历史，湖床地质条件，水文泥沙特征，出入湖的洪道路线，湖区水利防洪规划，城乡建设规划，与湖相通河流的航线划分及航道等级，按照水利资源综合利用的要求，运用系统工程学的方法，对全湖进行整体规划并严格按规划对湖区航道进行全面整治。例如，洞庭湖区已建成的主干线航道，即湘江千吨级航道、沅水下游及开湖航线千吨级航道和澧湘500吨级航道就是根据四水和长江三口入湖洪道的路线和湖区水利防洪规划，按照四水下游和湖区口岸分布情况，在沟通四水直通长江的原则下，对湖区干线洪道做出的总体规划。

2）按航线，分河段，制定航道整治尺度

湖区的航线不是一条单一的河流，各条航线都由几种不同类型的水道组成。在一条航线中，沿程各水道的水流方向、水道宽度、流量，含沙量、床沙组成、滩险分布都有较大差异，通航船型和航道等级是相同的。为了便利直达运输，首先要根据航线中各不同河段的水流特征和滩险情况，按航道等级选定船型，然后按通航船型的要求对不同湖段制定不同的航道尺度。

3）把航道整治的理论与湖区航道的具体实际紧密结合

湖区航道整治既要遵循一般航道整治的理论，更要根据湖区的特点，加强原型观测、现场勘察和研究工作，借助高新科技手段，从泥沙运动力学、水文学、地貌学、遥感学、沉积学、航道工程学等多方面出发，运用各学科的新技术进行综合分析，从湖区的具体实际出发，绝不可盲目地由一般的理论进行主观判断。洞庭湖煤炭弯航道的整治就是综合应用各种新技术解决湖区航道问题的典范。

4）充分注意外部环境，发挥航道整治工程的社会效益

在整治方案设计时，必须充分注意外部环境，认真贯彻综合利用的原则，把航道与洪道联系起来，把航道整治与水利防洪紧密结合起来，重视湖区防洪的严重性，尽可能深淘滩，低筑坝，裁弯取直，切嘴畅流，大量利用疏浚土填潭护坡，加固河岸，稳固河势，充分发挥航道整治工程的社会效益。

5）先大后小，先难后易，集中力量，突破重点

在整治次序安排上，要先大后小，先难后易，对一条航线要先整治那些碍航最严重，海事最多的河段和大型滩险，集中力量攻克难关，在大局上改变航道面貌，达到航道边建设，水运边受益的效果。

2. 湖区航道选线

（1）湖泊航道浅滩处水流非常平缓，难以束水攻沙，通常采用疏浚措施。此时，航槽宜选择航程较短，回淤较小，工程量较小的线路，并注意风浪掀沙的影响，必要时可加大疏浚尺度，挖深挖宽；经过充分论证，也可建导堤防沙。因航道选线经湖面开阔区受风浪影响严重时，可建避风港。例如，洪泽湖南线航道，是豫、皖、鲁、苏几省的水运干线，但航线上的船舶多为100吨级及其以下的挂机船，抗风能力较差，航线中湖面水域宽约60km，一旦遭遇强西北风袭击，无处躲避和掩护，易造成船毁人亡的事故。江苏省有关部门在该航线上修建了避

风港。避风港采用敞口的椭圆型布置,港内停泊水域1500m²,可容纳100艘100吨级的船舶避风。为抵御强风向和冰凌的影响,堤长轴方向与WN向近似垂直,口门布置在ES向,与南线航道顺接,便于船舶出入。防波堤采用抛石斜坡堤,施工水位以下为抛砌块石,水面以上为干砌块石。为确保堤身稳定,对堤的基础进行了处理,清除了6.5~10m的淤泥土层。

(2)单向水流的河湖两相和滨湖航道线选择及滩险整治的方法与普通浅滩相同,整治时应注意分析滩险段的湖床形态,湖岸及湖床组成,水沙特点以及演变规律特点。

(3)整治双向水流的河湖两相和滨湖航道浅滩时,应考虑湖床平面形态的特点和各个时期的水沙运动特点,主要适应中枯水流流向,有利于退水期冲刷航槽;可能情况下可采取措施,减小顺逆流流路的偏离程度,在水面开阔区应避开主要淤积部位,必要时可选择来沙较少,河势较好处另辟新槽。

三、航道整治的基本措施

湖区滩险的整治措施应考虑以下几个方面:

1. 疏浚与筑坝相结合,控制工程对上下游的影响

根据湖区浅滩的水流泥沙运动特性,宜采用疏浚与筑坝相结合的方法进行治理。入湖河口受湖水顶托,流向顺逆不定,影响泥沙运动。若单纯采用疏浚方法疏通航道,则因泥沙回淤,经常需要重复挖泥。此外,抛泥区的选择也受到很大限制,如选择适合顺流的抛泥区,在逆流时,就有可能变为浅滩淤积的泥沙来源。同样,若单纯采用筑坝方法来整治湖口浅滩,也存在问题,因为在进入枯水期前,浅滩常受壅水影响,流速很小,不能刷深航道;若过分缩窄河床,则在洪水的初次上涨和无壅水期,造成流速的急剧增大,引起河床的过分冲刷。如能将疏浚与筑坝相结合在一起的话,则可利用疏浚的泥土抛填整治建筑物,即可节约投资,又能提高浅滩的整治效果。

2. 护脚保滩,恢复良好洲滩格局

自然状态下,湖区洲滩基本处于缓慢的冲淤变化弱平衡状态。但受采砂影响,大量洲滩遭到破坏,滩槽格局改变,因此,应该采取护脚保滩的措施。

受防洪、生态保护等多方面限制,近年来进入湖区的泥沙明显减少;加之湖区自然保护区核心区内禁止挖沙、取土等限制,航道整治必须结合生态保护综合考虑,选取既能顺利实施又能发挥工程效应的综合方案,采取守洲护滩的措施,稳定洪道,防止洲滩变形。

3. 筑导流堤、束水冲刷主航槽

湖区航道的水流条件与一般河流相比,在中洪水期有较大差异,枯水期差别较小,因此,应根据这种特殊的水流条件,采取相应的整治措施,如丁坝一般做成与水流正交,以便适合双向流的情况。

有些入湖河流,挟带的泥沙虽然不多,但经过长期的淤积,在河口附近湖区形成拦门沙,阻碍航行。整治时,可根据来沙量较小这一特点,筑双导流堤将航道延伸到深水区,以改善枯水期航行条件。

4. 改善流向、提高输沙能力

在两河交汇的湖口区,因来水情况不同,汛情不一,两股水流相互顶托,流向顺逆不定,

泥沙随水流在河口段作往复运动,浅滩变化十分复杂。进行整治时,应根据浅滩的演变规律,因势利导,采取有利的工程措施。例如洞庭湖甘溪港浅滩,滩段水流条件十分复杂,主要表现在:受资水与沅水两河水位差异的影响,甘溪港附近水流顺逆不定,经常变化;当沅水汇入资水时,在甘溪港附近的汇流交角接近90°;甘溪港附近的水面相对较宽。进行整治时,适当减小资水与沅水的交汇角,同时在甘溪港附近河道利用整治建筑物缩窄河床,提高退水期的冲刷能力,以便将高水期淤积的大部分泥沙冲走。

5. 规范人工采砂,资源利用与疏通航道相结合

洞庭湖区及湘资沅澧四水尾闾的沙石资源被大量利用,有些情况下出现了无序开采的情况,导致了河道被无规划乱挖乱采,原本良好的河道形态被破坏,航道条件恶化。湖南省河道管理部门通过与水利及国土资源管理部门协调,联合对湘江尾闾段采砂规划进行研究与调整,严格规范采砂活动,控制采砂的范围、总量和开采秩序,使无序采砂得到一定程度的抑制,也提高了航道尺度,节约了部分航道建设的经费。

专题三　枢纽上下游航道整治

通航河流上兴建水利枢纽、水电枢纽或综合利用的枢纽,河道的通航条件一般有较大改善。但由于枢纽工程彻底改变了河道原有特性,枢纽上下游不同区域都有可能出现某些碍航问题。此外,由于建库后水流条件得到改善,库区航道等级提高,航行船舶的吨位与密度相应增大,原有航道尺度可能不能满足新的通航要求,因此也存在航道整治问题。

河道上修建枢纽后,上游形成水库,水库的回水曲线受天然来水与坝前水位调度的影响,两者不同的组合,可产生不同的回水曲线和不同的回水端点。水库的变动回水区,是指较高回水组合中最远的端点与较低回水组合中最近端点间的范围。在变动回水区下端点与大坝之间河段称为常年回水区或常年库区。

枢纽上下游航道包括变动回水区航道、常年回水区航道、通航建筑物上下游航道和受枢纽影响的下游航道。通航建筑物上下游航道是指枢纽通航建筑物上下游引航道、引航道连接段和通往锚地的航道,枢纽下游航道是指明显受枢纽影响的坝下游河段航道。

一、变动回水区航道整治

1. 变动回水区的航道问题

总的来说,水利枢纽建成后,在变动回水区的急、险滩,滩势将有所减缓。但由于建库后,库区航道等级提高,航行船舶的吨位与密度相应增大,因此虽然滩势有所减缓,对航行仍会有一定危害。在水库变动回水区和常年库区的末端常会因泥沙累积性淤积而使河床抬高,乃至航槽易位,从而恶化某些原有浅滩,形成一些新的碍航浅滩。在以推移质输沙为主的河流上,兴建枢纽后库尾也会有淤积碍航的问题出现,或者是因航道位置发生变异,或者是因水库"翘尾巴"。碍航问题的出现,有的是因建库后浅滩上水深较天然条件下变浅,不能适应原有的通航要求。有的则因建库后运量增长,通航要求提高,原有航道尺度标准和通航

水流条件不能满足水运发展需要，不仅浅滩是碍航因素，某些水流偏急的滩段也会成为船舶或船队逐步向大型化方向发展的障碍。

1）水位消落期出浅碍航

水库高水位运行期间，变动回水区全河段的航行条件都得到改善，但当水库水位下降，河段逐渐处于天然来水来沙的情况，河床上淤积的泥沙还来不及冲走，泥沙淤积量较天然情况下增多。当水库低水位运行一段时期后，高水期淤积的泥沙大量冲刷流向下游，变动回水区的航槽逐渐形成，但由于变动回水区的泥沙是累积性的淤积，因此原有浅滩的碍航程度增大，碍航时间提前，还可能出现新的碍航浅滩。

2）有的河段出现流急水浅，即"吊坎水"碍航

在天然河道中，由于局部地形影响，在短距离内水流形成较大落差，产生急流碍航，航运部门称为"吊坎水"。在变动回水区内，由于泥沙累积性淤积后，在一定河势地形条件下形成流急水浅（吊坎水）。汉江篓子滩是一个胃状开阔河段，全长 7.2km，断面形态宽窄相间，高水期进口断面河宽 1500m，中段水面宽最大可达 2500m，而尾端卡口处水面宽仅 500m。进口断面突然放宽，水流挟沙能力聚减，下口急剧收缩，又易产生壅水，便于泥沙落淤，该滩段位于变动回水区的下段，每年壅水历时较长，又利于泥沙淤积，使该滩成为丹江口库区淤积强度最大河段之一。1968～1985 年间该滩段平均淤高约 15m，最大达 22.5m。河床在纵剖面在约 700m 的河段内，形成落差达 15m 的急流陡坡，即形成"吊坎水"影响航行（图 9-3）。

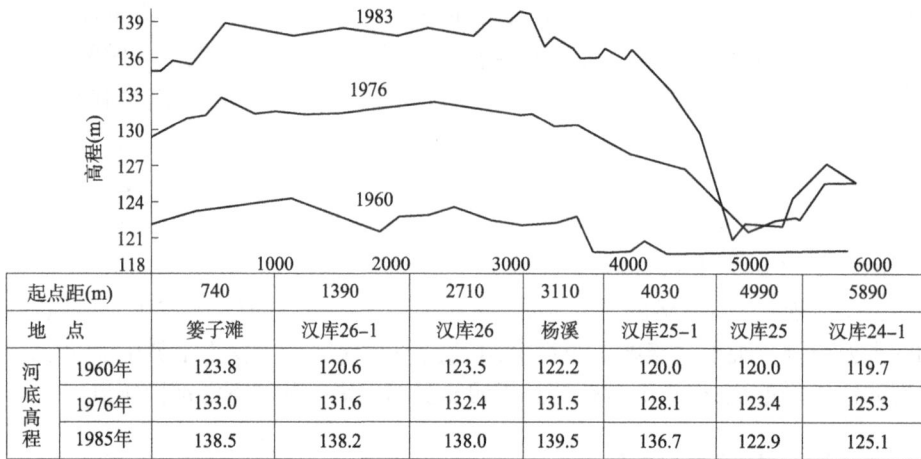

起点距(m)	740	1390	2710	3110	4030	4990	5890
地　点	篓子滩	汉库26-1	汉库26	杨溪	汉库25-1	汉库25	汉库24-1
河底高程 1960年	123.8	120.6	123.5	122.2	120.0	120.0	119.7
河底高程 1976年	133.0	131.6	132.4	131.5	128.1	123.4	125.3
河底高程 1985年	138.5	138.2	138.0	139.5	136.7	122.9	125.1

图 9-3　汉江篓子滩滩段历年纵断面叠合图

3）有的河道出现"走沙水"与"拦门沙"碍航

有些宽阔河段，建库后在汛期与蓄水期泥沙大量淤积，而在水库消落期，当水位下降至某一高度时，流量集中，流速加大，淤积泥沙大量起动输移，沙浪翻滚，船舶航行十分困难。严重时造成断航，称为"走沙水"。根据有关三峡工程泥沙模型试验成果，在三峡工程变动回水区的九龙坡河段与金沙碛河段，水库运行一定时期后，会出现"走沙水"现象。有些支流的河口段，在水库消落期，上游河段冲刷下来的泥沙，受干流较高水位的顶托，在河口附近淤成大的沙包，影响船舶进出支流河段，称为"拦门沙"，金沙碛正位于嘉陵江的河口段，受长江水流的顶托，常会产生"拦门沙"。

4）滩槽易位,出现礁石险滩碍航

变动回水区内原有的礁石险滩,因水库回水将其淹没,或泥沙淤积将其掩埋,使航程减小;但当水库水位下降,这些礁石上的航深不足或航槽过分弯窄,又阻碍航行,仍需继续治理。如郁江西津水库上游的涩滩,建库后右岸边滩的泥沙淤积范围增大,使航槽移位至左槽,而左槽中礁石众多,造成碍航。

由以上分析可知,在变动回水区内,原有浅滩的碍航程度会有所增大,还可能出现新的碍航滩险。因此在变动回水区内,既要整治原来就有、建库后尚未改善甚至恶化的浅滩,又要研究解决建库后新出现的碍航浅滩。

2. 整治原则

（1）变动回水区上段和中段砂卵石浅滩整治,宜以筑坝为主,增强消落期水流冲刷能力,必要时辅以疏浚。

（2）变动回水区下段淤沙浅滩整治,宜采用疏浚与筑坝相结合。对特别宽阔的河段,宜适当布置整治建筑物予以束窄,配合优化水库调度,满足航道尺度要求。

（3）变动回水区因泥沙累积性淤积航槽发生移位的滩险,应按移位后的航道走向布置挖槽和整治建筑物。

（4）变动回水区因泥沙淤积或水位变化形成新的急滩和险滩,或原有的急滩和险滩险情加重时,应按第七章的有关规定进行整治。

3. 整治实例

江白沙盘浅滩位于汉江上游丹江口水库变动回水区上段,局正常过渡段浅滩（图9-4）。由于两弯之间过渡段太长,河床宽浅,水流分散而成滩。该滩水浅流急,航道最小水深约0.8m,航宽25m,河床由卵石组成（ d_{50} 约60mm）。该滩每年受水库回水影响约2~4个月,在壅水状态下,水流挟沙能力减弱,泥沙大量落淤,年内冲淤无法平衡,产生累积性泥沙淤积。自1968年至1986年,河床平均淤高1.0~1.5m,滩顶高程净增2.34m。过渡段加长,水深更浅,1986年1月最小水深只有0.5m。原有卵石河床已全部被中粗沙（ d_{50} 为0.4~0.8mm.）覆盖,使河床可动性增大,累积性泥沙淤积导致过渡段无明显主槽,在床沙质细化的情况下,航槽多变,出浅时间增长,并以消落初期最为严重。

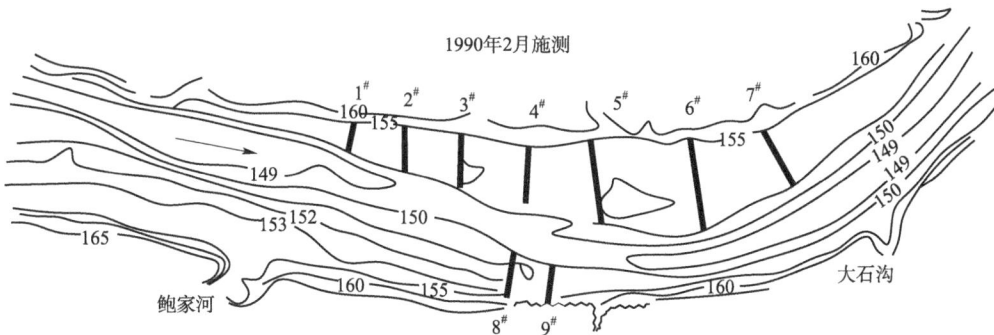

图9-4　汉江白沙盘浅滩整治方案图

1）整治原则

用整治建筑物,在水位消落期束水冲沙,稳定航槽,因此原则上采用低水整治。此外,为了加速坝田回淤,丁坝间距控制在1.5倍坝长范围内,即选用"低水密坝"的治理方法,同时还将整治范围适当扩大,以增强水流对下深槽的冲刷。

2）整治方案

计部门设计了两个整治方案,一个是丁坝群方案,另一个是丁顺坝结合方案,最后选用了丁坝群方案,即用丁坝群固定左岸边滩,束水攻沙,达到增加航深的目的。考虑到白沙盘滩过渡段长,下深槽严重萎缩,因此丁坝布置范围较长,达1.2km,共布置丁坝9条,其中左岸7条,右岸2条,合计坝长1330m。左岸1号~4号坝,起稳定和束窄过渡段的作用;左岸5号~7号坝位于下边滩上,既能增强下深槽的冲刷,又能加速边滩的淤积,以改善下深槽严重萎缩状况;右岸8号~9号坝,主要针对上边滩尾部不够完整,直线过渡段过长,为稳定和控制中低水河势而布置。

3）整治效果

整治工程自1988年11月下旬开工,1989年3月底完成。整治前1985年10月至1987年10月有40%以上的天数达不到设计水深1.2m。其中有80天水深小于0.8m,严重时最小水深只有0.5m。整治后,浅滩水深均超过设计水深,保证了航道的畅通。坝田大量淤积,加速边滩的完整发育,有利于稳定和集中水流,加速主槽冲刷。浅滩已向冲槽淤滩发展,淤积部位全在坝田,整治线范围内则是冲刷,河势得到控制,滩槽差加大,航槽相对稳定。

二、常年回水区航道整治

1.常年回水区的航道问题

河流上修建水利枢纽以后,水库常年回水区内大量滩险将被回水淹没而消失,一些中、枯水急滩可得到极大改善乃至消除,但洪水期的急流险滩以及碍航礁石仍会对航行产生较大的危害。此外,由于建库后水流条件得到改善,为了充分利用这一有利的水流条件,有的航道等级将提高,原来的航道尺度不能满足新的通航要求,需要整治。

2.整治原则

（1）水库蓄水前,应在选定的航线上预先炸除常年回水区的碍航礁石、突嘴和河心石梁等。炸礁范围应考虑航槽易位情况,满足通航水流条件的要求。若在水库蓄水前整治（筑坝、炸礁、挖槽）,则费用较低,若等水库蓄水后才来整治,则成为水下整治工程,其费用大大增加。故在常年库区内的滩险,应根据建库后通航要求,在水库蓄水前进行整治。

（2）常年回水区峡谷型洪水急流滩的航道整治宜采取炸礁和切嘴措施减缓近岸流速,改善局部流态,拓宽缓流航道。

（3）常年回水区峡谷型急弯段的航道整治,可采取炸除凸岸突嘴措施,增大航道弯曲半径或航道宽度。

（4）常年回水区上段淤沙浅滩整治,宜采用疏浚与筑坝相结合。对特别宽阔的河段,宜适当布置整治建筑物予以束窄,配合优化水库调度,满足航道尺度要求。

3.整治实例

川江观音滩河段在三峡工程常年库区内（图9-5）,位于川江丰都县城上游附近,距三峡工程坝址约440km。

1)碍航特点

三峡工程建成后,按175m水位方案运行,该滩处于常年库区内,每年大部分时间需满足万吨级船队的航行。河床主要为基岩构成,河底高低起伏,岸线凹凸不平。滩段全长约5km,自上而下有朱家嘴、过河石、卷蓬子、观音滩、鹭鸶背等5处相对突嘴,汛期水流湍急,泡漩汹涌,具有明显的山区河流洪水急流滩的特性。滩险成因是由于河床呈窄深型,突嘴处河宽缩窄至200m左右。水深40~70m,中枯水期,水流平缓,当流量达20000m³/s以上时,水位大幅度升高,流量的增率大于过水面积的增率,尤其是两岸突嘴对峙的卡口河段,最大流速达5.6m/s,比降4.2‰,形成洪水期的急流滩群,造成上行船舶航行困难。

三峡工程建成后,按175m方案蓄水运行,水深增加,流速减小,滩势有所减缓。但汛期坝前水位145m,流量30000m³/s时,航线上的流速,比降仍对万吨级船队上行造成困难,为避免水库水位抬高后,造成施工困难与工程投资的大大增加,故而提前整治该滩,以保证三峡工程建成后,能增加万吨级船队上行的通航期。

2)整治措施

通过模型试验研究,为了满足万吨级船队航行(上行船队载重量为6000t),对朱家嘴、过河石、观音滩、鹭鸶背等处进行炸礁切除(图9-5)。整治底高均在天然情况下最低通航水位1m以上,因此全部为陆上炸礁。朱家嘴最大炸礁厚度为8m,红岩头最大炸礁厚度约20m,观音滩最大炸礁厚度约11m。清渣均采用挖掘机及自卸汽车施工。避免了成库后的水下炸礁,使工程投资大大减少,工程质量提高,效果良好。

图9-5 川江观音滩河段图

三、通航建筑物上下游航道整治

通航建筑物上下游航道整治,其范围应从枢纽的上锚地延伸到下锚地。根据一些枢纽工程的实践经验,为改善坝区航道的通航条件,除合理布置枢纽通航建筑物并精心设计、施工外,有些枢纽坝区航道整治也显得相当重要。坝区航道整治工程往往涉及上、下引航道的口门区以及口门区以外的上下游连接段,有时也涉及到上下锚地。

1.通航建筑物上下游航道问题

通航建筑物上下游航道通航条件的好坏与枢纽总体布置有关。由于受种种自然因素和人为因素的影响,不少已建、在建的枢纽将泄水闸和电站布置在原有主河槽内或紧贴主河槽,而将通航建筑物布置在原有主河槽之外,乃至布置在凸岸岸边,因而出现以下问题:

(1)引航道及其口门区出现泥沙淤积,需要采取必要的防淤、减淤和清淤措施;

(2)引航道口门区不能与原有主航道正常衔接,需要通过开挖或整治开辟一条口门外的连接段；

(3)在引航道口门区和口门外连接段,水流流速、流态满足不了正常通航的标准或要求,有的连接段还有泥沙淤积;

(4)有的枢纽因为规划设计考虑欠周,枢纽建成后由于清水下泄,坝下游河床冲刷,水位降低造成枯水期下引航道、下门槛水深不足。

2.整治原则

(1)当枢纽通航建筑物引航道口门外连接段存在急流、泡漩、横流和回流等碍航水流,影响船舶或船队顺利进出引航道时,应针对碍航水流产生的原因,采取切嘴、削坡、填沱、引流压泡或筑坝调整流速分布等措施进行整治。

(2)当引航道连接段航道内出现浅滩或弯曲狭窄段时,应采取爆破和疏浚措施,开辟新航槽,必要时应建坝导流防淤,保持航槽稳定。

(3)因枢纽泄流影响,引航道连接段航道内产生较强的横流和波浪,威胁船舶通航安全时,除应优化泄洪方式外,也可适当延长隔流堤长度或增建导流建筑物,改善航道水流条件。

(4)当枢纽建成后,因坝下河床下切造成较大的水面降落,使下引航道水深不足时,除应浚深引航道外,有条件时应在枢纽下游近坝河段适当部位采取综合工程措施,壅高引航道水位或遏制水位的继续降低。

(5)当枢纽上下游引航道连接段及锚地范围内存在碍航礁石时,应予炸除。

3.整治实例

1)上游引航道口门区及连接段整治

南津关河段处于西陵峡的出口,紧接葛洲坝的上引航道,河道弯曲,在巷子口处,河道向右转30°左右,至南津关时再向右转大约60°,使河道由原来的自西向东,改为由北向南。在1km的河段内拐了一个90°的大弯。河床为基岩构成,岸线凹凸不齐,左岸有玉井突嘴,右岸有巷子口、向家嘴等突嘴交错对峙;河床底部为大幅度升高的反坡,且高低起伏,造成洪水期满江泡漩,水流汹涌。葛洲坝修建后,泡漩水有所减缓,但对船舶航行仍有很大危害,船舶由巷子口进入大江与三江引航道,小南沱、南津关、向家嘴等泡漩区是必经之路(图9-6)。

巷子口泡漩水的成因是由于巷子口两岸突嘴对峙,束窄河床,形成剪刀水。由于受河弯的影响,弯道环流的底流直接冲向小南沱,同时又受巷子口突嘴挑流的影响,底部绕流亦进入沱中,这两处底流遇陡峭的岸壁上升而形成泡水。因巷子口位于弯道的凸岸再加上小南沱泡水和回流的挤压,剪刀水直指左岸,受左岸玉井突嘴挑流的影响,主流转向河心,在南津关一带产生回流,而一部分底流则集中顶冲其外侧的底部陡坎,上升而形成南津关泡水区;另一部分底流则沿底部反坡上升到向家嘴一带,也形成泡水。由模型观测底部陡坎前的流速分布可知,陡坎上层的流速较缓,下层的流速较大,因而由动能转换成位能的泡水高度较大。剪刀水与两侧回流、泡水的交界面,因切应力的影响而产生漩流。

小南沱泡水的整治方案,主要是隔断因弯道作用形成的较急的底流和解决巷子口突嘴底部绕流进入沱中的问题,采取填塞凹沱,改变岸坡都有较好的效果。为此先考虑切除巷子口突嘴,经多方案比较,确定将突嘴开挖70m宽度,对改善小南沱泡漩水有一定的效果。结合巷子口开挖,将爆破块石填沱,基本消除了剪刀水,回流范围缩小,泡漩水亦大为削弱。

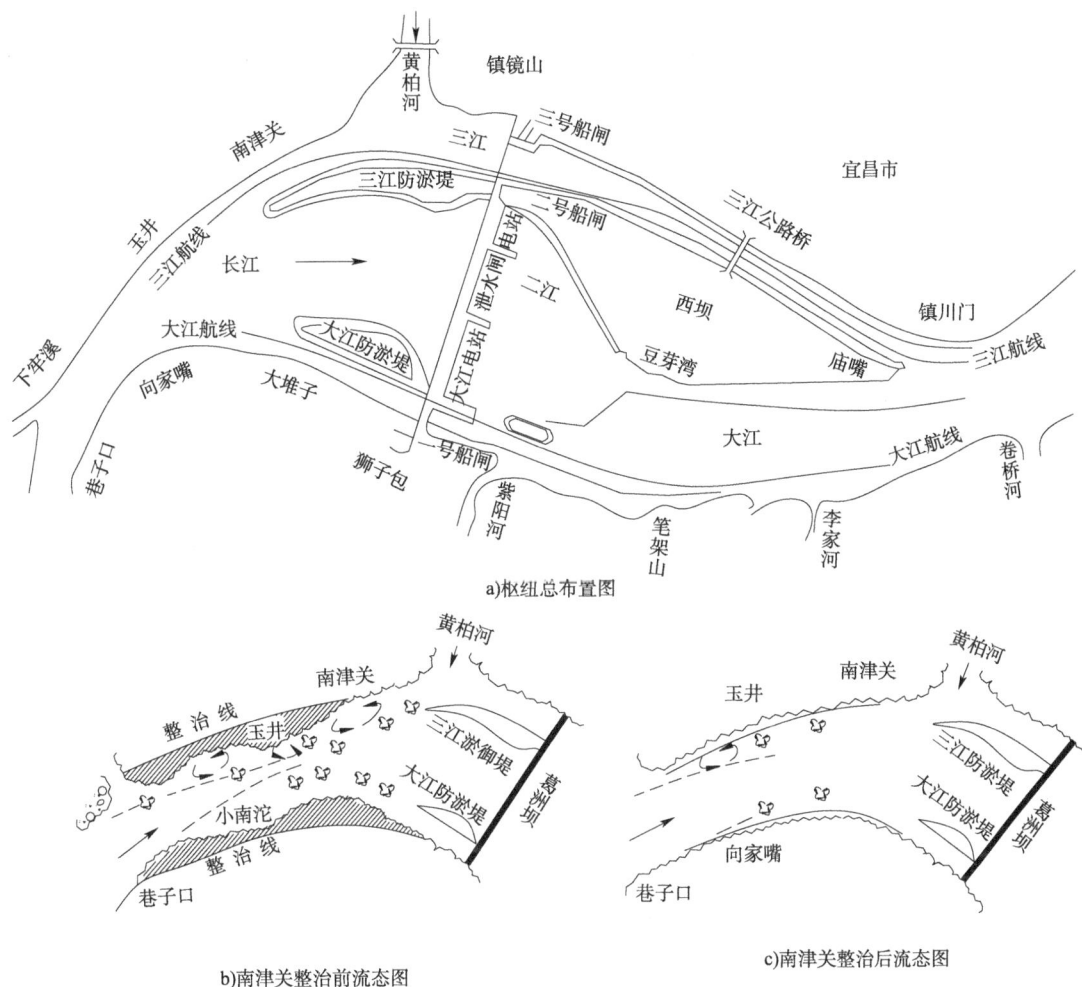

a)枢纽总布置图

b)南津关整治前流态图

c)南津关整治后流态图

图9-6　葛洲坝水利枢纽示意图

南津关泡水的成因与小南沱不同,其整治的着眼点主要是切除玉井突嘴,以平顺岸线,减弱挑流,压缩回流范围,增大主流宽度,调整泡漩区的流速分布,增大陡坎上部的流速与过流量,降低底层流速,使水流冲击陡坎的能量变小,在水流上升过程中又受到上层较大流速冲击的消能作用,实施所谓"引流压泡",因而泡漩水相应减弱。整治后泡高由0.9m降至0.3m,引流压泡的措施取得了良好效果。

为改善向家嘴下游的流态和增大进入大江船闸引航道的弯曲半径,对向家嘴也进行了大规模的开挖,整治后亦满足了船舶安全进出大江航道的要求。

2)下游引航道口门区及连接段整治

株洲航电枢纽位于湘江空洲分汊河段,上距大源渡航电枢纽96km,下距株洲市24km。枢纽河段顺直微弯,左汊河宽200~300m,为工程前主航道,右汊河宽280~310m。枢纽主要建筑物的布置从左岸到右岸依次是:左岸电站、左汊11孔泄水闸、空洲土石副坝、右汊13孔泄水闸、右岸船闸(图9-7)。

由于船闸下引航道口门区及连接段位于原河床右岸滩地上,原河床底标高为30.0m左右,而下引航道口门区及连接段长约2km,底宽75～90m,设计底高程27.70m。因此,必须对该区域进行整治,以满足通航水流条件和通航水深等要求,并且尽量减少该区域的回淤,减少枢纽运行维护费用。

该区域覆盖层较简单,主要由圆砾和卵石组成,20～2mm的卵砾石含量约占85%,2～0.075mm砂粒约占14.2%,小于0.075mm的粉沙约占0.8%。覆盖层下伏强风化砾岩,整个坝区风化砾岩高程在20～29m分布之间,基本呈南高北低趋势。

考虑到上述问题的复杂性,通过动床模型进行了多方案优化试验研究,经优化后的综合整治方案见图9-8,主要措施如下:

(1)根据河床质的不同采用疏浚与爆破相结合,对口门区及连接段长约2km、底宽75～90m的范围进行疏浚,到达设计标高27.70m,以满足通航水深的要求;

(2)为改善口门区通航水流条件和减小口门区淤积,在下引航道口门区左侧均匀布置6个导流墩,导流墩断面为不对称菱形,长25m,宽3m,顶高程42m,导流墩间距25m;

(3)在导流墩底部的左侧增设导沙坎,导沙坎与导流墩形成约15°夹角,导沙坎顶标高33.00m。模型试验表明:如果导沙坎设在两导流墩之间,虽然口门区淤积量减小,但导流墩之间导沙坎局部的跌水而造成河床淘刷和泥沙堆积。因此,采用了在导流墩底部的左侧增设导沙坎,导沙坎与导流墩形成约15°夹角的方案;

(4)充分利用右岸临时施工码头的挑流作用,在右岸合理布置丁坝4座,坝头顶面高程设为32.80m,坝根设为36.20m。

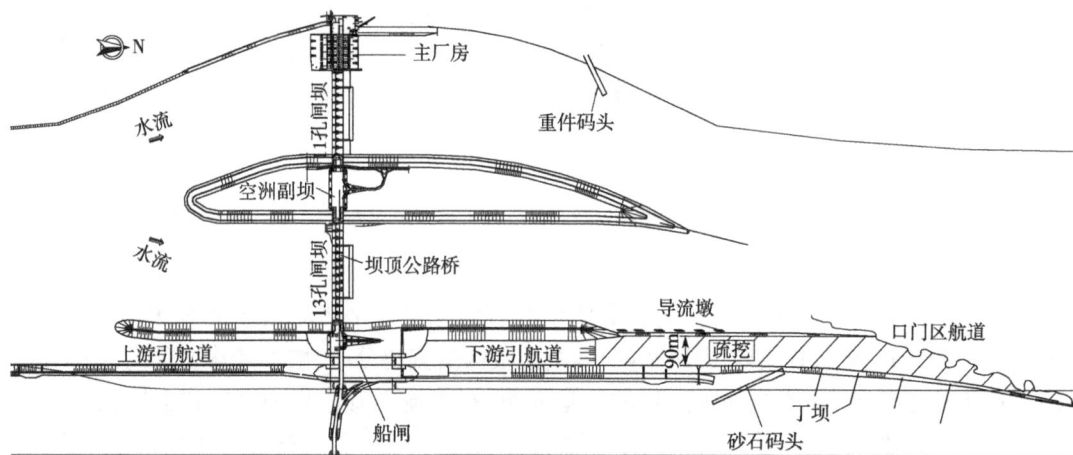

图9-7　株洲航电枢纽布置图

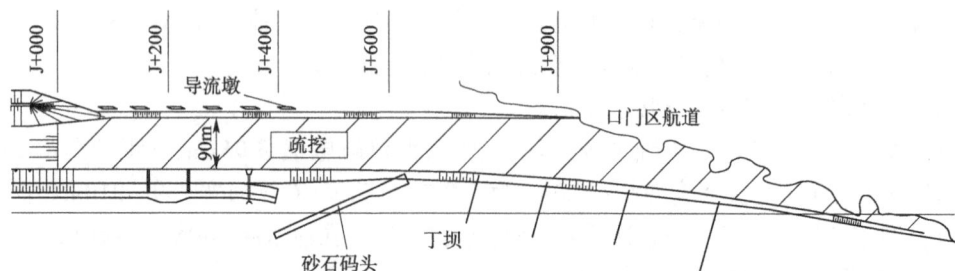

图9-8　株洲航电枢纽下游引航道口门区及连接段整治措施示意图

四、受枢纽影响的下游航道整治

枢纽建成后,上游形成水库,上游来沙大部分被拦淤在水库内,枢纽下泄水流含沙量很少,因此造成下游河床冲刷,这种冲刷逐步向下游发展,直到形成新的冲淤平衡,冲刷才停滞。

1. 受枢纽影响的下游航道问题

枢纽修建过程中及建成运行后,坝下游河道会出现长距离、长时间的冲淤变化,有的河泓摆动,有的江面展宽,有的局部河段急剧冲刷、水位下降等等。在这种水沙条件变化和河床调整过程中,有可能使原有的部分碍航滩险不仅得不到改善,甚至碍航更为严重,同时也会出现新的碍航滩险,对通航带来不利影响。

2. 整治原则

受枢纽影响的下游航道整治,要着重研究下游河床冲刷变形带来的问题。目前在这方面工程实践较少,缺乏成熟的经验。德国莱茵河伊兹海姆枢纽,坝下经抛大量卵石等推移质后,恢复原来的河床推移质运动状态,经过多年抛填卵石,下游冲刷得到抑制,效果显著。国内的葛洲坝枢纽和三峡枢纽对坝下游造成水位下降、陡坡急流的治理也取得大量的研究成果,采取的措施主要是筑坝壅水、抑制水位下降和挖填结合解决坝下的陡坡急流碍航。

3. 整治实例

现以葛洲坝枢纽下游航道整治为例,介绍筑潜坝壅水,抑制水位下降;挖填结合,解决坝下出现的陡坡急流等整治方案(图9-9)。

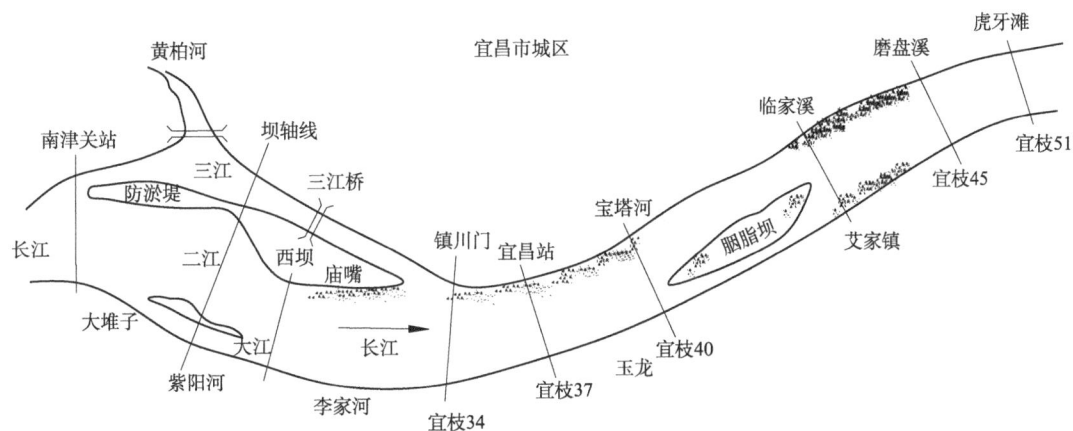

图9-9 葛洲坝枢纽下游河段形势图

(1)葛洲坝枢纽运用后下游河段的冲淤变化及对枯水位的影响

葛洲坝工程1981年第一期工程完成投入使用,1988年第二期工程完成,进入正常运行期。由于枢纽采取一体两翼的布置方案,主流移至二江泄水闸下泄,水流弯曲半径较蓄水前减小。由于两岸岸壁的限制,河床变形只能表现在漫滩河槽的下切与扩宽上。不同的河段,其变化程度各异。

近坝段(坝下至镇川门)：主流线的摆动直接受工程运用的影响。如坝下18号断面，蓄水前左河槽最深点为黄海高程29m，1987年冲深至21m。二期时，大江过流，右河床受枢纽运用的影响最大，冲淤变幅达5m以上。

微弯段：如宜昌站附近宜枝37号断面，凸岸的冲淤大于凹岸的冲淤量(图9-10)。一期时，以凸岸边滩扩宽为主。二期时，凸岸边滩河床变化为冲淤交替。

胭脂坝段：冲刷时，以冲主河槽为主，既下切又扩宽，胭脂坝段左岸为胶结砾石层，抗冲能力极强。主槽右侧靠胭脂坝体，均匀松散卵石，受到强烈冲刷。如宜枝41号断面最大冲深达8m，刷宽80m左右，淤积时为淤槽冲滩(图9-11)。

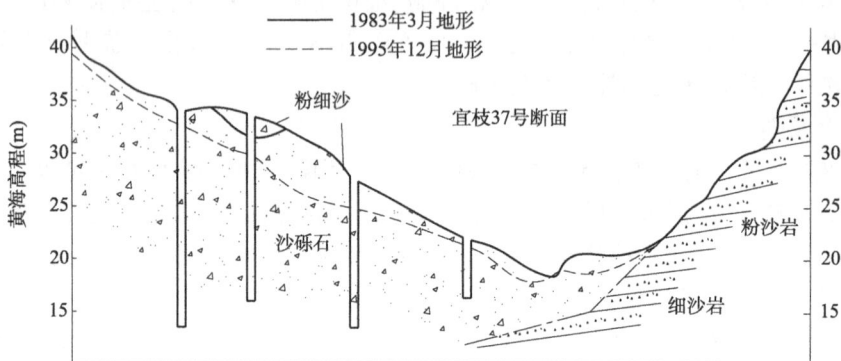

图9-10　宜枝37号断面变化图

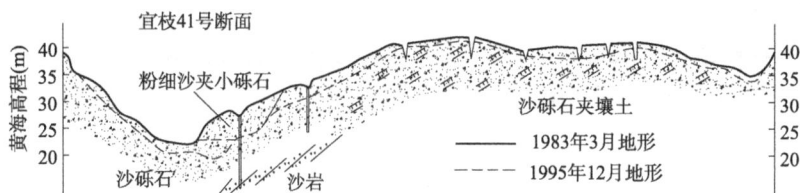

图9-11　宜枝41号断面变化图

胭脂坝尾部段：为宽阔断面，整个河床的冲淤随上游来水来沙条件的变化而变化。

河段冲淤后，同流量的水位比天然情况下降，特别是枯水位下降相对较大，到1998年4月止，宜昌站枯水位与1973年设计值比较，累积下降了1.11m。

(2)三峡工程施工期及初期运用阶段，近坝段水位下降对航运的影响

根据有关研究成果，预估三峡工程施工期及初期运用阶段对宜昌站水位的影响为：

①三峡工程135m蓄水运用期，水库运行第3年，即2005年，最低通航流量3200m³/s时，宜昌水位为37.3～37.8m，比葛洲坝枢纽设计值39m降低了1.2～1.7m；水库运行第5年即2007年，相应该流量宜昌水位为37.2～37.6m，比葛洲坝枢纽设计值降低了1.4～1.8m。此时三江二号船闸槛上水深仅为3.2～3.6m，三号船闸槛上水深为2.2～2.6m，三江下游引航道水深为2.7～3.1m。

②三峡工程运行第20年，即至2022年，要确保宜昌站水位不低于设计值39m，则宜昌流量应不低于6350m³/s，大大超过原设计最低通航流量3200m³/s。

③坝下冲刷引起的水位降落对三江通航的影响。

为了保证三江船闸及其引航道的通航，三峡水库蓄水运用各时段宜昌站最低通航水位

要求为:135m 蓄水运用期不低于 38.0m,156m 蓄水运用期不低于 38.5m,175m 蓄水运用期逐步恢复到 39.0m。135m 蓄水运用期 38.0m 的宜昌站水位是现状最低通航水位,156m 蓄水运用期的 38.5m 是船队运量增大所需,175m 蓄水运用期 39.0m 是葛洲坝工程设计下游的最低通航水位。

根据设计部门提供的三峡水库运用 20 年的流量过程线,根据数学模型计算的宜昌站水位过程,三峡水库蓄水运用各时段宜昌水位小于上述标准的天数为:135m 蓄水运用期,有 59 天宜昌水位小于 38.0m,156m 蓄水运用期,有 80 天宜昌水位小于 38.5m,175m 蓄水运用期,每年有 2~4 个月宜昌水位小于 39.0m。后两者都未考虑三峡水库日调节的影响。因此,三峡水库蓄水运用,因坝下冲刷、水位降落所引起的碍航问题不仅 135m 运行期严重,156m、175m 运行期也很突出。

(3)整治措施

为解决宜昌枯水位下降引起三江通航水深问题,采取的措施大体上有以下几种:一是采用潜坝方案,二是采用丁坝与潜坝相结合的复式潜坝方案,三是下游河床加糙,阻止河床的冲刷下切,壅高枯水位。无论那种方案,壅水是一项主要指标,还应兼顾工程修建后坝上下游局部流态对通航的影响,是否对宜昌港区前沿船舶作业产生影响,以及局部整治工程是否影响了葛洲坝电厂的尾水位,洪水位有没有超过葛洲坝枢纽设计标准等。

葛洲坝下游近坝段的整治,经过多方案研究,最后选定在胭脂坝左汊主槽修建四道潜坝的方案,坝顶高程分别为 34.3m、32.8m、31.8m、30.8m,相当于枯水流量 3200m³/s 时坝顶水深分别为 3.5m、5m、6m、7m。加潜坝后水面线明显抬高,当潜坝顶高程在枯水位以下 5m、流量 3200m³/s 时宜昌水位抬高 0.30m,对通航明显有利,考虑到葛洲坝建坝后,由于河床冲深洪水位已比建坝前降低了 0.5m 左右,因此也不至于对防洪造成威胁(图 9-12)。

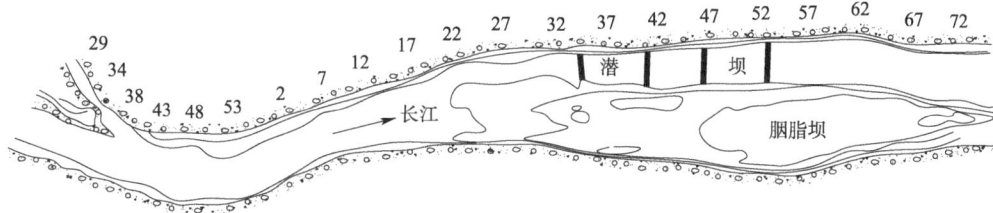

图 9-12　葛洲坝下游河段整治示意图

专题四　内河限制性航道整治工程

内河限制性航道是水面狭窄、断面系数小,对船舶航行有明显限制作用的航道,包括运河、渠道和河网地区的部分航道。中国内河限制性航道达到 3.8 万公里,主要分布在长江、珠江和淮河水系。与自由发展的天然河流不同,内河限制性航道的河流是一个独特的、有着广泛影响的半自然生态系统,是使河网成为高效的、能够持续地提供多种生态服务(包括输水、物种栖息、休闲和防洪等)的区域环境基础,对维护景观和区域尺度上生态过程的健康与安全具有极其重要的作用。因此,内河限制性航道整治工程有其明显的技术特点。

一、内河限制性航道整治的原则

内河限制性航道多处于我国经济发达的水网地区,人口密度大,沿线城镇、厂企密布,土地资源紧张,生态环境脆弱;航道中船流密度大,船型波对于航道断面演变、岸坡稳定影响大;多数水网河流闸化,蓄水拦沙,径流调控,水位变幅小,常水位持续时间长,一年中除洪季外,水流速度小,含沙量接近零。上述独特的自然地理、生态和水文条件,决定了内河限制性航道建设时应遵循以下几个方面的原则:

(1)开发规划的原则

从全局出发,重点关注航运建设,结合农田灌溉、工业及城市给排水、兼顾城市规划、水利排洪、旅游等综合利用水资源,充分发挥通道功能和生态环境、文化、旅游、休闲功能的综合效益,注意同港口、道路规划的协调。

沿线经济繁荣、文化发达,城镇密集,运河两岸厂企、居民住宅密布。总体设计时,在满足规范要求的前提下,尽量减少沿线工厂企业及居民房屋的拆迁量,少占用不可再生的土地资源;进行平面布置和建筑物结构多方案比选,选用技术可行、经济合理的方案。

(2)生态保护的原则

处理好航道整治与生态修复与保护的关系。航道整治工程必须尊重河流生态系统的自然属性,最大限度发挥河流生态系统服务功能,使河网生态网络成为高效的、能够持续地提供多种生态服务,包括输水、物种栖息、休闲和防洪等。

(3)航道定线和平面布置的原则

在保证航行安全的基础上,尽量遵循沿原航线进行整治,尽可能利用现有护岸设施、河汊、沟塘和洼地,同时尽可能减少对沿线水利、交通等基础设施的影响。尽量使航道中心线与桥梁中心线法线方向一致,处理好航道中心线与不改建桥梁之间的衔接,对近期不改造的桥梁,尽可能利用现有桥孔通航。

①航道平面布置时,尽可能地利用原河道、深槽,以减少土方开挖,应处理好线形平顺与房屋拆迁、历史文化遗存、开挖土地的关系。

②停泊锚地应结合港口规划进行布置,航道管理锚地根据沿线行政区划和实际需求布设,两者尽可能结合使用。

③对设有水利枢纽的河段,应考虑行洪、排涝渠道交汊河口处水流对航行条件的影响,针对流量的大小,采用合适的平面连接措施。

④沿线城镇密集,企业众多,整治应充分考虑城市规划布局功能要求,处理与跨河桥梁、港口、道路和景观带的衔接和协调。减少整治对城市现有格局的影响。

⑤对于特殊困难地段,在满足通航标准前提下,保护重要建筑物。

⑥从节约投资的角度,对两岸建筑物较密集的航段,采用单边拓宽,减少工程量和投资,同时也要考虑给航道以后的升级留有余地。对于进行单边拓宽保留一侧护岸的航段,航段中心线与保留护岸间的控制距离要适当加大,避免因挖深而导致保留护岸失稳。

二、内河限制性航道断面设计

内河限制性航道横断面的形状和尺寸,应使航运阻力小,工程费用低、施工方便,水下边坡应满足土坡自身稳定和整体稳定。

1. 断面形态

内河限制性航道断面形态不仅影响泄洪和船舶航行,同时决定了护岸结构的空间布置,对河流生态功能的发挥有着重要影响,包括生物多样性、环境景观性以及社会性等方面。

常见的断面形式有矩形、梯形、复式断面等。矩形断面占地较少、结构简单,但是形态单一,这一方面减小了河岸生物的生存空间,另一方面对于河岸生物多样性的保持较为不利。该断面形式多用于航道经过城镇有特殊要求的航段。

梯形断面占地较多、坡度较缓,一定程度上有利于两栖生物的生存,对于河流栖息地的构建和保护具有积极意义,多用于河面比较宽的航段。

复式断面一般由两级(或两级以上)岸坡组成,将河流断面分为主河槽和行洪断面两部分,实现了防冲功能与行洪功能的分离,在满足河流行洪、航运功能的基础上,还符合生态、环境等方面的需求。主河槽主要用于输送中低水流量,满足中枯水通航要求,实现通航功能。行洪断面在洪水期时用于泄洪,增加断面的过流能力,满足了河流洪水期过流断面大的要求。复式断面的一级平台,不仅有助于生物群落在此生存繁育,还可用作休闲平台以满足人们"亲水、近水"的需求,增加河流的人文气息。复式断面形态避免了矩形断面、梯形断面的单调性,为增加河岸空间异质性、景观层次性、人群亲水性提供了必要的保障。

根据两级岸坡不同形式,复式断面可分为四种:上陡下陡式断面、上缓下缓式断面、上缓下陡式断面、上陡下缓式断面,如图 9-13 所示。

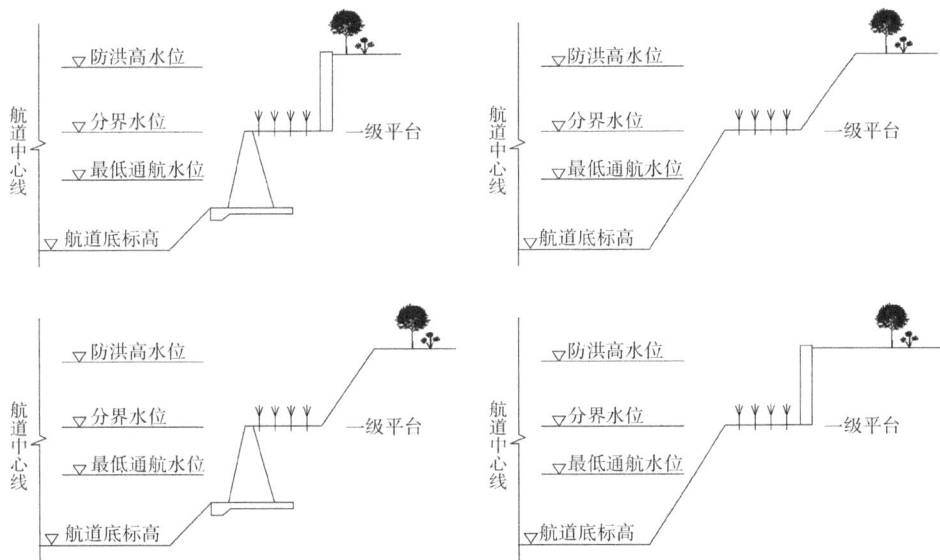

图 9-13 复式断面

2. 断面尺度

航道底宽、航道标准宽度、航道口宽、航道标准水深、边坡(图 9-14)是内河限制性航道断面设计重要指标,决定着船舶航行安全和航道工程的工程量。其中,内河限制性航道的标准宽度和标准水深,根据航道的等级按 GB 50139—2014《内河通航标准》确定。

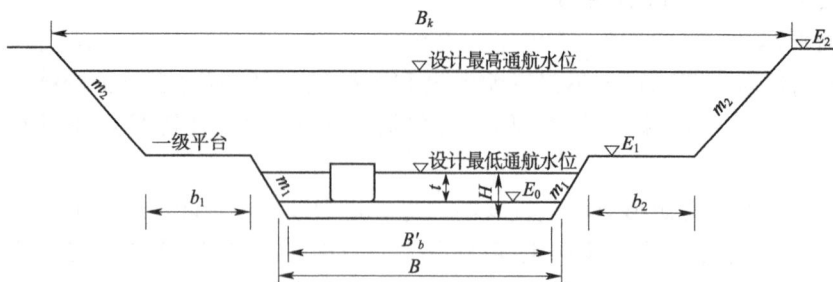

图 9-14　内河限制性航道复式断面尺度定义图

（1）航道底宽 B_b

$$B_b = B - 2m_1(H - t) \qquad (9\text{-}1)$$

式中：B——航道标准宽度；

　　　H——航道标准水深；

　　　t——设计船型标准吃水；

　　m_1——河底两侧水下设计边坡。

（2）航道口宽

$$B_k = B_b + m_1(E_1 - E_0) + m_2(E_2 - E_1) + 2b \qquad (9\text{-}2)$$

式中：　b——为一级平台的宽度；

　　m_1、m_2——分别为航道断面水下、水下边坡，设计时根据沿线土质状况确定；

E_0、E_1、E_2——分别为航道底部、一级平台、二级平台高程。

（3）边坡

水下边坡，根据航道沿线土质，依据《疏浚工程设计规范》确定，一般取 5～8，粉质土边坡宜取上限。

水上边坡受占地、边坡稳定、景观效果以及植物生长等因素影响。从国内外已建的护岸工程的调研情况分析，1∶2～1∶2.5 的坡比是一种较为普遍的坡比值。此坡比较适合植物生存，当坡比陡于 1∶1.5 时，有些植物的生长较困难。当坡比缓于 1∶2.5 时，坡面太缓，从景观考虑，视觉效果较差。

（4）航道断面系数

$$\eta_\Phi = \frac{A}{A_\Phi} \qquad (9\text{-}3)$$

式中：A——设计最低通航水位时，航道过水断面面积；

　　A_Φ——标准吃水时，船中浸水横断面面积。

内河限制性航道断面系数一般取大于 6。

三、内河限制性航道护岸工程

1. 护岸设计

内河限制性航道护岸对岸坡结构的稳定、防止水土流失及航道淤积等具有重要作用，也对河网的生态功能具有显著影响。护岸设计需考虑的因素很多,包括生态因素、地质条件、水文条件、行船因素、材料、经济性、可维护性及与周边环境的协调性等,因此,护岸结构设计时应注意以下几个方面:

(1)满足河岸的防护需求

护岸的首要作用就是保护河岸,防止河岸土坡水土流失。设计的护岸结构必须具有可靠的工程特性——结构稳定性、抗冲刷能力、抗撞击性以及可维护性。

(2)满足生态保护的要求

自然条件下的河岸环境是一个相对稳定和谐的生态系统,因此,注意护岸结构的生态性,利用工程及生物材料,构建具有生态功能的护岸结构,尽量创造适宜的栖息地环境,营造较为完善的水陆生态系统。

(3)与环境相协调一致

注意护岸结构的景观效果,遵循自然与美学相结合的原则,使得护岸结构与两岸地形地貌以及建筑物相协调,与当地的人文环境等相协调。护岸的平面布置应结合航道两岸地形的变化,既要尽可能做到线形美观,又要尽量少征地以减少土地损失。在护岸长度方面,应避免在很长区间连续出现同一形状的护岸,通常加入阶梯设施或运用无落差护槽和接缝等手段,以及让护岸肩部高度沿纵断面产生变化。

(4)因地制宜、经济合理

尽可能少占用有限的自然资源,少占用土地,就地取材。护岸结构要与工程规模、实际的水文地质条件以及其他非工程因素相结合。要据航道两岸的地形地质条件、居住人口密度、建筑物分布情况等因素分段分功能采用不同的护岸结构形式。

不同的护岸结构型式使用材料的种类和数量、施工工艺和流程均有差异,建设成本不同;不同的材料与结构的护岸其维护成本也不同。在满足护岸设计各功能前提下,综合考虑全寿命周期的经济性,尽可能做到经济合理。

2.护岸的构造

针对水网地区水文地形特征,按照河流水位变化特征,河岸带植、生物生存条件,行洪与行船水流与波浪特点,将护岸防护区自河底向水面划分为三大区域:行洪防护区、行船防护区、护底区(图9-15)。

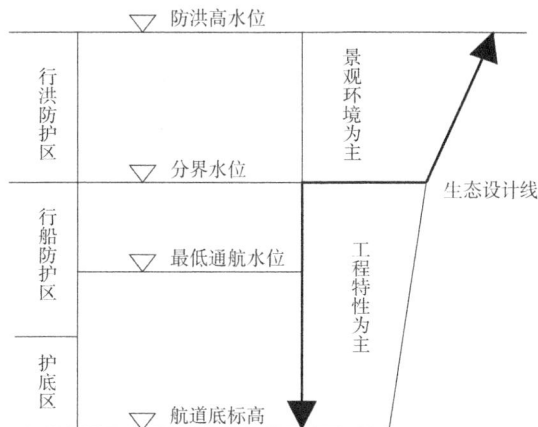

图9-15　护岸功能分配图

这里分界水位是一个关键指标，受河流的水文过程、生态条件、护岸结构等多因素的影响。图9-15中的分界水位以上的护岸以发挥生态景观功能为主，分界水位以下的护岸以发挥工程特性为主。这一分界线，将护岸多功能冲突的矛盾进行了集中错位处理，不仅仅是将护岸垂向功能一分为二，也是将护岸功能进行了拆离。由于沿垂向护岸功能进行了分工，上、下结构侧重点不同，型式选择和结构设计也将不同。这样可根据护岸的主要功能选择最合适的护岸结构。

根据航道沿线水位、地形等条件，复式断面形态的护岸结构设计可分为两级，一级护岸范围从河底至一级平台，二级护岸范围从一级平台至坡顶。

一级护岸处于护底区、行船防护区，面临水流和船行波的长期冲刷，甚至通航船舶的直接撞击。一级护岸的结构设计需要以刚性为主。近年来，一级护岸的刚性设计在考虑防备船行波和水流的淘刷时，有意识地设置一些消浪措施以消除将来可能的船行波危害，并保护其生态环境功能。由于一级护岸长期水位下不在人们的视线范围内，这里的生态环境功能无需追求自然美观，只需注重其生态保育的性能。这里所谓的生态保育性能，就是河岸提供生物栖息地的功能。在一级护岸构造中积极尝试多孔质护岸设计，努力营造两栖生物的生存环境、提高护岸的生物多样性。具有生态功能的一级护岸有透水箱体、鱼巢等，这些护岸结构在满足护岸结构的强度和稳定性需求的同时积极融入孔隙性设计，以达到护岸结构防撞抗冲与生态环境的和谐统一。常见的护岸形式：重力式、钢筋混凝土悬臂式、沉井式、板桩、地连墙、斜坡式混凝土面板结构等。

二级护岸处于生态、景观区，这一区域被水流周期性淹没，故该区域内的生物栖息活动较为频繁，而且人群接近水体与河岸的机会也相对较多。二级护岸结构对防撞抗冲要求不高，以河岸的防洪安全、生态环境方面的需求为主，宜以柔性设计为主，尽量使护岸融入到当地环境中去，减少护岸结构对于原有生态系统的扰动。常见的护岸形式：有箱式生态挡墙、生态袋、雷诺护垫、自嵌式景观挡土块、铰接式护坡块、六角预制块等多种形式。

图9-16 城镇段二级挡墙护岸

不同的混合式护岸结构型式，分别适用于特定的边界条件。例如对城镇、沿岸居住人口密集，征地拆迁量大的问题，兼顾景观需要，一级护岸采用直立式护岸，二级护岸可选择仿木桩、自嵌块等，如图9-16所示。

航道面宽相对较宽段的农村段，为了充分利用现有面宽优势，节约工程投资，保护生态环境，可考虑采用下斜上直的二级护岸形式，图9-17连申线雷诺护垫+自嵌式景观挡土墙结构；或采用上缓下陡式护岸结构型式，图9-18刘大线一级护岸采用栅栏阶梯式结构，二级护岸采用三维土工网结构种植百喜草等，一级和二级护岸之间的护岸平台上种植当地草本植物。

3.护岸结构垂向尺度

（1）护岸底高程

根据规范，航道护岸底高程可定为设计最低通航水位以下1.5倍波高。但实际工程中航道护岸的底高程需根据冲刷线确定。对于冲刷线的确定各地都有相应的规定,《江苏省航道护岸工程管理办法》要求航道的设计冲刷线为设计最低通航水位以下1.2m,浙江省将冲刷线定为设计最低通航水位以下0.6m。但随着航道等级的提升、船舶吨级的加大,航道冲刷深度随之加深,如江苏境内的苏南运河航道以及盐河护岸工程中将冲刷线定为设计最低通航水位以下1.2~1.6m。

图9-17 连申线雷诺护垫+自嵌式护岸

图9-18 刘大线栅栏阶梯+植草护坡

护岸底高程的设定须在符合规范要求及当地相关规定的基础上,根据实际工程中的断面形态及护岸结构,结合实际调查合理确定相应的底高程。

(2)护岸顶高程

护岸顶高程根据规范要求,为设计最高通航水位以上0.1~0.5m。但平原河网地区的航道往往还肩负着一定的防洪要求,因此航道护岸顶高程的确定还需满足航道所在地的防洪标准。

故对航道护岸顶高程的确定应根据规范规定的顶高程与航道所在地防洪标准规定的堤顶高程,取其大值作为护岸结构的顶高程。

(3)一级平台高程

复式断面河道一级护岸平台处于枯水位与设计高水位之间。这一区域是水位变化最大的区域,因其自然空间特征和水陆物质能量交流的特征成为动植物生存的良好栖息地环境。一级护岸平台高程确定的影响因素:船舶航行、生态性、社会性、经济性等因素。

$$一级平台高程 = 常水位 \pm a \tag{9-4}$$

式中:常水位指经过长时期水位观测得出的在一年或若干年中,有50%的水位等于或超过该水位的高程值,称为常水位。a 的取值视平台所选植物的耐水性。

四、内河限制航道整治工程实例

盐河是江苏干线航道网"一横"中淮河出海航道的重要组成部分,途径淮阴、涟水、灌南,沿线交汇河流及闸、站等交通水利设施较多,现已发展成为集航运、灌溉、排涝、供水的多功能河道。盐河杨庄~朱码段(3K+019~45K+849)航道按三级标准双线航道进行整治,设计最大船舶等级为1000吨级。

(1)设计水位

根据《内河通航标准》(GB 50139—2014),三级航道设计最高通航水位取洪水重现期为20年一遇水位,设计最低通航水位采用综合历时曲线法保证率98%的水位,其中杨庄闸上游设计洪水位采用该段京杭运河的防洪水位。各航段的特征水位值见表9-1。

表9-1

盐河（杨庄—武障河）各航段特征水位（单位：m）

	杨庄船闸上	杨庄船闸下	朱码船闸上	朱码船闸下
设计洪水位	15.2	10.33	8.87	7.5
设计最高通航水位	13.45	10.18	8.87	7.5
设计最低通航水位	9.94	7.45	7.29	1.84

（2）航道断面设计

为减少征用土地和拆迁数量，采用半直立式（上部为直立式挡墙，下部为斜坡式）。主要的横断面型式见图9-19。

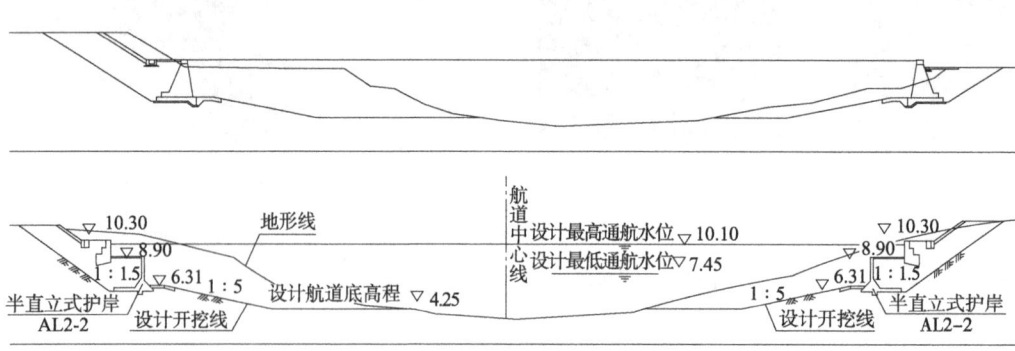

图9-19　盐河（杨庄—武障河）航道断面形态

航道横断面采用半直立式驳岸，驳岸底板前平台宽度取2.0～3.0m，水下边坡取1:5，计算航道口宽，双线航道口宽不小于70m；对于现状航道较宽的河段，即河宽大于70m，枯水时河宽大于航宽，设计采用航道底宽45m，两侧按不小于1:5的边坡延至最低通航水位以上1.2m后，再根据地质条件采用1:3～1:5的边坡与原河坡自然衔接。沿线航道断面系数根据公式计算均大于6，满足规范要求。

（3）航道定线和平面设计

按照航道选线原则，设计航道航道中心线基本沿原河道，在有跨河桥梁的位置，航道中心线从桥梁中心线通过主孔中心通过，对于连续相邻的反弯曲线之间设直线段，直线段长度按不小于一倍设计顶推船队长160m控制。

为使航道变得顺直，保障船舶航行安全，对始于翻身河止于保滩镇姜渡渡口的"S"弯道进行裁弯取直。初步设计方案利用"S"弯的上半段河道，在淮阴区王兴镇沿河村的凸岸上平地开挖新航道约630m与下游原河道相接，见图9-20。设计方案与工可方案相比，增加航道里程108m、护岸126m、回填方 $6.2 \times 10^4 m^3$，但减少征地面积分别约19125m²、减少拆迁面积1834m²，减少开挖方量 $21.3 \times 10^4 m^3$。综合分析按初步设计方案实施。

平面设计：三级航道最小转弯半径一般取480m，当航道弯曲半径难以达到480m时，可适当减小，但航道内侧予以适当加宽。在满足通航视距前提下，局部航段采用半径320m（顶推船队长的2倍），并内侧加宽，加宽值为36m。两个相邻反弯点之间的距离在连续两相邻反弯曲线之间设直线段，直线段长度不小于160m。

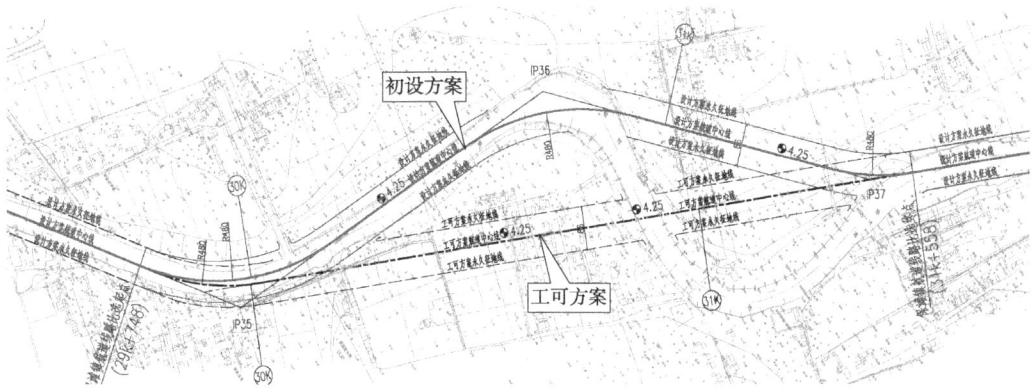

图 9-20　涟水县保滩镇(29K+748～31K+558)裁弯取直方案比选

(4)护岸工程设计

杨庄～朱码段根据设计通航水位逐渐降低的情况,护岸顶高程按设计最高通航水位加 0.1～0.3m 的安全超高,从上游至下游分为六个阶梯,分别为 10.2m、10.0m、9.80m、9.60m、9.40m、9.20m。航道底高程为设计最低通航水位以下 1.2～1.6m,分为两个阶梯分别为 4.25m、4.09m。

杨庄～朱码段(3K+019～45K+849)主要采用了灌砌块石重力式结构、钢筋混凝土 L 型悬臂结构、灌砌块石加二级挡墙(自嵌式挡土块)复合式结构、透水空箱挡墙结构及斜坡式护岸结构(浆砌块石)。

对航道面宽较大的航段,考虑河岸周围的生态植被情况采用斜坡式护岸结构。斜坡坡比为 1:3,为满足航宽要求航道单边底宽≥25.2m,在 50%保证率的常水位处设置一道 2.5m 宽平台,平台以浆砌块石压顶,平台上铺设 30cm 高活性木格框种植芦苇,平台以下斜坡以 35cm 厚浆砌块石进行护面,平台以上以 1:2 的生态植物护坡接原地面。护岸结构图详见图 9-21。

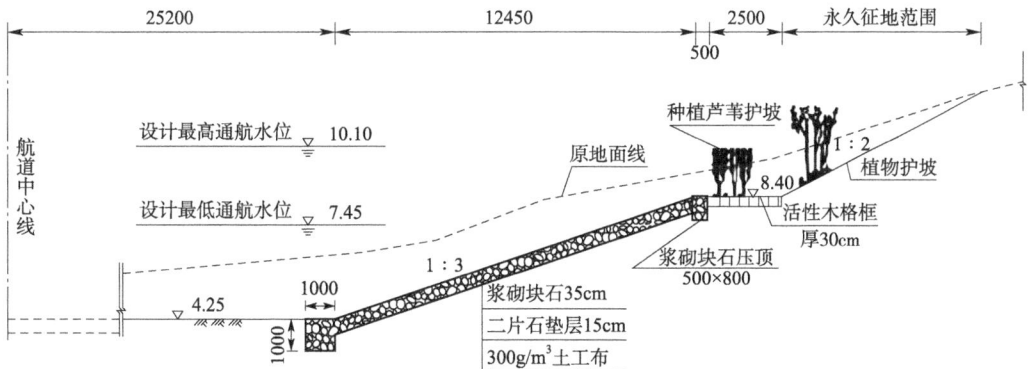

图 9-21　斜坡式护岸结构图

参 考 文 献

[1] 常福田.航道整治[M].北京:人民交通出版社,1995.

[2] 胡旭跃.航道整治[M].北京:人民交通出版社,2008.

[3] 徐金环.航道整治[M].北京:人民交通出版社,2011.

[4] 内河通航标准(GB 50139—2014)[S].北京:中国计划出版社,2014.

[5] 长江航道局.航道工程手册[M].北京:人民交通出版社,2004.

[6] 航道整治工程技术规范(JTJ 132—2003)[S].北京:人民交通出版社,2004.

[7] 疏浚工程技术规范(JTJ 319—99)[S].北京:人民交通出版社,1999.

[8] 钱宁,张仁,周志德.河床演变学[M].北京:科学出版社,1987.

[9] 长江口航道管理局.长江口深水航道治理工程实践与创新[M].北京:人民交通出版社
   股份有限公司,2015.

[10] 胡旭跃,陈健强,等.桥位河段的航道整治工程[M].长沙:中南大学出版社,2006.

[11] 中华人民共和国航道法[M].北京:法律出版社,2014.

[12] 谢鉴衡,等.河道演变及整治[M].北京:水利电力出版社,1990.

[13] 应强,焦志彬.丁坝水力学[M].北京:人民交通出版社,2004.

[14] 航道工程设计规范(JTS 181—2016)[S].北京:人民交通出版社股份有限公司,2016.